Erziehungs- und Elternurlaub in Verbundsystemen
kleiner und mittlerer Unternehmen

Abhandlungen zum Arbeits- und Wirtschaftsrecht

Begründet von Prof. Dr. Wolfgang Siebert †

Herausgeber:
Prof. Dr. Wolfgang Hefermehl, Heidelberg
Prof. Dr. Ulrich Huber, Bonn
Prof. Dr. Manfred Löwisch, Freiburg/Breisgau
Prof. Dr. Hans-Joachim Mertens, Frankfurt/Main
Prof. Dr. Hansjörg Otto, Göttingen
Prof. Dr. Reinhard Richardi, Regensburg
Prof. Dr. Rolf Serick, Heidelberg
Prof. Dr. Peter Ulmer, Heidelberg

Band 72

Erziehungs- und Elternurlaub in Verbundsystemen kleiner und mittlerer Unternehmen

von

Dr. Dagmar Kaiser

Freiburg

Verlag Recht und Wirtschaft GmbH
Heidelberg

Die Deutsche Bibliothek – CIP-Einheitsaufnahme

Kaiser, Dagmar:
Erziehungs- und Elternurlaub in Verbundsystemen kleiner und mittlerer Unternehmen / von Dagmar Kaiser. – Heidelberg : Verl. Recht und Wirtschaft, 1993

(Abhandlungen zum Arbeits- und Wirtschaftsrecht ; Bd. 72)
Zugl.: Freiburg (Breisgau), Univ., Diss., 1993
ISBN 3-8005-3009-0

NE: GT

ISBN 3-8005-3009-0

© 1993 Verlag Recht und Wirtschaft GmbH, Heidelberg

Das Werk einschließlich aller seiner Teile ist urheberrechtlich geschützt. Jede Verwertung außerhalb der engen Grenzen des Urheberrechtsgesetzes ist ohne Zustimmung des Verlages unzulässig und strafbar. Das gilt insbesondere für Vervielfältigungen, Übersetzungen, Bearbeitungen, Mikroverfilmungen und die Einspeicherung und Verarbeitung in elektronischen Systemen.

Datenkonvertierung und Satz: Lichtsatz Michael Glaese GmbH, 69502 Hemsbach

Druck und Verarbeitung: Wilhelm & Adam, Werbe- und Verlagsdruck GmbH, 63150 Heusenstamm

∞ Gedruckt auf säurefreiem, alterungsbeständigem Papier nach ANSI-Norm

Printed in Germany

Meinen Eltern

Vorwort

Die rechtswissenschaftliche Fakultät der Albert-Ludwigs-Universität Freiburg i. Br. hat diese Doktorarbeit im Frühjahr 1993 angenommen. Sie beruht auf einem Gutachten, das ich gemeinsam mit Prof. Dr. Dr. h. c. Manfred Löwisch dem Ministerium für Familie, Frauen, Weiterbildung und Kunst Baden-Württemberg erstattet habe.

Rechtsprechung und Literatur sind auf dem Stand April 1993.

Von meinem Lehrer, Prof. Dr. Dr. h. c. Manfred Löwisch, habe ich gelernt, problemübergreifend zu denken, die praktischen Konsequenzen einer Rechtsansicht nie aus den Augen zu verlieren und schnell zu arbeiten. Ohne diese Fähigkeiten hätte ich das Thema der Arbeit weder in dieser Form noch in der vorgegebenen kurzen Zeit bewältigen können.

Dr. Volker Rieble habe ich wertvolle Anregungen und Kritik an der Arbeit zu verdanken.

Freiburg, Mai 1993   *Dagmar Kaiser*

Inhaltsverzeichnis

§ 1 Einleitung	20
I. Problemaufriß	20
II. Fragestellung	23
1. Rechtsbeziehungen des Verbunds und der Verbundunternehmen zu den Arbeitnehmerinnen	23
a. Erziehungsurlaub und Elternurlaub	23
b. Arbeitgeberstellung	23
c. Wiederbeschäftigungs- und Wiedereinstellungsanspruch nach Ende des Erziehungs- und des Elternurlaubs	24
d. Erhalt von Arbeitgeberleistungen und tariflichen Rechten	25
e. Bildungsmaßnahmen und Urlaubs- und Krankheitsvertretungen während des Erziehungs- und des Elternurlaubs	25
f. Arbeitnehmerüberlassung/Arbeitsvermittlung	26
g. Beteiligung des Betriebsrats	27
2. Organisation des Verbundes	27
III. Vorgehensweise	28
§ 2 Wiederbeschäftigungs- und Wiedereinstellungsanspruch nach Ende des Erziehungs- und Elternurlaubs	29
I. Problemstellung	29
II. Erziehungsurlaub	31
1. Beschäftigungsanspruch nach dem BErzGG	31
a. Inhalt	31
b. Bei Teilzeitbeschäftigung während des Erziehungsurlaubs	32
2. Kündigung bei fehlender Beschäftigungsmöglichkeit	32
a. Sonderkündigungsschutz während des Erziehungsurlaubs	32
b. Kündigungsmöglichkeit in Ausnahmefällen	34
c. Betriebsbedingte Kündigung nach Ende des Erziehungsurlaubs	35
d. Maßregelungsverbot nach § 612a BGB	38
e. Kündigungseinschränkung aus dem BErzGG	39
3. Erweiterung der Beschäftigungsmöglichkeit	40
a. Änderung des Arbeitsvertrages	40
b. Verbund als Arbeitgeber	41
c. Anderes Verbundunternehmen als Arbeitgeber	42
d. Kündigungsrecht des Arbeitgebers	43
e. Anfechtung des Änderungsvertrages	45

f. Änderung der Beschäftigungspflicht durch Änderungskündigung	46
III. Elternurlaub	48
1. Maßstäbe für den Wiederbeschäftigungs- und den Wiedereinstellungsanspruch	48
a. Regelungsbefugnis	48
b. Gesetzliche Regelungen	49
c. Regelungen in Tarifverträgen und Betriebsvereinbarungen	50
2. Regelungsmöglichkeiten	51
a. Wiederbeschäftigungsanspruch im ruhenden Arbeitsverhältnis	52
b. Wiedereinstellungsanspruch bei aufgelöstem Arbeitsverhältnis	53
3. Wiederbeschäftigung oder Wiedereinstellung bei einem anderen Verbundunternehmen	54
a. Im ruhenden Arbeitsverhältnis	54
b. Bei aufgelöstem Arbeitsverhältnis	55
4. Verbund als Arbeitgeber oder Schuldner des Wiedereinstellungsanspruchs	56
5. Wegfall des Wiederbeschäftigungs- oder Wiedereinstellungsanspruchs	56
a. Im ruhenden Arbeitsverhältnis	56
b. Im aufgelösten Arbeitsverhältnis	60
c. Verbund als Arbeitgeber oder Schuldner des Wiedereinstellungsanspruchs	60
IV. Beteiligung des Betriebsrats	61
1. Betriebszugehörigkeit der Erziehungsurlauberinnen und Elternurlauberinnen	61
a. Im ruhenden Arbeitsverhältnis	61
b. Im aufgelösten Arbeitsverhältnis	63
c. Konsequenzen	63
d. Verbund als Arbeitgeber	64
2. Wiederbeschäftigung oder Wiedereinstellung nach Ende des Erziehungs- und Elternurlaubs	64
a. Wiedereingliederung beim Arbeitgeber nach ruhendem Arbeitsverhältnis	64
b. Wiedereingliederung beim Arbeitgeber nach aufgelöstem Arbeitsverhältnis	69
c. Wiedereingliederung in ein anderes Verbundunternehmen	70
d. Verbund als Arbeitgeber oder Schuldner des Wiedereinstellungsanspruchs	73

3. Mitbestimmung bei der Ruhensvereinbarung oder der Auflösung des Arbeitsverhältnisses mit Wiedereinstellungsanspruch	74
a. Ruhensvereinbarung und Aufhebungsvertrag	74
b. Maßstäbe für den Wiederbeschäftigungs- und den Wiedereinstellungsanspruch	76
§ 3 Erhalt von Arbeitgeberleistungen und tariflichen Rechten	**79**
I. Problemstellung	79
II. Während des Erziehungsurlaubs	80
1. Jahressonderzahlungen	80
a. Entgelt für Arbeitsleistung	80
b. Entgelt für Betriebstreue	80
c. Sonderzahlungen mit Mischcharakter	81
d. Ausschluß der Erziehungsurlauberinnen von Jahressonderzahlungen	82
2. Betriebliche Altersversorgung	85
a. Anrechnung des Erziehungsurlaubs auf die Unverfallbarkeitsfristen nach §§ 1, 2 BetrAVG	85
b. Auswirkungen des Erziehungsurlaubs auf die Höhe des Versorgungsanspruchs	87
c. Hemmung der Unverfallbarkeitsfristen und Kürzung der Altersversorgung	89
III. Elternurlaub	90
1. Ruhendes Arbeitsverhältnis	90
2. Aufgelöstes Arbeitsverhältnis mit Wiedereinstellungsanspruch	91
IV. Wechsel zu einem anderen Verbundunternehmen nach Ende des Erziehungs- oder Elternurlaubs	92
1. Betriebszugehörigkeitszeiten	92
a. Anrechnung	92
b. Abfindung	94
2. Betriebliche Altersversorgung	95
a. Fehlen einer besonderen Vereinbarung	95
b. Konzernzugehörigkeit	95
c. Zweitarbeitsverhältnis zum Verbundunternehmen	97
d. Weiterhaftung des Arbeitgebers nach Aufhebung des Arbeitsvertrages	98
e. Schuld- oder Vertragsübernahme durch den neuen Arbeitgeber	99
f. Anrechnung von Vordienstzeiten durch den neuen Arbeitgeber	101
g. Insbesondere bei aufgelöstem Arbeitsverhältnis	104
h. Gemeinsame Altersversorgung der Verbundunternehmen	104

3. Tarifliche Rechte		105
a. Arbeitsentgelt		105
b. Kündigungsschutz		106
V. Verbund als Arbeitgeber oder Schuldner des Wiedereinstellungsanspruchs		107
VI. Beteiligung des Betriebsrats		108
1. Kürzung von Arbeitgeberleistungen während des Erziehungs- oder Elternurlaubs		108
a. Grundsätze		108
b. Kürzung von Jahressonderzahlungen		109
c. Kürzung der betrieblichen Altersversorgung		110
d. Verbund als Arbeitgeber oder Schuldner des Wiedereinstellungsanspruchs		110
2. Wechsel der Erziehungs- und Elternurlauberinnen in ein anderes Verbundunternehmen		110
a. Zweitarbeitsverhältnis zum Verbundunternehmen		110
b. Weiterhaftung des Arbeitgebers nach Aufhebung des Arbeitsvertrages		111
c. Schuld- oder Vertragsübernahme durch den neuen Arbeitgeber		112
d. Anrechnung von Vordienstzeiten durch den neuen Arbeitgeber		112
e. Wechsel der Arbeitnehmerinnen zum Verbund		112
3. Gemeinsame Altersversorgung der Verbundunternehmen		112
a. Überleitung der Versorgungszusagen in den einzelnen Verbundunternehmen		112
b. Mitbestimmung im Rahmen gemeinsamer Altersversorgung		113

§ 4 Bildungsmaßnahmen ... 115
I. Problemstellung ... 115
II. Organisation der Bildungsmaßnahmen im Verbund ... 115
III. Verpflichtung der Arbeitnehmerin zur Teilnahme an Bildungsmaßnahmen ... 117
   1. Aus dem Arbeitsvertrag ... 117
      a. Verpflichtung der Arbeitnehmerin ... 117
      b. Während des Erziehungs- oder Elternurlaubs ... 117
      c. Kostenbeteiligung der Arbeitnehmerin ... 118
   2. Aufgrund einer besonderen Vereinbarung ... 118
      a. Verpflichtung der Arbeitnehmerin ... 118
      b. Insbesondere während des Erziehungsurlaubs ... 119
      c. Kostenbeteiligung der Arbeitnehmerin ... 120
IV. Sanktion bei Nichtteilnahme an Bildungsmaßnahmen ... 120
   1. Vertragsstrafe ... 120

	a. Vertragsstrafeversprechen	120
	b. Insbesondere während des Erziehungsurlaubs	120
	c. Schadensersatz	121
2.	Bildungsmaßnahmen als Bedingung der Wiederbeschäftigung oder Wiedereinstellung	121
	a. Für den Erziehungsurlaub	121
	b. Für das während des Elternurlaubs ruhende Arbeitsverhältnis	123
	c. Für das während des Elternurlaubs aufgelöste Arbeitsverhältnis	123
V.	Sanktion bei Teilnahme der Arbeitnehmerin an Bildungsmaßnahmen und Nichtwiederantritt der Arbeit	124
1.	Rückzahlung der Ausbildungskosten	124
2.	Rückforderung gezahlten Arbeitsentgelts...............	126
VI.	Beteiligung des Betriebsrats	126
1.	Gestaltung der Bildungsmaßnahmen	127
2.	Auswahl der Teilnehmer	128
3.	Sanktionen bei Nichtteilnahme oder bei Teilnahme und Nichtwiederantritt der Arbeit	130

§ 5 Krankheits- und Urlaubsvertretungen/Gleitender Wiedereinstieg in den Beruf 131

I.	Problemstellung	131
II.	Während des Erziehungsurlaubs	132
1.	Teilzeitarbeit	132
	a. Teilzeitarbeit beim Arbeitgeber	132
	b. Teilzeitarbeit bei einem Dritten	134
	c. Sonderkündigungsschutz	135
2.	Krankheits- und Urlaubsvertretungen..................	136
	a. Bedarfsweise Übernahme von Vertretungen..........	136
	b. KAPOVAZ-Arbeitsverhältnis	137
3.	Gleitender Wiedereinstieg in den Beruf	140
4.	Teilzeitarbeit bei anderen Verbundunternehmen	140
	a. Krankheits- und Urlaubsvertretungen................	140
	b. Gleitender Wiedereinstieg in den Beruf	143
5.	Zeitlicher Umfang	143
	a. Zulässige Arbeitszeit nach dem BErzGG	143
	b. Rechtsfolgen unzulässiger Mehrarbeit...............	145
	c. Tarifvertragliche Teilzeitregelungen.................	149
III.	Arbeitsfreistellung während des Elternurlaubs	150
1.	Ruhendes Arbeitsverhältnis	150
	a. Krankheits- und Urlaubsvertretungen................	150
	b. Gleitender Wiedereinstieg in den Beruf	151
2.	Aufgelöstes Arbeitsverhältnis mit Wiedereinstellungsanspruch	151

a. Krankheits- und Urlaubsvertretungen	151
b. Gleitender Wiedereinstieg in den Beruf	153
c. Bei einem anderen Verbundunternehmen	153
IV. Verbund als Arbeitgeber	154
V. Beteiligung des Betriebsrats	154
1. Betriebszugehörigkeit der Erziehungs- und Elternurlauberinnen	154
a. Ruhendes Arbeitsverhältnis	154
b. Aufgelöstes Arbeitsverhältnis	155
c. Teilzeitarbeit bei anderen Verbundunternehmen	156
2. Vereinbarung einer Teilzeitbeschäftigung während des Erziehungs- oder Elternurlaubs	157
3. Bedarfsweise Krankheits- und Urlaubsvertretungen	157
a. Beim Arbeitgeber im ruhenden Arbeitsverhältnis	157
b. Beim Arbeitgeber bei aufgelöstem Arbeitsverhältnis	158
c. Bei einem anderen Verbundunternehmen	159
4. Verpflichtung zu Krankheits- und Urlaubsvertretungen	160
a. Einführung von KAPOVAZ im Betrieb	160
b. KAPOVAZ-Arbeitsverhältnis zum Arbeitgeber	162
c. Verpflichtung zu Krankheits- und Urlaubsvertretungen bei anderen Verbundunternehmen	162
5. Gleitender Wiedereinstieg in den Beruf	164
6. Verbund als Arbeitgeber oder Schuldner des Wiedereinstellungsanspruchs	165
a. Krankheits- und Urlaubsvertretungen	165
b. Gleitender Wiedereinstieg in den Beruf	165

§ 6 Verbot einer Beschäftigung bei verbundfremden Arbeitgebern 166

I. Problemstellung	166
II. Nebentätigkeitsverbote	167
1. Zulässigkeit und Grenzen einer Nebenbeschäftigung	167
a. Grundsätze	167
b. Erhebliche Beeinträchtigung der Arbeitsleistung	167
c. Wettbewerbsverbot	167
2. Rechtsfolgen des Verstoßes gegen ein Nebentätigkeitsverbot	168
III. Im Erziehungsurlaub	168
1. Erhebliche Beeinträchtigung der Arbeitsleistung	168
2. Schutzzweck des BErzGG	169
3. Wettbewerbsverbot	169
a. Zulässigkeit	169
b. Verbot der Tätigkeit bei verbundfremden Unternehmen	172
4. Verhinderung eines Arbeitsplatzwechsels	172
IV. Im während des Elternurlaubs ruhenden Arbeitsverhältnis	172

	1.	Erhebliche Beeinträchtigung der Arbeitsleistung	172
	2.	Betreuung des Kindes	173
	3.	Wettbewerbsverbot	173
V.	Im für den Elternurlaub aufgelösten Arbeitsverhältnis	173
	1.	Nachvertragliches Wettbewerbsverbot	174
		a. Inhalt	174
		b. Vereinbarung bei Auflösung des Arbeitsverhältnisses	175
	2.	Unterlassen von Wettbewerb als auflösende Bedingung des Wiedereinstellungsanspruchs	177
	3.	Verbot der Tätigkeit bei verbundfremden Unternehmen	177
VI.	Einbezug anderer Verbundunternehmen in das Wettbewerbsverbot	178
	1.	Im während des Erziehungs- oder Elternurlaubs ruhenden Arbeitsverhältnis	178
		a. Mehrfacharbeitsverhältnisse	178
		b. Arbeitsverhältnis nur zum Arbeitgeber	178
		c. Arbeitnehmerverleih an andere Verbundunternehmen	179
	2.	Nach Auflösung des Arbeitsverhältnisses	181
		a. Nachvertragliches Wettbewerbsverbot	181
		b. Auflösende Bedingung des Wiedereinstellungsanspruchs	182
VII.	Verbund als Arbeitgeber oder Schuldner des Wiedereinstellungsanspruchs	182
	1.	Während des im Erziehungs- oder Elternurlaub ruhenden Arbeitsverhältnisses	182
	2.	Im für den Elternurlaub aufgelösten Arbeitsverhältnis	183
VIII.	Pflicht zur Tätigkeit beim bisherigen Arbeitgeber oder bei einem anderen Verbundunternehmen	183
IX.	Beteiligung des Betriebsrats	183

§ 7	**Arbeitnehmerüberlassung/Arbeitsvermittlung**	184
I.	Problemstellung	184
II.	Begriffsbestimmung	185
	1. Arbeitnehmerüberlassung	185
	2. Arbeitsvermittlung	185
III.	Verbund als Arbeitgeber	186
	1. Erlaubnispflichtige Arbeitnehmerüberlassung nach Art. 1 § 1 Abs. 1 S. 1 AÜG	186
	2. Vermutung der Arbeitsvermittlung nach Art. 1 § 1 Abs. 2 AÜG	187
	a. Privileg der Arbeitnehmerüberlassung im Konzern (Art. 1 § 1 Abs. 3 Nr. 2 AÜG)	187
	b. Arbeitsvermittlungsvermutung (Art. 1 § 1 Abs. 2 AÜG)	188
	3. Krankheits- und Urlaubsvertretungen	189

a. Freiwillige	189
b. Aufgrund einer KAPOVAZ-Abrede	189
4. Wiederbeschäftigung nach Ende der Familienphase	190
IV. Verbundunternehmen als Arbeitgeber	191
1. Arbeitnehmerverleih durch die Verbundunternehmen	191
a. Krankheits- und Urlaubsvertretungen	191
b. Gleitender Wiedereinstieg/Vorübergehende Beschäftigung bei einem anderen Verbundunternehmen	193
2. Vermittelnde Tätigkeit des Verbundes	194
a. Krankheits- und Urlaubsvertretungen	194
b. Gleitender Wiedereinstieg/Vorübergehende Beschäftigung bei einem anderen Verbundunternehmen	195
c. Dauerhafter Wechsel zu einem anderen Verbundunternehmen	195
V. Verbund und Ersatzarbeitskräfte	196
1. Verbund als Arbeitgeber	196
2. Verbundunternehmen als Arbeitgeber	196
VI. Auftrag zur Arbeitsvermittlung durch die Bundesanstalt für Arbeit nach § 23 AFG	196
VII. Beteiligungsrechte des Betriebsrats	198
1. Betriebszugehörigkeit	198
a. Bei vorübergehendem Arbeitnehmerinnenverleih	198
b. Bei dauerhaftem Arbeitnehmerinnenverleih	199
2. Arbeitnehmerinnenverleih bei der Wiederbeschäftigung oder Wiedereinstellung nach Ende des Erziehungs- oder Elternurlaubs	200
a. Aus Sicht des Verleiherbetriebs	200
b. Aus Sicht des Entleiherbetriebs	201
3. Arbeitnehmerinnenverleih bei Krankheits- und Urlaubsvertretungen	202
a. Aus Sicht des Verleiherbetriebs	202
b. Aus Sicht des Entleiherbetriebs	202
§ 8 Organisation des Verbundes	**203**
I. Vorgaben	203
II. Verbund als Personengesellschaft	203
1. Gesellschaft des bürgerlichen Rechts	203
2. Personenhandelsgesellschaften	205
III. Verbund als juristische Person	206
1. GmbH	206
2. Eingetragener Verein	207
a. Nichtwirtschaftlicher Verein im Sinne des § 21 BGB	207
b. Organisation des Vereins	209
3. Genossenschaft	210
IV. Verbund als Gemeinsame Einrichtung der Tarifvertragsparteien	211

§ 9 Ergebnisse 213
   I. Ruhendes Arbeitsverhältnis 213
      1. Wiederbeschäftigungsanspruch nach Ende der
         Familienphase 213
         a. Erweiterung der Beschäftigungsmöglichkeit 213
         b. Betriebsbedingte Kündigung 214
         c. Beteiligungsrechte des Betriebsrats 214
         d. Besonderheiten beim Erziehungsurlaub 215
      2. Erhalt von Arbeitgeberleistungen und betrieblichen
         Rechten 216
         a. Während der Familienphase 216
         b. Wechsel zu einem anderen Verbundunternehmen nach
            Ende der Familienphase 216
         c. Beteiligung des Betriebsrats 218
      3. Bildungsmaßnahmen 219
         a. Organisation 219
         b. Verpflichtung der Arbeitnehmerin zur Teilnahme 220
         c. Durchsetzung der Teilnahmeverpflichtung 220
         d. Sanktion bei Teilnahme und Nichtwiederantritt der
            Arbeit 220
         e. Beteiligung des Betriebsrats 221
         f. Besonderheiten beim Erziehungsurlaub 221
      4. Krankheits- und Urlaubsvertretungen/Gleitender Wieder-
         einstieg in den Beruf 222
         a. Krankheits- und Urlaubsvertretungen 222
         b. Gleitender Wiedereinstieg in den Beruf 223
         c. Beteiligung des Betriebsrats 224
         d. Besonderheiten beim Erziehungsurlaub 225
      5. Verbot einer Beschäftigung bei verbundfremden
         Arbeitgebern 227
         a. Nebentätigkeitsverbote 227
         b. Besonderheiten beim Erziehungsurlaub 228
      6. Arbeitnehmerüberlassung/Arbeitsvermittlung 228
         a. Überlassung der Elternurlauberinnen an andere
            Verbundunternehmen 228
         b. Beteiligungsrechte des Betriebsrats 229
         c. Verbund als Organisator 229
   II. Mit Wiedereinstellungsanspruch der Elternurlauberin aufgelö-
      stes Arbeitsverhältnis 230
      1. Wiedereinstellungsanspruch nach Ende der Familienphase . 230
         a. Inhalt des Wiedereinstellungsanspruchs 230
         b. Beteiligungsrechte des Betriebsrats 231
      2. Erhalt von Arbeitgeberleistungen und tariflichen Rechten . 232
         a. Während der Familienphase 232

	b. Wechsel zu einem anderen Verbundunternehmen nach Ende der Familienphase	232
	c. Beteiligungsrechte des Betriebsrats	233
3.	Bildungsmaßnahmen	233
	a. Verpflichtung der Arbeitnehmerin zur Teilnahme	233
	b. Durchsetzung der Teilnahmeverpflichtung	233
	c. Sanktion bei Teilnahme und Nichtwiederantritt der Arbeit	233
	d. Beteiligungsrechte des Betriebsrats	234
4.	Krankheits- und Urlaubsvertretungen/Gleitender Wiedereinstieg in den Beruf	234
	a. Krankheits- und Urlaubsvertretungen	234
	b. Gleitender Wiedereinstieg in den Beruf	234
	d. Beteiligungsrechte des Betriebsrats	235
5.	Verbot einer Beschäftigung bei verbundfremden Arbeitgebern	235
6.	Arbeitnehmerüberlassung/Arbeitsvermittlung	236
III.	Verbund als Arbeitgeber oder Schuldner des Wiedereinstellungsanspruchs	237
1.	Wiederbeschäftigungs- und Wiedereinstellungsanspruch	237
	a. Inhalt des Wiederbeschäftigungs- oder Wiedereinstellungsanspruchs	237
	b. Beteiligungsrechte des Betriebsrats	238
2.	Erhalt von Arbeitgeberleistungen und tariflichen Rechten	238
3.	Bildungsmaßnahmen	239
4.	Krankheits- und Urlaubsvertretungen/Gleitender Wiedereinstieg in den Beruf	239
5.	Verbot einer Beschäftigung bei verbundfremden Arbeitgebern	239
6.	Arbeitnehmerüberlassung/Arbeitsvermittlung	239
	a. Verbund als Arbeitgeber	239
	b. Verbund und Ersatzarbeitskräfte	240
	d. Auftrag zur Arbeitsvermittlung durch die Bundesanstalt für Arbeit	240
	e. Beteiligungsrechte des Betriebsrats	241
IV.	Gegenüberstellung der Vorschläge	241
1.	Verbund oder Arbeitgeber als Vertragspartner	241
2.	Aufgelöstes oder ruhendes Arbeitsverhältnis	242
V.	Organisation des Verbunds	243

Literaturverzeichnis 245

Sachregister 258

Begriffsbestimmung

Soweit im folgenden der Begriff Erziehungsurlaub gebraucht wird, ist damit die Arbeitsfreistellung nach dem Bundeserziehungsgeldgesetz (BErzGG) gemeint. Elternurlaub bezeichnet demgegenüber die daran anschließende Arbeitsbefreiung, die der Arbeitgeber aufgrund betrieblicher oder tariflicher Regelungen gewährt. Gemeint sind sowohl die Fälle, in denen das Arbeitsverhältnis zwischen Arbeitgeber und Arbeitnehmer im Anschluß an den gesetzlichen Erziehungsurlaub ruht, als auch die, in denen das Arbeitsverhältnis mit Wiedereinstellungsanspruch des Arbeitnehmers aufgelöst wird.

Erziehungsurlaub und Elternurlaub werden weit überwiegend von Frauen in Anspruch genommen[1]. Um diesem Zahlenverhältnis Rechnung zu tragen, wird in den Ausführungen, die unmittelbar den Erziehungs- und Elternurlaub betreffen, statt des Wortes „Arbeitnehmer" die Bezeichnung „Arbeitnehmerin" verwendet. Diese Formulierung ist geschlechtsneutral gemeint und bezieht auch die Männer mit ein, die Erziehungsurlaub und Elternurlaub in Anspruch nehmen.

---

1 Nach *Wissenschaftlicher Beirat für Familienfragen beim Bundesminister für Familie, Frauen und Gesundheit*, Erziehungsgeld, Erziehungsurlaub und Anrechnung von Erziehungszeiten in der Rentenversicherung 1989, S. 49 sind 98,5% aller Erziehungsurlauber Frauen.

§ 1 Einleitung

I. Problemaufriß

Für die meisten berufstätigen Frauen stellt sich – häufig schon bei der Berufswahl – das Problem, wie sie Arbeits- und Familienleben miteinander vereinbaren können. Zeiten der Schwangerschaft und der Kindererziehung unterbrechen die berufliche Karriere: Der Wiedereinstieg in das Arbeitsleben ist, jedenfalls nach länger dauernden Unterbrechungen der Berufstätigkeit, angesichts der Entwöhnung von den spezifischen Arbeitsbedingungen einer arbeitsteiligen Wirtschaft, insbesondere aber wegen fehlender Kenntnisse neuer Entwicklungen in Wirtschaft und Technik schwierig. Schwierigkeiten ergeben sich auch aus dem Wunsch vieler Berufsrückkehrerinnen, bis zu einem gewissen Alter der Kinder nur in Teilzeit zu arbeiten, um sich neben dem Beruf weiterhin um die Kindererziehung kümmern zu können.

Mit der zweiten Novellierung des seit 1986 geltenden Bundeserziehungsgeldgesetzes (BErzGG), die am 1. 1. 1992 in Kraft getreten ist, hat der Gesetzgeber versucht, Frauen – und auch Männern – eine risikolose Unterbrechung des Berufslebens zum Zweck der Kindererziehung für mehrere Jahre zu ermöglichen: Für nach dem 31. 12. 1991 geborene Kinder ist der Erziehungsurlaub auf drei Jahre erhöht worden, wobei der Urlaub künftig auch in Abschnitten genommen werden kann. Zu den Anspruchsberechtigten zählen neben den sorgeberechtigten Eltern seit der Gesetzesänderung auch der nicht sorgeberechtigte Elternteil, der mit dem leiblichen Kind in einem Haushalt zusammenlebt und in besonderen Härtefällen, z. B. bei schwerer Krankheit der Mutter, auch Verwandte ersten und zweiten Grades oder deren Ehegatten. Dabei ist die Inanspruchnahme eines Urlaubsabschnitts oder ein Wechsel unter den Berechtigten bis zu dreimal zulässig.

Entgegen der bisherigen Regelung, die es der Arbeitnehmerin untersagte, während des Erziehungsurlaubs eine Teilzeitarbeit bei einem anderen Arbeitgeber auszuüben, darf sie nach der Novellierung bis zu 19 Stunden bei einem Dritten arbeiten, wenn der bisherige Arbeitgeber zustimmt. Die Zustimmung darf er nur verweigern, wenn betriebliche Interessen entgegenstehen.

Für kleine und mittlere Unternehmen führen die Neuregelungen im Bundeserziehungsgeldgesetz zu erheblichen Belastungen: Sie können die phasenweise Inanspruchnahme des Erziehungsurlaubs, etwa wenn Mutter und Vater sich bei der Kindererziehung im Jahresrhythmus abwechseln, personell und organisatorisch kaum auffangen. Die bisher schon bestehenden Schwierigkeiten, qualifizierte Ersatzkräfte zu bekommen, werden durch die Verdoppelung der Dauer des Erziehungsurlaubs erheblich verschärft[1].

---
[1] So auch *Institut für Entwicklungsplanung und Strukturforschung GmbH an der Universität Hannover* (Hrsg.), Beruflicher Wiedereinstieg und Weiterbildung für Frauen.

Die gesetzlichen Regelungen über den Erziehungsurlaub werden demgegenüber in großen Unternehmen und Konzernen durch Tarifvertrag, Betriebsvereinbarung oder Arbeitsvertrag noch erweitert. Den Arbeitnehmerinnen wird häufig eine über den gesetzlichen Erziehungsurlaub hinausgehende Unterbrechung der Berufstätigkeit – bis zu zehn Jahren – gestattet, für die das Arbeitsverhältnis mit Wiedereinstellungsanspruch der Arbeitnehmerin aufgelöst wird oder während des Kindererziehungszeitraums ruht. Den Arbeitnehmerinnen werden vom Unternehmen Fortbildungskurse angeboten und Einrichtungen zur Kinderbetreuung zur Verfügung gestellt[2]. Große Unternehmen können, da die ungefähre Zahl der für Kindererziehung von der Arbeit freigestellten Arbeitnehmerinnen auf lange Sicht absehbar ist, qualifizierte Ersatzkräfte auf Dauer einstellen.

Entsprechende Regelungen existieren in kleinen und mittleren Unternehmen nur in seltenen Fällen[3]: Stellt bereits die Inanspruchnahme des gesetzlichen Erziehungsurlaubes die kleinen und mittleren Unternehmen vor personelle und organisatorische Schwierigkeiten, so ist es ihnen erst recht nicht möglich, für Zeiten der Kindererziehung eine Unterbrechung der Berufstätigkeit über den gesetzlichen Rahmen hinaus zu gewähren oder besonders auszugestalten: Die kleineren Unternehmen können personelle Fluktuationen schlechter auffangen, da sie die Arbeit in der Regel weniger arbeitsteilig organisieren als Großunternehmen und daher verstärkt auf eingearbeitete Fachkräfte angewiesen sind. Sie müssen auf Änderungen des Arbeitnehmerbestandes und des wirtschaftlichen Umfeldes personalpolitisch flexibel reagieren können, was durch eine Wiedereinstellungsgarantie für Arbeitnehmerinnen nach langen Jahren der Berufsunterbrechung erschwert wird. Das finanzielle Risiko, aufgrund der Wiedereinstellungsgarantie mehr Arbeitnehmer zu beschäftigen als notwendig oder nicht wiedereingestellten Arbeitnehmerinnen unter Umständen eine Abfindung zahlen zu müssen, ist für die kleinen und mittleren Unternehmen nicht kalkulierbar. Auch die zum Erhalt der beruflichen Kenntnisse und Fähigkeiten notwendige Weiterbildung der Arbeitnehmerinnen während der Familienphase stellt diese Unternehmen vor erhebliche finanzielle Schwierigkeiten.

Neue Chancen für Familie, Beschäftigte, Unternehmen und Tarifparteien, 1989, S. 157f.; *Diergarten/Hagedorn*, Mehr Erziehungsurlaub braucht mehr Flexibilität, der arbeitgeber 1991, 293; *Erasmy*, Weitere Belastung der betrieblichen Personalpolitik, der arbeitgeber 1992, 188, 191.

2 Vgl. zu solchen Elternurlaubsregelungen in Großunternehmen *Institut für Entwicklungsplanung* S. 21 ff., 192 ff.; *Herrmann*, Betriebliche Maßnahmen zur Vereinbarkeit von Familie und Beruf sowie zur Förderung der Berufsrückkehr nach Zeiten ausschließlicher Familientätigkeit, Dokumentation BMJF, Materialien zur Frauenpolitik 15/91, 1991, S. 54ff. und Übersicht 13, S. 149; *Stolz-Willig*, Tarifliche Elternurlaubsregelungen. Übersicht und Kommentar, WSI Arbeitsmaterialien Nr. 28, 1991, S. 5ff.; *Lippmann*, Technik ist auch Frauensache – Berichtsstand zum Thema Frauenförderung in Unternehmen, in: Frauenförderung in der Praxis, 1990, S. 123, 136ff.

3 Vgl. insbesondere *Institut für Entwicklungsplanung* a.a.O.

Gut 2/3 aller Arbeitnehmer sind in Unternehmen bis zu 500 Beschäftigten tätig[4]. Um auch diesen Arbeitnehmern zu ermöglichen, ihre Berufstätigkeit über den gesetzlichen Erziehungsurlaub hinaus zu unterbrechen und während des Erziehungs- und des Elternurlaubs durch Weiterbildungsmaßnahmen und Krankheits- und Urlaubsvertretungen mit dem Berufsleben in Kontakt zu bleiben, müssen Modelle entwickelt werden, mit Hilfe derer auch die kleinen und mittleren Unternehmen Elternurlaubsregelungen einführen und ihren Arbeitnehmerinnen auch während der Kindererziehungszeiten den Kontakt zum Beruf erhalten können.

Das ist auch im Interesse dieser Unternehmen: Da Fragen der Vereinbarkeit von Beruf und Familie gerade bei jungen Menschen eine zentrale Rolle bei der Berufs- und Arbeitsplatzwahl spielen, werden Arbeitgeber, die in dieser Hinsicht keine akzeptablen Lösungen anbieten können, insbesondere für Arbeitnehmerinnen zunehmend unattraktiv. Es besteht daher die Gefahr, daß die kleinen und mittleren Unternehmen in der Konkurrenz um qualifizierte Nachwuchskräfte gegenüber den Großunternehmen ins Hintertreffen geraten und sich für sie daraus erhebliche Wettbewerbsnachteile ergeben[5].

Um auch diese Unternehmen in die Lage zu versetzen, die genannten Probleme zu lösen, wird vielfach vorgeschlagen, kleine und mittlere Arbeitgeber einer Region in einem Verbund zusammenzuschließen, um die Belastungen durch den Erziehungsurlaub auf mehrere Arbeitgeber zu verteilen und diesen die Möglichkeit zu geben, über den gesetzlichen Rahmen hinaus familienfreundliche Arbeitsbedingungen einzuführen[6]. In Niedersachsen ist mit Unterstützung des niedersächsischen Frauenministeriums ein solcher Verbund kleiner Unternehmen bereits eingerichtet worden[7], in Nordrhein-Westfalen und Baden-Württemberg geplant[8].

---

4 *Statisches Jahrbuch* 1992 für die Bundesrepublik Deutschland, Tabelle S. 136 f.: Von 21.915.838 Beschäftigten insgesamt arbeiten 14.391.964 in Unternehmen bis zu 500 und 7.5213.964 in Unternehmen mit mehr als 500 Beschäftigten.

5 Vgl. auch *Wingen*, Neue Dimensionen der Führungsverantwortung. Attraktive Arbeitsbedingungen für Eltern als langfristige Herausforderung an die betriebliche Personalpolitik, U+G 1992, 22 ff.; *Geißler*, Rahmenbedingungen zur Vereinbarkeit von Familie und Arbeitswelt: Hilfen oder Stolpersteine?, in: Mütter und Väter zwischen Erwerbsarbeit und Familie. Internationaler Fachkongreß am 2. März 1990 in Stuttgart, Hrsg.: Ministerium für Arbeit, Gesundheit, Familie und Frauen Baden-Württemberg, Stuttgart 1991, S. 66, 67, 79 f.

6 *Institut für Entwicklungsforschung* S. 158 ff.; *Geißler* a. a. O. S. 66, 80 ff.; *Müller-Hagen*, Dorothee, Motive, Möglichkeiten und Wirkungen aus unternehmerischer Sicht, in: Mütter und Väter zwischen Erwerbsarbeit und Familie. Internationaler Fachkongreß am 2. März 1990 in Stuttgart, Hrsg.: Ministerium für Arbeit, Gesundheit, Familie und Frauen Baden-Württemberg, Stuttgart 1991, S. 22, 29; *Wingen*, U+G 22, 24.

7 Siehe *Sobull-Heimberg*, Kinder, Küche und Karriere, der arbeitgeber 1992, 789; vgl. auch die *Presseinformation des Niedersächsischen Frauenministeriums* vom 6. 2. 1992 Nr. 6192.

8 Modellversuch „Personalpool", in: Wir Frauen in NRW, Heft 12, Januar 1992; Information des Ministeriums für Familie, Frauen, Weiterbildung und Kunst Baden-Württemberg.

II. Fragestellung

In dieser Arbeit soll untersucht werden, ob die Verlagerung von Arbeitgeberpflichten auf einen Verbund arbeitsrechtlich zulässig ist, und welchen Gestaltungsspielraum die im Verbund zusammengeschlossenen Unternehmen haben.

1. Rechtsbeziehungen des Verbunds und der Verbundunternehmen zu den Arbeitnehmerinnen

a. Erziehungsurlaub und Elternurlaub

Hinsichtlich der Ansprüche und Pflichten der Arbeitnehmerinnen gegenüber dem Verbund und den Verbundunternehmen ist zwischen dem gesetzlichen Erziehungsurlaub einerseits und dem daran anschließenden Elternurlaub andererseits zu unterscheiden.

Für den Zeitraum des Erziehungsurlaubs ist fraglich, inwieweit der Regelungsspielraum des Verbunds und der in ihm zusammengeschlossenen Unternehmen durch § 15 Abs. 3 BErzGG und den Sonderkündigungsschutz nach § 18 BErzGG oder durch andere Schutzvorschriften eingeschränkt ist.

Hinsichtlich des daran anschließenden Elternurlaubs ist zu klären, ob das Arbeitsverhältnis wie beim gesetzlichen Erziehungsurlaub lediglich ruhen oder aber aufgelöst werden soll. Soll das Arbeitsverhältnis aufgelöst werden, ist zu entscheiden, ob den rückkehrwilligen Elternurlauberinnen ein Wiedereinstellungsanspruch oder die bloße Zusicherung gegeben werden soll, bei Stellenneubesetzungen in Verbundunternehmen bevorzugt berücksichtigt zu werden (Wiedereintrittsvorrang).

b. Arbeitgeberstellung

Es muß geregelt werden, wer Arbeitgeber der Arbeitnehmerinnen im Erziehungsurlaub und Elternurlaub beziehungsweise Schuldner des Wiedereinstellungsanspruchs sein soll.

In Betracht kommt einmal, daß der bisherige Arbeitgeber auch während des Erziehungsurlaubs und des Elternurlaubs Arbeitgeber der Arbeitnehmerinnen bleibt, oder, wenn Arbeitgeber und Arbeitnehmerin das Arbeitsverhältnis aufgelöst haben, sich der Wiedereinstellungsanspruch der Elternurlauberin gegen ihren früheren Arbeitgeber richtet. In diesem Fall ist zu klären, inwieweit der Arbeitgeber seine (frühere) Arbeitnehmerin auf eine Beschäftigungsmöglichkeit bei einem anderen Verbundunternehmen verweisen kann, wenn bei ihm nach Ende des Erziehungsurlaubs oder des Elternurlaubs kein Arbeitsplatz frei ist.

Soll die Erziehungs- oder Elternurlauberin während der Familienphase Krankheits- und Urlaubsvertretungen nicht nur bei ihrem (früheren) Arbeitgeber, sondern auch bei anderen Verbundunternehmen übernehmen, kann der Arbeitgeber die Arbeitnehmerin für die einzelne Krankheits- und Urlaubsvertretung an das andere Verbundunternehmen verleihen. Die Arbeitnehmerin kann auch mit dem Verbundunternehmen einen auf den Vertretungsfall befristeten Arbeitsvertrag abschließen.

Das Arbeitsverhältnis der Erziehungsurlauberinnen und der Elternurlauberinnen kann auch vom bisherigen Arbeitgeber gelöst werden, indem der Verbund Arbeitgeber oder Schuldner des Wiedereinstellungsanspruchs wird. Dann muß der Verbund die Arbeitnehmerinnen für Krankheits- und Urlaubsvertretungen an die einzelnen Verbundunternehmen und nach Ende der Familienphase dauerhaft an das Verbundunternehmen verleihen, bei dem eine Beschäftigungsmöglichkeit für die einzelne Erziehungs- oder Elternurlauberin besteht.

c. Wiederbeschäftigungs- und Wiedereinstellungsanspruch nach Ende des Erziehungs- und des Elternurlaubs

Unabhängig davon, wer Arbeitgeber oder wer Schuldner des Wiedereinstellungsanspruchs ist, muß geregelt werden, ob die Erziehungs- und Elternurlauberinnen nach Ende der Familienphase einen Anspruch darauf haben sollen, auf demselben Arbeitsplatz beschäftigt zu werden wie vor der Arbeitsfreistellung, oder ob ihnen auch ein anderer Arbeitsplatz beim Arbeitgeber zumutbar ist.

Besteht beim (früheren) Arbeitgeber überhaupt keine Beschäftigungsmöglichkeit, ist zu klären, unter welchen Voraussetzungen die Erziehungs- und Elternurlauberinnen auf einen Arbeitsplatz in einem anderen Verbundunternehmen verwiesen werden können.

Dabei muß genau festgelegt werden, wann der Arbeitnehmerin ein Arbeitsplatzwechsel zumutbar ist, insbesondere welche Kriterien der andere Arbeitsplatz erfüllen muß. Etwa ist zu regeln, ob – und wenn, bis zu welcher Grenze – die Arbeitnehmerin eine schlechter bezahlte oder niedriger qualifizierte Arbeit annehmen muß. Sind im Zeitpunkt des Rückkehrwunsches lediglich höher qualifizierte Arbeitsplätze frei, stellt sich die Frage, ob die Erziehungs- oder Elternurlauberin verpflichtet werden kann, sich für einen solchen Arbeitsplatz zu qualifizieren, oder ob sie auch dann die Weiterbeschäftigung – mit der Folge einer Abfindung – ablehnen kann.

Des weiteren muß bestimmt werden, was geschieht, wenn im Zeitpunkt des Rückkehrwunsches verbundweit kein zumutbarer Arbeitsplatz vorhanden ist.

Zu prüfen ist auch, inwieweit den Erziehungs- und Elternurlauberinnen bei ihrer Rückkehr in den Beruf ein Anspruch auf Teilzeitarbeit eingeräumt werden kann. Insbesondere ist zu klären, unter welchen Voraussetzungen eine Erziehungs- oder Elternurlauberin einen ihr angebotenen Vollzeit-Arbeitsplatz beim Arbeitgeber ablehnen kann, wenn bei ihm oder in einem anderen Verbundunternehmen ein Teilzeitarbeitsplatz frei ist.

Fraglich ist, inwieweit die Erziehungs- und Elternurlauberinnen verpflichtet werden können, nach Ende der Familienphase wieder bei ihrem Arbeitgeber oder einem anderen Verbundunternehmen zu arbeiten, und welche Sanktionen vorgesehen werden können, wenn sie abredewidrig nicht auf einen Arbeitsplatz im Verbund zurückkehren.

d. Erhalt von Arbeitgeberleistungen und tariflichen Rechten

Es ist zu prüfen, ob und inwieweit den Erziehungs- und Elternurlauberinnen während der Familienphase Sonderleistungen des Arbeitgebers erhalten bleiben oder erhalten bleiben können. Wichtig ist in diesem Zusammenhang insbesondere, welchen Einfluß der Erziehungs- und Elternurlaub auf die betriebliche Altersversorgung hat.

Wird die Arbeitnehmerin nach Ende der Familienphase bei einem anderen Verbundunternehmen weiterbeschäftigt, ist zu regeln, inwieweit beim bisherigen Arbeitgeber erworbene Anwartschaften und Rechte erhalten bleiben oder fortgeschrieben werden können. Auch hier ist insbesondere an die betriebliche Altersversorgung zu denken. Insoweit muß geregelt werden, ob und inwieweit die Beschäftigungszeiten beim bisherigen Arbeitgeber auf die Betriebszugehörigkeit beim neuen Arbeitgeber angerechnet werden.

Die Anrechnung der früheren Beschäftigungszeiten spielt auch für den Anspruch der Arbeitnehmerin auf Erholungsurlaub und ihren Kündigungsschutz beim neuen Arbeitgeber eine Rolle.

Probleme entstehen auch, wenn die Arbeitnehmerin bei einem Verbundunternehmen weiterbeschäftigt wird, für das ein anderer Tarifvertrag gilt als für den bisherigen Arbeitgeber. Hier ist zu prüfen, inwieweit tarifliche Sonderregeln auch beim neuen Arbeitgeber weitergelten können, oder ob insoweit ausschließlich der neue Tarifvertrag Anwendung findet. Ist der neue Arbeitgeber nicht tarifgebunden, muß ebenfalls geklärt werden, ob und in welcher Form die beim früheren Arbeitgeber gewährten tariflichen Vergünstigungen auch vom neuen Arbeitgeber gewährt werden sollen.

Insgesamt ist beim Wechsel von Erziehungsurlauberinnen und Elternurlauberinnen zu anderen Verbundunternehmen zu fragen, inwieweit sie besser behandelt werden dürfen als die übrigen Arbeitnehmer des neuen Arbeitgebers, oder ob Art. 3 Abs. 2 GG und der arbeitsrechtliche Gleichbehandlungsgrundsatz das verbieten.

e. Bildungsmaßnahmen und Urlaubs- und Krankheitsvertretungen während des Erziehungs- und des Elternurlaubs

Während der erziehungsbedingten Unterbrechung des Arbeitsverhältnisses ist es sinnvoll, den Erziehungs- und Elternurlauberinnen die Möglichkeit zur Teilnahme an Weiterbildungsmaßnahmen und zu Krankheits- und Urlaubsvertretungen beim (früheren) Arbeitgeber und bei anderen Verbundunternehmen zu geben. Dabei muß geregelt werden, wer die Kosten für die Weiterbildungsmaßnahmen trägt, und wie die Krankheits- und Urlaubsvertretungen entgolten werden.

Zu prüfen ist darüber hinaus, inwieweit die Erziehungs- und Elternurlauberinnen während der Familienphase verpflichtet werden können, zur Aufrechterhaltung ihrer beruflichen Fähigkeiten an Weiterbildungsmaßnahmen teilzunehmen und Krankheits- und Urlaubsvertretungen zu übernehmen. Kehren die Erziehungs- und Elternurlauberinnen im Anschluß an die Familienphase nicht in ein Verbundunternehmen zurück, haben Verbund und Verbundunternehmen ein Interesse daran, die vergeblich aufgewendeten Weiterbildungskosten von den Urlauberinnen zurückzuerhalten.

Untersucht werden muß auch, ob und inwieweit es den Erziehungs- und Elternurlauberinnen während der Familienphase untersagt werden kann, bei verbundfremden Arbeitgebern zu arbeiten.

Gegen Ende der Familienphase kann den Erziehungs- und Elternurlauberinnen die Möglichkeit gegeben werden, gleitend in das Arbeitsleben zurückzukehren. Zu klären ist insoweit insbesondere, ob und unter welchen Voraussetzungen sie nicht bei ihrem (früheren) Arbeitgeber, sondern bei einem anderen Verbundunternehmen eine Teilzeitbeschäftigung zur Wiedereingliederung aufnehmen können. Haben Arbeitgeber und Arbeitnehmerin das Arbeitsverhältnis im Anschluß an den gesetzlichen Erziehungsurlaub aufgelöst, und kehrt die Elternurlauberin bei einem anderen Verbundunternehmen gleitend in den Beruf zurück, muß geregelt werden, ob ihr der Wiedereinstellungsanspruch gegenüber ihrem früheren Arbeitgeber erhalten bleiben, oder ob sie darauf beschränkt sein soll, das Arbeitsverhältnis zum Verbundunternehmen fortzusetzen.

f. Arbeitnehmerüberlassung/Arbeitsvermittlung

Bleibt der bisherige Arbeitgeber auch während des Erziehungs- und des Elternurlaubs Arbeitgeber der Arbeitnehmerinnen, und verleiht er diese für Krankheits- und Urlaubsvertretungen an andere Verbundunternehmen, ist fraglich, ob dieser Arbeitnehmerverleih nach Art. 1 § 1 Abs. 1 S. 1 AÜG erlaubnispflichtig ist.

Organisiert der Verbund, welche Erziehungs- oder Elternurlauberin eine Krankheits- und Urlaubsvertretung beim Arbeitgeber oder einem anderen Verbundunternehmen übernehmen soll, ist zu prüfen, ob er dadurch gegen das Arbeitsvermittlungsmonopol der Bundesanstalt für Arbeit verstößt. Die gleiche Frage stellt sich, wenn nach Ende der Familienphase ein Arbeitsplatz für die rückkehrwillige Erziehungs- oder Elternurlauberin beim (früheren) Arbeitgeber nicht frei ist, und der Verbund ihr eine Beschäftigung bei einem anderen Verbundunternehmen vermittelt.

Wird der Verbund Arbeitgeber der Erziehungs- und Elternurlauberinnen, entsteht ebenfalls das Problem, ob er eine Erlaubnis nach Art. 1 § 1 Abs. 1 S. 1 AÜG benötigt, wenn er seine Arbeitnehmerinnen für Krankheits- oder Urlaubsvertretungen an einzelne Verbundunternehmen verleiht. Verleiht der Verbund eine Arbeitnehmerin nach Ende der Familienphase auf Dauer an ein Verbundunternehmen, ist darüber hinaus zu klären, inwieweit dadurch die Vermutung verbotener Arbeitsvermittlung nach Art. 1 § 1 Abs. 2 AÜG ausgelöst wird.

Die Frage der verbotenen Arbeitnehmerüberlassung stellt sich ebenso, wenn der Verbund Ersatzarbeitnehmer einstellt und diese bei Bedarf an die einzelnen Verbundunternehmen verleiht. Überläßt der Verbund einen Ersatzarbeitnehmer für den gesamten Erziehungsurlaub und/oder Elternurlaub an ein Verbundunternehmen, ist darüber hinaus fraglich, inwieweit die Vermutung verbotener Arbeitsvermittlung nach Art. 1 § 1 Abs. 2 AÜG eingreift.

Beschränkt sich der Verbund auf die Vermittlung von verbundfremden Ersatzkräften an die Verbundunternehmen, ist zu klären, inwieweit er verbotene Arbeitsvermittlung betreibt.

g. Beteiligung des Betriebsrats

Für alle unter a bis f dargestellten Regelungsmöglichkeiten ist zu untersuchen, inwieweit Beteiligungsrechte der Betriebsräte in den einzelnen Verbundunternehmen bestehen. Wird der Verbund Arbeitgeber der Erziehungsurlauberinnen und Elternurlauberinnen, ist zu untersuchen, inwieweit einem im Verbund gewählten Betriebsrat Beteiligungsrechte zustehen.

2. Organisation des Verbundes

Hinsichtlich der Organisation des Verbunds ist in erster Linie die Rechtsform für den Träger des Verbunds zu regeln. In Betracht kommen alle Organisationsformen des Zivilrechts, d. h. die Personengesellschaften (BGB-Gesellschaft, OHG und KG), die Kapitalgesellschaften (GmbH, AG), die Genossenschaft und der Verein.

In zweiter Linie ist zu fragen, wer an dem Verbund in welcher Weise beteiligt sein soll. In Betracht kommt einmal, daß die Verbundunternehmen ein Unternehmen bilden, etwa eine BGB-Gesellschaft mit den Verbundunternehmen als Gesellschaftern. Denkbar ist auch, daß die Tarifvertragsparteien den Verbund durch Tarifvertrag als Gemeinsame Einrichtung nach § 4 Abs. 2 TVG errichten. Die Rechtsbeziehungen des Verbunds zu den Mitgliedsunternehmen würden dann durch Tarifvertrag geregelt.

Welche Organisationsform für den Träger des Verbunds gewählt wird, hängt zum einen davon ab, wie die Geschäftsführung des Verbunds organisiert werden und welche Informations- und Kontrollrechte sowie Stimmrechte die an der Geschäftsführung nicht beteiligten Mitgliedsunternehmen haben sollen.

Ausschlaggebend für die Wahl der Organisationsform ist außerdem, ob die einzelnen Unternehmen eine auf Dauer angelegte Verbindung mit Nachbarunternehmen anstreben. Gefragt werden muß auch, unter welchen Voraussetzungen die Verbundunternehmen aus dem Verbund austreten oder dessen Auflösung bewirken können sollen, und inwieweit der Verbund vom Austritt oder Wechsel der Verbundunternehmen abhängig sein soll.

III. Vorgehensweise

Schwerpunkt dieser Arbeit sind die Rechtsbeziehungen zwischen den einzelnen Verbundunternehmen sowie dem Verbund und den Erziehungs- und Elternurlauberinnen. Sie werden daher zuerst behandelt (§§ 2–7). Daran anschließend wird erörtert, wie der Verbund organisiert werden kann (§ 8).

Die einzelnen Regelungsmöglichkeiten, etwa das während des Elternurlaubs ruhende und das mit Wiedereinstellungsanspruch der Arbeitnehmerin aufgelöste Arbeitsverhältnis, oder die BGB-Gesellschaft und der Verein als Organisationsform des Verbunds, werden dabei nebeneinander dargestellt, ohne die einzelnen Möglichkeiten zu bewerten. Das soll erst im Ergebnis (§ 9) geschehen.

Nicht Stellung genommen wird dazu, wie der Verbund Kinderbetreuungsmöglichkeiten schaffen kann: Diese Frage steht in keinem unmittelbaren Zusammenhang mit den arbeitsrechtlichen Problemen, die ein Verbund kleiner und mittlerer Unternehmen für Arbeitnehmerinnen im Erziehungsurlaub und Elternurlaub mit sich bringt.

§ 2 Wiederbeschäftigungs- und Wiedereinstellungsanspruch nach Ende des Erziehungs- und Elternurlaubs

I. Problemstellung

Kleine und mittlere Unternehmer können personelle Engpässe, die durch die Inanspruchnahme von Erziehungsurlaub und Elternurlaub entstehen, schlecht auffangen. Sie verfügen nicht über die organisatorischen und finanziellen Möglichkeiten, eine Reserve von Ersatzarbeitnehmern vorzuhalten, die die Erziehungs- und Elternurlauberinnen vertreten können. Auf dem Arbeitsmarkt qualifizierte Arbeitnehmer zu finden, die bereit sind, Vertretungsaufgaben in — mehrjährig — befristeten Arbeitsverträgen zu übernehmen, ist ebenfalls kaum möglich. Die Unternehmen sind aus diesem Grund häufig gezwungen, bei Vertretungsbedarf qualifizierte Arbeitnehmer auf Dauer einzustellen.

Lösen Arbeitgeber und Arbeitnehmerin das Arbeitsverhältnis für den Elternurlaub auf, wird dem Arbeitgeber die befristete Einstellung von Ersatzarbeitskräften noch weiter erschwert: Der Arbeitgeber darf nach § 21 Abs. 1 BErzGG nur Arbeitsverträge mit den Arbeitnehmern befristen, die Arbeitnehmerinnen im Erziehungsurlaub oder während einer im Arbeitsvertrag, in einer Betriebsvereinbarung oder einem Tarifvertrag vereinbarten Arbeitsfreistellung vertreten. Da die Befristungsmöglichkeit nach dem BErzGG bezweckt, das mit der vertretenen Erziehungs- und Elternurlauberin bestehende Arbeitsverhältnis durch die Einstellung einer Ersatzkraft nicht zu gefährden, sind mit „Arbeitsfreistellung" nur die Fälle gemeint, in denen das Arbeitsverhältnis während des Erziehungsurlaubs und des Elternurlaubs ruht. Heben Arbeitgeber und Arbeitnehmerin das Arbeitsverhältnis im Anschluß an den gesetzlichen Erziehungsurlaub demgegenüber auf, kann der Arbeitgeber das Arbeitsverhältnis mit einer Ersatzarbeitskraft nicht nach § 21 BErzGG befristen. Eine Befristungsmöglichkeit besteht nur in den Grenzen, die die Rechtsprechung für die Befristung in Vertretungsfällen aufgestellt hat [1].

Auf den durch die Dauereinstellung einer Ersatzarbeitskraft und die Rückkehr der Erziehungs- oder Elternurlauberin in dem Arbeitgeberbetrieb entstehenden Personalüberhang könnte im Verbund flexibel reagiert werden, wenn der Beschäftigungs- oder Wiedereinstellungsanspruch der Erziehungs- und Eltern-

---

[1] BT-Drucks. XII/1125 S. 9 zu Nr. 15; *Zmarzlik/Zipperer/Viethen*, Mutterschutzgesetz, Mutterschaftsleistungen, Erziehungsgeld, Erziehungsurlaub. Kommentar, 6. Aufl. 1991/1992, § 21 BErzGG 1992, Rn. 43; zur Befristungsmöglichkeit bei Vertretung erkrankter oder beurlaubter Arbeitnehmer vgl. *BAG* vom 30. 9. 1981, 7 AZR 602/79, vom 3. 10. 1984, 7 AZR 192/83 und vom 8. 5. 1985, 7 AZR 191/84, AP Nr. 63, 87 und 97 zu § 620 BGB Befristeter Arbeitsvertrag; vom 17. 2. 1983, AP Nr. 14 zu § 15 KSchG.

urlauberinnen vom (früheren) Arbeitgeber abgelöst und durch eine verbundweite Beschäftigungsgarantie ersetzt wird.

In Betracht kommt einmal, daß das Arbeitsverhältnis der Erziehungs- und Elternurlauberinnen zum bisherigen Arbeitgeber bestehen oder dieser Schuldner des Wiedereinstellungsanspruchs bleibt. In diesem Fall ist zu regeln, ob und unter welchen Umständen der Arbeitgeber die Beschäftigung einer rückkehrwilligen Erziehungs- oder Elternurlauberin ablehnen und sie auf einen Arbeitsplatz in einem anderen Verbundunternehmen verweisen kann.

Denkbar ist auch, daß der Verbund Arbeitgeber oder Schuldner des Wiedereinstellungsanspruchs der Erziehungs- und Elternurlauberinnen wird. Der Wiederbeschäftigungs- und Wiedereinstellungsanspruch würde sich dann gegen den Verbund richten, der die Arbeitnehmerinnen nach Ende der Familienphase auf Dauer an ein Verbundunternehmen verleiht, in dem eine Beschäftigungsmöglichkeit besteht. Auch in diesem Fall ist zu klären, unter welchen Umständen die Erziehungs- oder Elternurlauberin einen Anspruch darauf hat, an ihren früheren Arbeitgeber verliehen zu werden, und in welchen Fällen der Verbund sie an ein anderes Verbundunternehmen überlassen kann.

Für die möglichen Regelungen ist zwischen dem gesetzlichen Erziehungsurlaub einerseits und dem daran anschließenden Elternurlaub andererseits zu unterscheiden. Beim Elternurlaub ist weiter danach zu differenzieren, ob das Arbeitsverhältnis zwischen Arbeitgeber und Elternurlauberin lediglich ruht, oder ob es mit Wiedereinstellungsanspruch der Elternurlauberin aufgelöst wird.

Für den gesetzlichen Erziehungsurlaub muß geklärt werden, ob eine verbundweite Beschäftigungsgarantie überhaupt möglich ist, oder ob den möglichen Regelungen die Schutzvorschriften des BErzGG entgegenstehen. Dafür muß zunächst allgemein untersucht werden, welchen Umfang der Beschäftigungsanspruch der Arbeitnehmerinnen nach dem BErzGG hat und inwieweit der Arbeitgeber der Arbeitnehmerin im oder nach dem Erziehungsurlaub kündigen kann (unter II 1 und 2). Erst auf dieser Grundlage kann geklärt werden, ob der Beschäftigungsanspruch der Arbeitnehmerin vom Arbeitgeber abgelöst werden kann (unter II 3).

Für den Elternurlaub ist zunächst allgemein zu regeln, unter welchen Voraussetzungen die Elternurlauberin überhaupt einen Anspruch auf Wiederbeschäftigung oder Wiedereinstellung haben soll (unter III 1 und 2). Erst danach kann geprüft werden, in welchen Fällen die Elternurlauberin darauf verwiesen werden kann, nach Ende der Familienphase zu einem anderen Verbundunternehmen zu wechseln (unter III 3).

II. Erziehungsurlaub

1. Beschäftigungsanspruch nach dem BErzGG

a. Inhalt

Nach dem Ende des gesetzlichen Erziehungsurlaubs hat die Arbeitnehmerin keinen Anspruch darauf, auf ihrem früheren Arbeitsplatz beschäftigt zu werden: Nach § 18 BErzGG wird der Arbeitnehmerin nicht ihr Arbeitsplatz, sondern nur der Bestand ihres Arbeitsverhältnisses im bisherigen Umfang garantiert[2].

Inwieweit der Arbeitgeber der Arbeitnehmerin eine andere als die früher ausgeübte Tätigkeit zuweisen kann, bestimmt sich nach dem Inhalt des Arbeitsvertrages. Je weiter die von der Arbeitnehmerin arbeitsvertraglich geschuldete Tätigkeit umschrieben ist, desto freier ist der Arbeitgeber, der Arbeitnehmerin im Rahmen seines Direktionsrechts eine andere als die vor Antritt des Erziehungsurlaubs geleistete Arbeit zuzuweisen[3].

Ist die Arbeitnehmerin für eine ganz bestimmte Tätigkeit eingestellt worden (etwa die einer Exportkauffrau), wird diese zum Vertragsinhalt. Umschreibt der Arbeitsvertrag die Tätigkeit demgegenüber nur fachlich (z. B. Tätigkeit als Verkäuferin oder als Schlosserin), kann der Arbeitgeber der Arbeitnehmerin sämtliche Arbeiten zuweisen, die sich im Rahmen des vereinbarten Berufsbildes halten. Ist die arbeitsvertraglich geschuldete Tätigkeit demgegenüber nur ganz generalisierend bezeichnet (etwa Einstellung als Hilfsarbeiterin), kann der Arbeitgeber der Arbeitnehmerin jede Arbeit übertragen, die sich im Rahmen dieses Vertrages hält. Voraussetzung ist, daß die Weisung billigem Ermessen entspricht (§ 315 BGB)[4].

Nach dem Arbeitsvertrag richtet sich auch das der Arbeitnehmerin zu zahlende Arbeitsentgelt, ihre Arbeitszeit und der Ort, an dem sie die Arbeitsleistung erbringen muß: Nach dem Ende des Erziehungsurlaubs hat sie Anspruch auf das Entgelt, daß ihr vor Antritt des Erziehungsurlaubs gezahlt worden ist[5].

Vom Direktionsrecht nicht gedeckt ist die Zuweisung einer geringer qualifizierten Tätigkeit als der vertraglich vereinbarten. Das gilt selbst dann, wenn der Arbeitge-

---

2 *Zmarzlik/Zipperer/Viethen*, § 18 BErzGG 1989 Rn. 15; *Halbach*, Erziehungsurlaub ab 1986, DB 1986 Beilage 1 S. 13 f.; *Grüner/Dalichau*, Bundeserziehungsgeldgesetz. Kommentar, Stand Juni 1990, § 18 Anm. II 7.
3 Dazu allgemein *BAG* vom 27. 3. 1980, 2 AZR 506/78, AP Nr. 26 zu § 611 BGB Direktionsrecht mit Anm. *Löwisch*; *Schaub*, Arbeitsrechtshandbuch, 7. Aufl. 1992, § 45 III und IV, S. 259 ff.; zur Beschäftigung nach Ende des Erziehungsurlaubs *Grüner/Dalichau*, § 18 Anm. 7; *Zmarzlik/Zipperer/Viethen*, § 18 BErzGG 1989 Rn. 15.
4 *BAG* vom 27. 3. 1980, a. a. O.; vom 20. 12. 1984, 2 AZR 436/83, AP Nr. 27 zu § 611 BGB Direktionsrecht; vom 24. 5. 1989, 2 AZR 285/88, AP Nr. 1 zu § 611 BGB Gewissensfreiheit. Zur Konkretisierung der Arbeitspflicht durch langjährige Ausübung einer bestimmten Tätigkeit siehe MünchArbR/*Blomeyer*, 1992, § 46 Rn. 45 ff.
5 Zur Arbeitszeit und zum Arbeitsort siehe MünchArbR/*Blomeyer* § 46 Rn. 90 ff. und 67 ff.

ber der Arbeitnehmerin das vereinbarte Entgelt fortzahlt[6]. Ebensowenig kann der Arbeitgeber der Arbeitnehmerin eine höherwertige Arbeit zuweisen, als im Arbeitsvertrag vereinbart ist[7].

b. Bei Teilzeitbeschäftigung während des Erziehungsurlaubs

An der von der Arbeitnehmerin nach Ende des Erziehungsurlaubs geschuldeten Tätigkeit ändert sich in der Regel nichts dadurch, daß sie während des Erziehungsurlaubs bei ihrem Arbeitgeber eine Teilzeitbeschäftigung auf ihrem bisherigen oder einem anderen Arbeitsplatz ausübt. Art und zeitlicher Umfang der von der Arbeitnehmerin geschuldeten Arbeitsleistung richten sich grundsätzlich nach dem ursprünglichen Arbeitsvertrag und nicht nach der auf die Zeit des Erziehungsurlaubs befristeten Sonderabrede. Mit dem Ende des Erziehungsurlaubs endet die Teilzeitbeschäftigung und das Arbeitsverhältnis lebt im früheren Umfang wieder auf[8].

Etwas anderes gilt nur, wenn Arbeitgeber und Arbeitnehmerin vereinbart haben oder bei Ende des Erziehungsurlaubs vereinbaren, daß die Arbeitnehmerin auch danach lediglich eine Teilzeitbeschäftigung ausüben soll[9].

2. Kündigung bei fehlender Beschäftigungsmöglichkeit

a. Sonderkündigungsschutz während des Erziehungsurlaubs

Ist bei Ende des Erziehungsurlaubs absehbar, daß für die Arbeitnehmerin im Arbeitgeberbetrieb eine Beschäftigungsmöglichkeit nicht besteht, kann der Arbeitgeber ihr betriebsbedingt kündigen.

Nach § 18 BErzGG darf er eine Kündigung aber nicht schon während des gesetzlichen Erziehungsurlaubs aussprechen, eine gleichwohl ausgesprochene Kündigung ist nach § 134 BGB nichtig[10].

---

6 *BAG* vom 8. 10. 1962, 2 AZR 550/61, vom 14. 7. 1965, 4 AZR 347/63 und vom 28. 2. 1968, 4 AZR 144/67, AP Nr. 18, 19 und 22 zu § 611 BGB Direktionsrecht; *LAG Köln* vom 23. 2. 1987, 6 Sa 957/86 LAGE § 611 BGB Direktionsrecht Nr. 1; *LAG Frankfurt* vom 4. 12. 1986, 9 Sa 1013/85, LAGE § 611 BGB Direktionsrecht Nr. 3; *LAG Berlin* vom 29. 4. 1991, 9 Sa 9/91, LAGE § 611 BGB Direktionsrecht Nr. 9.
7 *LAG Hamm* vom 27. 3. 1992, 18 Sa 1165/91, BB 1992, 1856 (LS).
8 *Zmarzlik/Zipperer/Viethen* § 15 BErzGG 1989 Rn. 31; *Ramrath*, Arbeitsrechtliche Fragen der Teilzeitarbeit während des Erziehungsurlaubs, DB 1987, 1785, 1786; *Winterfeld*, Mutterschutz und Erziehungsurlaub. Mutterschutzgesetz und Bundeserziehungsgeldgesetz mit Erläuterungen, 1986 Teil M Rn. 245; a. A. *Schleicher*, Die Einführung von Erziehungsgeld und Erziehungsurlaub, BB 1986 Beilage Nr. 1 S. 48 Fn. 55.
9 *Halbach*, DB 1986 Beilage Nr. 1 S. 10, 15; *Schleicher* a. a. O. BB 1986 Beilage Nr. 1 S. 4; *Ramrath* a. a. O.; *Winterfeld* a. a. O. Zur Zulässigkeit solcher Änderungen des Arbeitsvertrages siehe unten II 3.
10 KR/*Becker*, 3. Aufl. 1989, § 18 Rn. 10; *Zmarzlik/Zipperer/Viethen* § 18 BErzGG 1989 Rn. 13 f.; *Winterfeld*, Teil M Rn. 278.

Während des gesetzlichen Erziehungsurlaubs wird eine Kündigung ausgesprochen, wenn sie der Arbeitnehmerin während des Erziehungsurlaubs zugeht. Abzustellen ist also allein auf den Zugang der Kündigungserklärung bei der Arbeitnehmerin. Dementsprechend verstößt eine Kündigung, die der Arbeitgeber zwar während des Erziehungsurlaubs absendet, die der Arbeitnehmerin aber erst nach Wiederaufnahme ihrer Arbeitstätigkeit zugeht, nicht gegen § 18 Abs. 1 S. 1, Abs. 2 BErzGG[11].

Anders als nach § 18 BErzGG a.F., nach der eine arbeitgeberseitige Kündigung erst ab Beginn des Erziehungsurlaubs unzulässig war, ist der Sonderkündigungsschutz der Erziehungsurlauberin durch das neugefaßte BErzGG vorverlegt worden: Um zu verhindern, daß der Arbeitgeber mit Blick auf die auf ihn zukommenden Belastungen eine Kündigung schon vor Antritt des Erziehungsurlaubs ausspricht, sobald er vom Urlaubswunsch der Arbeitnehmerin Kenntnis erlangt hat, verbietet § 18 Abs. 1 S. 1 BErzGG n.F. die arbeitgeberseitige Kündigung bereits ab der Erklärung der Arbeitnehmerin gem. § 16 Abs. 1 S. 1 BErzGG, Erziehungsurlaub nehmen zu wollen, frühestens jedoch sechs Wochen vor Beginn des Erziehungsurlaubs, § 16 Abs. 1 S. 1 Hs. 2 BErzGG.

Vor Geltendmachung des Erziehungsurlaubs ist die Arbeitnehmerin vor Kündigung des Arbeitgebers nur im Rahmen des § 612a BGB und des KSchG geschützt (siehe gleich unter c und d)[12].

Nimmt aber, wie im Regelfall, die Mutter des zu betreuenden Kindes im Anschluß an den Mutterschutz Erziehungsurlaub, schließt der Kündigungsschutz nach § 18 BErzGG unmittelbar an den entsprechend ausgestalteten Kündigungsschutz nach § 9 MuSchG an[13].

Der Sonderkündigungsschutz endet mit Ende des Erziehungsurlaubs: Anders als nach § 9a MuSchG a.F., nach dem der Arbeitgeber das Arbeitsverhältnis der Mutter bis zum Ablauf von zwei Monaten nach Beendigung des Mutterschaftsurlaubs nicht kündigen durfte, sieht das BErzGG keinen nachwirkenden Kündigungsschutz vor[14].

---

11 *Zmarzlik/Zipperer/Viethen*, § 18 BErzGG 1989 Rn. 12; *Hönsch*, Erziehungs- und Kindergeldrecht, 2. Aufl. 1991, Rn. 281; *Winterfeld* Teil M Rn. 275.
12 KR/*Becker*, 3. Aufl. 1989, § 18 Rn. 27; *Meisel/Sowka*, Mutterschutz. Kommentar zum Mutterschutzgesetz, 3. Aufl. 1988, § 18 BErzGG Rn. 13; *Viethen*, Erziehungsurlaub – zum arbeitsrechtlichen Teil des Bundeserziehungsgeldgesetzes, NZA 1986, 245, 248.
13 Grund der Vorverlegung des Sonderkündigungsschutzes in § 18 Abs. 1 S. 1 BErzGG war insbesondere auch, die Rechtsstellung der Erziehungsurlaub nehmenden Väter zu verbessern, Begründung des Gesetzesentwurfs der *Bundesregierung,* BT-Drucks. XII/1125 S. 9 zu Nr. 13.
14 Ein Vorschlag des *Bundesrates,* den Sonderkündigungsschutz entsprechend § 9a MuSchG nachwirken zu lassen, BT-Drucks. X/3926, S. 5 zu Nr. 22, wurde von der Bundesregierung abgelehnt, BT-Drucks. X/4039, S. 3 zu Nr. 22.

Nach Ende des Erziehungsurlaubs ist die Arbeitnehmerin vor einer arbeitgeberseitigen Kündigung wieder nur im Rahmen des § 612a BGB und des KSchG geschützt (dazu gleich unter c und d)[15].

Auf den Sonderkündigungsschutz nach § 18 BErzGG kann die Arbeitnehmerin nicht vor Ausspruch der Kündigung verzichten[16].

b. Kündigungsmöglichkeit in Ausnahmefällen

In Ausnahmefällen kann der Arbeitgeber der Arbeitnehmerin auch während des Erziehungsurlaubs kündigen, § 18 Abs. 1 S. 1 BErzGG. Voraussetzung ist, daß die für den Arbeitsschutz zuständige oberste Landesbehörde die Kündigung nach § 18 Abs. 1 S. 2 bis 4 BErzGG für zulässig erklärt.

Nach den vom Bundesminister für Arbeit nach § 18 Abs. 1 S. 3 BErzGG a.F. mit Zustimmung des Bundesrates erlassenen Allgemeinen Verwaltungsvorschriften zum Kündigungsschutz bei Erziehungsurlaub vom 2. 1. 1986, die weitergelten, liegt ein besonderer Fall im Sinne des § 18 Abs. 1 S. 2 BErzGG nur vor, wenn außergewöhnliche Umstände es rechtfertigen, die vom BErzGG als vorrangig angesehenen Interessen der Erziehungsurlauberin am Fortbestand des Arbeitsverhältnisses hinter die des Arbeitgebers zurücktreten zu lassen, § 1 S. 2.

§ 3 der Verwaltungsvorschriften gibt Richtbeispiele für einen besonderen Fall in diesem Sinne. Eine Kündigung kann etwa für zulässig erklärt werden, wenn der Betrieb oder die Betriebsabteilung, in der die Arbeitnehmerin beschäftigt ist, stillgelegt wird, und die Arbeitnehmerin im Unternehmen nicht weiterbeschäftigt werden kann oder eine ihr angebotene zumutbare Weiterbeschäftigung ablehnt (§ 2 Abs. 1 Nrn. 1, 2 und 4)[17].

Ein entsprechender Ausnahmefall besteht auch, wenn durch die Aufrechterhaltung des Arbeitsverhältnisses über den Erziehungsurlaub hinaus die Existenz des Betriebs oder die wirtschaftliche Existenz des Arbeitgebers gefährdet wird (§ 2 Abs. 1 Nr. 5), unter Umständen bereits, wenn die wirtschaftliche Existenz des Arbeitgebers unbillig erschwert wird, so daß er in die Nähe der Existenzgefährdung kommt (§ 2 Abs. 2 S. 1). Nach § 2 Abs. 2 S. 2 Nr. 2 kann eine solche unbillige Erschwerung etwa angenommen werden, wenn der Arbeitgeber keine entsprechend qualifizierte Ersatzkraft für einen auf die Dauer des Erziehungsurlaubs befristeten Arbeitsvertrag findet und deshalb mehrere Arbeitsplätze wegfallen müssen, in Kleinbetrieben (in der Regel fünf oder weniger Arbeitnehmer) nach Nr. 1 schon, wenn der Arbeitgeber zur Fortführung des Betriebs dringend auf eine qualifizierte Ersatzkraft angewiesen ist, die er nur unbefristet einstellen kann.

---

15 KR/*Becker* § 18 BErzGG Rn. 27; *Grüner/Dalichau* § 18 Anm. II 5; *Meisel/Sowka*, § 18 BErzGG Rn. 13; *Viethen*, NZA 1986, 245, 248.
16 *Zmarzlik/Zipperer/Viethen* § 18 BErzGG 1989 Rn. 12; *Grüner/Dalichau* § 18 Anm. II 4; *Winterfeld*, Teil M Rn. 278; *Hönsch* Rn. 285e; KR/*Becker* § 18 BErzGG Rn. 37 i. V. m. § 9 MuSchG Rn. 147; zur Zulässigkeit eines Aufhebungsvertrags unten 3 b.
17 Vgl. § 15 Abs. 4 und 5 KSchG zur Kündigung von Betriebsratsmitgliedern.

Kommt die Behörde zu dem Ergebnis, daß ein besonderer Fall im Sinne des § 18 Abs. 1 S. 2 BErzGG vorliegt, muß sie nach pflichtgemäßem Ermessen entscheiden, ob das Interesse des Arbeitgebers an einer Kündigung während des Erziehungsurlaubs so erheblich überwiegt, daß die Kündigung für zulässig zu erklären ist, § 3 [18].

c. Betriebsbedingte Kündigung nach Ende des Erziehungsurlaubs

aa. Nach Ende des Erziehungsurlaubs unterliegt der Arbeitgeber nicht mehr den Beschränkungen durch § 18 BErzGG, wenn er der Arbeitnehmerin kündigen will.

Hat er für die Erziehungsurlauberin einen Ersatzarbeitnehmer nicht befristet, sondern auf Dauer eingestellt, besteht bei ihrer Rückkehr aus dem Erziehungsurlaub ein Personalüberhang. Der Arbeitgeber verfügt über mehr Arbeitnehmer als Arbeitsplätze. Um den Personalbestand an den Personalbedarf anzupassen, kann er einem Arbeitnehmer nach § 1 Abs. 2 S. 1 KSchG betriebsbedingt kündigen.

bb. Das dem Arbeitgeber eingeräumte Recht, eine betriebsbedingte Kündigung auszusprechen, wird durch das Erfordernis der Sozialauswahl nach § 1 Abs. 3 KSchG beschränkt. Der Arbeitgeber darf, wenn ein Arbeitsplatz für die aus dem Erziehungsurlaub zurückkehrende Arbeitnehmerin fehlt, nicht automatisch dieser kündigen. Vielmehr muß er die Arbeitnehmerin mit anderen Arbeitnehmern vergleichen, die Tätigkeiten ausüben, die mit der Tätigkeit der Erziehungsurlauberin funktional austauschbar sind, und nach sozialen Gesichtspunkten (etwa der Dauer der Betriebszugehörigkeit, dem Lebensalter und den Unterhaltsverpflichtungen) prüfen, welcher der Arbeitnehmer am wenigsten auf einen Arbeitsplatz angewiesen ist. Dem sozial stärksten Arbeitnehmer darf der Arbeitgeber kündigen, die anderen muß er weiterbeschäftigen [19].

Für Erziehungsurlauberinnen, deren Leistungsverpflichtung im Arbeitsvertrag weit umschrieben ist, ist fraglich, ob eine Sozialauswahl hinsichtlich aller nach dem Arbeitsvertrag in Frage kommenden Arbeitsplätze durchgeführt werden muß, oder ob sich der Sozialvergleich lediglich auf den Arbeitsplatz bezieht, den die Arbeitnehmerin vor Antritt des Erziehungsurlaubs innehatte.

Nach überwiegender Meinung dürfen in die Sozialauswahl nur die Arbeitnehmer einbezogen werden, die auf derselben betriebshierarchischen Ebene beschäftigt werden (horizontale Vergleichbarkeit). Demgegenüber soll ein Sozialvergleich des Arbeitnehmers, dessen Arbeitsplatz wegfällt, mit Arbeitnehmern, die eine gerin-

---

18 Ausführlich zu den Ausnahmetatbeständen und dem Zulassungsverfahren *Zmarzlik/Zipperer/Viethen* § 18 BErzGG 1989 Rn. 21 ff. und § 9 MuSchG Rn. 25 ff.; KR/*Becker* § 18 BErzGG Rn. 31 ff. und § 9 MuSchG Rn. 95 ff.
19 Zur Sozialauswahl siehe *Stahlhacke/Preis*, Kündigung und Kündigungsschutz im Arbeitsverhältnis, 1991, Rn. 659 ff.; *Linck*, Die soziale Auswahl bei betriebsbedingter Kündigung, 1990, §§ 3 ff. S. 13 ff.; *Hueck/v. Hoyningen-Huene*, Kündigungsschutzgesetz. Kommentar, 1992, § 1 Rn. 431 ff.

ger oder höher qualifizierte Tätigkeit ausüben (vertikale Vergleichbarkeit), nach § 1 Abs. 3 KSchG nicht in Betracht kommen[20].

Teilweise wird vertreten, daß zur Abgrenzung zwischen unzulässiger vertikaler und zulässiger horizontaler Vergleichbarkeit auf die Grundsätze zur Abgrenzung zwischen Änderungskündigung und Direktionsrecht abzustellen sei: Darf der Arbeitgeber dem vom Wegfall des Arbeitsplatzes betroffenen Arbeitnehmer im Rahmen seines Direktionsrechts einen anderen Arbeitsplatz zuweisen, ist dieser mit dem auf dem anderen Arbeitsplatz beschäftigten Arbeitnehmer vergleichbar[21].

Diese Auffassung ist abzulehnen. Sie hat nur den Regelfall im Auge, daß der Arbeitnehmer nach dem Arbeitsvertrag zu Tätigkeiten auf der gleichen betriebshierarchischen Ebene verpflichtet ist, nicht aber die Fälle, in denen die Leistungsverpflichtung im Arbeitsvertrag sehr weit umschrieben ist. Wäre sie richtig, hätten es Arbeitgeber und Arbeitnehmer in der Hand, durch Änderung der Arbeitsverpflichtung den Kündigungsschutz des Arbeitnehmers vertraglich beliebig zu erweitern. Dadurch würden auch die Arbeitsverhältnisse von Arbeitnehmern, die von den die Kündigung bedingenden betrieblichen Gründen gar nicht betroffen sind, in ihrem Bestand gefährdet.

Das KSchG will das Arbeitsverhältnis nur soweit schützen, wie es im Zeitpunkt des Zugangs der Kündigungserklärung besteht. Der Bestandsschutz erstreckt sich ausschließlich auf den aktualisierten Inhalt des Arbeitsverhältnisses, nicht aber auf bloße arbeitsvertragliche Chancen des Arbeitnehmers, den konkreten Arbeitsplatz wechseln zu können.

Welche Arbeitnehmer in die Sozialauswahl einzubeziehen sind, ist daher nicht nach dem Inhalt des Arbeitsvertrages der Erziehungsurlauberin, sondern nach arbeitsplatzbezogenen Merkmalen zu entscheiden. Da ihre Arbeitspflicht durch den Erziehungsurlaub nicht abstrakt suspendiert wird, sondern allein die konkrete Verpflichtung ruht, die bisher ausgeübte Tätigkeit zu erbringen, ist im Rahmen der Sozialauswahl nur auf diese Tätigkeit der Erziehungsurlauberin abzustellen[22]. Die nach dem Arbeitsvertrag über die früher ausgeübte Tätigkeit

---

20 Vgl. *BAG* vom 7. 2. 1985, 2 AZR 91/84, AP Nr. 9 zu § 1 KSchG 1969 Soziale Auswahl unter IV der Gründe; 29. 3. 1990, 2 AZR 369/89, AP Nr. 50 zu § 1 KSchG 1969 Betriebsbedingte Kündigung unter B III der Gründe m. Nw. zur Gegenmeinung (B II 3 a); *Färber,* Die horizontale und vertikale Austauschbarkeit von Arbeitnehmern im Rahmen der Sozialauswahl, NZA 1985, 175, 176 ff.; *Herschel/Löwisch* § 1 Rn. 220; KR/*Becker* § 1 Rn. 348a; *Stahlhacke/Preis* Rn. 665; *Linck* § 3 IV 2 S. 54 ff.; *Hueck/v. Hoyningen-Huene* § 1 Rn. 445 ff. m. w. Nw. auch zur Gegenmeinung.

21 *Schulin,* Anm. zu *BAG* vom 7. 2. 1985, 2 AZR 91/84, EzA § 1 KSchG Soziale Auswahl Nr. 20 S: 28 j; *Linck,* § 3 IV 2 c S. 58 f; *Hueck/v. Hoyningen-Huene,* § 1 Rn. 449 f.; vgl. auch *Gaul,* Wechselbeziehung zwischen Direktionsrecht und Sozialauswahl, NZA 1992, 673, 674, 676 ff.

22 Zum Einbezug der Arbeitnehmer in die Sozialauswahl, die auf einem mit dem früheren Arbeitsplatz der Erziehungsurlauberin teilidentischen Arbeitsplatz beschäftigt sind, wenn die Erziehungsurlauberin aufgrund ihrer Ausbildung und Fähigkeiten den anderen Arbeitsplatz ausfüllen kann, siehe KR/*Becker* § 1 Rn. 347; *Herschel/Löwisch* § 1 Rn. 217; *Linck* § 3 IV 1 a S: 50 f.

hinaus in Betracht kommenden Tätigkeiten der Erziehungsurlauberin sind erst im Rahmen der Weiterbeschäftigungsmöglichkeit nach § 1 Abs. 2 S. 2 Nr. 1 b, S. 3 KSchG zu berücksichtigen (dazu gleich)[23].

cc. Da nach § 1 Abs. 2 S. 1 KSchG nur dringende betriebliche Gründe eine Kündigung rechtfertigen, darf der Arbeitgeber der Arbeitnehmerin nur kündigen, wenn er den Personalüberhang nicht durch mildere Mittel beseitigen kann. Kann der Arbeitgeber auch nur einen der vergleichbaren Arbeitnehmer auf einem freien Arbeitsplatz im Betrieb oder in einem anderen Betrieb desselben Unternehmens weiterbeschäftigen, darf er nach § 1 Abs. 2 S. 2 Nr. 1 b KSchG keinem der Arbeitnehmer kündigen. Dasselbe gilt, wenn eine Weiterbeschäftigung eines Arbeitnehmers nach zumutbaren Umschulungs- und Fortbildungsmaßnahmen möglich ist, § 1 Abs. 2 S. 3 KSchG. Eine Kündigung ist in diesen Fällen nicht erforderlich, da bei einer Weiterbeschäftigungsmöglichkeit kein Personalüberhang besteht.

Eine Weiterbeschäftigungsmöglichkeit besteht nur, wenn im Betrieb ein Arbeitsplatz für einen Arbeitnehmer frei ist. Ob ein Arbeitnehmer auf einem freien Arbeitsplatz beschäftigt werden kann, bestimmt sich nach seiner arbeitsvertraglich geschuldeten Tätigkeit: Je weiter diese gefaßt ist, desto mehr Arbeitsplätze kann der Arbeitnehmer ausfüllen und desto größer sind die Beschäftigungsmöglichkeiten des Arbeitgebers. Lehnt der Arbeitnehmer eine Weiterbeschäftigung ab, die er nach dem Arbeitsvertrag ausüben kann und muß, kann ihm der Arbeitgeber nach Abmahnung wegen Arbeitsverweigerung verhaltensbedingt kündigen[24].

Der Arbeitgeber muß zu kündigenden Arbeitnehmern darüber hinaus eine Weiterbeschäftigung zu geänderten Vertragsbedingungen anbieten, soweit ihnen diese zumutbar sind. Welche Tätigkeiten einem Arbeitnehmer zumutbar sind, bestimmt sich wiederum nach seinem Arbeitsvertrag: Je weiter die arbeitsvertraglich geschuldete Arbeitsleistung des Arbeitnehmers gefaßt ist, desto eher sind ihm Tätigkeiten unter Abänderung des Arbeitsvertrages zumutbar. Eine Weiterbeschäftigung zu geänderten Vertragsbedingungen hindert die Kündigung aber nur, wenn der Arbeitnehmer der Vertragsänderung zustimmt[25].

---

23 Vgl. auch *BAG* vom 29.3.1990 a.a.O.
24 Zur verhaltensbedingten Kündigung wegen mehrfachen unentschuldigten Fehlens des Arbeitnehmers vgl. *BAG* vom 17. 1. 1991, 2 AZR 375/90, AP Nr. 25 zu § 1 KSchG verhaltensbedingte Kündigung; zur außerordentlichen Kündigung wegen wiederholter Unpünktlichkeit des Arbeitnehmers *BAG* vom 17. 3. 1988, 2 AZR 576/87, AP Nr. 99 zu § 626 BGB; zusammenfassend *Stahlhacke/Preis* Rn. 705, 507 ff.; *Herschel/Löwisch*, Kommentar zum Kündigungsschutzgesetz, 1984, § 1 Rn. 103; *Hueck/v. Hoyningen-Huene* § 1 Rn. 315 verlangt auch für die ordentliche Kündigung eine beharrliche Arbeitsverweigerung.
25 *BAG* vom 27. 9. 1984, 2 AZR 62/83, AP Nr. 8 zu § 2 KSchG 1969; *Herschel/Löwisch* § 1 Rn. 189; KR/*Becker* § 1 Rn. 144; KR/*Rost* § 2 Rn. 18c; weitergehend *Stahlhacke/Preis* Rn. 639 (Pflicht zum Angebot auch unzumutbarer Arbeitsplätze, anders nur bei deutlichen Qualifikationsunterschieden); a. A. *Hueck/v. Hoyningen-Huene* § 1 Rn. 146 ff. und Anm. zu *BAG* vom 27. 9. 1984 a.a.O.

Dabei bezieht sich die Pflicht, einen Arbeitnehmer auf einem freien Arbeitsplatz zu beschäftigen, nach § 1 Abs. 2 S. 1 KSchG nur auf das Unternehmen des Arbeitgebers. Dasselbe gilt für die Verpflichtung, dem Arbeitnehmer einen zumutbaren Arbeitsplatz zu geänderten Vertragsbedingungen anzubieten. Aus dem KSchG allein ist der Arbeitgeber daher nicht verpflichtet, eine Kündigung zu unterlassen, wenn ein Arbeitsplatz in einem anderen Verbundunternehmen frei ist.

Auf der anderen Seite steht es dem Arbeitgeber frei, die Kündigung eines Arbeitnehmers dadurch zu verhindern, daß er diesen an ein anderes Verbundunternehmen abgibt, wenn dieses zur Beschäftigung des Arbeitnehmers bereit und der Arbeitnehmer mit der Tätigkeit in dem Unternehmen einverstanden ist. Ob der Arbeitgeber den Arbeitnehmer dafür an das Verbundunternehmen verleiht, ob das zwischen ihnen bestehende Arbeitsverhältnis lediglich ruht und der Arbeitnehmer mit dem anderen Verbundunternehmen einen Zweitarbeitsvertrag abschließt, oder ob das Arbeitsverhältnis zwischen Arbeitgeber und Arbeitnehmer aufgelöst wird und der Arbeitnehmer fortan lediglich zu dem anderen Verbundunternehmen in einem Arbeitsverhältnis steht, ist dafür unerheblich.

dd. Besteht weder für die Erziehungsurlauberin noch für einen mit ihr vergleichbaren Arbeitnehmer eine Weiterbeschäftigungsmöglichkeit nach § 1 Abs. 2 S. 2 Nr. 1 und S. 3 KSchG, muß der Arbeitgeber durch die Sozialauswahl nach § 1 Abs. 3 S. 1 KSchG ermitteln, welchem der Arbeitnehmer als sozialstärkstem betriebsbedingt gekündigt werden kann. Dabei darf er zuungunsten der aus dem Erziehungsurlaub zurückgekehrten Arbeitnehmerin nicht berücksichtigen, daß sie Erziehungsurlaub in Anspruch genommen hat. Tut er das, ist die Kündigung wegen fehlerhaft durchgeführter Sozialauswahl nach § 1 Abs. 3 KSchG sozialwidrig[26].

d. Maßregelungsverbot nach § 612a BGB

Fraglich ist, ob der Arbeitgeber, der einer aus dem Erziehungsurlaub zurückgekehrten Arbeitnehmerin kündigt, weil er an ihrer Stelle eine andere Arbeitnehmerin auf Dauer eingestellt hat und für die Erziehungsurlauberin deshalb ein Arbeitsplatz in seinem Unternehmen nicht frei ist, mit der Kündigung gegen § 612a BGB verstößt. Die Arbeitgeberkündigung wäre dann nach § 134 BGB nichtig[27].

Nach § 612a BGB darf der Arbeitgeber eine Arbeitnehmerin nicht deshalb benachteiligen, weil diese in zulässiger Weise ihre Rechte ausübt. Nimmt sie Erziehungsurlaub in Anspruch, übt sie das ihr durch § 15 Abs. 1 BErzGG eingeräumte

---

26 *Zmarzlik/Zipperer/Viethen* § 18 BErzGG 1989 Rn. 19 sehen darin einen Verstoß gegen § 612a BGB.
27 *BAG* vom 2. 4. 1987, 2 AZR 227/86, AP Nr. 1 zu § 612a BGB = EzA § 612a BGB Nr. 1 = NZA 1988, 18 f.; *Staudinger/Richardi* 1989 § 612a Rn. 12; Münchner Kommentar/*Schaub* 1988 § 612a Rn. 8; *Zmarzlik/Zipperer/Viethen* § 18 BErzGG 1989 Rn. 19.

Recht aus, bei fortbestehendem Arbeitsverhältnis nicht zu arbeiten oder lediglich eine Teilzeitarbeit zu verrichten, um sich bis zur Vollendung des dritten Lebensjahres des Kindes ganz oder überwiegend der Erziehung ihres Kindes zu widmen (zur Möglichkeit einer Teilzeitbeschäftigung während des Erziehungsurlaubs siehe § 5).

Es ist aber zweifelhaft, ob der Arbeitgeber, der einer Arbeitnehmerin nach Ende des Erziehungsurlaubs kündigt, diese benachteiligt, weil sie den ihr gesetzlich zustehenden Erziehungsurlaub in Anspruch genommen hat. Ob der Arbeitgeber eine Arbeitnehmerin wegen zulässiger Rechtsausübung maßregelt, richtet sich nach den gleichen Grundsätzen, die das *BAG* für das Kündigungsverbot wegen Betriebsübergangs nach § 613a BGB aufgestellt hat[28].

Eine Kündigung wegen zulässiger Rechtsausübung ist danach nur zu bejahen, wenn die Rechtsausübung für die Kündigung nicht nur in irgendeiner Weise ursächlich und nicht nur deren äußerer Anlaß, sondern ihr tragender Beweggrund, d. h. das wesentliche Kündigungsmotiv, gewesen ist. Ist der Kündigungsentschluß des Arbeitgebers ausschließlich durch die zulässige Rechtsverfolgung der Arbeitnehmerin bestimmt worden, verstößt die Kündigung auch in den Fällen gegen § 612a BGB, in denen sie aus anderen Gründen an sich gerechtfertigt wäre[29].

Kündigt der Arbeitgeber der Arbeitnehmerin nach Ende des Erziehungsurlaubs ausdrücklich mit der Begründung, daß sie Erziehungsurlaub in Anspruch genommen habe, verstößt er schon deshalb gegen § 612a BGB. Spricht er aber zulässigerweise eine betriebsbedingte Kündigung aus, weil durch die Rückkehr der Erziehungsurlauberin in seinem Betrieb ein Personalüberhang besteht, verstößt die Kündigung nicht gegen § 612a BGB: § 612a BGB will dem Arbeitgeber nicht Kündigungsmöglichkeiten nehmen, sondern versagt lediglich einer verhaltensbedingten Kündigung die Wirksamkeit, die der Arbeitgeber ausspricht, um den Arbeitnehmer für die Inanspruchnahme ihm zustehender Rechte zu bestrafen. Schiebt der Arbeitgeber betriebsbedingte Kündigungsgründe allerdings nur vor, um die Arbeitnehmerin mit der Kündigung für die Inanspruchnahme des Erziehungsurlaubs zu maßregeln, ist die Kündigung auch dann nach § 612a i. V. m. § 134 BGB nichtig, wenn sie nach § 1 Abs. 2 und 3 KSchG grundsätzlich gerechtfertigt wäre. Der Arbeitgeber hat dann unzulässigerweise die Inanspruchnahme des Erziehungsurlaubs zum tragenden Grund seiner Kündigung gemacht.

e. Kündigungseinschränkung aus dem BErzGG

Möglicherweise wird die betriebsbedingte Kündigung der Erziehungsurlauberin aber aus Gründen eingeschränkt, die sich aus dem BErzGG ergeben: Aus der dem Arbeitgeber mit § 21 BErzGG eröffneten Möglichkeit, Ersatzkräfte für die Erzie-

---

28 *BAG* vom 2. 4. 1987 a. a. O.
29 *BAG* vom 2. 4. 1987 a. a. O.; vom 26. 5. 1983, 2 AZR 477/81 unter B III der Gründe und vom 31. 1. 1985, 2 AZR 530/83, unter II 2c cc der Gründe, EzA § 612a BGB Nr. 34 und 42.

hungsurlauberin befristet einzustellen, könnte man folgern, daß der Arbeitgeber der Arbeitnehmerin nur kündigen darf, wenn er keinen hinreichend qualifizierten Ersatzarbeitnehmer gefunden hat, der zum Abschluß eines auf die Dauer des Erziehungsurlaubs befristeten Arbeitsvertrages bereit gewesen ist. Insoweit würde § 21 BErzGG die Fürsorgepflicht des Arbeitgebers aus dem Arbeitsverhältnis erweitern.

Gegen die solchermaßen erweiterte Fürsorgepflicht des Arbeitgebers läßt sich nicht einwenden, daß durch sie die übrigen Arbeitnehmerinnen unzulässigerweise benachteiligt werden, weil der Arbeitgeber, in dessen Betrieb wegen der unbefristeten Einstellung einer Ersatzkraft bei Rückkehr der Erziehungsurlauberin ein Personalüberhang besteht, einem anderen Arbeitnehmer auf einem vergleichbaren Arbeitsplatz kündigen müsse. Nach ganz herrschender Meinung dürfen Arbeitnehmer, deren Kündigung gesetzlich verboten ist (Betriebsratsmitglieder nach § 15 KSchG, Wehr- oder Zivildienstleistende nach §§ 2, 10 ArbPlatzSchG, § 2 EignungsübungsG und § 78 Abs. 1 Nr. 1 ZDG), nicht in die Sozialauswahl nach § 1 Abs. 3 KSchG einbezogen werden, und Arbeitnehmer, deren Kündigung erst nach behördlicher Zustimmung zulässig ist (Schwangere und Mütter nach § 9 MuSchG, § 18 BErzGG usw.), nicht, solange die entsprechende Zustimmung fehlt [30].

Dem Gesetzgeber hätte es daher freigestanden, Arbeitnehmer aus der betriebsbedingten Kündigung und der Sozialauswahl herauszunehmen, indem er die Kündigung mittelbar verboten, nämlich die Kündigungsberechtigung des Arbeitgebers an gesetzlich festgelegte Voraussetzungen geknüpft hätte.

Derart weitreichende Rechtsfolgen können § 21 BErzGG aber nicht entnommen werden. Mit § 21 Abs. 1 BErzGG wollte der Gesetzgeber lediglich klarstellen, daß die Vertretung einer im Erziehungsurlaub befindlichen Arbeitnehmerin ein sachlicher Grund für die Befristung des Arbeitsverhältnisses mit der Ersatzkraft ist und so die Befristungsrechtsprechung des *BAG* auf eine eindeutige Grundlage stellen [31].

Daß dem Arbeitgeber mit der Befristungsmöglichkeit auch zusätzliche Pflichten auferlegt werden sollen, kann aus § 21 Abs. 1 BErzGG nicht herausgelesen werden. Die Kündigungsfreiheit des Arbeitgebers darf aber nur durch eine eindeutige gesetzliche Regelung beschränkt werden.

3. Erweiterung der Beschäftigungsmöglichkeit

a. Änderung des Arbeitsvertrages

Arbeitgeber und Arbeitnehmerin können die Beschäftigungsmöglichkeiten der Arbeitnehmerin nach Ende des Erziehungsurlaubs erweitern, indem sie den Arbeitsvertrag entsprechend ändern: Sie können die von der Arbeitnehmerin ver-

---

[30] *Herschel/Löwisch* § 1 Rn. 222; *Hueck/v. Hoyningen-Huene* § 1 Rn. 453 f.; KR/*Becker* § 1 Rn. 349; *Stahlhacke/Preis* Rn. 662.
[31] *Gesetzesbegründung* BT-Drucks. X/3792 S. 21.

traglich geschuldete Arbeitsleistung weit umschreiben, um dem Arbeitgeber bei Rückkehr der Erziehungsurlauberin in den Betrieb breitgefächerte Einsatzmöglichkeiten zu eröffnen.

Das BErzGG schränkt die Vertragsfreiheit von Arbeitgeber und Arbeitnehmerin insoweit nicht ein. Insbesondere können Arbeitgeber und Arbeitnehmerin einen Änderungsvertrag vor dem Verlangen der Arbeitnehmerin nach § 16 Abs. 1 S. 1 BErzGG abschließen, Erziehungsurlaub in Anspruch nehmen zu wollen. Durch eine entsprechende Vereinbarung verstießen die Arbeitsvertragsparteien nicht gegen das Verbot des § 15 Abs. 3 BErzGG, den Anspruch auf Erziehungsurlaub vertraglich auszuschließen oder zu beschränken: Nicht der Anspruch auf Erziehungsurlaub wird beschränkt, sondern es wird lediglich der Beschäftigungsanspruch der Arbeitnehmerin im Anschluß an den Erziehungsurlaub modifiziert.

In einer entsprechenden Änderung des Arbeitsvertrages liegt auch kein unzulässiger Verzicht der Arbeitnehmerin auf den durch § 18 BErzGG geschützten Bestand ihres Arbeitsverhältnisses. § 18 BErzGG verbietet dem Arbeitgeber lediglich, das Arbeitsverhältnis während des Erziehungsurlaubs zu kündigen, d.h. einseitig zu beenden. Aufhebungs- und Änderungsverträge verbietet § 18 BErzGG nicht [32].

Allerdings umgehen Betriebsveräußerer und Arbeitnehmer, die bei einem Betriebsübergang ihr Arbeitsverhältnis einvernehmlich aufheben, das Kündigungsverbot des § 613a Abs. 4 S. 1 BGB, wenn so erreicht werden soll, daß die Arbeitnehmer mit dem Betriebserwerber neue Arbeitsverträge zu geänderten Bedingungen abschließen [33]. Doch kann diese Rechtsprechung nicht dahin verallgemeinert werden, daß durch Änderungs- und Aufhebungsverträge Kündigungsschutzvorschriften automatisch umgangen werden. Die Aussagen des *BAG* sind auf den Sonderfall des Betriebsübergangs zu beschränken, für den in § 613a Abs. 1 S. 1 BGB ausdrücklich normiert ist, daß die Arbeitsverhältnisse auf den Betriebserwerber in dem Umfang und mit dem Inhalt übergehen, wie sie beim Betriebsveräußerer bestanden haben [34].

b. Verbund als Arbeitgeber

Arbeitgeber und Arbeitnehmerin können das Arbeitsverhältnis auch mit dem Ziel einvernehmlich aufheben, daß die Arbeitnehmerin einen Arbeitsvertrag mit dem Verbund abschließt.

---

32 Für die Zulässigkeit von Aufhebungsverträgen während des Erziehungsurlaubs *Grüner/Dalichau* § 18 Anm. III 5; *Winterfeld* Teil M Rn. 329; KR/*Becker* § 18 BErzGG Rn. 37 i. V. m. § 9 MuSchG Rn. 148; *Meisel/Sowka* § 18 Rn. 3; *Hönsch* Rn. 285 b; *Halbach* DB 1986 Beilage Nr. 1 S. 17.
33 *BAG* vom 12. 5. 1992, 3 AZR 247/91, DB 1992, 2038; vom 28. 4. 1987, 3 AZR 75/86, AP Nr. 15 zu § 1 BetrAVG Betriebsveräußerung mit krit. Anm. *Loritz*; so auch *Löwisch* Anm. zu *BAG* vom 28. 3. 1988, 2 AZR 623/87, EzA § 613a BGB Nr. 80 unter 1.
34 Zur Anfechtbarkeit des Änderungsvertrages nach § 123 BGB siehe unten e.

Den Aufhebungsvertrag können Arbeitgeber und Arbeitnehmerin jederzeit abschließen, also auch bevor die Arbeitnehmerin nach § 16 Abs. 1 S. 1 BErzGG den ihr gesetzlich zustehenden Erziehungsurlaub verlangt hat. Die einvernehmliche Auflösung des Arbeitsverhältnisses zu diesem Zeitpunkt verstößt weder gegen § 15 Abs. 3 BErzGG noch gegen § 18 BErzGG: § 15 Abs. 3 BErzGG hindert die Arbeitsvertragsparteien lediglich daran, den Anspruch der Arbeitnehmerin auf den gesetzlichen Erziehungsurlaub in einem bestehenden Arbeitsverhältnis vorab auszuschließen, nicht aber, das Arbeitsverhältnis insgesamt aufzuheben. Und kündigungsschutzrechtliche Vorschriften schützen die Arbeitnehmerin nur vor der einseitigen Aufhebung des Arbeitsvertrages durch den Arbeitgeber, nicht aber vor einer einverständlichen Auflösung des Arbeitsvertrages[35].

c. Anderes Verbundunternehmen als Arbeitgeber

Entsprechend können die Arbeitsvertragsparteien das Arbeitsverhältnis auch auf ein anderes Verbundunternehmen „überleiten".

Weder der Arbeitgeber noch die Arbeitnehmerin werden aber ein Interesse daran haben, daß das zwischen ihnen bestehende Arbeitsverhältnis mit sofortiger Wirkung aufgelöst und die Arbeitnehmerin einen Arbeitsvertrag mit einem anderen Verbundunternehmen abschließt. Den Übergang des Arbeitsverhältnisses auf ein anderes Verbundunternehmen beabsichtigen sie in der Regel nur für den Fall, daß nach Ende des Erziehungsurlaubs beim Arbeitgeber kein Arbeitsplatz für die rückkehrwillige Arbeitnehmerin frei ist.

Zu diesem Zweck können die Arbeitsvertragsparteien vereinbaren, daß die Arbeitnehmerin verpflichtet ist, einen Arbeitsvertrag mit einem anderen Verbundunternehmen abzuschließen, wenn eine Beschäftigungsmöglichkeit beim Arbeitgeber nicht besteht[36].

Von dieser Verpflichtung, einen Arbeitsvertrag mit einem anderen Verbundunternehmen abzuschließen, ist die Verpflichtung zu trennen, den Arbeitsvertrag mit dem Arbeitgeber aufzuheben: Zum Abschluß eines Aufhebungsvertrages für den Fall, daß bei Ende des Erziehungsurlaubs beim Arbeitgeber kein Arbeitsplatz frei ist, kann sich die Arbeitnehmerin nicht vorab verpflichten. Zwar steht einer solchen Aufhebungsverpflichtung nicht der Sonderkündigungsschutz nach § 18 BErzGG entgegen, da § 18 BErzGG den Bestand des Arbeitsverhältnisses nicht über das Ende des Erziehungsurlaubs hinaus schützt. Ohne die vertragliche Verpflichtung der Arbeitnehmerin, das Arbeitsverhältnis mit dem Arbeitgeber bei Fehlen einer Beschäftigungsmöglichkeit aufzuheben, müßte der Arbeitgeber ihr aber betriebsbedingt kündigen (dazu oben 2 c). Auf ihren Kündigungsschutz nach

---

35 Siehe gerade unter a.
36 Dazu, wann eine Beschäftigungsmöglichkeit beim Arbeitgeber in diesem Sinne fehlt, unten III 2 a.

dem KSchG kann die Arbeitnehmerin aber nicht vorab verzichten. Eine Aufhebungsverpflichtung wäre daher nichtig[37].

Die Arbeitnehmerin kann sich daher nur dazu verpflichten, mit einem anderen Verbundunternehmen einen Zweitarbeitsvertrag abzuschließen, wenn ihr Arbeitgeber sie in seinem Betrieb nicht beschäftigen kann. Neben dem Zweitarbeitsverhältnis zum Verbundunternehmen bestünde das Arbeitsverhältnis zum Erstarbeitgeber als ruhendes fort, so daß die Arbeitnehmerin bei einer Kündigung des Zweitarbeitgebers weiter in einem Arbeitsverhältnis zum Erstarbeitgeber stünde. Der Erstarbeitgeber könnte sich nur durch eine betriebsbedingte Kündigung von seiner Arbeitnehmerin trennen[38].

Daß eine Arbeitnehmerin einen Arbeitsvertrag mit mehreren Arbeitgebern abschließt, ist zulässig und kommt insbesondere bei Teilzeitarbeitnehmern und Konzernarbeitnehmern häufig vor[39].

Wegen Umgehung des Kündigungsschutzgesetzes unzulässig ist aber nur die Verpflichtung der Arbeitnehmerin, einen Aufhebungsvertrag abzuschließen. Es bleibt ihr im übrigen unbenommen, das Arbeitsverhältnis mit dem Arbeitgeber jederzeit aufzuheben. Etwa kann sie einen Aufhebungsvertrag abschließen, wenn bei Ende des Erziehungsurlaubs absehbar ist, daß bei ihrem Arbeitgeber keine Beschäftigungsmöglichkeit besteht, und sie die Möglichkeit hat, in einem anderen Verbundunternehmen zu arbeiten. Auch kann sie das ruhende Arbeitsverhältnis zu ihrem Erstarbeitgeber auflösen, wenn sie aufgrund ihrer Verpflichtung, mit einem anderen Unternehmen ein Zweitarbeitsverhältnis einzugehen, bei diesem arbeitet.

d. Kündigungsrecht des Arbeitgebers

Erweitern die Arbeitsvertragsparteien die Arbeitspflicht der Arbeitnehmerin, hat das Auswirkungen auf die Kündigungsmöglichkeit des Arbeitgebers nach Rückkehr der Arbeitnehmerin aus dem Erziehungsurlaub.

Wie unter 2 c ausgeführt, wird die Möglichkeit, eine Arbeitnehmerin nach § 1 Abs. 2 S. 2 Nr. 1 b, S. 3 KSchG auf einem anderen Arbeitsplatz im Unternehmen des Arbeitgebers weiterzubeschäftigen, durch den Umfang der arbeitsvertraglich geschuldeten Tätigkeit wesentlich mitbestimmt: Eine Weiterbeschäftigungspflicht des Arbeitgebers besteht, wenn für die Arbeitnehmerin im Unternehmen ein

---

37 *Hueck/v. Hoyningen-Huene* § 1 Rn. 10; KR/*Friedrich* § 4 Rn. 296; vgl. auch die Rechtsprechung zu befristeten Arbeitsverträgen, etwa *BAG* (GS) vom 12. 10. 1960, GS 1/59, (noch zum alten KSchG); vom 22. 3. 1973, 2 AZR 274/72 und vom 11. 11. 1982, 2 AZR 552/81, AP Nr. 16, 38 und 71 zu § 620 BGB Befristeter Arbeitsvertrag.
38 Vgl. *Windbichler*, Arbeitsrecht im Konzern, 1989, § 4 I 4b dd S. 77 zu entsprechenden Vertragsgestaltungen im Konzern.
39 *BAG* vom 19. 6. 1959, 1 AZR 565/57 und vom 18. 11. 1988, 8 AZR 12/86, AP Nr. 1 und 3 zu § 611 BGB Doppelarbeitsverhältnis; *Windbichler* S. 72 ff.; *Wiedemann*, Anm. zu *BAG* vom 27. 3. 1981, 7 AZR 523/78, AP Nr. 1 zu § 611 BGB Arbeitgebergruppe.

Arbeitsplatz frei ist. Je weiter die Arbeitsverpflichtung der Arbeitnehmerin im Arbeitsvertrag gefaßt ist, desto mehr Arbeitsplätze kann sie ausfüllen und desto eher besteht eine Chance, einen freien Arbeitsplatz für sie zu finden. Besteht eine Weiterbeschäftigungsmöglichkeit, entfällt der dringende betriebliche Grund für die Kündigung.

Verpflichtet sich die Arbeitnehmerin, bei fehlender Beschäftigungsmöglichkeit beim Arbeitgeber einen Zweitarbeitsvertrag mit einem anderen Verbundunternehmen abzuschließen (oben c), oder wird ihr ein entsprechender Beschäftigungsanspruch eingeräumt, und besteht eine damit korrespondierende Pflicht des Verbundunternehmens zum Abschluß des Arbeitsvertrages, ist der Arbeitgeber darüber hinaus verpflichtet, eine Weiterbeschäftigung der Arbeitnehmerin in einem anderen Verbundunternehmen zu versuchen, bevor er ihr betriebsbedingt kündigen kann.

Zwar besteht wegen der grundsätzlichen Unternehmensbezogenheit des KSchG im Regelfall keine Pflicht des Arbeitgebers, Weiterbeschäftigungsmöglichkeiten für die zu kündigenden Arbeitnehmer außerhalb seines Unternehmens zu suchen. Auch das *BAG* lehnt eine konzernweite Weiterbeschäftigungspflicht grundsätzlich ab. Es verbietet dem Arbeitgeber aber ausnahmsweise betriebsbedingte Kündigungen, wenn sich ein anderes Konzernunternehmen zur Übernahme von Arbeitnehmern bereit erklärt hat, oder der Arbeitnehmer einen arbeitsvertraglichen Anspruch gegen den Arbeitgeber hat, ihm einen Arbeitsplatz in einem anderen Konzernunternehmen zu verschaffen, und der Arbeitgeber Einfluß darauf hat, daß das andere Konzernunternehmen den Arbeitnehmer übernimmt. Einen arbeitsvertraglichen Anspruch auf Beschäftigung in einem anderen Konzernunternehmen nimmt das *BAG* etwa an, wenn der Arbeitnehmer von vornherein für den gesamten Konzern eingestellt worden ist oder sich arbeitsvertraglich mit einer Versetzung innerhalb der Konzerngruppe bereit erklärt hat [40].

Die Rechtsprechung des *BAG* ist nicht nur auf Konzerne im Sinne des § 18 AktG anzuwenden, sondern auf jede Unternehmensgruppe, innerhalb derer die einzelnen verbundenen Unternehmen einen Personalaustausch verabredet haben. Auch im Verbund ist der Arbeitgeber daher nicht berechtigt, der aus dem Erziehungsurlaub zurückkehrenden Arbeitnehmerin zu kündigen, wenn die rückkehrwillige Arbeitnehmerin arbeitsvertraglich berechtigt oder verpflichtet ist, eine Beschäftigung bei einem anderen Verbundunternehmen aufzunehmen, und sich die Verbundunternehmen untereinander zur Weiterbeschäftigung von Erziehungsurlauberinnen aus anderen Verbundunternehmen verpflichtet haben.

---

40 *BAG* vom 14. 10. 1982, 2 AZR 568/80, AP Nr. 1 zu § 1 KSchG 1969 Konzern mit zustimmender Anmerkung *Wiedemann*; vom 22. 5. 1986, 2 AZR 612/85, AP Nr. 4 zu § 1 KSchG 1969 Konzern = EzA § 1 KSchG Sozialauswahl Nr. 22; LAG Hamm vom 30. 10. 1989, 16 Sa 315/89, LAGE § 1 KSchG Betriebsbedingte Kündigung Nr. 18; vgl. auch vom 27. 11. 1991, 2 AZR 255/91, NZA 1992, 644; siehe auch MünchArbR/ *Richardi* § 31 Rn. 32.

Wegen der grundsätzlichen Unternehmensbezogenheit der Weiterbeschäftigungspflicht nach dem KSchG ist der Arbeitgeber aber vorrangig verpflichtet, die aus dem Erziehungsurlaub zurückkehrende Arbeitnehmerin in seinem Unternehmen unterzubringen. Erst wenn in seinem Unternehmen kein Arbeitsplatz für die Arbeitnehmerin frei ist, kann er eine Beschäftigungsmöglichkeit in einem Verbundunternehmen suchen.

Lehnt die Erziehungsurlauberin die Weiterbeschäftigung in einem anderen Verbundunternehmen ab, kann ihr der Arbeitgeber, anders als bei Ablehnung einer Weiterbeschäftigungsmöglichkeit nach § 1 Abs. 3 S. 2 Nr. 2 und S. 3 KSchG, aber nicht verhaltensbedingt kündigen (dazu oben 2 c): Die Arbeitnehmerin verweigert nicht die dem Arbeitgeber geschuldete Arbeitsleistung, sondern die Arbeitsaufnahme in einem anderen Verbundunternehmen. Der Arbeitgeber kann der Erziehungsurlauberin daher nur kündigen, wenn sie über die Sozialauswahl nach § 1 Abs. 3 KSchG als sozial stärkste Arbeitnehmerin ermittelt wird (siehe ebenda)[41].

Durch die arbeitsvertraglich erweiterte Arbeitspflicht der Arbeitnehmerin werden die Kündigungsmöglichkeiten des Arbeitgebers damit im Regelfall eingeschränkt: Die Arbeitnehmerin, deren Beschäftigungsmöglichkeiten im Arbeitsvertrag weit formuliert sind, kann häufig im Unternehmen des Arbeitgebers oder einem anderen Verbundunternehmen weiterbeschäftigt werden, so daß ein betriebsbedingter Kündigungsgrund in ihrer Person nicht besteht. Kann die Erziehungsurlauberin weiterbeschäftigt werden, entfällt gleichzeitig der durch ihre Rückkehr in den Arbeitgeberbetrieb ausgelöste Personalüberhang, so daß auch den vergleichbaren Arbeitnehmern nicht gekündigt zu werden braucht.

e. Anfechtung des Änderungsvertrages

Der Arbeitgeber darf die Arbeitnehmerin aber nicht dazu zwingen, einer Erweiterung ihrer Beschäftigungspflicht zuzustimmen.

Droht er der Arbeitnehmerin, er werde ihr kündigen, wenn sie sich nicht mit einer Erweiterung ihrer Beschäftigungspflicht einverstanden erklärt, und nötigt sie so zum Abschluß eines Änderungsvertrages, kommt eine Anfechtung des Änderungsvertrages durch die Arbeitnehmerin nach § 123 Abs. 1 BGB in Betracht. Mit der Anfechtung des Vertrages wäre dieser nach § 142 Abs. 1 BGB von Anfang an nichtig, so daß der Arbeitsvertrag in der bis zur Abänderung bestehenden Form fortgälte.

Nach ständiger Rechtsprechung des *BAG* liegt in der Erklärung des Arbeitgebers, er werde das Arbeitsverhältnis kündigen, falls der Arbeitnehmer sich weigere, einen Aufhebungsvertrag abzuschließen, eine widerrechtliche Drohung im Sinne des § 123 Abs. 1 BGB, wenn ein verständiger Arbeitgeber die angedrohte Kündi-

---

[41] Dazu, daß der Arbeitgeber keine Änderungskündigung mit dem Ziel aussprechen kann, die Beschäftigung der Arbeitnehmerin in einem anderen Verbundunternehmen zu erreichen, siehe *Windbichler* § 4 IV c S. 159 und 3 b dd S. 150 ff.

gung nicht ernsthaft in Erwägung hätte ziehen dürfen. Dabei kommt es nicht darauf an, ob die angedrohte Kündigung objektiv zulässig gewesen wäre. Maßgebend ist, ob der Arbeitgeber, hätte er alle Umstände gekannt, verständigerweise eine Kündigung ausgesprochen hätte [42].

Diese Rechtsprechung ist auch auf Änderungsverträge, die unter dem Druck einer Kündigung abgeschlossen werden, anwendbar.

Will der Arbeitgeber vor oder bei Antritt des Erziehungsurlaubs die Leistungspflicht der Arbeitnehmerin durch Änderungsvertrag erweitern oder das Arbeitsverhältnis auf den Verbund überleiten, oder will er die Arbeitnehmerin verpflichten, bei fehlender Beschäftigungsmöglichkeit im Arbeitgeberbetrieb einen Zweitarbeitsvertrag mit einem anderen Verbundunternehmen abzuschließen, und droht er ihr im Weigerungsfall eine Kündigung an, ist diese Drohung widerrechtlich. Ab dem Verlangen der Arbeitnehmerin, Erziehungsurlaub in Anspruch nehmen zu wollen, ist die Arbeitnehmerin vor Kündigungen durch § 18 BErzGG geschützt. Der Arbeitgeber kann ihr daher nur damit drohen, eine Kündigung auszusprechen, sobald sie aus dem Erziehungsurlaub in den Betrieb zurückgekehrt ist. Inwieweit betriebsbedingte Gründe in diesem Zeitpunkt eine Kündigung rechtfertigen werden, kann der Arbeitgeber bei der Androhung der Kündigung noch nicht absehen. Mit den Worten des *BAG* darf er eine solche Kündigung daher „nicht ernsthaft in Erwägung ziehen".

Versucht der Arbeitgeber, die Arbeitnehmerin zu einem entsprechenden Änderungsvertrag zu nötigen, bevor der Kündigungsschutz nach § 18 BErzGG beginnt (dazu oben 2 a), kann er zwar mit der sofortigen Kündigung des Arbeitsverhältnisses drohen. Eine solche Kündigung wäre jedoch nur dann nicht widerrechtlich, wenn er sie ernsthaft in Betracht ziehen, d. h. davon ausgehen dürfte, daß sie nach § 1 Abs. 2, 3 KSchG oder § 626 BGB gerechtfertigt wäre. Das wird nur selten der Fall sein.

f. Änderung der Beschäftigungspflicht durch Änderungskündigung

Ist die Arbeitnehmerin nicht bereit, einen Änderungsvertrag abzuschließen, muß der Arbeitgeber eine Änderungskündigung aussprechen, um den Arbeitsvertrag seinen Wünschen anzupassen. D.h. er muß der Arbeitnehmerin die Fortsetzung des Arbeitsverhältnisses unter geänderten Bedingungen anbieten und gleichzeitig erklären, daß das Arbeitsverhältnis endet, wenn sie das Änderungsangebot nicht annimmt.

---

42 *BAG* vom 20. 11. 1969, 2 AZR 51/69, und vom 16. 11. 1979, 2 AZR 1041/77, AP Nr. 16 und 21 zu § 123 BGB zur Drohung mit einer außerordentlichen Kündigung; vom 24. 1. 1985, 2 AZR 317/84, AP Nr. 8 zu § 1 TVG Tarifverträge: Einzelhandel und vom 16. 1. 1992, 2 AZR 412/91, NZA 1992, 1023 zur Drohung mit einer ordentlichen Kündigung; *Herschel/Löwisch* § 1 Rn. 65; KR/*Wolf* Grundsätze Rn. 194; *Stahlhacke/Preis* Rn. 34, alle zur Drohung mit einer fristlosen Kündigung; kritisch zur Drohung mit einer ordentlichen Kündigung *Bauer*, Beseitigung von Aufhebungsverträgen, NZA 1992, 1015 f.

Gegen Änderungskündigungen sind die Arbeitnehmerinnen nach § 2 KSchG geschützt. Änderungskündigungen sind unzulässig, wenn kein Kündigungsgrund im Sinne des § 1 Abs. 2 KSchG die Änderung des Vertragsinhalts erforderlich macht, oder – wenn ein solcher Grund besteht – die geänderten Arbeitsbedingungen der Arbeitnehmerin nicht zumutbar sind[43].

Vor Antritt des gesetzlichen Erziehungsurlaubs werden regelmäßig weder personen- oder verhaltensbedingte Gründe noch dringende betriebliche Erfordernisse vorliegen, die es erforderlich machen, Inhalt und Umfang der von der Arbeitnehmerin geschuldeten Arbeitsleistung abzuändern. Insbesondere besteht in diesem Zeitpunkt noch kein erziehungsurlaubsbedingter Personalüberhang, so daß eine betriebsbedingte Änderungskündigung ausscheidet. Darüber hinaus kann der Arbeitgeber, selbst wenn ein Kündigungsgrund ausnahmsweise gegeben ist, den Arbeitsvertrag der Arbeitnehmerin nicht beliebig erweitern, indem er für die Arbeitnehmerin einen Katalog möglicher Beschäftigungen formuliert. Der Arbeitgeber muß der Arbeitnehmerin, damit die Änderungskündigung gerechtfertigt ist, eine konkrete, zumutbare Tätigkeit zuweisen[44].

Während des gesetzlichen Erziehungsurlaubs ist die Änderungskündigung durch § 18 Abs. 1 BErzGG verboten[45].

Der Arbeitgeber kann eine Kündigung mit dem Ziel, den Arbeitsvertrag abzuändern, daher regelmäßig erst aussprechen, wenn die Arbeitnehmerin nach Ende des Erziehungsurlaubs wieder in den Betrieb zurückkehrt und personen-, verhaltens- oder betriebsbedingte Gründe die Änderung des Vertragsinhalts rechtfertigen, etwa weil durch die dauerhafte Einstellung einer Ersatzarbeitnehmerin ein Personalüberhang besteht oder die Erziehungsurlauberin wegen Qualifikationsverlusten während der Familienphase ihren bisherigen Arbeitsplatz nicht mehr ausfüllen kann.

Nach Ende des Erziehungsurlaubs führt eine Änderung der Arbeitsbedingungen aber nicht mehr zu dem gewünschten Ergebnis, die Beschäftigungsmöglichkeiten der Erziehungsurlauberinnen von vornherein zu erweitern, um ihre Wiedereingliederung in den Arbeitgeberbetrieb oder in ein anderes Verbundunternehmen zu erleichtern.

---

43 *BAG* vom 18. 10. 1984, 2 AZR 543/88, und vom 13. 6. 1986, 7 AZR 623/84, AP Nr. 6 und 13 zu § 1 KSchG 1969 Soziale Auswahl; *Hueck*/v. *Hoyningen-Huene* § 2 Rn. 63 ff.; KR/*Rost* § 2 KSchG Rn. 88 ff.; ausführlich *Löwisch*, Die Änderung von Arbeitsbedingungen auf individualrechtlichem Wege, insbesondere durch Änderungskündigung, NZA 1988, 633, 635 ff.; a. A. *Schwerdtner*, Kündigungsschutzrechtliche und betriebsverfassungsrechtliche Probleme der Änderungskündigung, in: FS 25 *BAG* 1979, S. 555, 566 ff. und in Münchener Kommentar vor § 620 Rn. 658 ff.
44 Vgl. *Hueck*/v. *Hoyningen-Huene* § 2 Rn. 8 („Angebot im Sinne des § 145 BGB"); vgl. auch *LAG Hamm* vom 25. 6. 1986, 16 Sa 2025/85, LAGE Nr. 4 zu § 2 KSchG unter 2 und 2.1 der Gründe; *LAG Rheinland-Pfalz* vom 6. 2. 1987, 6 SA 372/86, LAGE Nr. 6 zu § 2 KSchG unter 1 der Gründe zur Bestimmtheit des Änderungsangebots.
45 KR/*Becker*, § 18 Rn. 11; *Hönsch* Rn. 279; *Winterfeld* Teil M Rn. 274.

Die Beschäftigungsmöglichkeit der Arbeitnehmerin können Arbeitgeber und Arbeitnehmerin daher nur einvernehmlich abändern. Ebensowenig, wie der Arbeitgeber den Arbeitsvertrag vor oder während des Erziehungsurlaubs durch Kündigung ändern kann, kann er eine Beendigungskündigung mit dem Ziel aussprechen, daß die Arbeitnehmerin nach Ende des Arbeitsverhältnisses einen Arbeitsvertrag mit dem Verbund abschließt. Auch insoweit ist die Arbeitnehmerin vor einseitigen Maßnahmen des Arbeitgebers durch § 18 BErzGG, § 1 KSchG geschützt.

III. Elternurlaub

1. Maßstäbe für den Wiederbeschäftigungs- und den Wiedereinstellungsanspruch

a. Regelungsbefugnis

Vereinbaren die Arbeitsvertragsparteien, daß das Arbeitsverhältnis für einen bestimmten Zeitraum ruhen soll, damit sich die Arbeitnehmerin der Kindererziehung widmen kann, steht es ihnen frei, den Umfang der Leistungsverpflichtung der Arbeitnehmerin neu zu regeln, um deren Wiederbeschäftigung nach Ende des Ruhenszeitraums vom bisherigen arbeitsvertraglichen Leistungsumfang zu lösen. Lösen Arbeitgeber und Arbeitnehmerin das Arbeitsverhältnis auf und wird der Arbeitnehmerin die Wiedereinstellung nach Ende des Elternurlaubs zugesagt, können die Parteien den Arbeitsplatz, auf den sich die Wiedereinstellungszusage bezieht, beliebig umschreiben.

Arbeitgeber und Arbeitnehmerin sollten bei Abschluß der Ruhensvereinbarung oder des Aufhebungsvertrags die Voraussetzungen, unter denen die Arbeitnehmerin wiederbeschäftigt oder wiedereingestellt werden soll, genau festlegen. Insbesondere sollten sie Kriterien dafür aufstellen, ob die Arbeitnehmerin im Anschluß an den Elternurlaub nur mit Tätigkeiten beschäftigt werden darf, die der vor Antritt des Erziehungsurlaubs ausgeübten Tätigkeit entsprechen, oder inwieweit der Arbeitgeber sie auf andere, z. B. schlechter qualifizierte Arbeitsplätze verweisen kann.

Maßstäbe für den Wiederbeschäftigungs- oder Wiedereinstellungsanspruch könnten einmal aus gesetzlichen Regelungen gewonnen werden, die Kriterien für die Zumutbarkeit eines Arbeitsplatzwechsels enthalten. Zum anderen könnten die bestehenden tariflichen und betrieblichen Elternurlaubsregelungen Beispiele dafür enthalten, wie ein Wiederbeschäftigungs- oder Wiedereinstellungsanspruch sinnvoll geregelt werden kann. Die in Frage kommenden gesetzlichen, tariflichen und betrieblichen Regelungen sollen im folgenden untersucht werden.

b. Gesetzliche Regelungen

aa. Gesetzliche Regelungen darüber, welcher Arbeitsplatz einem Arbeitnehmer anstelle der bisher ausgeübten Tätigkeit oder im Anschluß an eine Arbeitsfreistellung zumutbar ist, enthalten §§ 38, 37 Abs. 5 i. V. m. Abs. 4 BetrVG sowie § 1 Abs. 2 S. 2 Nr. 2, S. 3 KSchG und § 102 Abs. 3 Nr. 3 bis 5 BetrVG. Den Begriff der zumutbaren Beschäftigung definiert auch § 103 Abs. 2 AFG i. V. m. der Anordnung des Verwaltungsrates der Bundesanstalt für Arbeit über die Beurteilung der Zumutbarkeit einer Beschäftigung (Zumutbarkeits-Anordnung).

bb. §§ 38, 37 Abs. 5 i. V. m. Abs. 4 BetrVG wollen dem Betriebsratsmitglied die berufliche Stellung sichern, die es ohne Übernahme des Betriebsratsamts erreicht hätte. Aus diesem Grund haben Betriebsratsmitglieder nach Ende ihrer Amtszeit Anspruch auf einen Arbeitsplatz, der der Tätigkeit vergleichbarer Arbeitnehmer mit betriebsüblicher beruflicher Entwicklung gleichwertig ist. Maßgeblich ist die übliche Entwicklung, die Arbeitnehmer, deren Qualifikation und Leistungen denen des Betriebsratsmitglieds vor Beginn der Betriebsratstätigkeit entsprachen, während der Amtszeit im Betrieb genommen haben[46].

Die Interessenlage der Elternurlauberinnen ist nicht mit der der Betriebsratsmitglieder vergleichbar: Während die Elternurlauberinnen ihre Berufstätigkeit im eigenen Interesse unterbrechen, werden die Betriebsratsmitglieder im Interesse des Betriebs von ihrer Arbeit freigestellt. Das Tätigwerden im Interesse des Betriebes rechtfertigt es, vom Arbeitgeber zu verlangen, die Betriebsratsmitglieder in ihrer beruflichen Entwicklung besonders zu schützen. Die dahinter stehende Interessenlage ist auf die Arbeitnehmerinnen im Elternurlaub nicht übertragbar.

cc. § 1 Abs. 2 S. 2 Nr. 1 b und S. 3 KSchG und § 102 Abs. 3 Nr. 3 bis 5 BetrVG verbieten die Kündigung eines Arbeitnehmers, wenn er auf einem anderen freien Arbeitsplatz im Betrieb oder Unternehmen beschäftigt werden kann. Die Vorschriften enthalten Kriterien dafür, unter welchen Umständen dem Arbeitnehmer die Weiterbeschäftigung auf einem anderen als dem bisherigen Arbeitsplatz zumutbar ist. Zumutbar ist ihm nach § 1 Abs. 2 S. 2 Nr. 1 b KSchG, § 102 Abs. 3 Nr. 3 BetrVG ein Arbeitsplatz, den ihm der Arbeitgeber nach dem Arbeitsvertrag im Rahmen seines Direktionsrechts zuweisen darf[47].

Unter geänderten Arbeitsbedingungen darf ein Arbeitnehmer nach § 1 Abs. 2 S. 3 KSchG, § 102 Abs. 3 Nr. 5 BetrVG nur weiterbeschäftigt werden, wenn er sein Einverständnis mit der Änderung erklärt hat.

Die Weiterbeschäftigungspflicht des Arbeitgebers nach den kündigungsschutzrechtlichen Vorschriften des KSchG und BetrVG decken sich mit der Beschäftigungspflicht, die den Arbeitgeber gegenüber einer aus dem gesetzlichen Erziehungsurlaub zurückkehrenden Arbeitnehmerin trifft (dazu oben II 2 c). Verwert-

---

[46] *BAG* vom 15. 1. 1992, 7 AZR 194/91, n.v.; TK *Löwisch*; 3. Auflage 1993, § 37 Rn. 21 und 23.
[47] *BAG* vom 29. 3. 1990, 2 AZR 369/89, EzA § 1 KSchG Soziale Auswahl Nr. 29.

bare Kriterien für die Beschreibung des Arbeitsplatzes, den der Arbeitgeber der Arbeitnehmerin nach ihrer Rückkehr aus dem verlängerten Elternurlaub anbieten muß, können dem KSchG und dem BetrVG daher nicht entnommen werden.

dd. § 103 AFG i. V. m. der Zumutbarkeits-Anordnung regelt, welche Tätigkeiten ein Arbeitsloser auszuüben bereit sein muß, um seinen Anspruch auf Arbeitslosengeld nicht zu verlieren, § 101 Abs. 1 i. V. m. § 103 Abs. 1 AFG. Um die in der Arbeitslosenversicherung versicherten Arbeitnehmer davor zu schützen, daß ein Arbeitsloser Arbeitslosengeld ohne Not in Anspruch nimmt, sind bei der Beurteilung der Zumutbarkeit nach § 103 Abs. 2 AFG i. V. m. § 1 S. 1 Zumutbarkeits-Anordnung die Interessen des Arbeitslosen gegen die Interessen aller Beitragszahler abzuwägen. Zum Schutz der versicherten Arbeitnehmer werden dem Arbeitslosen etwa Beschäftigungen zugemutet, die für ihn erheblich ungünstiger sind als die bisher ausgeübte Tätigkeit, §§ 2ff. der Zumutbarkeits-Anordnung. Ist der Arbeitslose bereits längere Zeit ohne Arbeit, muß er nach § 12 Zumutbarkeits-Anordnung bereit sein, geringer qualifizierte Tätigkeiten als zuvor auszuüben, wobei die Qualifikationsanforderungen sinken, je länger die Arbeitslosigkeit andauert.

Die in der Zumutbarkeits-Anordnung festgelegten Zumutbarkeitskriterien tragen der besonderen Interessenlage in der Arbeitslosenversicherung Rechnung. Anders als bei der Wiederbeschäftigung oder Wiedereinstellung der Arbeitnehmerinnen im Anschluß an den Elternurlaub wird nicht primär auf die Interessen des Arbeitnehmers an einer adäquaten Beschäftigung abgestellt. Maßstäbe für den Wiederbeschäftigungs- oder Wiedereinstellungsanspruch der Elternurlauberinnen lassen sich aus § 103 Abs. 2 AFG i. V. m. der Zumutbarkeits-Anordnung daher nicht gewinnen.

c. Regelungen in Tarifverträgen und Betriebsvereinbarungen

In einigen Branchen regeln Tarifverträge, in einigen Großunternehmen Betriebsvereinbarungen den Elternurlaub. Die Tarifverträge und Betriebsvereinbarungen knüpfen die Wiederbeschäftigungs- oder Wiedereinstellungsgarantie meistens an betriebliche Bedingungen: Der Arbeitnehmerin wird ein Wiedereinstellungsanspruch eingeräumt, wenn im früheren Betrieb der frühere oder ein vergleichbarer beziehungsweise gleichwertiger Arbeitsplatz vorhanden ist oder in absehbarer Zeit zur Verfügung steht. Welche Arbeitsplätze dem früheren vergleichbar sind, wird gelegentlich dahin konkretisiert, daß der Arbeitsplatz den beruflichen Kenntnissen und Fähigkeiten der Arbeitnehmerin entsprechen muß, oder sie einen Anspruch auf Beschäftigung in der bisherigen tariflichen Lohn- oder Gehaltsgruppe hat [48].

---

48 Vgl. etwa: Tarifliche Regelungen zur Vereinbarkeit von Beruf und Familie in der Metallindustrie Nordwürttemberg/Nordbaden vom 24. 4. 1990, § 13.4.1. (abgedruckt bei *Stolz-Willig*, Tarifliche Elternurlaubsregelungen, 1991, S. 27); Gesamtbetriebsvereinbarung Familie und Beruf der Daimler Benz AG vom 15. 6. 1989, II.4. (*Stolz-Willig* S. 35 f. = *Institut für Entwicklungsplanung* S. 81 ff.); Gesamtbetriebsvereinbarung zur besse-

Nach manchen Tarifverträgen und Betriebsvereinbarungen haben die Elternurlauberinnen nur dann einen Anspruch auf Wiederbeschäftigung oder Wiedereinstellung, wenn sie die gleiche Qualifikation für die ausgeschriebene Stelle haben wie andere Bewerber[49].

Gelegentlich räumen Tarifverträge und Betriebsvereinbarungen – auch wenn sie die Wiederbeschäftigung oder Wiedereinstellung an betriebliche Voraussetzungen knüpfen – den Arbeitnehmerinnen die Möglichkeit ein, die Qualifikation für die vorgesehene Tätigkeit über betriebliche Weiterbildungsmaßnahmen während oder im Anschluß an den Elternurlaub zu erlangen oder sich in die neue Tätigkeit – teilweise in einem befristeten Probearbeitsverhältnis – einzuarbeiten[50].

Die Regelungen der Tarifverträge und Betriebsvereinbarungen definieren den Umfang des Wiederbeschäftigungs- oder Wiedereinstellungsanspruchs durch unbestimmte Rechtsbegriffe. Sofern die tariflichen und betrieblichen Regelungen konkreter werden, passen sie den Wiederbeschäftigungs- oder Wiedereinstellungsanspruch lediglich den jeweiligen Gegebenheiten in der betreffenden Branche oder im betreffenden Unternehmen oder Betrieb an.

Konkrete Maßstäbe dafür, auf welche Art von Tätigkeiten sich der Beschäftigungsanspruch der Arbeitnehmerin nach Ende des Elternurlaubs beziehen soll und in welchen Fällen das Arbeitsverhältnis gekündigt werden kann oder ein Wiedereinstellungsanspruch nicht besteht, lassen sich den bestehenden Kollektivvereinbarungen nicht entnehmen.

2. Regelungsmöglichkeiten

Es steht daher im Ermessen der im Verbund zusammengeschlossenen Arbeitgeber und der Arbeitnehmerinnen, wie sie den Umfang der Leistungspflicht der Elternurlauberinnen im Rahmen der Ruhensvereinbarung oder bei Auflösung des Arbeitsverhältnisses den Wiedereinstellungsanspruch der Elternurlauberinnen beschreiben.

   ren Vereinbarung von Familie und Beruf der IBM Deutschland GmbH vom 28. 3. 1990, Nr. 3.2.1.4. (*Stolz-Willig* S. 37 ff.); vgl. auch die Übersicht bei *Stolz-Willig* S. 15 ff., wonach die meisten Tarifverträge im Einzelhandel und in der Metallindustrie entsprechende Regelungen enthalten.
49 Manteltarifvertrag Groß- und Außenhandel Baden-Württemberg vom 26. 3. 1990, § 22 Nr. 3 (*Stolz-Willig* S. 30); vgl. auch die Übersicht über entsprechende tarifvertragliche Regelungen bei *Stolz-Willig* S. 14 f.
50 Vgl. etwa: Manteltarifvertrag Privates Versicherungsgewerbe vom 1. 11. 1990, § 4 Nr. 1 (*Stolz-Willig* S. 28); Gesamtbetriebsvereinbarung Daimler Benz AG, Nr. II. 9. a. a. O.; Gesamtbetriebsvereinbarung über Chancengleichheit, Beruf und Familie der Deutschen Bank AG vom 22. 3. 1990, Nr. 4 und 6 (*Stolz-Willig* S. 40 f.); Betriebsvereinbarung im Werk Hoechst der Hoechst Aktiengesellschaft vom 21. 7. 1988, Nr. 3 (*Institut für Entwicklungsplanung* S. 58 ff.); Gesamtbetriebsvereinbarung über Beurlaubung und Wiedereinstellung von Mitarbeiterinnen und Mitarbeitern, die nach Ablauf des Erziehungsurlaubs aus dem Arbeitsverhältnis ausscheiden der MBB GmbH vom 1. 10. 1989, Nr. 4.2. (*Institut für Entwicklungsplanung* S. 70 f.).

a. Wiederbeschäftigungsanspruch im ruhenden Arbeitsverhältnis

Arbeitgeber und Arbeitnehmerin können den bisherigen Arbeitsvertrag unverändert lassen, so daß die Arbeitnehmerin nach Ende der Familienphase einen Anspruch auf Wiederbeschäftigung entsprechend ihrem bisherigen Tätigkeitsfeld in der bisherigen Lohn- oder Gehaltsgruppe hat. Die Arbeitsvertragsparteien können die Leistungspflicht der Arbeitnehmerin aber auch abändern und sie arbeitsvertraglich verpflichten, nach der Rückkehr aus dem Elternurlaub unter bestimmten Umständen eine schlechter qualifizierte Tätigkeit auszuüben als vorher. Im Rahmen einer solchen Verschlechterungsmöglichkeit kann der Arbeitnehmerin ein Anspruch auf bevorzugte Berücksichtigung eingeräumt werden, wenn ein ihrer Ausbildung und früheren Tätigkeit entsprechender Arbeitsplatz beim Arbeitgeber frei wird.

Arbeitgeber und Arbeitnehmerin können die arbeitsvertragliche Leistungsverpflichtung der Arbeitnehmerin auch auf höher qualifizierte Tätigkeiten als bisher erweitern. In diesem Fall ist die Arbeitnehmerin aus dem Arbeitsvertrag verpflichtet, an Fortbildungs- oder Umschulungsmaßnahmen teilzunehmen, die ihr die für die vertraglich geschuldete Leistung erforderlichen Kenntnisse und Fähigkeiten vermitteln (dazu § 4 unter II 1). Sinnvoll ist es, ausdrücklich eine Qualifizierungsverpflichtung in die Ruhensvereinbarung aufzunehmen.

Die Parteien können der Arbeitnehmerin auch das Recht einräumen, auf einen Teilzeitarbeitsplatz zu wechseln, damit sie sich neben ihrer Berufstätigkeit weiter um die Kindererziehung kümmern kann. Ohne eine entsprechende Änderung des Arbeitsvertrages hat die Arbeitnehmerin allerdings keinen Anspruch auf die Reduzierung ihrer Arbeitszeit, da es nicht Aufgabe des Arbeitgebers, sondern Aufgabe der nach § 1626 Abs. 1 BGB personensorgeberechtigten Eltern des Kindes ist, Berufstätigkeit und Kinderbetreuung aufeinander abzustimmen[51].

Welche Tätigkeiten der Arbeitnehmerin als schlechter oder höher qualifiziert zumutbar sind, kann im Arbeitsvertrag konkret festgelegt werden. Mehr Handlungsspielraum hat der Arbeitgeber, wenn er die der Arbeitnehmerin zumutbare Beschäftigung mit unbestimmten Rechtsbegriffen umschreibt. Der Umfang des Wiederbeschäftigungsanspruchs kann dabei einmal tätigkeitsbezogen festgelegt werden: Der Arbeitsvertrag kann die in Frage kommenden Beschäftigungsmöglichkeiten entweder nach dem Berufsbild (etwa Sekretärin, Sachbearbeiterin usw.) oder anhand bestimmter Qualifikationsvoraussetzungen definieren (etwa angelernte Hilfstätigkeiten, Lehrberuf, bestimmte Zusatzqualifikationen).

Statt der oder zusätzlich zur tätigkeitsbezogenen Arbeitsplatzbeschreibung kann bestimmt werden, inwieweit der Arbeitnehmerin eine Verringerung ihres Arbeitsentgeltes zumutbar ist. Beispielsweise kann geregelt werden, daß die Arbeitnehmerin auch Tätigkeiten in der nächstniedrigen Tarifgruppe ausüben oder daß die

---

51 Vgl. *BAG* vom 21. 5. 1992, 2 AZR 10/92, DB 1992, 2146; a. A. *ArbG Bielefeld* vom 12. 10. 1988, 2 Ca 1062/88, BB 1989, 558.

Bezahlung am neuen Arbeitsplatz lediglich einen bestimmten Prozentsatz ihres früheren Entgeltes erreichen muß[52].

b. Wiedereinstellungsanspruch bei aufgelöstem Arbeitsverhältnis

Lösen Arbeitgeber und Arbeitnehmerin das Arbeitsverhältnis für den Elternurlaub auf, können sie den Wiedereinstellungsanspruch der Arbeitnehmerin entsprechend dem unter a. Dargestellten umschreiben. Etwa können sie regeln, daß der Arbeitgeber die Elternurlauberin unter bestimmten Umständen mit einer gegenüber der vor Antritt des Erziehungsurlaubs ausgeübten Tätigkeit schlechter qualifizierten und/oder bezahlten Arbeit wiedereinstellen darf.

Der Arbeitgeber kann der Elternurlauberin auch zusagen, daß er ihre Betriebszugehörigkeitszeiten aus dem früheren Arbeitsverhältnis anrechnet, wenn er sie nach Ende des Elternurlaubs wiedereinstellt. Durch eine solche Anrechnung werden der Elternurlauberin die an die Betriebszugehörigkeit anknüpfenden Rechte (etwa der Kündigungsschutz nach dem KSchG und tarifvertragliche Kündigungsfristen) erhalten (siehe auch § 3 unten IV 1 und 3).

Will der Arbeitgeber seine Pflicht, die Elternurlauberin nach Ende der Familienphase wiedereinstellen zu müssen, noch weiter einschränken, muß er mit ihr im Aufhebungsvertrag statt eines Wiedereinstellungsanspruchs einen Wiedereinstellungsvorrang vereinbaren: Der Arbeitgeber verpflichtet sich nicht, die Arbeitnehmerin unter bestimmten Voraussetzungen einzustellen, sondern sagt ihr lediglich zu, sie bei Stellenneubesetzungen vorrangig zu berücksichtigen[53]. Dabei kann der Arbeitgeber den Wiedereinstellungsvorrang an die Voraussetzung binden, daß die Arbeitnehmerin die gleiche Qualifikation wie die besten anderen Bewerber um die ausgeschriebene Stelle hat. Er kann ihr eine vorrangige Berücksichtigung aber auch bei gewissen Qualifikationsdefiziten zusagen.

Ein die Elternurlauberinnen in dieser Weise begünstigender Wiedereinstellungsanspruch oder -vorrang könnte gegen § 611a Abs. 1 S. 1 BGB verstoßen. Nach § 611a Abs. 1 S. 1 BGB darf der Arbeitgeber Arbeitnehmer bei der Begründung von Arbeitsverhältnissen nicht wegen ihres Geschlechts benachteiligen. Verboten sind dabei sowohl unmittelbare als auch mittelbare Diskriminierungen. In diesem Sinne mittelbar benachteiligt werden Frauen oder Männer, wenn der Arbeitgeber bei Stellenneubesetzungen zwar geschlechtsneutrale Voraussetzungen aufstellt, von diesen aber ein erheblich größerer Teil eines Geschlechts nachteilig betroffen wird, und diese Benachteiligung auf dem Geschlecht oder der traditionellen Rol-

---

52 Zu den Änderungsmöglichkeiten allg. siehe oben II 3.
53 Einen bloßen Wiedereinstellungsvorrang räumen etwa ein der „Frauenförderplan" der Robert Bosch GmbH vom 21. 6. 1988 (*Institut für Entwicklungsplanung* S. 208 ff.), das „Wiedereingliederungsprogramm" der Commerzbank 1990, sowie die Betriebsvereinbarung zur „Förderung der Rückkehr ins Berufsleben nach einer Familienphase" der Dresdner Bank 1990 (*Herrmann* S. 109 ff.).

lenverteilung zwischen den Geschlechtern beruht. Eine Diskriminierungsabsicht des Arbeitgebers ist nicht erforderlich[54].

Ein Wiedereinstellungsanspruch oder -vorrang für Arbeitnehmer, die das Arbeitsverhältnis aufgelöst haben, um ein Kind zu betreuen, begünstigt im wesentlichen Frauen, da Männer nur ganz ausnahmsweise gesetzliche und vertragliche Erziehungsurlaubsmöglichkeiten in Anspruch nehmen[55].

Die Bevorzugung der Frauen bei Stellenneubesetzungen bedeutet aber keine Benachteiligung der Männer wegen ihres Geschlechts oder wegen der geschlechtsspezifischen Rollenverteilung: Einmal werden externe Bewerberinnen von einem Einstellungsanspruch oder -vorrang der Elternurlauberinnen in gleicher Weise betroffen wie männliche Bewerber. Zum anderen werden die Frauen, die ihre Berufstätigkeit zeitweise unterbrochen haben, um Kinder zu erziehen, nicht wegen der spezifischen Rollenverteilung zwischen Männern und Frauen bevorzugt, sondern es wird lediglich ein rollenspezifischer Nachteil der erziehenden Mütter ausgeglichen, nämlich die Benachteiligung in der beruflichen Entwicklung, die sie wegen der Kindererziehung auf sich nehmen. Eine Maßnahme, die auf eine Kompensation konkret erlittener Nachteile zielt, ist keine Ungleichbehandlung wegen des Geschlechts[56].

3. Wiederbeschäftigung oder Wiedereinstellung bei einem anderen Verbundunternehmen

a. Im ruhenden Arbeitsverhältnis

Der Arbeitgeber kann die Wiederbeschäftigungsverpflichtung in der Ruhensvereinbarung von der eigenen Person lösen und die Arbeitnehmerin, sofern bei Ende des Elternurlaubs für sie kein Arbeitsplatz in einem seiner Betriebe frei ist, auf einen freien Arbeitsplatz in einem anderen Verbundunternehmen verweisen.

Arbeitgeber und Arbeitnehmerin können zu diesem Zweck vereinbaren, daß die Arbeitnehmerin unter bestimmten Voraussetzungen verpflichtet ist, einen Zweitarbeitsvertrag mit einem anderen Verbundunternehmen abzuschließen (siehe oben II 3 c). Selbstverständlich kann die Arbeitnehmerin, wenn nach Ende des Elternurlaubs bei ihrem bisherigen Arbeitgeber kein Arbeitsplatz frei ist, ihr

---

54 *Pfarr/Bertelsmann*, Gleichbehandlungsgesetz, Rn. 52, 206f.; *Hanau/Preis*, Zur mittelbaren Diskriminierung wegen des Geschlechts, ZfA 1988, 177, 181, 186ff.; *Staudinger/Richardi* § 611a Rn. 29ff.; MünchArbR/*Richardi* § 11 Rn. 9, 11.
55 Siehe den Nachweis in der Begriffsbestimmung vor § 1.
56 *BVerfG* vom 28. 1. 1987, 1 BvR 455/82, BVerfGE 74, 163, 180 (Altersruhegeld für Frauen); vom 28. 1. 1992, 1 BvR 1025/82, 1 BvL 16/83 und 1 BvL 10/91 EzA § 19 AZO Nr. 5 unter C I 1 (Nachtarbeitsverbot für Frauen) = JZ 1992, 913 mit Anm. *Löwisch* S. 916; vgl. a. *Staudinger/Richardi* § 611a BGB Rn. 42 („ohne persönlich erlittene Benachteiligung"). Zulässig ist etwa auch die bevorzugte Einstellung von Schwerbehinderten, § 44 SchwbG.

Arbeitsverhältnis zum Arbeitgeber auch aufheben und ein neues Arbeitsverhältnis ausschließlich mit dem anderen Verbundunternehmen abschließen (siehe ebenda).

Auch soweit es um die Wiederbeschäftigung der Elternurlauberin in einem anderen Verbundunternehmen geht, richtet sich ihr Wiederbeschäftigungsanspruch gegen den Arbeitgeber: Verpflichten sich die im Verbund zusammengeschlossenen Unternehmen, Arbeitnehmerinnen anderer Verbundunternehmen zu beschäftigen, wenn ein zumutbarer Arbeitsplatz für diese nach Ende des Elternurlaubs beim Arbeitgeber nicht frei ist, kann der Arbeitgeber der Arbeitnehmerin erst betriebsbedingt kündigen, wenn weder in seinem noch in einem mit ihm verbundenen Unternehmen eine zumutbare Beschäftigungsmöglichkeit besteht (siehe oben II 3 d und unten III 5 a). Wegen der grundsätzlichen Unternehmensbezogenheit des KSchG hat die Arbeitnehmerin dabei zunächst einen Anspruch darauf, im Unternehmen ihres Arbeitgebers beschäftigt zu werden. Nur wenn ein zumutbarer Arbeitsplatz für sie im Arbeitgeberunternehmen nicht frei ist, muß der Arbeitgeber ihr eine Tätigkeit in einem anderen Verbundunternehmen verschaffen.

Die Beschäftigung in einem anderen Verbundunternehmen sollte ebenso wie die Wiederbeschäftigung beim Arbeitgeber davon abhängig gemacht werden, daß der Arbeitsplatz beim Verbundunternehmen der Arbeitnehmerin zumutbar ist. Neben den unter 2 a angeführten Zumutbarkeitskriterien ist insoweit insbesondere zu regeln, wie weit der neue Arbeitsplatz von der Wohnung der Arbeitnehmerin entfernt sein darf. Starren Regelungen über die zumutbare Wegezeit sind dabei solche vorzuziehen, die Zeitvorgaben der Arbeitnehmerin im Zusammenhang mit der Kinderbetreuung, etwa die Öffnungszeiten des Kindergartens ihrer Kinder, berücksichtigen.

b. Bei aufgelöstem Arbeitsverhältnis

Lösen Arbeitgeber und Arbeitnehmerin das Arbeitsverhältnis auf und erhält die Arbeitnehmerin einen Anspruch auf Wiedereinstellung, müssen die Parteien den Wiedereinstellungsanspruch nicht zwingend an den bisherigen Arbeitgeber binden. Der Arbeitgeber kann der Arbeitnehmerin auch zusagen, daß sie einen Anspruch auf Wiedereinstellung in seinem Unternehmen nur hat, wenn dort ein für sie in Frage kommender Arbeitsplatz frei ist oder in angemessener Zeit frei wird. Sofern eine Beschäftigung beim früheren Arbeitgeber nicht möglich ist, kann die Wiedereinstellungszusage die Beschäftigung bei anderen Verbundunternehmen vorsehen. Voraussetzung ist, daß der Arbeitgeber die Einstellung der Arbeitnehmerin bei den anderen Verbundunternehmen beeinflussen kann.

4. Verbund als Arbeitgeber oder Schuldner des Wiedereinstellungsanspruchs

Haben Arbeitgeber und Arbeitnehmerin das Arbeitsverhältnis aufgelöst und ist der Verbund Arbeitgeber der Arbeitnehmerinnen beziehungsweise Schuldner des Wiedereinstellungsanspruchs geworden (siehe oben II 3 b), ergeben sich für den Inhalt des Wiederbeschäftigungs- oder Wiedereinstellungsanspruchs keine Besonderheiten: Der Verbund kann den Wiederbeschäftigungs- oder Wiedereinstellungsanspruch an die gleichen Voraussetzungen binden, wie der Arbeitgeber im bisherigen Beschäftigungsbetrieb (dazu oben 3).

Da der Verbund keine Produktionsstätten besitzt, müssen Verbund und Arbeitnehmerin in der Ruhensvereinbarung oder dem Aufhebungsvertrag aber klarstellen, daß die Arbeitnehmerin keinen Anspruch auf einen Arbeitsplatz beim Verbund hat, sondern sich die Wiederbeschäftigungs- oder Wiedereinstellungszusage auf die Verbundunternehmen bezieht, an die der Verbund Arbeitnehmerinnen verleiht. Besondere Fragen entstehen insoweit nur hinsichtlich der Kündigung des ruhenden Arbeitsverhältnisses, wenn im Zeitpunkt der geplanten Rückkehr der Arbeitnehmerin aus dem Elternurlaub ein Arbeitsplatz bei keinem der Verbundunternehmen frei ist (dazu unter 5 c).

Probleme ergeben sich auch im Bereich der Arbeitnehmerüberlassung nach dem AÜG (dazu § 7 unter III).

5. Wegfall des Wiederbeschäftigungs- oder Wiedereinstellungsanspruchs

a. Im ruhenden Arbeitsverhältnis

aa. Ist für die Arbeitnehmerin bei Ende des Elternurlaubs weder beim bisherigen Arbeitgeber noch bei einem anderen Verbundunternehmen ein Arbeitsplatz frei, muß geregelt werden, unter welchen Voraussetzungen sich der Arbeitgeber von der Arbeitnehmerin lösen kann. Ruht das Arbeitsverhältnis, ist der Arbeitgeber bei seiner Entscheidung, die Arbeitnehmerin nicht wiederzubeschäftigen, an das KSchG gebunden: Da das arbeitsvertragliche Band fortbesteht, muß der Arbeitgeber der Arbeitnehmerin nach § 1 Abs. 2 und 3 KSchG betriebsbedingt kündigen, wenn für sie eine Beschäftigungsmöglichkeit nicht besteht.

Insoweit gelten die gleichen Voraussetzungen wie bei der betriebsbedingten Kündigung von Arbeitnehmerinnen, für die bei Ende des gesetzlichen Erziehungsurlaubs beim Arbeitgeber kein Arbeitsplatz frei ist (siehe oben II 2 c und 3 d): Hat der Arbeitgeber für die von der Arbeit freigestellte Arbeitnehmerin eine Ersatzarbeitskraft auf Dauer eingestellt, besteht bei Rückkehr der Elternurlauberin in das Arbeitgeberunternehmen ein Personalüberhang, der eine betriebsbedingte Kündigung grundsätzlich rechtfertigt. Trotz des Personalüberhangs darf der Arbeitgeber nicht automatisch der Elternurlauberin kündigen, sondern muß diese nach sozialen Gesichtspunkten mit den Arbeitnehmern vergleichen, die Tätigkeiten ausüben, die der Beschäftigung der Arbeitnehmerin vor Antritt des Erziehungsurlaubs vergleichbar sind, § 1 Abs. 3 KSchG. Besteht auch nur für einen der vergleichbaren Arbeitnehmer eine zumutbare Weiterbeschäftigungsmöglichkeit im Arbeitgeberunternehmen oder bei einem anderen Verbundunternehmen, darf der Arbeitgeber keinem kündigen. Er muß dem betreffenden Arbeitnehmer die Weiterbeschäftigung anbieten.

Lehnt dieser die Weiterbeschäftigung auf dem angebotenen Arbeitsplatz im Arbeitgeberunternehmen ab, kann der Arbeitgeber ihm verhaltensbedingt kündigen. Lehnt er die Beschäftigung in einem anderen Verbundunternehmen ab, muß der Arbeitgeber ihn trotz der Weiterbeschäftigungsmöglichkeit in die Sozialauswahl nach § 1 Abs. 3 KSchG einbeziehen.

Erweitern die Arbeitsvertragsparteien die Arbeitspflicht der Elternurlauberin in der Ruhensvereinbarung, erreichen sie, daß vorrangig die Elternurlauberin auf einem Arbeitsplatz weiterbeschäftigt werden kann, der nicht ihrer bisher ausgeübten Tätigkeit entspricht. Nehmen Arbeitgeber und Arbeitnehmerin für den Fall, daß eine Wiederbeschäftigung auf dem früheren Arbeitsplatz nicht möglich ist, eine besondere Qualifizierungsverpflichtung in die Ruhensvereinbarung auf, erleichtern sie darüber hinaus die Möglichkeit, die aus dem Elternurlaub zurückkehrende Arbeitnehmerin nach zumutbaren Bildungsmaßnahmen auf einem anderen Arbeitsplatz weiterzubeschäftigen. Ändern Arbeitgeber und Arbeitnehmerin die Leistungsverpflichtung der Arbeitnehmerin demgegenüber nicht, kann der Arbeitgeber die Arbeitnehmerin nur mit deren Einverständnis auf einem anderen Arbeitsplatz weiterbeschäftigen, § 1 Abs. 2 S. 3 KSchG – es sei denn, ihre Leistungspflicht war schon im ursprünglichen Arbeitsvertrag weit umschrieben.

Problematisch ist, wenn Arbeitgeber und Arbeitnehmerin vereinbart haben, daß die vor Antritt des Elternurlaubs vollzeitbeschäftigte Elternurlauberin nach dessen Ende lediglich eine Teilzeitarbeit ausüben soll. Ein Personalüberhang besteht im Arbeitgeberbetrieb bei Rückkehr der Elternurlauberin insoweit nur, als der Arbeitgeber eine Teilzeitkraft zu viel hat. Daß bedeutet aber nicht, daß zwingend einer Teilzeitarbeitskraft gekündigt werden muß. Denn der Arbeitgeber könnte auch Vollzeitkräfte in die Sozialauswahl einbeziehen und die Arbeitszeit eines Vollzeitarbeitnehmers, wenn dieser am sozial stärksten ist, durch eine Änderungskündigung nach § 2 KSchG auf ein Teilzeitarbeitsverhältnis reduzieren.

Nach § 1 Abs. 3 KSchG sind aber nur solche Arbeitnehmer miteinander vergleichbar, die ohne Änderung des Arbeitsvertrages gegeneinander ausgetauscht werden können[57].

---

57 Zur vertikalen Vergleichbarkeit siehe oben II 2 c.

Da die Dauer der täglichen Arbeitszeit bei Vollzeit- und Teilzeitarbeitnehmern nur durch eine Änderung des Arbeitsvertrages erreicht werden kann, fehlt es an ihrer Vergleichbarkeit nach § 1 Abs. 3 KSchG[58].

bb. Zweifelhaft ist, ob der Arbeitgeber der Elternurlauberin schon während des Elternurlaubs betriebsbedingt kündigen kann.

Während des im Anschluß an den gesetzlichen Erziehungsurlaub ruhenden Arbeitsverhältnisses sind die Arbeitnehmerinnen grundsätzlich im selben Umfang kündbar wie die übrigen Arbeitnehmer. Insbesondere wirkt der Sonderkündigungsschutz nach § 18 BErzGG nicht über das Ende des Erziehungsurlaubs nach (siehe oben II 2 a). Der Arbeitgeber kann der Elternurlauberin daher grundsätzlich auch während des Elternurlaubs kündigen[59].

Allerdings wird der Arbeitgeber, der für die Elternurlauberin eine Ersatzarbeitskraft auf Dauer eingestellt hat, durch den Personalüberhang nicht belastet, solange das Arbeitsverhältnis der Elternurlauberin ruht: Mangels Entgeltzahlungs- und Beschäftigungspflicht bestehen keine dringenden betrieblichen Gründe, die eine betriebsbedingte Arbeitgeberkündigung notwendig machen.

Ein Personalüberhang, der eine betriebsbedingte Kündigung der Elternurlauberin rechtfertigt, besteht erst ab dem Zeitpunkt, ab dem die Arbeitnehmerin in den Betrieb des Arbeitgebers zurückkehrt. Insoweit ist fraglich, ob der Arbeitgeber die Kündigung erst nach Rückkehr der Arbeitnehmerin aussprechen darf, oder ob er ihr auch schon während des ruhenden Arbeitsverhältnisses kündigen kann.

Grundsätzlich müssen die die Kündigung rechtfertigenden Gründe in dem Zeitpunkt bestehen, in dem die Kündigung der Arbeitnehmerin zugeht[60]. Bei der betriebsbedingten Kündigung genügt es aber, wenn die betrieblichen Umstände bei Zugang der Kündigung greifbare Formen angenommen haben und voraussehbar ist, daß sie spätestens bei Ablauf der Kündigungsfrist bestehen werden[61].

---

58 KR/*Becker* § 1 Rn. 374a; *Meisel*, Die soziale Auswahl bei betriebsbedingten Kündigungen, DB 1991, 92, 94; anders wohl *BAG* vom 10. 11. 1983, 2 AZR 317/82, nicht veröffentlicht, JURIS Dokumentennr. 507687 und *ArbG Wiesbaden* vom 29. 8. 1985, 4 Ca 2563/85, DB 1985, 2565 die bei einem allgemeinen Wegfall von Arbeitsplätzen Teilzeit- und Vollzeitarbeitnehmer für miteinander vergleichbar halten, wenn der Teilzeitarbeitnehmer sich mit einer Vollzeitbeschäftigung einverstanden erklärt; generell für einen Sozialvergleich zwischen Vollzeit- und Teilzeitarbeitnehmern *Schüren*, Kündigung und Kündigungsschutz bei Job-Sharing-Arbeitsverhältnissen, BB 1983, 2121, 2122; *Berkowsky*, Die betriebsbedingte Kündigung, 2. Aufl. 1985, Rn. 290 f.; *Wank*, Teilzeitbeschäftigte und Kündigungsschutzgesetz, ZIP 1986, 206, 214 ff.; GK-TzA/*Becker*, 1987, Art. 1 § 2 BeschFG Rn. 265; *Linck* § 3 IV 3 S: 59 ff.; *Hueck*/v. *Hoyningen-Huene* § 1 Rn. 443.
59 Vgl. nur *Dikomey*, Das ruhende Arbeitsverhältnis, 1991 I I 1 S. 209 m. w. Nw. in Fn. 472.
60 *BAG* vom 10. 3. 1982, 4 AZR 158/79, AP Nr. 2 zu § 2 KSchG 1969; vom 15. 8. 1984, 7 AZR 536/82, EzA § 1 KSchG Krankheit Nr. 16; vom 30. 5. 1985, 2 AZR 321/84, AP Nr. 24 § 1 KSchG 1969 unter B III 2 a der Gründe.
61 *BAG* vom 8. 11. 1956, 2 AZR 302/54, AP Nr. 19 zu § 1 KSchG; vom 27. 2. 1958, 2 AZR 445/ 55, AP Nr. 1 zu 1 KSchG Betriebsbedingte Kündigung; vom 27. 9. 1984, 2 AZR 309/83, EzA § 613a BGB Nr. 40 = AP Nr. 39; vom 22. 5. 1886, DB 1986, 2547 = NZA

Der Arbeitgeber kann die Kündigung daher auch schon während des Elternurlaubs aussprechen, d. h. ein Zugang der Kündigung vor Ende des Elternurlaubs macht die Kündigung nicht unwirksam. Beenden kann der Arbeitgeber das Arbeitsverhältnis aber frühestens zu dem Zeitpunkt, in dem die Elternurlauberin wieder in den Betrieb zurückkehren soll. Denn erst in diesem Zeitpunkt bedingt der Personalüberhang Belastungen des Arbeitgebers, die die Kündigung eines Arbeitnehmers rechtfertigen.

Es ist fraglich, ob dem Arbeitgeber darüber hinaus wie in § 18 BErzGG generell untersagt werden kann, Arbeitnehmerinnen während des Elternurlaubs zu kündigen. Dazu müßten Arbeitgeber und Arbeitnehmerin, die Betriebspartner oder die Tarifvertragsparteien einen entsprechenden Sonderkündigungsschutz für die Zeit des Erziehungsurlaubs vereinbaren.

Nach der wohl überwiegenden Meinung sind solche Vertragsgestaltungen möglich[62].

Dieser Auffassung kann aber nicht gefolgt werden: Durch einen vertraglich vereinbarten Sonderkündigungsschutz würden die Elternurlauberinnen zulasten der übrigen Arbeitnehmer aus der Sozialauswahl nach § 1 Abs. 3 KSchG herausgenommen. § 1 Abs. 3 KSchG verschafft als zwingende Vorschrift aber allen vergleichbaren Arbeitnehmern eine rechtliche Verbleibechance im Betrieb. Nur soweit Arbeitnehmer wegen berechtigter betrieblicher Bedürfnisse nach § 1 Abs. 3 S. 2 KSchG weiterbeschäftigt werden müssen oder kraft Gesetzes unkündbar sind, dürfen sie aus der Sozialauswahl herausgenommen und gegenüber den übrigen Arbeitnehmern des Betriebs begünstigt werden[63].

cc. Kündigt der Arbeitgeber der Arbeitnehmerin im Anschluß an das ruhende Arbeitsverhältnis, ist er nicht verpflichtet, ihr eine Abfindung für den Arbeitsplatz zu zahlen. Die im Verbund zusammengeschlossenen Unternehmen können den Arbeitnehmerinnen, für die eine Weiterbeschäftigungsmöglichkeit nicht besteht, allerdings vertraglich eine Abfindung zusagen. Ob sie das tun, und welche Höhe die Abfindung hat, steht in ihrem Ermessen.

1987, 124; vom 19. 5. 1988 EzA § 613a BGB Nr. 82 = AP Nr. 75; KR/*Becker* § 1 Rn. 309; *Stahlhacke/Preis* Rn. 644.

62 *ArbG Kassel* vom 5. 8. 1976, 1 Ca 217/76, DB 1976, 1675 zu tarifvertraglichem Kündigungsschutz; *Herschel*, Zur Absicherung gewerkschaftlicher Vertrauensleute durch Firmentarifvertrag. Zum Urteil des Arbeitsgerichts Kassel vom 5. 8. 1976, AuR 1977, 137, 143; KR/*Becker* § 1 KSchG Rn. 349; *Zöllner*, Auswahlrichtlinien für Personalmaßnahmen, in: Festschrift für G. Müller 1981, S. 665, 684 Fn. 64; Münchener Kommentar/*Schwerdtner* Rn. 520 vor § 620 BGB; *Schaub*, Die betriebsbedingte Kündigung in der Rechtsprechung des Bundesarbeitsgerichts, NZA 1987, 217, 223; *Meisel* DB 1991, 92, 94; *Stahlhacke/Preis* Rn. 662.

63 *Herschel/Löwisch* § 1 Rn. 223; *Eich* Anm. zu ArbG Kassel a. a. O., BB 1986, 1677, 1678; KR/*Wolf* Grundsätze Rn. 436; *Linck*, § 3 III 2 S. 38 ff.; *Hueck*/v. *Hoyningen-Huene* § 1 Rn. 456 ff.; *Löwisch/Rieble*, Tarifvertragsgesetz. Kommentar, 1992, § 1 Rn. 565.

b. Im aufgelösten Arbeitsverhältnis

Lösen Arbeitgeber und Arbeitnehmerin das Arbeitsverhältnis für den Elternurlaub auf und wird der Arbeitnehmerin ein Wiedereinstellungsanspruch eingeräumt, kann der Arbeitgeber diesen Anspruch an bestimmte Voraussetzungen knüpfen. Etwa kann er der Arbeitnehmerin einen Einstellungsanspruch nur für den Fall einräumen, daß ein ihrer früheren Tätigkeit vergleichbarer Arbeitsplatz in seinem Unternehmen oder einem anderen Verbundunternehmen frei ist. Er kann den Wiedereinstellungsanspruch entfallen lassen, wenn die Arbeitnehmerin einen „zumutbaren" Arbeitsplatz ablehnt, oder die Auswahl des Arbeitsplatzes, auf dem die Arbeitnehmerin wiedereingestellt wird, vollständig in sein eigenes Ermessen stellen. Darüber hinaus kann er die Wiedereinstellung der Arbeitnehmerin davon abhängig machen, daß sie an bestimmten Qualifizierungsmaßnahmen teilnimmt (dazu in § 4).

Ebensowenig wie bei Kündigung des ruhenden Arbeitsverhältnisses ist der Arbeitgeber verpflichtet, der Arbeitnehmerin eine Entschädigung zu zahlen, wenn er sie nicht wieder einstellt.

c. Verbund als Arbeitgeber oder Schuldner des Wiedereinstellungsanspruchs

Wird der Verbund Arbeitgeber der Arbeitnehmerinnen im Elternurlaub (siehe oben II 3 b), muß er einer Arbeitnehmerin kündigen, wenn für sie nach Ende der Familienphase kein Arbeitsplatz frei ist. Da zwischen der Arbeitnehmerin und dem einzelnen Verbundunternehmen (Entleiherunternehmen) keine arbeitsvertraglichen Beziehungen bestehen, richtet sich der kündigungsrechtliche Bestandsschutz nicht nach den Verhältnissen in den Verbundunternehmen, sondern nach den Verhältnissen im Verbund[64].

Der Verbund beschäftigt die Arbeitnehmerinnen nicht in eigenen Produktionsstätten, sondern verleiht sie an die einzelnen Verbundunternehmen (siehe genauer § 7 III). Eine Kündigung ist daher nur dann durch dringende betriebliche Erfordernisse im Sinne des § 1 Abs. 2 S. 1 KSchG bedingt, wenn für die Arbeitnehmerin in keinem Verbundunternehmen eine Einsatzmöglichkeit besteht, d.h. verbundweit kein Arbeitsplatz für sie frei ist. Der Kündigungsschutz der Verbundarbeitnehmerinnen ist also schon deshalb verbundbezogen, weil die Arbeitsverhältnisse der Arbeitnehmerinnen von den einzelnen Verbundunternehmen gelöst sind.

In die Sozialauswahl sind alle Arbeitnehmerinnen des Verbunds mit vergleichbaren Aufgaben einzubeziehen. Da die Arbeitnehmerinnen dem Verbund keine konkrete Arbeitsleistung, sondern den Einsatz bei den Verbundunternehmen (Entleiherunternehmen) im Rahmen der arbeitsvertraglich festgelegten Einsatzmöglichkeit schulden, ist für den Sozialvergleich nicht auf die von den Arbeitnehmerin-

---

64 Vgl. *Becker/Wulfgramm*, Arbeitnehmerüberlassungsgesetz. Kommentar, 3. Aufl. 1985, Art. 1 § 1 Rn. 65d für den gewerbsmäßigen Arbeitnehmerverleih.

nen im Kündigungszeitpunkt bei einzelnen Verbundunternehmen konkret ausgeübten Tätigkeiten abzustellen, sondern auf ihre im Arbeitsvertrag mit dem Verbund festgelegten Einsatzmöglichkeiten. Der Verbund muß daher alle Arbeitnehmerinnen, deren Tätigkeitsmöglichkeiten sich decken, für jede konkrete Einsatzmöglichkeit miteinander vergleichen. Je weiter die vertraglich geschuldete Leistung der einzelnen Arbeitnehmerinnen umschrieben ist, desto größer ist damit der für den Sozialvergleich zu betreibende Aufwand.

Der Arbeitgeber kann den Sozialvergleich allerdings auf die im Kündigungszeitpunkt tatsächlich bestehenden Einsatzmöglichkeiten beschränken: Nur soweit er die Arbeitnehmerinnen tatsächlich einsetzen kann, d. h. ein entsprechender Arbeitsplatz in einem Verbundunternehmen frei ist oder von einer Verbundarbeitnehmerin (Leiharbeitnehmerin) eingenommen wird, sind die für diese Arbeitsplätze in Frage kommenden Arbeitnehmerinnen nach sozialen Gesichtspunkten miteinander zu vergleichen.

Da der Kündigungsschutz ohnehin an die verbundweiten Einsatzmöglichkeiten der Arbeitnehmerinnen anknüpft, kommt der Weiterbeschäftigungsmöglichkeit nach § 1 Abs. 2 S. 2 Nr. 1 b, S. 3 KSchG kaum Bedeutung zu. Aus § 1 Abs. 2 S. 3 KSchG folgt insoweit lediglich, daß einer Arbeitnehmerin auch dann nicht gekündigt werden darf, wenn sie nach zumutbaren Fortbildungs- und Umschulungsmaßnahmen in einem Verbundunternehmen beschäftigt werden kann, oder wenn sie mit einer Tätigkeit einverstanden ist, die ihrer arbeitsvertraglich geschuldeten Leistungspflicht nicht entspricht.

IV. Beteiligung des Betriebsrats

1. Betriebszugehörigkeit der Erziehungsurlauberinnen und Elternurlauberinnen

Nach dem BetrVG vertritt der Betriebsrat Arbeitnehmer eines Betriebes in sozialen und personellen, eingeschränkt auch in wirtschaftlichen Fragen.

Zuständig ist der Betriebsrat für die Arbeitnehmer (§ 5 BetrVG) eines Betriebs (§ 1 BetrVG), die nach § 7 BetrVG wahlberechtigt sind. Insoweit ist zu klären, ob die Erziehungsurlauberinnen und Elternurlauberinnen Arbeitnehmerinnen im Sinne des §§ 5, 7 BetrVG sind, obwohl ihr Arbeitsverhältnis zum Betriebsinhaber ruht oder mit Wiedereinstellungsanspruch aufgelöst ist.

a. Im ruhenden Arbeitsverhältnis

Wahlberechtigt sind alle betriebsangehörigen Arbeitnehmer. Betriebszugehörigkeit in diesem Sinne setzt voraus, daß der Arbeitnehmer zum Betriebsinhaber in einem Arbeitsverhältnis steht, und daß er in die Betriebsorganisation tatsächlich eingegliedert ist[65].

Ruht das Arbeitsverhältnis, wird es gerade nicht aufgelöst: Lediglich die Hauptpflichten des Arbeitgebers und der Arbeitnehmerin sind suspendiert, das arbeitsvertragliche Band besteht aber fort.

Problematisch ist allein, ob die Arbeitnehmerinnen während des ruhenden Arbeitsverhältnisses im Sinne des § 7 BetrVG in die Betriebsorganisation eingegliedert sind. Da der Betriebsrat nicht für das gesamte Unternehmen, sondern nach § 1 BetrVG in den einzelnen Betrieben gebildet wird und dort die ihm durch das BetrVG eingeräumten Mitwirkungs- und Mitbestimmungsrechte wahrnimmt, müssen die Arbeitnehmer einem konkreten Betrieb zugeordnet werden. Dieser Zuordnung dient das Kriterium „Eingliederung in den Betrieb". Voraussetzung dafür ist nicht, daß der Arbeitnehmer fortdauernd eine tatsächliche Arbeitsleistung im Betrieb erbringt, sondern daß seine arbeitsvertraglich geschuldete Arbeitsleistung einem Betrieb, d.h. dem dort verfolgten arbeitstechnischen Zweck zugeordnet werden kann[66].

Insoweit ist es ganz herrschende Meinung, daß die Betriebszugehörigkeit im Sinne des § 7 BetrVG auch fortbesteht, wenn das Arbeitsverhältnis ruht[67].

Die Arbeitnehmerinnen gehören, wenn das Arbeitsverhältnis während des Erziehungsurlaubs oder des Elternurlaubs ruht, daher dem Betrieb an, in dem sie vor Suspendierung der arbeitsvertraglichen Hauptpflichten gearbeitet haben.

---

65 *BAG* vom 18. 1. 1989, 7 ABR 21/88, BB 1989, 1406; TK *Löwisch* § 7 Rn. 3; *Galperin/Löwisch*, Kommentar zum Betriebsverfassungsrecht, Band I, 6. Aufl. 1982, § 7 Rn. 4 ff.; *Fitting/Auffarth/Kaiser/Heither*, Betriebsverfassungsrecht. Handkommentar, 17. Aufl. 1992, § 7 Rn. 8; *Dietz/Richardi* Betriebsverfassungsgesetz. Kommentar, Band 1, 6. Aufl. 1981, § 7 Rn. 3; *Stege/Weinspach*, Betriebsverfassungsgesetz, Handkommentar für die betriebliche Praxis, 6. Aufl. 1990, § 7 Rn. 2; GK-BetrVG/*Kreutz*, Band 1, 4. Aufl. 1987, § 7 Rn. 18 f.; a. A. *Hess/Schlochauer/Glaubitz*, Kommentar zum Betriebsverfassungsgesetz, 3. Aufl. 1986, § 7 Rn. 3 gegen das Erfordernis der Eingliederung; *Schneider* in *Däubler/Kittner/Klebe/Schneider*, Betriebsverfassungsgesetz. Kommentar, 3. Aufl. 1992, § 7 Rn. 5 ff. gegen die Notwendigkeit eines Arbeitsvertrages.
66 Vgl. GK-BetrVG/*Kreutz* § 7 Rn. 19 f.; *Richardi*, Wahlberechtigung und Wählbarkeit zum Betriebsrat im Konzern, NZA 1987, 145, 146.
67 *BAG* 31. 5. 1989, 7 AZR 574/88, NZA 1990, 449 für Arbeitnehmerinnen im Erziehungsurlaub; vom 29. 3. 1974, 1 ABR 27/73, AP Nr. 2 zu § 19 BetrVG 1972 für Wehrdienstleistende; TK *Löwisch* § 7 Rn. 9; *Fitting/Auffarth/Kaiser/Heither* § 7 Rn. 9 und 14; *Dietz/Richardi*, § 7 Rn. 16 ff.; *Hess/Schlochauer/Glaubitz*, § 7 Rn. 26 (für Wehrdienstleistende); GK-BetrVG/*Kreutz*, § 7 Rn. 22 für Wehr- und Zivildienstleistende, a.A. nur für Wehr- und Zivildienstleistende in Rn. 23 m. w. Nw.; v. *Hoynigen-Huene*, Betriebsverfassungsrecht, 2. Aufl. 1990, § 7 III 1 S. 121; *Meisel/Sowka* § 15 BErzGG Rn. 41; *Isele*, Das suspendierte Arbeitsverhältnis, in: FS für E. Molitor 1962, S. 107; *Leube*, Das ruhende Arbeitsverhältnis, 1969, S. 108; *Dikomey* F II 1 S. 186 ff. mit weiteren Nachweisen in Fn. 427.

b. Im aufgelösten Arbeitsverhältnis

Lösen Arbeitgeber und Arbeitnehmerin das Arbeitsverhältnis für den Elternurlaub auf, endet die Zuständigkeit des Betriebsrats: Weder stehen die Arbeitnehmerinnen in einem Arbeitsverhältnis zum Betriebsinhaber, noch verfolgen sie weiterhin die arbeitstechnischen Zwecke des Betriebes, dem sie bisher angehört haben.

Daß den Elternurlauberinnen ein Anspruch auf Wiedereinstellung nach Ende der Familienphase eingeräumt wird, ändert an der Rechtslage nichts: Das Arbeitsverhältnis zwischen Arbeitgeber und Elternurlauberin ist trotz des Wiedereinstellungsanspruchs aufgelöst.

c. Konsequenzen

Die Arbeitnehmerinnen können in den Betrieben, denen sie während des Erziehungsurlaubs und des Elternurlaubs angehören, an Betriebsversammlungen nach § 17, §§ 42ff BetrVG auch dann teilnehmen, wenn ihr Arbeitsverhältnis vollständig ruht. Nach der Auffassung des *BAG* steht ihnen für die Teilnahme an einer regelmäßigen Betriebsversammlung gem. § 43 Abs. 1 BetrVG ein Anspruch auf Vergütung nach § 44 Abs. 1 S. 2 BetrVG zu. Die Zeit der Teilnahme an der Betriebsversammlung ist den Erziehungs- und Elternurlauberinnen wie Arbeitszeit zu vergüten, d.h. es ist ihnen das Entgelt zu zahlen, welches sie vor Inanspruchnahme des Erziehungsurlaubs in der entsprechenden Zeit verdient hätten[68].

In den Betrieben, denen die Arbeitnehmerinnen während des Erziehungsurlaubs und des Elternurlaubs angehören, werden ihre Interessen von den dort bestehenden Betriebsräten wahrgenommen. Nach § 75 Abs. 1 BetrVG hat der Betriebsrat darüber zu wachen, daß die Arbeitnehmerinnen nicht wegen ihres Geschlechts benachteiligt werden. Daß überwiegend Frauen Erziehungsurlaub und Elternurlaub in Anspruch nehmen, beruht auf der geschlechtsspezifischen Rollenverteilung, nach der die Frauen und nicht die Männer die gemeinsamen Kinder betreuen (siehe oben III 2 b). Daher erstreckt sich das Überwachungsrecht des Betriebsrats auch darauf, daß Arbeitnehmerinnen nicht deshalb beruflich benachteiligt werden, weil sie – häufig – Erziehungs- oder Elternurlaub in Anspruch nehmen[69].

Auch Beteiligungsrechte stehen dem Betriebsrat nur für die Arbeitnehmerinnen zu, die dem betreffenden Betrieb angehören. Keine Beteiligungsrechte hat der Betriebsrat zugunsten der Arbeitnehmerinnen, deren Arbeitsverhältnis für den Elternurlaub mit Wiedereinstellungsanspruch aufgelöst worden ist. Zu beteiligen ist der Betriebsrat im Betrieb des früheren Arbeitgebers insoweit nur, wenn diese Elternurlauberinnen während des Elternurlaubs Krankheits- und Urlaubsvertre-

---

68 *BAG* vom 31. 5. 1989, 7 AZR 574/88, NZA 1990, 449.
69 *Zmarzlik/Zipperer/Viethen* § 15 BErzGG 1989 Rn. 55.

tungen übernehmen oder danach (wieder)eingestellt werden sollen: Der Betriebsrat kann die Zustimmung zur Einstellung der betriebsfremden Elternurlauberin nach § 99 BetrVG verweigern (dazu unten 2 b und § 7 V 3 b und 5).

d. Verbund als Arbeitgeber

aa. Haben Arbeitgeber und Arbeitnehmerin ihr Arbeitsverhältnis aufgelöst und wird der Verbund Arbeitgeber der Arbeitnehmerinnen im Erziehungs- und Elternurlaub oder Schuldner des Wiedereinstellungsanspruchs, gehören die Erziehungs- und Elternurlauberinnen nicht mehr dem Betrieb ihres früheren Arbeitgebers, sondern allenfalls dem Verbundbetrieb an.

Auch hier ist zu unterscheiden: Ruht das Arbeitsverhältnis zwischen Verbund und Arbeitnehmerin während des Erziehungs- und des Elternurlaubs, gehört die Arbeitnehmerin auch während der Familienphase dem Verbundbetrieb an, kann während des ruhenden Arbeitsverhältnisses an Betriebsversammlungen teilnehmen und wird vom im Verbundbetrieb gewählten Betriebsrat vertreten (siehe oben a und c). Haben Verbund und Arbeitnehmerin das Arbeitsverhältnis demgegenüber für den Elternurlaub aufgelöst, gehört die Elternurlauberin dem Verbundbetrieb nicht mehr an, sie wird vom dort gewählten Betriebsrat nicht vertreten (siehe oben b).

bb. Wird der Verbund Arbeitgeber der Arbeitnehmerinnen im Erziehungs- und Elternurlaub oder Schuldner des Wiedereinstellungsanspruchs, ist fraglich, welchem Betrieb die (wiedereingestellten) Arbeitnehmerinnen angehören, wenn der Verbund sie nach Ende der Familienphase auf Dauer an ein Verbundunternehmen verleiht: dem Verbundbetrieb oder dem Betrieb des die Arbeitnehmerin beschäftigenden Verbundunternehmens. Da insoweit Probleme der Arbeitnehmerüberlassung eine Rolle spielen, soll diese Frage erst in § 7 unter VII 1 b) behandelt werden.

2. Wiederbeschäftigung oder Wiedereinstellung nach Ende des Erziehungs- und Elternurlaubs

Kehren Arbeitnehmerinnen nach Ende des Erziehungsurlaubs oder des Elternurlaubs wieder in den Arbeitgeberbetrieb zurück, ist fraglich, inwieweit dadurch das Zustimmungsverweigerungsrecht des Betriebsrats nach § 99 BetrVG ausgelöst wird. Die Wiedereingliederung der Arbeitnehmerin in den Betrieb kann einmal eine Einstellung im Sinne des § 99 Abs. 1 BetrVG sein und, wenn die Arbeitnehmerin auf einem anderen als dem früheren Arbeitsplatz wiederbeschäftigt wird, eine Versetzung nach § 95 Abs. 3 BetrVG.

a. Wiedereingliederung beim Arbeitgeber nach ruhendem Arbeitsverhältnis

aa. Der kollektivrechtliche Begriff der Einstellung ist umstritten. Während in der Literatur sowohl vertreten wird, daß Einstellung im Sinne des § 99 BetrVG lediglich den Abschluß eines Arbeitsvertrages voraussetze[70], als auch, daß es allein auf die Eingliederung in den Arbeitgeberbetrieb ankomme[71], hatte das *BAG* darunter früher sowohl den Abschluß des Arbeitsvertrages als auch die tatsächliche Eingliederung des Arbeitnehmers in den Betrieb verstanden und die zeitlich erste der beiden Maßnahmen als zustimmungsbedürftig erachtet[72].

Inzwischen hat das *BAG* diese Auffassung modifiziert. Es sieht als zustimmungsbedürftige Einstellung im Sinne des § 99 Abs. 1 BetrVG allein die tatsächliche Beschäftigung von Personen im Betrieb an. Da mit Abschluß des Arbeitsvertrages alle wesentlichen Arbeitgeberentscheidungen hinsichtlich der Einstellung bereits gefallen und dadurch praktische Zwänge geschaffen seien, die den Betriebsrat am Gebrauch seines Zustimmungsverweigerungsrechts hindern könnten, hält das *BAG* den Arbeitgeber allerdings für verpflichtet, den Betriebsrat schon vor Abschluß des Arbeitsvertrages nach § 99 Abs. 1 BetrVG zu beteiligen[73].

Der Auffassung des *BAG* ist zuzustimmen: Der Betriebsrat hat nach dem BetrVG über die Maßnahmen mitzubestimmen, die die Arbeitnehmer des Betriebes betreffen, für den er nach §§ 1, 7 BetrVG gewählt ist. Der Abschluß des Arbeitsvertrages ist keine betriebsbezogene Maßnahme, sondern betrifft lediglich die individualrechtliche Stellung des Arbeitnehmers zum Arbeitgeber[74].

Erst die tatsächliche Eingliederung des Arbeitnehmers in den Betrieb berührt die Interessen der Belegschaft des Betriebes, in den der Arbeitnehmer eingestellt werden soll, und kann das dem Betriebsrat in § 99 Abs. 2 Nr. 3 BetrVG zugunsten der Belegschaft eingeräumte Zustimmungsverweigerungsrecht auslösen. Auch die Rechtsvorschriften, deren Verletzung der Betriebsrat nach § 99 Abs. 2 Nr. 1 BetrVG rügen kann, enthalten in der Regel Beschäftigungsverbote, etwa nach §§ 3 ff. MuSchG, die die tatsächliche Arbeitsleistung des Arbeitnehmers und nicht den Abschluß des Arbeitsvertrages untersagen[75].

Nur wenn man die Eingliederung des Arbeitnehmers in den Betrieb und nicht den Abschluß des Arbeitsvertrages als zustimmungsbedürftig ansieht, kann man auch

---

70 *Meisel*, Die Mitwirkung und Mitbestimmung des Betriebsrats in personellen Angelegenheiten, 5. Aufl. 1984, Rn. 201 ff.
71 *Galperin/Löwisch*, Band II, 6. Aufl. 1982, § 99 Rn. 10; TK *Löwisch* § 99 Rn. 3; v. *Hoyningen-Huene* § 14 III 2 a S. 275; vgl. a. *Dietz/Richardi*, Band 2, 6. Aufl. 1982, § 99, Rn. 23–25; *Kittner* in *Däubler/Kittner/Klebe/Schneider* § 99 Rn. 38.
72 *BAG* vom 14. 5. 1974, 1 ABR 40/73, AP Nr. 2 zu § 99 BetrVG 1972; vom 2. 7. 1980, 5 AZR 56/79, AP Nr. 5 zu 101 BetrVG 1972; wohl auch GK-BetrVG/*Kraft* § 99 Rn. 18; *Fitting/Auffarth/Kaiser/Heither* § 99 Rn. 10; *Hess/Schlochauer/Glaubitz* § 99 Rn. 11; *Stege/Weinspach* §§ 99–101 Rn. 14.
73 *BAG* vom 28. 4. 1992, 1 ABR 73/91, DB 1992, 2144 = EzA § 99 BetrVG 1972 Nr. 106 mit Anm. *Kaiser*; vgl. auch schon vom 16. 7. 1985, 1 ABR 35/83, AP Nr. 21 zu § 99 BetrVG 1972.
74 Vgl. *BAG* vom 16. 7. 1985 a. a. O. unter II 3 der Gründe: Kein Zustimmungsverweigerungsrecht des Betriebsrats mit der Begründung, die Befristung des Arbeitsvertrages sei unzulässig.
75 Zum letzteren *Galperin/Löwisch* § 99 Rn. 10.

schlüssig begründen, daß der Arbeitsvertrag zwischen Arbeitgeber und Arbeitnehmer wirksam bleibt, wenn der Betriebsrat seine Zustimmung zur Einstellung des Arbeitnehmers zu Recht verweigert hat[76].

Der Betriebsrat muß vor der Einstellung eines Arbeitnehmers aber so rechtzeitig beteiligt werden, daß er das ihm in § 99 BetrVG eingeräumte Zustimmungsverweigerungsrecht sinnvoll wahrnehmen kann. Das folgt schon aus § 80 Abs. 2 S. 1 BetrVG. Die Entscheidung darüber, ob er einen bestimmten Arbeitnehmer einstellen will, trifft der Arbeitgeber aber bereits bei Abschluß des Arbeitsvertrages und nicht erst bei Eingliederung des Arbeitnehmers in den Beschäftigungsbetrieb. Nur wenn der Betriebsrat vor Abschluß des Arbeitsvertrages beteiligt wird, ist das daher rechtzeitig im Sinne der §§ 99 Abs. 1, 80 Abs. 2 S. 1 BetrVG[77].

bb. Nach ganz herrschender Meinung wird ein Arbeitnehmer, dessen Arbeitsverhältnis geruht hat, nicht im Sinne des § 99 BetrVG eingestellt, wenn er die Arbeit wieder aufnimmt[78].

Diese – zumeist nicht näher begründete Auffassung – ist insofern zweifelhaft, als auch durch die Wiedereingliederung von Arbeitnehmern nach ruhendem Arbeitsverhältnis die durch Tatsachen begründete Besorgnis besteht, daß andere im Betrieb beschäftigte Arbeitnehmer gekündigt werden: Hat der Arbeitgeber für eine Erziehungs- oder Elternurlauberin eine Ersatzarbeitskraft auf Dauer eingestellt, entsteht durch die Rückkehr der Erziehungs- oder Elternurlauberin im Arbeitgeberbetrieb ein Personalüberhang. Kann weder die Erziehungs- oder Elternurlauberin noch ein mit ihr vergleichbarer Arbeitnehmer auf einem anderen Arbeitsplatz im Arbeitgeberunternehmen oder einem anderen Verbundunternehmen weiterbeschäftigt werden, kann der Arbeitgeber einem Arbeitnehmer kündigen (siehe oben II 2 c und III 5 a). Aus diesem Grund könnte ein Zustimmungsverweigerungsrecht des Betriebsrats gegenüber der Wiedereingliederung der Erziehungs- oder Elternurlauberin nach § 99 Abs. 2 Nr. 3 BetrVG sinnvoll sein[79].

---

76 Vgl. dazu *BAG* vom 2. 7. 1980, 5 AZR 1241/79, AP Nr. 9 zu Art. 33 Abs. 2 GG unter A III 2, 3 der Gründe und vom 2. 7. 1980, 5 AZR 56/79, AP Nr. 5 zu § 101 BetrVG 1972 unter II 3, 4 der Gründe; *Galperin/Löwisch* § 99 Rn. 11, 118; *Dietz/Richardi* § 99 Rn. 232; *v. Hoyningen-Huene* § 14 III 2 S. 275; GK-BetrVG/*Kraft* § 99 Rn. 18, 109; *Meisel* Rn. 263, 289; *Hess/Schlochauer/Glaubitz* § 99 Rn. 6; a.A. *Fitting/Auffarth/Kaiser/Heither* § 99 Rn. 64a.
77 A. A. *Galperin/Löwisch* § 99 Rn. 11 ff., nach dem der Betriebsrat erst bei der Eingliederung in den Betrieb zu beteiligen ist.
78 GK-BetrVG/*Kraft* § 99 Rn. 26; *Dikomey* J V 2, S. 233 f.; *Meisel* Rn. 207; *Galperin/Löwisch* § 99 Rn. 14; *Dietz/Richardi* § 99 Rn. 30; *Fitting/Auffarth/Kaiser/Heither* § 99 Rn. 13; *Hess/Schlochauer/Glaubitz* § 99 Rn. 18; *Stege/Weinspach* § 99 Rn. 19e; *v. Hoyningen-Huene* a.a.O.; *Meisel* Rn. 207; *Kittner* in *Däubler/Kittner/Klebe/Schneider* § 99 Rn. 47.
79 Anders *Dikomey* a.a.O. S. 234, die den Arbeitgeber aufgrund der Ruhensvereinbarung für verpflichtet hält, den Arbeitsplatz des Arbeitnehmers freizuhalten oder zwischenzeitlich nur so zu besetzen, daß der Arbeitnehmer die vertragsgemäße Arbeit bei Reaktivierung seines Arbeitsverhältnisses wiederaufnehmen kann.

Eine Beteiligung des Betriebsrats bei Rückkehr der Erziehungs- und Elternurlauberinnen in den Arbeitgeberbetrieb ist mit der herrschenden Meinung aber aus zwei Gründen zu verneinen: Im Sinne des §§ 99 Abs. 1 BetrVG eingestellt wird nur derjenige, der erstmals in den Arbeitgeberbetrieb integriert wird. Hat ein Arbeitnehmer, etwa weil er krank war, trotz fortbestehenden Arbeitsverhältnisses nicht gearbeitet, und wird ihm später erneut eine Arbeitsaufgabe im Betrieb zugewiesen, ist das schon nach dem Wortsinn keine Einstellung.

Eine Mitwirkung des Betriebsrats scheidet auch deshalb aus, weil das Zustimmungsverweigerungsrecht des Betriebsrats voraussetzt, daß der Arbeitgeber hinsichtlich der zu treffenden Entscheidung einen Entscheidungsspielraum hat, den er mit Hilfe des Betriebsrats ausfüllen kann[80]. An einem solchen Spielraum fehlt es dem Arbeitgeber, wenn eine Arbeitnehmerin nach Ende des Erziehungsurlaubs oder des Elternurlaubs in den Betrieb zurückkehrt: Der Arbeitgeber ist aus dem BErzGG oder der Ruhensvereinbarung verpflichtet, die Erziehungs- oder Elternurlauberin wiederzubeschäftigen (siehe oben II 1 und III 2 a). Auch wenn ein Arbeitsplatz für die Arbeitnehmerin bei Ende des Erziehungs- oder Elternurlaubs beim Arbeitgeber nicht frei ist, ändert das an der Beschäftigungspflicht des Arbeitgebers nichts (zur durch die Sozialauswahl und die Weiterbeschäftigungspflicht auf einem anderen Arbeitsplatz eingeschränkten Kündigungsmöglichkeit des Arbeitgebers siehe oben II 2 c und 3 d; III 5 a)[81].

bb. Ist eine Arbeitnehmerin einmal in den Arbeitgeberbetrieb eingegliedert worden und hat ihr Arbeitsverhältnis während des Erziehungsurlaubs und des Elternurlaubs geruht, kann die erneute Arbeitsaufnahme im Arbeitgeberbetrieb allenfalls als Versetzung im Sinne der §§ 99, 95 Abs. 3 BetrVG zustimmungspflichtig sein, nämlich dann, wenn ihr früherer Arbeitsplatz bei der Rückkehr aus dem Erziehungs- oder Elternurlaub besetzt ist, und sie auf einem anderen Arbeitsplatz im Arbeitgeberbetrieb weiterbeschäftigt wird.

Der individualarbeitsvertragliche und der betriebsverfassungsrechtliche Versetzungsbegriff stimmen nicht überein. Ob die Zuweisung einer anderen Tätigkeit eine Versetzung im Sinne von § 95 Abs. 3 BetrVG ist, muß insbesondere unabhängig davon beurteilt werden, ob diese Zuweisung vom Direktionsrecht des Arbeitgebers gedeckt ist, oder ob der Arbeitgeber dafür eine Änderungskündigung aus-

---

80 *BAG* vom 26. 5. 1988, 1 ABR 9/87; EzA § 87 BetrVG 1972 Nr. 11; vom 9. 7. 1991, 1 ABR 57/90, EzA § 87 BetrVG 1972 Betriebliche Ordnung Nr. 18, beide zu § 87 BetrVG; *Galperin/Löwisch* § 99 Rn. 14b; TK *Löwisch* § 99 Rn. 4f.; GK-BetrVG/*Kraft* § 99 Rn. 26; *Dietz/Richardi* § 99 Rn. 26; *Fitting/Auffarth/Kaiser/Heither* § 99 Rn. 13; *Hess/Schlochauer/Glaubitz* § 99 Rn. 17 zu Einstellungsverpflichtungen des Arbeitgebers aus dem Gesetz (§ 78a BetrVG, § 613 a BGB).
81 Vgl. auch *Dikomey* a. a. O. S. 233. Im Sinne des § 99 BetrVG eingestellt wird die Arbeitnehmerin demgegenüber, wenn sie nach Ende des Erziehungs- oder Elternurlaubs in einem anderen Betrieb des Arbeitgebers beschäftigt wird; der dortige Betriebsrat hat ein Zustimmungsverweigerungsrecht. Die Wiederbeschäftigung in einem anderen Betrieb des Arbeitgebers wird in kleinen und mittleren Unternehmen aber die Ausnahme sein, da in solchen Unternehmen selten mehrere Betriebe bestehen.

sprechen beziehungsweise die Arbeitsvertragsparteien den Arbeitsvertrag einvernehmlich ändern müssen[82].

§ 95 Abs. 3 BetrVG definiert die Versetzung als Zuweisung eines anderen Arbeitsbereichs, die voraussichtlich länger als einen Monat dauert oder mit einer erheblichen Änderung der Arbeitsumstände verbunden ist. Dabei bedeutet Zuweisung eines anderen Arbeitsbereichs sowohl die Zuweisung eines anderen Arbeitsplatzes als auch die Zuweisung einer anderen Arbeitsaufgabe. Zuweisung eines Arbeitsplatzes meint die örtliche Veränderung der Arbeitnehmerin, die zumindest mit einer Herausnahme aus der bisherigen betrieblichen Einheit verbunden ist, etwa den Wechsel der Arbeitnehmerin von einer Abteilung in eine andere, Zuweisung einer anderen Arbeitsaufgabe den inhaltlichen Wechsel der Tätigkeit, etwa den Einsatz einer früheren Sachbearbeiterin als Chefsekretärin[83].

Wird der Arbeitnehmerin bei Rückkehr aus dem Erziehungs- oder Elternurlaub in diesem Sinne ein anderer Arbeitsplatz oder eine andere Arbeitsaufgabe als vor Beginn der Familienphase zugewiesen, überschreitet diese Änderung in der Regel einen Monat. Schon aus diesem Grund hat der Betriebsrat ein Zustimmungsverweigerungsrecht aus den in § 99 Abs. 2 BetrVG enumerativ aufgezählten Gründen.

Keine Veränderung der Arbeitsaufgabe ist es, wenn eine Arbeitnehmerin, die vor Inanspruchnahme des Erziehungsurlaubs eine Vollzeitbeschäftigung ausgeübt hat, nach Ende der Familienphase zu Teilzeitarbeit übergeht. Dadurch ändert sich lediglich die Dauer der Arbeitszeit, nicht aber der Arbeitsbereich der Arbeitnehmerin. In Arbeitszeitfragen stehen dem Betriebsrat nur die Mitbestimmungsrechte aus § 87 Abs. 1 Nr. 2 und 3 BetrVG eingeräumten Mitbestimmungsrechte zu[84].

---

82 *BAG* vom 19. 2. 1991, 1 ABR 36/90, AP Nr. 26 zu § 95 BetrVG 1972 unter B II 2 b bb der Gründe; GK-BetrVG/*Kraft* § 99 Rn. 45 und 68; *Fitting/Auffarth/Kaiser/Heither* § 99 Rn. 22; v. *Hoyningen-Huene* § 14 III 2 b S. 277; *Dietz/Richardi* § 99 Rn. 70; *Kittner* in *Däubler/Kittner/Klebe/Schneider* § 99 Rn. 88.

83 Vgl. TK *Löwisch* § 99 Rn. 8 ff.; v. *Hoyningen-Huene/Boemke* Die Versetzung, 1991, VII S. 119 ff.; GK-BetrVG/*Kraft* § 99 Rn. 53 ff. Die Frage, ob der bloße Ortswechsel eine Versetzung gem. §§ 99, 95 Abs. 3 BetrVG ist, ist streitig; bejahend: *BAG* vom 18. 2. 1986, ABR 27/84 AP Nr. 33 zu § 99 BetrVG 1972 unter II 1 b der Gründe; vom 18. 8. 1989, 1 ABR 51/88 und vom 8. 8. 1989, 1 ABR 63/88, AP Nr. 17 und 18 zu § 95 BetrVG 1972 unter II 2 a und B II 1 der Gründe, *Fitting/Auffarth/Kaiser/Heither* § 99 Rn. 22b; *Kittner* in *Däubler/Kittner/Klebe/Schneider* § 99 Rn. 95; ablehnend: GK-BetrVG/*Kraft* § 99 Rn. 53 ff.; *Stege/Weinspach* §§ 99–101 Rn. 159 ff; wohl auch *Galperin/Löwisch* § 99 Rn. 17; *Dietz/Richardi* § 99 Rn. 74, 79; *Hess/Schlochauer/Glaubitz* § 99 Rn. 46, die auf den Wechsel des Arbeitnehmers von einer Betriebseinheit in eine andere abstellen.

84 *BAG* vom 16. 7. 1991, 1 ABR 71/90, AP Nr. 28 zu § 95 BetrVG 1972; *Galperin/Löwisch* § 99 Rn. 18a; TK *Löwisch* § 99 Rn. 11; v. *Hoyningen-Huene/Boemke* VII 5 d S. 146; *Stege/Weinspach* §§ 99–101 Rn. 158a; *Meisel* Rn. 347; a. A. *Kittner* in *Däubler/Kittner/Klebe/Schneider* § 99 Rn. 103; *Fitting/Auffarth/Kaiser/Heither* § 99 Rn. 25; kritisch a. *Meier*, Beteiligungsrechte des Betriebsrates bei Versetzung und Änderungskündigungen, NZA 1988, Beilage Nr. 3 S. 3, 5.

cc. Besteht für die Arbeitnehmerin nach Ende des Erziehungs- oder des Elternurlaubs weder im Arbeitgeberunternehmen noch in einem anderen Verbundunternehmen eine Weiterbeschäftigungsmöglichkeit, kann ihr der Arbeitgeber unter Umständen betriebsbedingt kündigen, § 1 Abs. 2 und 3 KSchG (dazu oben II 2 c und 3 d; III 5 a). Vor der Kündigung ist der Betriebsrat nach § 102 Abs. 1 BetrVG anzuhören; eine ohne Anhörung des Betriebsrats ausgesprochene Kündigung ist nach § 102 Abs. 1 S. 3 BetrVG unwirksam. Der Betriebsrat kann innerhalb einer Woche Bedenken gegen die Kündigung anmelden, § 102 Abs. 2 BetrVG, oder der Kündigung aus den in § 102 Abs. 3 BetrVG enumerativ aufgezählten Gründen widersprechen. Erhebt die Arbeitnehmerin Kündigungsschutzklage, löst ein frist- und ordnungsgemäßer Widerspruch des Betriebsrats einen Weiterbeschäftigungsanspruch der Arbeitnehmerin bis zum Ende des Rechtsstreits aus, § 102 Abs. 5 BetrVG[85].

b. Wiedereingliederung beim Arbeitgeber nach aufgelöstem Arbeitsverhältnis

Haben Arbeitgeber und Arbeitnehmerin das Arbeitsverhältnis für den Elternurlaub aufgelöst, und soll die Elternurlauberin aufgrund des ihr eingeräumten Wiedereinstellungsanspruchs beim Arbeitgeber wiedereingestellt werden, könnte darin eine nach § 99 BetrVG zustimmungspflichtige Einstellung der Arbeitnehmerin liegen.

Das ist nach ganz herrschender Meinung zu bejahen: Wird ein Arbeitsverhältnis aufgehoben oder durch Kündigung beendet, und schließen dieselben Vertragsparteien nach einiger Zeit einen neuen Arbeitsvertrag, wird der Arbeitnehmer im Sinne des § 99 BetrVG in den Arbeitgeberbetrieb eingestellt und das Zustimmungsverweigerungsrecht des Betriebsrats ausgelöst[86].

Das gilt auch, wenn die Arbeitsvertragsparteien bei Aufhebung des Arbeitsverhältnisses einen Wiedereinstellungsanspruch der Arbeitnehmerin vereinbart haben. Denn der Arbeitgeber ist durch den Wiedereinstellungsanspruch in seiner Entscheidung, ob er die Elternurlauberin einstellen will, nicht derart gebunden, daß ihm kein Entscheidungsspielraum verbleibt: Innerhalb der durch den Wiedereinstellungsanspruch gemachten Vorgaben kann er entscheiden, ob er die Elternurlauberin oder einen anderen Bewerber einstellt[87].

Der Betriebsrat im Arbeitgeberbetrieb muß daher, wenn der Arbeitgeber eine Elternurlauberin nach Ende des Elternurlaubs einstellen will, gem. § 99 BetrVG beteiligt werden.

Wird die Arbeitnehmerin wiedereingestellt, aber auf einem anderen Arbeitsplatz beschäftigt als vor Inanspruchnahme des Erziehungsurlaubs, stehen dem Be-

---

85 Zur Beteiligung des Betriebsrats nach § 102 BetrVG vgl. TK *Löwisch* § 102 Rn. 1 ff.
86 *ArbG Hannover* vom 6. 6. 1973, 5 BV 14/73, BB 1974, 135(Leitsatz); *Galperin/Löwisch* § 99 Rn. 14; TK *Löwisch* § 99 Rn. 4; *Dietz/Richardi* § 99 Rn. 31; *Meisel* Rn. 210; *Kittner* in *Däubler/Kittner/Klebe/Schneider* § 99 Rn. 48; *Dikomey* a.a.O. S. 233.
87 Zum Ausschluß des Zustimmungsverweigerungsrechts aus § 99 BetrVG, wenn dem Arbeitgeber kein Entscheidungsspielraum verbleibt, siehe oben aa.

triebsrat keine weiteren Mitwirkungsrechte zu: Die Erwägungen, die der Betriebsrat bei Fortsetzung eines Arbeitsverhältnisses unter geänderten Bedingungen im Rahmen der Zustimmung zur Versetzung anstellen muß, muß er bei Einstellung einer Elternurlauberin im Rahmen seines hiergegen bestehenden Zustimmungsverweigerungsrechts miteinfließen lassen.

c. Wiedereingliederung in ein anderes Verbundunternehmen

aa. Ist bei Ende des Erziehungs- oder Elternurlaubs beim Arbeitgeber ein Arbeitsplatz nicht frei und wird die Erziehungs- oder Elternurlauberin in einem anderen Verbundunternehmen weiterbeschäftigt, wird sie in das Verbundunternehmen im Sinne des § 99 BetrVG eingestellt. Das gilt auch, wenn sie mit dem anderen Verbundunternehmen lediglich einen Zweitarbeitsvertrag abschließt (siehe oben II 3 c).

Voraussetzung ist aber, daß zwischen der Arbeitnehmerin und dem Verbundunternehmen keine arbeitsvertraglichen Bindungen bestanden haben, die an die Beschäftigung nach Ende des Erziehungs- oder Elternurlaubs heranreichen. Die Arbeitnehmerin wird daher nicht in das Verbundunternehmen eingestellt, wenn sie für die Dauer des Erziehungs- und des Elternurlaubs mit dem Verbundunternehmen ein KAPOVAZ-Arbeitsverhältnis abgeschlossen hatte (siehe unten § 5 II 4 a und V 4 c). Denn in diesem Fall wird die Erziehungs- oder Elternurlauberin nach Ende der Familienphase nicht erstmalig in den Betrieb des Verbundunternehmens eingegliedert, sondern setzt ein schon bestehendes Arbeitsverhältnis fort. Der Betriebsrat ist dann nur zu beteiligen, wenn der Arbeitnehmerin mit der Teilzeittätigkeit ein anderer Arbeitsbereich im Sinne der §§ 99, 95 Abs. 3 BetrVG zugewiesen wird (vgl. oben a).

bb. Hat das Arbeitsverhältnis mit der Erziehungs- oder Elternurlauberin während der Familienphase geruht, könnte der Wechsel in das andere Verbundunternehmen aus Sicht des abgebenden Betriebs eine Versetzung im Sinne des § 99 BetrVG sein, die der Zustimmung des dortigen Betriebsrats bedarf.

Teilweise wird vertreten, daß § 99 BetrVG nur Vorgänge innerhalb eines Betriebs erfaßt, weswegen Änderungen des Arbeitsbereichs nur dann zustimmungspflichtig seien, wenn einem Arbeitnehmer ein anderer Arbeitsplatz oder eine andere Arbeitsaufgabe innerhalb desselben Betriebs zugewiesen wird. Das Ausscheiden eines Arbeitnehmers aus dem Betrieb unterliege der Mitbestimmung des Betriebsrats allenfalls nach § 102 BetrVG[88].

Nach der Auffassung des *BAG* beschränkt § 95 Abs. 3 BetrVG den Versetzungsbegriff nicht auf Arbeitsbereichszuweisungen innerhalb desselben Betriebs. In nunmehr ständiger Rechtsprechung bezeichnet es den auf Dauer angelegten Wechsel

---

88 GK-BetrVG/*Kraft* § 99 Rn. 88; Hess/Schlochauer/Glaubitz § 99 Rn. 41, 52; *Stege/Weinspach* §§ 99–101 Rn. 162, 171; *Meisel* Rn. 349 ; *Kittner* in *Däubler/Kittner/Klebe/Schneider* § 99 Rn. 95; vgl. auch *Windbichler* § 9 IV 1 b S. 389 f.; unklar *Dietz/Richardi* § 99 Rn. 94 f.

von einem Betrieb in einen anderen Betrieb des Arbeitgeberunternehmens als Versetzung im Sinne des § 95 Abs. 3 BetrVG. Der Arbeitnehmer werde aus einer betrieblichen Einheit herausgenommen und in eine andere betriebliche Einheit eingegliedert, ihm mithin ein anderer Arbeitsbereich zugewiesen[89]. Das Zustimmungsverweigerungsrecht des Betriebsrats soll nur entfallen, wenn der Arbeitnehmer die Versetzung in den anderen Betrieb selbst gewünscht hat, oder der Wechsel zumindest seinen Wünschen und seiner freien Entscheidung entspricht[90].

Der Auffassung des *BAG* ist zuzustimmen: Dem BetrVG kann eine Beschränkung des Versetzungsbegriffs auf betriebsinterne Vorgänge nicht entnommen werden[91].

Bisher hatte das *BAG* lediglich Fälle zu entscheiden, in denen Arbeitnehmer vorübergehend an ein anderes Konzernunternehmen abgeordnet wurden. Die vorübergehende Abordnung hat das *BAG* zuletzt nur unter der einschränkenden Voraussetzung als Versetzung behandelt, daß der Arbeitgeber dem Arbeitnehmer die Tätigkeit im fremden Unternehmen gem. § 95 Abs. 3 S. 1 BetrVG „zuweist". Das sei nur der Fall, wenn die Arbeitsleistung im fremden Unternehmen dem Arbeitgeber zugerechnet werden könne, der Arbeitnehmer also auch im neuen Tätigkeitsbereich die dem Arbeitgeber vertraglich geschuldete Arbeitsleistung erbringe. Im anderen Unternehmen werde der Arbeitnehmer etwa für den Arbeitgeber tätig, wenn er auf Initiative des Arbeitgebers und in dessen Interesse vorübergehend dort arbeite[92].

Angesichts dieser Rechtsprechung erscheint es zweifelhaft, ob das *BAG* eine Zustimmungspflicht des Betriebsrats nach §§ 99, 95 Abs. 3 BetrVG auch in den Fällen bejahen wird, in denen ein Arbeitnehmer auf Dauer in ein anders Unternehmen wechselt: Allenfalls in besonders gelagerten Ausnahmefällen erbringt der auf Dauer bei einem anderen Arbeitgeber beschäftigte Arbeitnehmer mit seiner Tätigkeit auch die dem bisherigen Arbeitgeber geschuldete Arbeitsleistung.

Die Auffassung des *BAG*, eine Versetzung im Sinne der §§ 99, 95 Abs. 3 BetrVG setze das Tätigwerden für den Arbeitgeber auch im neuen Arbeitsbereich voraus, ist aber abzulehnen[93].

---

[89] *BAG* vom 18. 2. 1986, 1 ABR 27/84, vom 18. 10. 1988, 1 ABR 26/87 und vom 20. 9. 1990, 1 ABR 37/90, AP Nr. 33, 56 und 84 zu § 99 BetrVG 1972; so auch *Galperin/ Löwisch* § 99 Rn. 22; v. *Hoyningen-Huene/Boemke* VII 4 b S. 131 ff.; *Fitting/Auffarth/ Kaiser/Heither* § 99 Rn. 32 unter Aufgabe der gegenteiligen Meinung in der Vorauflage.
[90] *BAG* vom 20. 9. 1990 a. a. O. in Einschränkung der Entscheidung vom 30. 4. 1981, 6 ABR 59/78, AP Nr. 12; a. A. v. *Hoyningen-Huene/Boemke* VII 4 b S. 135 ff.
[91] So auch *Galperin/Löwisch* § 99 Rn. 22.
[92] *BAG* vom 18. 2. 1986 a. a. O. und vom 19. 2. 1991, 1 ABR 36/90, AP Nr. 26 zu § 95 BetrVG 1972; noch weiter v. *Hoyningen-Huene/Boemke* X 4 a S. 217 f.
[93] Siehe auch *Löwisch* Anm. zu *BAG* a. a. O. in AR-Blattei Betriebsverfassung XIV C Entscheidung Nr. 140 unter 1b: „gewagte Vorstellung".

Was eine Versetzung im Sinne der §§ 99, 95 Abs. 3 BetrVG ist, kann nur mit Hilfe des Schutzzwecks dieser Normen, d. h. mit Hilfe der Funktion des dem Betriebsrat eingeräumten Zustimmungsverweigerungsrechts ermittelt werden[94].

Das Beteiligungsrecht des Betriebsrats nach §§ 99, 95 Abs. 3 BetrVG dient zunächst dem Schutz der Belegschaft (vgl. § 99 Abs. 2 Nr. 3 BetrVG) und daneben dem Schutz des von der personellen Einzelmaßnahme betroffenen Arbeitnehmers (vgl. § 99 Abs. 2 Nr. 3 BetrVG). Wird ein Arbeitnehmer aus einer betrieblichen Einheit herausgenommen und in eine andere betriebliche Einheit eingegliedert, ist es sowohl für die Interessen der zurückbleibenden Belegschaft als auch für den wechselnden Arbeitnehmer unerheblich, ob der Arbeitnehmer im neuen Betrieb weiterhin „für" den Arbeitgeber tätig ist. Insbesondere die Nachteile, die für die zurückbleibende Belegschaft mit dem Weggang des Arbeitnehmers möglicherweise verbunden sind, knüpfen allein an das Ausscheiden des Arbeitnehmers aus dem Betrieb und nicht an die Art seiner zukünftigen Tätigkeit an. Und auch der einzelne Arbeitnehmer soll durch das dem Betriebsrat im abgebenden Betrieb eingeräumte Zustimmungsverweigerungsrecht nicht vor den Nachteilen im neuen Arbeitsbereich geschützt werden, sondern vor Nachteilen durch die Herausnahme aus seiner früheren betrieblichen Einheit.

Aus den genannten Gründen ist der Betriebsrat des abgebenden Betriebs nach §§ 99, 95 Abs. 3 BetrVG auch in den Fällen zu beteiligen, in denen eine Arbeitnehmerin nach Ende des Erziehungs- oder des Elternurlaubs auf Dauer in den Betrieb eines anderen Verbundunternehmens wechselt. Ebensowenig wie die konkrete Tätigkeit der Arbeitnehmerin im aufnehmenden Betrieb für das Zustimmungsverweigerungsrecht des Betriebsrats im abgebenden Betrieb erheblich ist, kommt es für die Beteiligung dieses Betriebsrats darauf an, ob die Arbeitnehmerin in den Betrieb desselben oder eines anderen Unternehmens wechselt, oder darauf, ob sie vorübergehend oder auf Dauer aus dem Betrieb ausscheidet[95].

Das gilt aber nur, wenn die Arbeitnehmerin weiterhin in einem Arbeitsverhältnis zum bisherigen Arbeitgeber steht, d.h. mit dem anderen Verbundunternehmen lediglich einen Zweitarbeitsvertrag abschließt (dazu oben II 3 c), und der Arbeitgeber den Wechsel in das andere Verbundunternehmen veranlaßt hat.

Lösen Arbeitgeber und Arbeitnehmerin das Arbeitsverhältnis für den Wechsel der Arbeitnehmerin in das andere Verbundunternehmen demgegenüber einvernehmlich auf, scheidet ein Zustimmungsverweigerungsrecht des Betriebsrats aus. Der Betriebsrat des abgebenden Betriebs kann den Schutzzweck des § 99 BetrVG nicht verwirklichen, da er den zwischen Arbeitgeber und Arbeitnehmerin abgeschlossenen Aufhebungsvertrag nicht verhindern und damit weder die zurückbleibende Belegschaft vor dem Weggang der Arbeitnehmerin, noch die Arbeitnehmerin vor ihrer Entscheidung schützen kann. Wird mit dem Wechsel einer Arbeitnehmerin in ein anderes Unternehmen gleichzeitig das Arbeitsverhältnis zum bis-

---

94 So auch *BAG* vom 19. 2. 1991 a.a.O.
95 So auch *Galperin/Löwisch* § 99 Rn. 25; a. A. v. *Hoyningen-Huene/Boemke* X 4 a S. 219.

herigen Arbeitgeber aufgelöst, ist der dortige Betriebsrat nur zu beteiligen, wenn das Arbeitsverhältnis einseitig durch den Arbeitgeber aufgelöst wird: Vor Ausspruch der Arbeitgeberkündigung muß der Betriebsrat nach § 102 BetrVG angehört werden.

Auch wenn die Arbeitnehmerin auf Veranlassung des Arbeitgebers mit dem anderen Verbundunternehmen lediglich ein Zweitarbeitsverhältnis abschließt, ist mit dem *BAG* ein Zustimmungsverweigerungsrecht des Betriebsrats nach §§ 99, 95 Abs. 3 BetrVG abzulehnen, wenn die Arbeitnehmerin die Arbeitsaufnahme im anderen Verbundunternehmen selbst gewünscht hat, oder der Wechsel zumindest ihren Wünschen und ihrer freien Entscheidung entspricht. Auch in diesem Fall kann der Schutzzweck des § 99 BetrVG nicht erreicht werden: Die zurückbleibende Belegschaft kann der Betriebsrat nicht schützen, da er das einverständliche Ausscheiden der Arbeitnehmerin aus dem Betrieb nicht verhindern kann; die ausscheidende Arbeitnehmerin braucht gegen ihren Willen nicht geschützt zu werden[96].

Damit der Betriebsrat prüfen kann, ob die Versetzung tatsächlich mit dem Einverständnis der Arbeitnehmerin erfolgt ist und sein Zustimmungsverweigerungsrecht deswegen entfällt, muß ihn der Arbeitgeber auch bei Einverständnis der Arbeitnehmerin über die geplante personelle Einzelmaßnahme unterrichten[97].

d. Verbund als Arbeitgeber oder Schuldner des Wiedereinstellungsanspruchs

aa. Ist der Verbund Arbeitgeber der Erziehungs- und der Elternurlauberinnen, und hat das Arbeitsverhältnis zwischen Verbund und Arbeitnehmerin während der Familienphase geruht, wird die Arbeitnehmerin bei ihrer Rückkehr in den Verbundbetrieb nicht im Sinne des § 99 Abs. 1 BetrVG eingestellt (siehe oben a).

In den Verbundbetrieb eingestellt wird die Elternurlauberin demgegenüber, wenn Arbeitgeber und Arbeitnehmerin das Arbeitsverhältnis im Anschluß für den Elternurlaub mit Wiedereinstellunganspruch der Arbeitnehmerin aufgelöst hatten. An dieser Einstellung ist der Betriebsrat nach § 99 BetrVG zu beteiligen (vgl. oben b).

bb. Verleiht der Verbund die Arbeitnehmerin nach Ende des Erziehungs- oder Elternurlaubs auf Dauer an ein anderes Verbundunternehmen, könnte darin aus Sicht des Verbundbetriebs eine nach §§ 99, 95 Abs. 3 BetrVG zustimmungspflichtige Versetzung liegen. Ob § 99 BetrVG auf den Arbeitnehmerverleih anwendbar ist, ist streitig. Da die Streitfrage die Arbeitnehmerüberlassung nach dem AÜG berührt, soll sie erst in § 7 unter VII 2 und 3 behandelt werden.

Dort ist auch zu untersuchen, ob die Eingliederung der Leiharbeitnehmerinnen des Verbunds an das einzelne Verbundunternehmen im aufnehmenden Betrieb

---

96 *BAG* vom 20. 9. 1990 a. a. O.; *Galperin/Löwisch* § 99 Rn. 23; TK *Löwisch* § 99 Rn. 14.
97 *BAG* vom 22. 9. 1990 a. a. O.; TK *Löwisch* a. a. O.; vgl. parallel dazu die Unterrichtungspflicht des Arbeitgebers in Tendenzbetrieben bei tendenzbezogenen Maßnahmen, etwa TK *Löwisch* § 118 Rn. 24 f.

eine Einstellung im Sinne des § 99 BetrVG ist und das Zustimmungsverweigerungsrecht des dortigen Betriebsrats auslöst.

3. Mitbestimmung bei der Ruhensvereinbarung oder der Auflösung des Arbeitsverhältnisses mit Wiedereinstellungsanspruch

a. Ruhensvereinbarung und Aufhebungsvertrag

aa. Für den Zeitraum des gesetzlichen Erziehungsurlaubs steht dem Betriebsrat ein Mitbestimmungsrecht schon deswegen nicht zu, weil das BErzGG den Erziehungsurlaub abschließend regelt, weswegen der Arbeitgeber keinen Entscheidungsspielraum, etwa über die Modalitäten des Erziehungsurlaubs, hat, den der Betriebsrat mitausfüllen könnte[98].

bb. Hinsichtlich der Ruhensvereinbarung, die Arbeitgeber und Arbeitnehmerin für den Elternurlaub treffen, könnte der Betriebsrat ein Mitbestimmungsrecht nach § 87 Abs. 1 Nr. 5 BetrVG haben.

Urlaub im Sinne des § 87 Abs. 1 Nr. 5 BetrVG ist nicht nur der Erholungsurlaub nach dem BUrlG, sondern jede bezahlte und unbezahlte Arbeitsfreistellung[99].

Nach § 87 Abs. 1 Nr. 5 BetrVG hat der Betriebsrat über die Aufstellung allgemeiner Urlaubsgrundsätze mitzubestimmen. Allgemeine Urlaubsgrundsätze definieren als Richtlinien die Voraussetzungen, unter denen die einzelne Arbeitnehmerin Anspruch auf Elternurlaub hat, und regeln das Verfahren zur Beantragung und Gewährung des Urlaubs. Will der Arbeitgeber etwa Fristen festlegen, innerhalb derer die Arbeitnehmerin den Elternurlaub beantragen muß, besteht insoweit das Mitbestimmungsrecht des Betriebsrats aus § 87 Abs. 1 Nr. 5 BetrVG[100].

Zweifelhaft ist, ob der Betriebsrat auch darüber mitzubestimmen hat, ob im Betrieb überhaupt Elternurlaub eingeführt wird, wie lange der Urlaub dauern soll und welche Arbeitnehmer Anspruch auf Arbeitsfreistellung haben sollen.

§ 87 Abs. 1 Nr. 5 BetrVG ist auf den Jahreserholungsurlaub zugeschnitten, auf den die Arbeitnehmer einen gesetzlichen, teils tarifvertraglich erweiterten An-

---

[98] Zum Wegfall der Beteiligungsrechte des Betriebsrats bei fehlendem Entscheidungsspielraum des Arbeitgebers siehe oben 2 a.
[99] TK *Löwisch* § 87 Rn. 59; *Galperin/Löwisch* § 87 Rn. 128; *Dikomey* C III 1 S. 60 f.; MünchArbR/*Blomeyer* § 47 Rn. 11; v. *Hoyningen-Huene*, Die unbezahlte Freistellung von der Arbeit, NJW 1981, 713, 717; GK-BetrVG/*Wiese* § 87 313; *Dietz/Richardi* § 87 Rn. 293, 308; *Fitting/Auffarth/Kaiser/Heither* § 87 Rn. 59, 63; *Klebe* in *Däubler/Kittner/Klebe/Schneider* § 87 Rn. 111; a. A. *Hess/Schlochauer/Glaubitz* § 87 Rn. 230 f.; *Faßhauer*, Rechtsfragen der unbezahlten Freistellung, NZA 1986, 453, 457 für unbezahlte Freistellungen, die anderen als bloßen Erholungszwecken dienen.
[100] Vgl. *Dikomey* a. a. O. S: 60 ff.; v. *Hoyningen-Huene* a. a. O. S. 718; MünchArbR/*Blomeyer* a. a. O.; vgl. auch *BAG* vom 18. 6. 1974, 1 ABR 25/73, AP Nr. 1 zu § 87 BetrVG 1972 Urlaub und vom 17. 11. 1977, 5 AZR 599/76, AP Nr. 8 Zu § 9 BUrlG für Arbeitsfreistellungen im Anschluß an den Erholungsurlaub.

spruch haben. Auch aus den Formulierungen in § 87 Abs. 1 Nr. 5 BetrVG „Urlaubsgrundsätze", „Urlaubsplan" und „Festsetzung der zeitlichen Lage des Urlaubs" folgt, daß das Gesetz den Anspruch der Arbeitnehmer auf Urlaub voraussetzt: Der Betriebsrat soll nicht über das „Ob", sondern lediglich über die Modalitäten der Urlaubsgewährung mitbestimmen. Ähnlich wie bei § 87 Abs. 1 Nr. 8 und 10 BetrVG darf sich das Mitbestimmungsrecht des Betriebsrats dann auch nicht auf die Dauer des Urlaubsanspruchs und die Festlegung des begünstigten Personenkreises nach allgemeinen Merkmalen erstrecken: Ob, wem und in welchem Umfang der Arbeitgeber einen Anspruch auf Arbeitsfreistellung zur Kinderbetreuung gewähren will, steht allein in seinem Ermessen.

Daß der Betriebsrat nach § 87 Abs. 1 Nr. 5 BetrVG nicht über das Ob des Elternurlaubs mitbestimmen kann, folgt auch daraus, daß die Bestimmung der synallagmatischen Leistungspflichten nach dem BetrVG den Arbeitsvertragsparteien vorbehalten ist. Ebensowenig wie der Betriebsrat nach § 87 Abs. 1 Nr. 2 BetrVG über die Dauer der Arbeitszeit, d. h. die Leistungspflicht der Arbeitnehmerin mitbestimmen darf (dazu unten § 5 V 4 a), hat er nach § 87 Abs. 1 Nr. 5 BetrVG ein Mitbestimmungsrecht darüber, ob die Arbeitsvertragsparteien die gegenseitigen Hauptpflichten insgesamt suspendieren wollen[101].

Nach § 87 Abs. 1 Nr. 5 BetrVG darf der Betriebsrat aber über den Urlaubsplan mitbestimmen, in welchem vorab die zeitliche Lage des Urlaubs jedes Arbeitnehmers für das Kalenderjahr festgelegt wird, und, wenn sich Arbeitgeber und Arbeitnehmer nicht einigen können, über die Festsetzung des Urlaubs im Einzelfall[102].

Diese Mitbestimmungstatbestände sind auf den Erholungsurlaub nach dem BUrlG zugeschnitten und setzen voraus, daß Arbeitnehmern ein wiederkehrender Urlaubsanspruch pro Kalenderjahr zusteht, dessen zeitliche Lage zwischen Arbeitgeber und den einzelnen Arbeitnehmern in Streit geraten kann. Auf den Elternurlaub passen sie nicht. Da in den Urlaubsgrundsätzen als Anspruchsvoraussetzung festgelegt werden soll, daß die Arbeitnehmerinnen Anspruch auf Elternurlaub im Anschluß an den gesetzlichen Erziehungsurlaub haben sollen, kann über die Lage des Urlaubs kein Streit entstehen.

---

101 Vgl. zum fehlenden Mitbestimmungsrecht über das „Ob" der Urlaubsgewährung und die Urlaubsdauer *Dikomey* C II 1 S. 62; GK-BetrVG/*Wiese* § 87 Rn. 14 f.; *Fitting/Auffarth/Kaiser/Heither* § 87, Rn. 62 f.; *Dietz/Richardi* § 87 Rn. 308; v. *Hoyningen-Huene* a. a. O. S. 717 f.; *Klebe* in *Däubler/Kittner/Klebe/Schneider* § 87 Rn. 111 MünchArbR/*Blomeyer* a. a. O.; vgl. a. *Dersch/Neumann*, 7. Aufl. 1990, § 7 Rn. 26 f.; GK-BUrlG/*Bachmann*, 5. Aufl. 1992, § 7 Rn. 78; unklar BAG vom 18.6.1974 a. a. O.

102 Nach herrschender Meinung besteht das Mitbestimmungsrecht bei der Urlaubsfestsetzung im Einzelfall schon, wenn ein Arbeitnehmer mit der Urlaubsfestsetzung des Arbeitgebers nicht einverstanden ist und nicht nur in den Fällen, in denen sich mindestens zwei Arbeitnehmer um die Lage ihres Urlaubs streiten, *Galperin/Löwisch* § 87 Rn. 134; *Fitting/Auffarth/Kaiser/Heither* § 87 Rn. 61; *Dietz/Richardi* § 87 Rn. 315; *Hess/Schlochauer/Glaubitz* § 99 Rn. 245; *Dersch/Neumann* § 7 Rn. 26 GK-BUrlG/ *Bachmann* § 7 Rn. 85; a. A. GK-BetrVG/*Wiese* § 87 Rn. 332.

cc. Ein Zustimmungsverweigerungsrecht nach §§ 99 Abs. 1, 95 Abs. 3 BetrVG steht dem Betriebsrat bei Abschluß der Ruhensvereinbarung nicht zu. Denn die bloße Reduzierung der Arbeitszeit, und sei es wie im ruhenden Arbeitsverhältnis auf Null, ist keine Versetzung im Sinne des § 95 Abs. 3 BetrVG (siehe oben 2a)[103].

dd. Soll das Arbeitsverhältnis zwischen Arbeitgeber und Arbeitnehmerin für den Elternurlaub aufgelöst werden, ist der Betriebsrat nicht zu beteiligen. Die Beendigung eines Arbeitsverhältnisses löst nur im Fall der Arbeitgeberkündigung ein Beteiligungsrecht des Betriebsrats aus, § 102 BetrVG.

b. Maßstäbe für den Wiederbeschäftigungs- und den Wiedereinstellungsanspruch

Ändern Arbeitgeber und Arbeitnehmerin die arbeitsvertragliche Leistungsverpflichtung der Arbeitnehmerin, um den Kreis der möglichen Beschäftigungen nach Ende des Erziehungs- oder Elternurlaubs zu erweitern (siehe oben II 3 a und III 2 bis 4), ist der Betriebsrat an der Vertragsänderung nicht zu beteiligen, da es insoweit an einem kollektiven Regelungsgegenstand fehlt.

Fraglich ist, ob der Betriebsrat nach dem BetrVG bei Festlegung der allgemeinen Maßstäbe für den Wiederbeschäftigungs- oder Wiedereinstellungsanspruch der Erziehungs- und Elternurlauberinnen mitbestimmen kann.

Nach § 95 Abs. 1 S. 1 BetrVG bedürfen Richtlinien über die personelle Auswahl bei Einstellungen, Versetzungen und Kündigungen der Zustimmung des Betriebsrats[104].

Einstellungs- und Versetzungsrichtlinien im Sinne des § 95 Abs. 1 BetrVG legen abstrakt für einen Betrieb, eine Betriebsabteilung oder für bestimmte Typen von Arbeitsplätzen die Regeln fest, die der Arbeitgeber zukünftigen Einstellungs- und Versetzungsentscheidungen zugrunde legen soll. Mitzubestimmen hat der Betriebsrat über die fachlichen, persönlichen und sozialen Anforderungen, nach denen entschieden wird, welcher Bewerber oder Arbeitnehmer für eine Tätigkeit eingestellt oder auf einen anderen Arbeitsplatz versetzt wird[105].

---

103 Siehe auch v. *Hoyningen-Huene* NJW 1981, 713, 719; MünchArbR/*Blomeyer* § 47 Rn. 9, die beide mit dem Normzweck des § 99 BetrVG argumentieren. Zu weiteren möglichen Mitbestimmungstatbeständen siehe *Dikomey* C S. 58 ff.
104 Daß der Betriebsrat die Aufstellung entsprechender Richtlinien nach § 99 Abs. 2 S. 1 BetrVG erzwingen kann, wird bei den im Verbund zusammengeschlossenen kleinen und mittleren Unternehmen nur selten in Betracht kommen, da § 99 Abs. 2 S. 1 nur in Betrieben mit mehr als 1000 Arbeitnehmern Anwendung findet.
105 *BAG* vom 31. 5. 1983, 1 ABR 6/80 AP Nr. 2 zu § 95 BetrVG 1972 mit Anm. *Löwisch*; *Galperin/Löwisch* § 95 Rn. 4, 7; GK-BetrVG/*Kraft* § 95 Rn. 1, 30, 32; *Fitting/Auffarth/Kaiser/Heither* § 95 Rn. 4; *Dietz/Richardi* § 95 Rn. 8, 28 f.

Dem Mitbestimmungsrecht des Betriebsrats unterfällt etwa die Entscheidung, ob und in welchem Umfang Betriebsangehörige bei Stellenneubesetzungen externen Bewerbern vorzuziehen sind[106].

Wie sich aus dem Wortlaut des § 95 Abs. 1 S. 2 BetrVG (Entscheidungsbefugnis der Einigungsstelle „über die Richtlinien oder ihren Inhalt") ergibt, erstreckt sich das Mitbestimmungsrecht des Betriebsrats dabei nicht nur auf den Inhalt der Einstellungs- und Versetzungsrichtlinien, sondern auch darauf, ob solche Auswahlrichtlinien überhaupt im Betrieb eingeführt werden. Anders als in Betrieben mit mehr als 1000 Arbeitnehmern kann der Betriebsrat nach § 95 Abs. 1 BetrVG die Einführung von Auswahlrichtlinien im Betrieb zwar nicht initiieren, er kann ihre Einführung aber verhindern[107].

Ruht das Arbeitsverhältnis im Erziehungs- und Elternurlaub, und soll für die Erziehungs- und Elternurlauberinnen generell festgelegt werden, unter welchen Voraussetzungen sie auf einem anderen als ihrem bisherigen Arbeitsplatz weiterbeschäftigt werden dürfen, sind die dafür aufgestellten Kriterien nicht nach § 95 Abs. 1 BetrVG in den einzelnen Betrieben mitbestimmungspflichtig. Denn durch solche Kriterien werden dem Arbeitgeber keine Entscheidungsvorgaben dafür gemacht, welchen Arbeitnehmer sie auf einen bestimmten Arbeitsplatz versetzen sollen. Es wird lediglich vorgegeben, in welchem Umfang die Arbeitsvertragsparteien die arbeitsvertragliche Leistungsverpflichtung der Arbeitnehmerin für die Zeit nach Ende des Erziehungs- oder Elternurlaubs ändern können.

Die Beschreibung der den Arbeitnehmerinnen nach Ende des Erziehungs- oder Elternurlaubs zumutbaren Tätigkeiten sind, obwohl sie die Weiterbeschäftigungsmöglichkeit nach § 1 Abs. 2 S. 2 und 3 KSchG beeinflussen (siehe oben II 3 d und III 5 a), auch keine nach § 95 Abs. 1 BetrVG mitbestimmungspflichtigen Kündigungsrichtlinien: Die Beschreibung der arbeitsvertraglichen Leistungsverpflichtung ist der Auswahlentscheidung des Arbeitgebers vorgelagert. Es werden keine Vorgaben für die Auswahlentscheidung des Arbeitgebers gemacht, sondern Kriterien für die Arbeitsvertragsgestaltung durch Arbeitgeber und Arbeitnehmerin aufgestellt[108].

Wird das Arbeitsverhältnis für den Elternurlaub aufgelöst, könnten die Voraussetzungen, unter denen die Elternurlauberinnen einen Wiedereinstellungsanspruch haben sollen, aber als Einstellungsrichtlinie nach § 95 Abs. 1 BetrVG mitbestimmungspflichtig sein.

---

[106] *Galperin/Löwisch* § 95 Rn. 10; *Fitting/Auffarth/Kaiser/Heither* § 95 Rn. 16; *Dietz/Richardi* § 95 Rn. 21, 26.

[107] *Galperin/Löwisch* § 95 Rn. 15; GK-BetrVG/*Kraft* § 95 Rn. 20; *Fitting/Auffarth/Kaiser/Heither* § 95 Rn. 12; *Hess/Schlochauer/Glaubitz* § 95 Rn. 31.

[108] Vgl. *Galperin/Löwisch* § 95 Rn. 12 ff.; GK-BetrVG/*Kraft* § 95 Rn. 35 ff.; *Dietz/Richardi* § 95 Rn 39 ff.; *Stege/Weinspach* § 95 Rn. 19 ff.; *Hess/Schlochauer/Glaubitz* § 95 Rn. 23 ff.; die unter Kündigungsrichtlinien bei betriebsbedingten Kündigungen lediglich Sozialauswahlrichtlinien im Sinne des § 1 Abs. 3 KSchG erläutern; weiter *Fitting/Auffarth/Kaiser/Heither* § 95 Rn. 18.

Mitbestimmungspflichtig sind alle generellen Vorgaben, die das Einstellungsermessen des Arbeitgebers einschränken. Wird der Elternurlauberin ein absoluter Wiedereinstellungsanspruch oder bei gleicher Qualifikation der Vorrang vor Bewerbern eingeräumt, die dem Betrieb früher nicht angehört haben oder aus nicht erziehungsbedingten Gründen aus ihm ausgeschieden sind, reduziert sich das Auswahlermessen des Arbeitgebers zwischen mehreren Bewerbern zugunsten der Elternurlauberin auf Null. Entsprechende generelle Regelungen können daher nach § 95 Abs. 1 BetrVG nur mit Zustimmung des Betriebsrats aufgestellt werden.

Das gleiche gilt für Richtlinien, in denen sich die im Verbund zusammengeschlossenen Arbeitgeber verpflichten, neben eigenen Elternurlauberinnen bevorzugt Elternurlauberinnen aus anderen Verbundunternehmen einzustellen, wenn für diese beim früheren Arbeitgeber kein Arbeitsplatz frei ist: Die Eingliederung dieser Elternurlauberinnen ist eine Einstellung im Sinne des § 99 Abs. 1 BetrVG (siehe oben 2 c), hinsichtlich derer das Einstellungsermessen des Arbeitgebers eingeschränkt wird.

§ 3 Erhalt von Arbeitgeberleistungen und tariflichen Rechten

I. Problemstellung

Unterbrechen Arbeitnehmerinnen ihre Berufstätigkeit, um Erziehungsurlaub oder Elternurlaub in Anspruch zu nehmen, stellt sich die Frage, inwieweit ihnen auch während der Familienphase arbeitsvertragliche und tarifvertragliche Leistungen ihres Arbeitgebers zustehen. Für diese Frage ist unerheblich, ob Arbeitgeber der Erziehungs- und Elternurlauberinnen oder Schuldner des Wiedereinstellungsanspruchs der bisherige Arbeitgeber bleibt, oder ob der Verbund Arbeitgeber oder Schuldner des Wiedereinstellungsanspruchs wird. Zu unterscheiden sind aber der gesetzliche Erziehungsurlaub (dazu unter II) und der Elternurlaub und beim Elternurlaub das ruhende und das mit Wiedereinstellungsanspruch der Arbeitnehmerin aufgelöste Arbeitsverhältnis (dazu unter III 1 und III 2).

Bleibt der bisherige Arbeitgeber Arbeitgeber der Erziehungs- und Elternurlauberin oder Schuldner des Wiedereinstellungsanspruchs, und wechselt die Arbeitnehmerin nach Ende der Familienphase wegen fehlender Beschäftigungsmöglichkeiten im Arbeitgeberunternehmen zu einem anderen Verbundunternehmen, ist zu klären, ob und inwieweit ihr beim bisherigen Arbeitgeber erworbene Ansprüche und Rechte im neuen Arbeitsverhältnis erhalten werden können. Besonderes Augenmerk ist dabei auf die Leistungen der betrieblichen Altersversorgung zu richten. War das Arbeitsverhältnis der Arbeitnehmerin beim bisherigen Arbeitgeber tarifvertraglich geregelt und wechselt sie zu einem branchenfremden oder nicht tarifgebundenen Arbeitgeber, ist fraglich, ob und inwieweit tarifvertragliche Ansprüche und der tarifvertragliche Status der Arbeitnehmerin auch im neuen Arbeitsverhältnis fortgeschrieben werden können. Etwa ist zu klären, inwieweit besondere Kündigungsfristen, die die Arbeitnehmerin in ihrem bisherigen Arbeitsverhältnis geschützt haben, auch beim neuen Arbeitgeber weitergelten sollen.

Das gleiche Problem stellt sich, wenn der Verbund Arbeitgeber der Erziehungs- und Elternurlauberinnen werden soll, und die Arbeitnehmerinnen von ihrem bisherigen Arbeitgeber zum Verbund wechseln.

Dabei werden Unterschiede, die sich für den Erhalt der Arbeitgeberleistungen und tariflichen Rechte beim Wechsel einer Arbeitnehmerin in ein anderes Verbundunternehmen daraus ergeben, daß das Arbeitsverhältnis während des Erziehungs- und des Elternurlaubs geruht hat, oder daß es mit Wiedereinstellungsanspruch der Arbeitnehmerin aufgelöst worden ist, bei den einzelnen Regelungsmöglichkeiten behandelt.

II. Während des Erziehungsurlaubs

1. Jahressonderzahlungen

Ob die Arbeitnehmerin Sonderzahlungen des Arbeitgebers auch während des Erziehungsurlaubs beanspruchen kann, bestimmt sich grundsätzlich nach dem Zweck der Zahlung.

a. Entgelt für Arbeitsleistung

Sonderzahlungen, die die Arbeitsleistung der Arbeitnehmerin entgelten (sog. Entgelt im engeren Sinne), ruhen nach dem Grundsatz „ohne Arbeit kein Geld" während des Erziehungsurlaubs. In den Jahren des Erziehungsurlaubs, in denen die Arbeitnehmerin überhaupt nicht arbeitet, entfallen leistungsabhängige Sondervergütungen vollständig, in den Jahren, in denen sie vor Antritt oder nach Ende des Erziehungsurlaubs gearbeitet hat oder ihre Arbeitstätigkeit wieder aufnimmt, hat sie einen anteiligen Anspruch entsprechend ihrer tatsächlichen Arbeitsleistung[1].

b. Entgelt für Betriebstreue

Soll eine Jahressonderzahlung ausschließlich die Betriebstreue entgelten (sog. Entgelt im weiteren Sinne), steht sie der Arbeitnehmerin auch während des Ruhenszeitraums zu, da Voraussetzung einer solchen Vergütung lediglich ist, daß das Arbeitsverhältnis der Arbeitnehmerin im Fälligkeitszeitraum besteht[2].

Daß mit der Sonderzahlung die in der Vergangenheit bewiesene Betriebstreue vergütet werden soll, wird regelmäßig dadurch zum Ausdruck gebracht, daß der Anspruch erst entsteht, wenn der Arbeitnehmer innerhalb des Bezugsjahres für einen bestimmten Zeitraum dem Betrieb angehört hat (sog. Wartezeit). Zukünftige Betriebstreue wird honoriert, wenn der Arbeitnehmer an einem bestimmten Stichtag noch Arbeitnehmer des Betriebs sein muß oder wenigstens keine Eigenkündigung ausgesprochen haben darf, um die Zahlung beanspruchen zu können. Ist in der Leistungszusage vereinbart, daß der Arbeitnehmer die Sonderzahlung zurückzahlen muß, wenn er bis zu einem bestimmten Stichtag des Folgejahres aus

---

1 *BAG* vom 24.10.1990, 6 AZR 156/89 a. a. O.; *Dikomey* C III S. 117; *Hanau/Vossen*, Die Kürzung von Jahressonderzahlungen aufgrund fehlender Arbeitsleistung, DB 1992, 213, 216; *Köster/Schiefer/Überacker*, Arbeits- und sozialversicherungsrechtliche Fragen des Bundeserziehungsgeldgesetzes 1992, DB 1992 Beilage Nr. 10 S. 10. Zu Sonderzahlungen bei Teilzeitarbeit und Krankheits- und Urlaubsvertretungen während des Erziehungsurlaubs siehe § 5 II 1 a und b, 2 c.
2 *Dikomey*, a. a. O.; *Hanau/Vossen* a. a. O.; *Halbach* DB 1986 Beilage Nr. 1 S. 11; *Köster/Schiefer/Überacker* a. a. O.

dem Arbeitsverhältnis ausscheidet (Rückzahlungsklausel), spricht auch das dafür, daß mit der Zahlung die zukünftige Betriebstreue honoriert werden soll[3].

In der Praxis wird eine Jahressonderzahlung, mit der ausschließlich die Betriebstreue der Arbeitnehmerin vergütet werden soll, aber die Ausnahme sein. Für tarifliche Sondervergütungen gilt nach der Rechtsprechung des *BAG* in Zweifelsfällen die Auslegungsregel, daß mit einer solchen Sonderzahlung auch die im Bezugszeitraum geleistete Arbeit entgolten werden soll, d. h. die Tarifvertragsparteien eine Sonderzahlung mit Mischcharakter gewollt haben (dazu gleich)[4].

c. Sonderzahlungen mit Mischcharakter

Problematisch sind Sonderzahlungen mit Mischcharakter, die sowohl die Arbeitsleistung als auch die Betriebstreue der Arbeitnehmerin entlohnen sollen.

Arbeitet die Arbeitnehmerin in dem Jahr, in dem sie ihren Erziehungsurlaub antritt oder beendet, während der restlichen Monate beim Arbeitgeber, oder nimmt sie im Bezugsjahr ohnehin nur einige Monate Erziehungsurlaub in Anspruch, kann der Arbeitgeber nach Auffassung des *BAG* die Jahressonderzahlung um die Zeiten des ruhenden Arbeitsverhältnisses nur kürzen, wenn die Leistungszusage für diese Fälle eine besondere Quotelungsregelung enthält. Ohne eine Quotelungsregel steht der Arbeitnehmerin die Jahressonderzahlung in voller Höhe zu[5].

Der früher für Gratifikationen zuständige *5. Senat des BAG* hatte den tariflichen Sonderzuwendungen durch ergänzende Tarifauslegung entnommen, daß der Arbeitnehmer Anspruch auf die Sonderzahlung nur hat, wenn er im Bezugsjahr zumindest „in nicht ganz unerheblichem Ausmaß" gearbeitet hat. Als in diesem

---

3 *BAG* vom 24. 10. 1990, 6 AZR 156/89 und 341/89 a. a. O.; teilweise abweichend vom 5. 8. 1992, 10 AZR 88/90 a. a. O.; zusammenfassend *Hanau/Vossen* DB 1992, 213, 214 f.; *Winterfeld*, Anm. zu *BAG* vom 24. 10. 1990, 6 AZR 156/89, 6 AZR 418/89 und 6 AZR 341/89, SAE 1992, 37 ff.

4 *BAG* vom 18. 1. 1978, 5 AZR 56/77, AP Nr. 92 zu § 611 BGB Gratifikation = DB 1978, 1503; vom 18. 1. 1978, 5 AZR 685/77, AP Nr. 93 zu § 611 BGB Gratifikation; vom 29. 8. 1979, 5 AZR 763/78, AP Nr. 102 zu § 611 BGB Gratifikation = DB 1979, 2375; vom 29. 8. 1979, 5 AZR 293/79, AP Nr. 103 zu § 611 BGB Gratifikation = DB 1979, 2377; vom 29. 8. 1979, 5 AZR 511/79, AP Nr. 104 zu § 611 BGB Gratifikation = DB 1979, 2376; vom 7. 9. 1989, 6 AZR 637/88, AP Nr. 129 zu § 611 BGB Gratifikation; bestätigt durch *BAG* vom 5. 8. 1992, 10 AZR 88/90, BB 1992, 2218 = DB 1992, 2348 unter II 2 der Gründe.

5 *BAG* vom 24. 10. 1990, 6 AZR 341/89, AP Nr. 2 zu § 1 TVG Tarifverträge: Glasindustrie = BB 1991, 694 = DB 1991, 868; vom 24. 10,1990, 6 AZR 418/89 AP Nr. 5 zu § 15 BErzGG mit krit. Anm. *Berger-Delhey* = DB 1991, 1024; vgl. auch vom 23. 8. 1990, 6 AZR 528/88, DB 1991, 101 = BB 1991, 68; vom 5. 8. 1992, 10 AZR 1992, BB 1992, 2218 alle zu tariflichen Sonderzuwendungen; *Zmarzlik/Zipperer/Viethen*, § 15 BErzGG 1989 Rn. 40 ff.; *Hanau*/Vossen DB 1992, 213, 217; kritisch *Winterfeld*, gemeinsame Anm. zu *BAG* vom 24. 10. 1991 6 AZR 156/89, 341/89 und 448/89 a. a. O., SAE 1992, 37 ff.; *Köster/Schiefer/Überacker*, DB 1992 Beilage Nr. 10 S. 11 f.

Sinne nicht geringfügige Tätigkeit hat das *BAG* eine Arbeitsleistung von mindestens zwei Wochen angesehen[6].

Der ab dem 5. 4. 1988 für das Recht der Jahressonderzahlungen zuständige *6. Senat des BAG* hat gegen die Festlegung des Mindestarbeitszeitraums von zwei Wochen erhebliche Bedenken angemeldet, da ein solcher Rechtssatz den tariflichen Leistungszusagen nicht entnommen werden könne[7]. Er hat für den Anspruch eines Arbeitnehmers auf Jahressonderzahlungen lediglich vorausgesetzt, daß der Arbeitnehmer im Bezugszeitraum überhaupt gearbeitet hat[8].

Der seit 1992 zuständige *10. Senat des BAG* hat entschieden, daß ein Arbeitnehmer bei Fehlen einer Quotelungsregelung auch dann Anspruch auf die Jahressonderzahlung in voller Höhe hat, wenn er während des Bezugszeitraums überhaupt nicht gearbeitet hat. Die gegenteilige Rechtsprechung des *5. und 6. Senats* hat er aufgegeben[9].

Die Rechtsprechung des *10. Senats* ist zumindest insoweit abzulehnen, als sie einem Arbeitnehmer auch dann den vollen Anspruch auf die Jahressonderzahlung gibt, wenn dieser im Bezugszeitraum überhaupt keine Arbeitsleistung erbracht hat: Soll mit einer Sondervergütung sowohl die Betriebstreue als auch die tatsächliche Arbeitsleistung der Arbeitnehmer vergütet werden, und hat ein Arbeitnehmer während des Bezugsjahres nicht gearbeitet, fehlt es an einer der beiden anspruchsbegründenden Voraussetzungen, der Arbeitsleistung[10].

Die Rechtsprechung muß dem Anspruch der Erziehungsurlauberinnen auf Jahressonderzahlungen dennoch zugrunde gelegt werden.

d. Ausschluß der Erziehungsurlauberinnen von Jahressonderzahlungen

aa. Werden Sondervergütungen durch Tarifvertrag gewährt, können die Arbeitsvertragsparteien beziehungsweise die Betriebspartner an der dort getroffenen Regelung nichts ändern. Sie sind an die Tarifverträge bis zu einer Änderung durch die Tarifvertragsparteien gebunden. Insoweit sind die im Verbund zusammengeschlossenen Arbeitgeber gezwungen, der Sonderzahlungszusage durch Auslegung

---

6 *BAG* vom 18. 1. 1978, 5 AZR 56/77, AP Nr. 92 zu § 611 BGB Gratifikation = DB 1978, 1503; vom 18. 1. 1978, 5 AZR 685/77, AP Nr. 93 zu § 611 BGB Gratifikation; vom 29. 8. 1979, 5 AZR 511/79, AP Nr. 104 zu § 611 BGB Gratifikation = DB 1979, 2376.

7 *BAG* vom 7. 9. 1989, 6 AZR 637/88, AP Nr. 129 zu § 611 BGB Gratifikation = DB 1990, 942; vom 18. 6. 1990, 6 AZR 528/88, AP Nr. 1 zu § 1 TVG Tarifverträge: Keramikindustrie = DB 1991, 101; vom 10. 1. 1991, 6 AZR 448/89, AP Nr. 3 zu § 1 TVG Tarifverträge: Betonsteingewerbe = DB 1991, 2672.

8 *BAG* vom 10. 1. 1991, 6 AZR 448/89, AP Nr. 3 zu § 1 TVG Tarifverträge: Betonsteingewerbe = DB 1991, 2672; vom 7. 9. 1989, AP Nr. 129 zu § 611 BGB Gratifikation = DB 1990, 942; *Hanau/Vossen* DB 1992, 213, 217.

9 *BAG* vom 5. 8. 1992, 10 AZR 88/90, BB 1992, 2218.

10 So auch *Hanau/Vossen* DB 1992, 213, 217; vgl. auch *Löwisch/Rieble* § 1 Rn. 403, die der Rechtsprechung, welche Tarifverträge im Zweifel zugunsten der Arbeitnehmer auslegt, einen Verstoß gegen das Gebot staatlicher Neutralität vorwerfen.

zu entnehmen, ob sie allein die tatsächliche Arbeitsleistung der Arbeitnehmer vergüten soll, oder ob mit der Vergütung auch die Betriebstreue der Arbeitnehmer entgolten werden soll.

bb. Werden Jahressonderzahlungen aufgrund einer betrieblichen Zusage gewährt, können die Arbeitsvertragsparteien oder — bei Sonderzahlungen aufgrund einer Betriebsvereinbarung — die Betriebspartner die Arbeitnehmerinnen für die Zeit des Erziehungsurlaubs aus dem Bezug der Sonderzahlungen ausnehmen.

Sie können die Sonderzahlung einmal als Arbeitsentgelt im engeren Sinne vereinbaren, etwa den Zweck der Zahlung (Entgelt für geleistete Arbeit) in die Leistungszusage aufnehmen[11].

Das ist aber nur zu empfehlen, wenn der Arbeitgeber Jahressonderzahlungen tatsächlich unabhängig von der Betriebstreue seiner Arbeitnehmer gewähren will.

bb. Will er mit der Sonderzahlung sowohl die tatsächliche Arbeitsleistung im Bezugszeitraum als auch die Betriebstreue der Arbeitnehmer vergüten und nur die Arbeitnehmer, deren Arbeitsverhältnis ruht, vom Bezug der Zahlung ausschließen, muß in die Sonderzahlungsabrede eine ausdrückliche Ausschluß- oder Kürzungsklausel für Zeiten aufgenommen werden, in denen das Arbeitsverhältnis ruht[12].

Das Recht des Arbeitgebers, Jahressonderzahlungen anteilig zu kürzen, kann auf einzelne genau bezeichnete Ruhenstatbestände (Erziehungsurlaub, Wehrdienst, unbezahlter Urlaub etc.) beschränkt oder allgemein formuliert werden. Nach Auffassung des *10. Senats des BAG*, der damit die Rechtsprechung des nicht mehr zuständigen *6. Senats* aufgegeben hat, erfaßt eine Bestimmung, nach der Jahressonderzahlungen für die Zeiten anteilig gemindert werden, in denen das Arbeitsverhältnis „kraft Gesetzes" geruht hat, auch den gesetzlichen Erziehungsurlaub[13].

cc. Eine Vereinbarung, die Sonderleistungen ausdrücklich nur für Arbeitnehmer im Erziehungsurlaub ausschließt oder kürzt, ist aber unzulässig. Zwar verstößt

---

11 Vgl. *BAG* vom 24. 10 1990, 6 AZR 156/89, AP Nr. 135 zu § 611 BGB Gratifikation = DB 1991, 446.
12 Vgl. *Hanau/Vossen* DB 1992, 213, 218 f.; a. A. *LAG Baden-Württemberg* vom 29. 1. 1982, 6 Sa 88/81, DB 1982, 2718 wegen des Unverzichtbarkeitsgebots in § 8a MuSchG; *Schleicher* BB 1986, Beilage Nr. 1 S. 8 unter Berufung auf die Nachfolgevorschrift § 15 Abs. 4 BErzGG a. F. (jetzt § 15 Abs. 3 BErzGG).
13 *BAG* vom 10. 2. 1993, 10 AZR 450/91, BB 1993, 1147 = DB 1993, 1090 mit zust. Anm. *Sowka* unter Aufgabe der Rspr. des 6. Senats vom 10. 5. 1989, 6 AZR 660/87, AP Nr. 2 zu § 15 BErzGG mit insoweit abl. Anm. *Sowka* = DB 1989, 2127 = SAE 1989, 254 mit insoweit abl. Anm. *Winterfeld* S. 256, 258 ff. und vom 7. 12. 1989, 6 AZR 322/88, AP Nr. 3 zu § 15 BErzGG mit abl. Anm. *Sowka* = DB 1990, 842 = BB 1990, 1200 = NZA 1990, 494; wie der 10. Senat schon der 5. Senat vom 3. 6. 1987, 5 AZR 152/86; n. v., JURIS Dokumentennr. 822774.

eine solche Abrede entgegen einer weit verbreiteten Meinung[14] nicht gegen § 15 Abs. 3 BErzGG. Da die Entgeltzahlungspflicht des Arbeitgebers im Erziehungsurlaub ruht, darf er Arbeitnehmerinnen für die Zeit des Erziehungsurlaubs auch von Jahressonderzahlungen ausnehmen. Durch eine entsprechende Klausel wird weder der Erziehungsurlaub unzulässig beschränkt noch auf die Arbeitnehmerin ein unzulässiger mittelbarer Druck ausgeübt, den Erziehungsurlaub nicht in Anspruch zu nehmen[15].

Eine entsprechende Ausschluß- oder Kürzungsklausel diskriminiert die Arbeitnehmerinnen im Erziehungsurlaub aber wegen ihres Geschlechts und ist deshalb nach Art. 119 EWG-Vertrag, § 612 Abs. 3 BGB i. V. m. § 134 BGB unzulässig. Nach beiden Vorschriften ist neben der unmittelbaren Diskriminierung wegen des Geschlechts auch verboten, Frauen bei der Gewährung von Arbeitsentgelt mittelbar zu benachteiligen (zur mittelbaren Diskriminierung oben § 2 III 2 b). Arbeitsentgelt im Sinne des Art. 119 EWG-Vertrag und § 612 Abs. 3 BGB meint dabei nicht nur den periodisch ausgezahlten Lohn, sondern alle geldwerten Vorteile, die den Arbeitnehmern aus dem Arbeitsverhältnis zufließen[16].

Durch eine Klausel, die Jahressonderzahlungen nur für Arbeitnehmer im Erziehungsurlaub ausschließt beziehungsweise kürzt, werden Frauen unzulässigerweise mittelbar diskriminiert:

98,5% aller Erziehungsurlauber sind Frauen[17]. Durch den Ausschluß oder die Kürzung von Jahressonderzahlungen im Erziehungsurlaub würden daher weit überwiegend Frauen benachteiligt. Diese Benachteiligung beruht auf der Geschlechterrolle, da Frauen durch die geschlechtsspezifische Rollenverteilung

---

14 *Dikomey*, S. 117; *Halbach*, DB 1986 Beilage Nr. 1 S. 11 unter fehlerhafter Berufung auf *LAG Baden-Württemberg* vom 29. 1. 1982 a. a. O., welches eine Kürzungsklausel für Zeiten des Mutterschaftsurlaubs „überhaupt" für unzulässig hält; vgl. auch *LAG Baden-Württemberg* vom 22. 12. 1987, 14 Sa 64/87, LAGE § 15 BErzGG Nr. 1, alle zu § 15 Abs. 4 BErzGG a. F.
15 *Zmarzlik/Zipperer/Viethen* § 15 BErzGG 1989 Rn. 40; vgl. auch *BAG* vom 24. 10. 1990, 6 AZR 156/89, AP Nr. 135 zu § 611 BGB Gratifikation = DB 1991, 446.
16 *EuGH* vom 13. 5. 1986, Rs 170/84, AP Nr. 10 zu Art. 119 EWG-Vertrag = NZA 1986, 599 = NJW 1986, 3020; vom 13. 7. 1989, Rs 171/88, AP Nr. 16 zu Art. 119 EWG-Vertrag = BB 1989, 2114; vom 17. 10. 1989, Rs 109/88, AP Nr. 19 und 27 zu Art. 119 EWG-Vertrag; vom 27. 6. 1990, C 33/89, AP Nr. 21 zu Art. 119 EWG-Vertrag; *BAG* vom 14. 10. 1986, 3 AZR 66/83, AP Nr. 11 zu Art. 119 EWG-Vertrag; vom 14. 3. 1989, 3 AZR 490/87, AP Nr. 5 zu § 1 BetrAVG Gleichberechtigung = BB 1989, 2115; vom 23. 1. 1990, 3 AZR 58/88, AP Nr. 7 zu § 1 BetrAVG Gleichberechtigung; vom 20. 11. 1990, 3 AZR 613/89, AP Nr. 8 zu § 1 BetrAVG Gleichberechtigung; vom 9. 10. 1991, 5 AZR 598/90, NZA 1992, 259; *Pfarr*, Mittelbare Diskriminierung von Frauen. Die Rechtsprechung des EuGH, NZA 1986, 585, 586.
17 Siehe den Nachweis in der Begriffsbestimmung vor § 1. Zwar kommt es für die Diskriminierung durch einen Tarifvertrag, eine Betriebsvereinbarung oder durch allgemeine Arbeitsbedingungen nicht darauf an, wie hoch der Frauenanteil an den Erziehungsurlaubern in der Bundesrepublik insgesamt ist, sondern nur darauf, wie hoch er im Geltungsbereich des jeweiligen Tarifvertrages oder des jeweiligen Betriebes ist. Die Zahlenverhältnisse dürften der genannten Prozentangabe aber in etwa entsprechen.

vorrangig für die Kindererziehung zuständig sind und durch die Inanspruchnahme des Erziehungsurlaubs versuchen müssen, Erwerbstätigkeit mit Familienaufgaben zu vereinbaren[18].

Gegen diese Wertung läßt sich nicht einwenden, daß sowohl Männer als auch Frauen Erziehungsurlaub in Anspruch nehmen können und der Arbeitgeber auf die Inanspruchnahme keinen Einfluß habe[19]. Mit derselben Argumentation ließe sich auch die Ungleichbehandlung der Teilzeitarbeitnehmerinnen rechtfertigen, die ebenso wie die Arbeitnehmerinnen im Erziehungsurlaub grundsätzlich frei sind, ein Vollzeitarbeitsverhältnis aufzunehmen, daran aber aufgrund ihrer Geschlechterrolle tatsächlich gehindert sind. Für Regelungen, die Teilzeitarbeitnehmerinnen benachteiligen, ist aber anerkannt, daß sie gegen Art. 119 EWG-Vertrag verstoßen[20].

Rechtfertigungsgründe für die Benachteiligung von Erziehungsurlauberinnen bestehen nicht. Die Tarifvertragsparteien, Betriebspartner oder Partner des Einzelarbeitsvertrages können die Jahressonderzahlungen daher für alle Ruhenstatbestände kürzen oder ausschließen.

2. Betriebliche Altersversorgung

a. Anrechnung des Erziehungsurlaubs auf die Unverfallbarkeitsfristen nach §§ 1, 2 BetrAVG

Hat der Arbeitgeber seinen Arbeitnehmern eine Versorgung im Alter zugesagt, ist fraglich, ob und inwieweit der Zeitraum, in der das Arbeitsverhältnis während des Erziehungsurlaubs ruht, im Rahmen der betrieblichen Altersversorgung berücksichtigt werden muß oder kann.

Nach § 1 Abs. 1 S. 1 BetrAVG erwirbt ein Arbeitnehmer eine unverfallbare Anwartschaft auf Leistungen der betrieblichen Altersversorgung, wenn er das 35. Lebensjahr vollendet hat und entweder die Versorgungszusage zehn Jahre be-

---

[18] *ArbG Offenbach* vom 11. 9. 1991, 3 Ca 320/90, DB 1992, 844; für überproportionale Kürzungen *ArbG Hamburg* vom 11. 6. 1910, 25 b Ca 484/89, DB 1990, 1773; MünchArbR/*Hanau* § 67 Rn. 34; *Mauer/Schmidt*, Aktuelle Aspekte des Bundeserziehungsgeldgesetzes, BB 1991, 1779, 1782 f., die allerdings nicht hinreichend deutlich machen, ob dies nur für Ausschluß-/Kürzungsklauseln gilt, die ausschließlich Arbeitnehmer im Erziehungsurlaub erfassen, oder auch für solche, die den Erziehungsurlaub nur als einen von mehreren Ruhenstatbeständen regeln; vgl. a. *Doetsch*, Betriebliche Altersversorgung und tatsächliche Unterbrechungen der Arbeitstätigkeit ohne Entgeltanspruch, DB 1992, 1239, 1242 f.; a. A. *Köster/Schiefer/Überacker*, DB 1992 Beilage Nr. 10 S. 11 f.; *Sowka*, Anm. zu BAG vom 10. 2. 1993, DB 1993, 109 wohl auch *ArbG Berlin* vom 23. 2. 1989, 30 Ca 460/88, EzA § 17 BErzGG Nr. 2 = DB 1989, 17 76; nicht eindeutig *BAG* vom 6. 9. 1990, 6 AZR 149/89 n. v., JURIS Dokumentennr, 682093; *Sowka*, Mittelbare Frauendiskriminierung – Ausgewählte Probleme, DB 1992, 2030 f.
[19] *Köster/Schiefer/Überacker* a. a. O.; *ArbG Berlin* a. a. O.
[20] So auch *ArbG Offenbach* vom 11. 9. 1991, 3 Ca 320/90, DB 1992, 844; *Mauer/Schmidt* a. a. O. S. 1783.

standen hat (§ 1 Abs. 1 S. 1 Alt. 1 BetrAVG), oder der Arbeitnehmer dem Arbeitgeberbetrieb bereits zwölf Jahre angehört und die Versorgungszusage mindestens drei Jahre bestanden hat (§ 1 Abs. 1 S. 1 Alt. 2 BetrAVG). Scheidet der Arbeitnehmer vor Eintritt des Versorgungsfalls aus dem Arbeitsverhältnis aus, hat er gleichwohl einen Anspruch auf Altersversorgung gegen seinen früheren Arbeitgeber, wobei § 2 BetrAVG nähere Regelungen über die Höhe der dann zu zahlenden Versorgungsleistungen trifft.

Für die Arbeitnehmerinnen im Erziehungsurlaub und deren Arbeitgeber ist von Interesse, ob die Zeit des Erziehungsurlaubs im Rahmen der Unverfallbarkeitsfristen mitgerechnet wird, der Erziehungsurlaub den Fristenlauf lediglich hemmt, oder ob Zusagedauer und Betriebszugehörigkeit im Sinne des § 1 Abs. 1 S. 1 BetrAVG durch das Ruhen des Arbeitsverhältnisses sogar unterbrochen werden.

§ 1 Abs. 1 S. 1 Alt. 2 BetrAVG stellt auf die Dauer der Betriebszugehörigkeit des Arbeitnehmers im Arbeitgeberbetrieb ab. Betriebszugehörigkeit meint lediglich den Bestand des Arbeitsverhältnisses, ohne daß es darauf ankommt, ob der Arbeitnehmer eine konkrete Arbeitsleistung erbracht hat oder nicht. Insofern ist anerkannt, daß der Erziehungsurlaub, auch wenn das Arbeitsverhältnis vollständig ruht, im Rahmen der Unverfallbarkeit von Versorgungsanwartschaften und deren Wertsteigerung nach §§ 1, 2 BetrAVG angerechnet werden[21].

Auch die Zehnjahresfrist in § 1 Abs. 1 S. 1 Alt. 1 BetrAVG stellt mittelbar auf die Betriebszugehörigkeit ab: Unverfallbar wird die Versorgungsanwartschaft nach dieser Vorschrift nur, wenn der Arbeitnehmer dem Arbeitgeberbetrieb zehn Jahre seit Erteilen der Versorgungszusage angehört hat[22]. Wie bei § 1 Abs. 1 S. 1 Alt. 2 BetrAVG wird der Erziehungsurlaub für die Unverfallbarkeit der Versorgungsanwartschaft daher auch bei § 1 Abs. 1 S. 1 Alt. 1 BetrAVG vollständig berücksichtigt[23].

Enthält eine Versorgungszusage bestimmte Wartefristen, nach denen ein Versorgungsanspruch nur entsteht, wenn der Versorgungsfall nach einer bestimmten

---

21 Vgl. *BAG* vom 10. 3. 1992, 3 AZR 140/91, DB 1992, 2220 unter I 2 c der Gründe zum vertraglich vereinbarten Ruhen des Arbeitsverhältnisses in einem obiter dictum; *Doetsch*, DB 1992, 1239 f.; *Köster/Schiefer/Überacker*, DB 1992 Beilage Nr. 10 S. 12; *Grüner/Dalichau* a. a. O. Anm. IV 3; *Zmarzlik/Zipperer/Viethen* § 15 Rn. 39; *Halbach* DB 1986 Beilage Nr. 1 S. 13; *Schleicher* BB 1986 Beilage Nr. 1 S. 13; vgl. auch *Höfer/Reiners/Wüst*, Gesetz zur Verbesserung der betrieblichen Altersversorgung. Loseblattkommentar, Band I, 3. Aufl. Stand Januar 1992, § 1 Rn. 1465, 1470 ff; *Blomeyer/Otto* Gesetz zur Verbesserung der betrieblichen Altersversorgung. Kommentar, 1984, § 1 Rn. 110; *Höhne* in *Heubeck/Höhne*, Kommentar zum Betriebsrentengesetz, 2. Aufl. 1982, § 1 Rn. 195.
22 *Höfer/Reiners/Wüst* § 1 Rn. 1320; vgl. auch *Blomeyer/Otto* § 1 Rn. 32.
23 Vgl. *Doetsch* a. a. O. S. 1239; in der allgemeinen Literatur zum BErzGG wird lediglich die allgemeine Aussage getroffen, daß der Erziehungsurlaub im Rahmen der Unverfallbarkeit der Anwartschaft angerechnet wird, ohne zwischen den beiden Alternativen des § 1 Abs. 1 S. 1 BetrAVG zu differenzieren.

Mindestbetriebszugehörigkeit des Arbeitnehmers eintritt, erfüllt die Arbeitnehmerin mit dem Erziehungsurlaub auch diese Fristen[24].

b. Auswirkungen des Erziehungsurlaubs auf die Höhe des Versorgungsanspruchs

Problematisch ist, welche Auswirkungen der Erziehungsurlaub auf die Höhe des Versorgungsanspruchs hat[25].

Diese Frage wird in der allgemeinen Literatur zum BErzGG nur gelegentlich und dann nur unter dem Gesichtspunkt problematisiert, ob der Arbeitgeber auch während des Erziehungsurlaubs Beiträge an den Träger der Altersversorgung entrichten muß. Dies wird meist mit der Begründung verneint, daß die betriebliche Altersversorgung Arbeitsentgelt sei, so daß die Beitragspflicht als Teil der Hauptleistungspflicht des Arbeitgebers ruhe[26].

Diese Fragestellung verkürzt das Problem. Das wird insbesondere daran deutlich, daß so keine Aussagen über die Höhe der Versorgungsleistungen bei einer unmittelbaren Versorgungszusage des Arbeitgebers nach § 1 Abs. 1 BetrAVG getroffen werden können, bei der Beiträge an einen Versorgungsträger gar nicht anfallen. Aber auch wenn im Versorgungsfall nicht der Arbeitgeber, sondern ein Dritter – eine Lebensversicherung, eine Pensionskasse oder eine Unterstützungskasse (§ 1 Abs. 1 bis 4 BetrAVG) – die Leistungen erbringen soll, und der Arbeitgeber diese Versorgungsleistungen durch periodische Beitragsleistungen sichert, folgt daraus nicht zwingend, daß die Altersversorgung beitragsabhängig ist.

Die Höhe der vom Arbeitgeber geschuldeten Versorgungsleistungen richtet sich vielmehr nach dem Inhalt der jeweiligen Versorgungszusage[27].

Sagt der Arbeitgeber Versorgungsleistungen in einer von vornherein festgelegten, für alle Arbeitnehmer gleichen Höhe zu (Festbetragszusage), ist es für die Höhe der Altersversorgung einer versorgungsberechtigten Arbeitnehmerin unerheblich, ob deren Arbeitsverhältnis einmal oder häufiger wegen der Inanspruchnahme von Erziehungsurlaub geruht hat[28].

Macht der Arbeitgeber die Höhe der Altersversorgung von der Dienstzeit des Arbeitnehmers in seinem Unternehmen abhängig (dienstzeitabhängige Versorgungszusage), ist nach dem näheren Zweck dieser Zusage zu unterscheiden: Will

---

24 *Köster/Schiefer/Überacker*, DB 1992 Beilage Nr. 10 S. 12.
25 Davon zu trennen ist die Frage, inwieweit der Erziehungsurlaub Einfluß auf die Höhe der unverfallbaren Versorgungsanwartschaft bei vorzeitigem Ausscheiden der Arbeitnehmerin aus dem Arbeitsverhältnis hat (§ 2 BetrAVG), dazu oben unter b.
26 *Grüner/Dalichau* a.a.O.; *Halbach* a.a.O.; *Schleicher* a.a.O.
27 *Doetsch* a.a.O. S. 1243; *Zmarzlik/Zipperer/Viethen* a.a.O., nach denen sich die Beitragszahlung während des ruhenden Arbeitsverhältnisses nach der Ausgestaltung der betrieblichen Altersversorgung richtet.
28 Ausführlich *Doetsch* a.a.O. S. 1243 f.; zu Festbetragssystemen vgl. allgemein MünchArbR/*Ahrend/Förster* § 192 Rn. 63.

der Arbeitgeber die Betriebstreue seiner Arbeitnehmer belohnen, erhöhen auch Zeiten, in denen das Arbeitsverhältnis wie während des Erziehungsurlaubs ruht, die Höhe der Versorgungsleistungen im Alter. Will der Arbeitgeber mit der betrieblichen Altersversorgung demgegenüber ausschließlich die tatsächliche Arbeitsleistung der Arbeitnehmer vergüten, können Zeiten, in denen das Arbeitsverhältnis ruht, bei der Berechnung der Versorgungsleistungen nicht berücksichtigt werden. Bei Versorgungszusagen mit Mischcharakter (zum Begriff oben II 1 c) muß der Arbeitgeber genau regeln, welchen Einfluß Ruhenszeiten auf die Höhe der Altersversorgung haben sollen. Tut er dies nicht, ist nach der Rechtsprechung des *BAG* zu Jahressonderzahlungen (oben II 1 c) zu erwarten, daß auch die Jahre, in denen eine Arbeitnehmerin wegen der Inanspruchnahme des Erziehungsurlaubs nur teilweise oder überhaupt nicht gearbeitet hat, rentensteigernd wirken[29].

Auch wenn der Arbeitgeber die Höhe der Versorgungsleistungen vom Arbeitsentgelt der Arbeitnehmerin abhängig macht (entgeltabhängige Versorgungszusage), ist nach dem genauen Inhalt der Versorgungszusage zu unterscheiden: Legt der Arbeitgeber der Berechnung der Versorgungsleistungen im Alter das tatsächliche Entgelt der Arbeitnehmerin in jedem Anwartschaftsjahr zugrunde, mindert sich die Höhe der Altersversorgung, wenn das Arbeitsverhältnis während des gesetzlichen Erziehungsurlaubs geruht hat: Da die Arbeitnehmerin während des Ruhenszeitraums kein Arbeitsentgelt erhalten hat, wird der gesetzliche Erziehungsurlaub bei Berechnung der betrieblichen Altersversorgung nicht berücksichtigt. Knüpft der Arbeitgeber die Altersversorgung demgegenüber an das durchschnittliche Arbeitsentgelt während eines bestimmten Zeitraums vor Eintritt des Versorgungsfalls, etwa während der letzten drei Jahre, wird die Höhe der Versorgungsleistungen durch die Inanspruchnahme des Erziehungsurlaubs allenfalls mittelbar gemindert, nämlich wenn die Arbeitnehmerin wegen der Unterbrechung der Berufstätigkeit mögliche Karrierechancen nicht nutzen konnte und ihr Endgehalt aus diesem Grund geringer ausfällt als ohne Unterbrechung[30].

Verspricht der Arbeitgeber seinen Arbeitnehmern nicht die Versorgungsleistungen als solche, sondern verpflichtet er sich, Beiträge an einen Versorgungsträger zu leisten, die Grundlage einer Altersversorgung durch den Versorgungsträger sind (beitragsorientierte Zusage), wirkt sich die Inanspruchnahme des gesetzlichen Erziehungsurlaubs nur nachteilig auf die Höhe der betrieblichen Altersversorgung aus, wenn die Beitragszahlungen des Arbeitgebers – oder deren Höhe –

---

29 Vgl. ausführlich *Doetsch* a.a.O. S. 1244; zu dienstzeitabhängigen Versorgungszusagen allgemein MünchArbR/*Ahrend/Förster* § 102 Rn. 63.
30 Ausführlich *Doetsch* a.a.O. S. 1245 f., der entgeltabhängige Versorgungszusagen im Zweifel allerdings dahin auslegt, daß nicht das vom Arbeitnehmer tatsächlich erhaltene, sondern das vertraglich vereinbarte Arbeitsentgelt gemeint ist. Allgemein zu entgeltabhängigen Versorgungszusagen MünchArbR/*Ahrend/Förster* § 102 Rn. 62.
Unmittelbare Auswirkungen hat die Inanspruchnahme des Erziehungsurlaubs bei endgehaltsabhängigen Zusagen nur, wenn der Versorgungsfall während des Erziehungsurlaubs eintritt. Das wird aber nur selten der Fall sein.

von der tatsächlichen Arbeitsleistung des Arbeitnehmers abhängig sind. Sieht die Versorgungszusage leistungsunabhängige Beitragszahlungen des Arbeitgebers vor, muß er die Beiträge an den Versorgungsträger auch entrichten, wenn das Arbeitsverhältnis ruht[31].

c. Hemmung der Unverfallbarkeitsfristen und Kürzung der Altersversorgung

aa. Teilweise wird vertreten, Arbeitgeber und Arbeitnehmer könnten vereinbaren, daß das ruhende Arbeitsverhältnis die Unverfallbarkeitsfristen nach §§ 1,2 BetrAVG hemmt[32].

Eine solche Vereinbarung verstieße jedoch gegen das Verbot des § 17 Abs. 3 S. 3 BetrAVG, von den Bestimmungen des BetrAVG zuungunsten des Arbeitnehmers abzuweichen. § 1 Abs. 1 S. 1 Alt. 1 und 2 BetrAVG knüpfen die Unverfallbarkeit von Versorgungsanwartschaften an die Dauer der Betriebszugehörigkeit der Arbeitnehmer (siehe oben a), d. h. daran, daß der Arbeitnehmer zum Versorgungsgeber in einem Arbeitsverhältnis steht und in dessen Betrieb eingegliedert ist (dazu oben § 2 IV 1 a). Erfüllen Arbeitnehmer diese Voraussetzungen für die in § 1 Abs. 1 S. 1 Alt. 1 und 2 BetrVG vorausgesetzte Dauer, werden ihre Versorgungsanwartschaften unverfallbar. Davon darf zu ihren Lasten nicht abgewichen werden.

Der Arbeitgeber kann in der Versorgungszusage aber vorsehen, daß Wartefristen durch ruhende Arbeitsverhältnisse gehemmt werden. Eine entsprechende Klausel verstößt nicht gegen § 15 Abs. 3 BErzGG: Durch die Hemmung der Wartefrist wird auf die Arbeitnehmerin kein unzulässiger Druck ausgeübt, den ihr gesetzlich zustehenden Erziehungsurlaub nicht in Anspruch zu nehmen. Der Arbeitgeber trägt mit der Hemmung der Jahresfrist wie bei Kürzung von Jahressonderzahlungen (oben 1 d) und von Versorgungsleistungen (dazu gleich) lediglich der Tatsache Rechnung, daß die Arbeitnehmerin während des Erziehungsurlaubs nicht arbeitet. Wegen Art. 119 EWG-Vertrag, § 612 Abs. 3 BGB darf eine solche Hemmungsklausel nicht nur auf den Erziehungsurlaub beschränkt werden, sondern muß alle Ruhensfälle erfassen (siehe oben II 1 d).

bb. Fraglich ist, ob der Arbeitgeber die Höhe der späteren Altersversorgung der Erziehungsurlauberinnen mindern kann, indem er in die Versorgungszusage eine Klausel aufnimmt, nach der die Versorgungsleistungen für Zeiten, in denen das Arbeitsverhältnis geruht hat, entfallen oder anteilig gekürzt werden, oder, bei beitragsorientierten Versorgungszusagen, der Arbeitgeber die Beiträge an den Versorgungsträger nicht zahlt (Ausschluß- oder Kürzungsklausel).

---

31 Vgl. *Doetsch* a. a. O. S. 1244 f.; zu beitragsorientierten Versorgungszusagen allgemein MünchArbR/*Ahrend/Förster* § 102 Rn. 66. Zum Einfluß eines Teilzeitarbeitsverhältnisses beim Arbeitgeber während des Erziehungsurlaubs siehe unten § 5 II 1 a.

32 *Höfer/Reiners/Wüst* § 1 Rn. 1475. Teilweise wird bei einer längerdauernden vertraglichen Suspendierung des Arbeitsverhältnisses eine automatische Hemmung, *Blomeyer/Otto* § 1 Rn. 110, oder sogar eine Unterbrechung des Fristlaufs angenommen, *Höhne* in *Heubeck/Höhne* 187; vgl. auch *Schaub* § 81 IV 2 h S. 581.

Die Arbeitgeberleistungen im Alter der Arbeitnehmer sind, wie Jahressonderzahlungen, freiwillige Zusatzleistungen des Arbeitgebers. Nach ganz herrschender Meinung dienen sie der Versorgung des Arbeitnehmers im Alter und entgelten daneben im Regelfall die Betriebstreue des Arbeitnehmers[33].

Mit der Formulierung „Betriebstreue" meint das *BAG* nicht, daß der Arbeitgeber mit der betrieblichen Altersversorgung nur die bloße Zugehörigkeit des Arbeitnehmers zum Betrieb entlohnen wolle. Vielmehr ist die Betriebsrente „letztlich auch Gegenleistung dafür, daß der Arbeitnehmer seine Arbeitsleistung während seines ganzen oder eines erheblichen Teils seines Berufslebens in die Dienste des Arbeitgebers gestellt hat"[34]. Die betriebliche Altersversorgung ist damit − wenn der Arbeitgeber nicht ausdrücklich einen anderen Versorgungsinhalt bezweckt[35] − eine Zusatzleistung mit Mischcharakter, die der Arbeitgeber für Zeiten, in denen das Arbeitsverhältnis geruht hat, kürzen kann (zu Jahressonderzahlungen oben II 1 d).

Eine entsprechende Kürzungsklausel verstößt nicht gegen § 15 Abs. 3 BErzGG. Wegen Art. 119 EWG-Vertrag, § 612 Abs. 3 BGB muß eine entsprechende Ausschlußklausel aber alle Ruhenstatbestände erfassen und darf sich nicht nur auf Arbeitnehmer im Erziehungsurlaub beschränken (siehe oben II 1 d).

III. Elternurlaub

1. Ruhendes Arbeitsverhältnis

Vereinbaren Arbeitgeber und Arbeitnehmerin, daß das Arbeitsverhältnis für den Elternurlaub ruhen soll, ändert sich für die Arbeitnehmerin in bezug auf die Jahressonderzahlungen und die betriebliche Altersversorgung gegenüber dem gesetzlichen Erziehungsurlaub nichts.

Jahressonderzahlungen sind während des Elternurlaubs nur fortzugewähren, wenn sie nicht ausschließlich die tatsächliche Arbeitsleistung der Arbeitnehmerin im Bezugszeitraum vergüten sollen, sondern zumindest auch deren Betriebstreue. Bei Sonderzahlungen mit Mischcharakter steht es dem Arbeitgeber darüber hin-

---

33 *BAG* vom 10. 3. 1972, 3 AZR 278/71, AP Nr. 156 zu § 242 BGB Ruhegehalt unter A II 2 a der Gründe; vom 8. 12. 1981, 3 ABR 53/80, AP Nr. 1 zu § 1 BetrAVG Ablösung unter B III 1 der Gründe; vom 20. 3. 1984, 3 AZR 22/82, EzA § 242 BGB Ruhegeld Nr. 104 unter der IV 1 a Gründe; vom 23. 10. 1990, 3 AZR 260/89, AP Nr. 13 zu § 1 BetrAVG Ablösung unter I 1 b der Gründe; *BGH* vom 25. 9. 1989, II ZR 259/88, AP Nr. 19 zu § 17 BetrAVG unter I 4 b der Gründe; *Höfer/Reiners/Wüst* ART Rn. 41; MünchArbR/*Ahrend/Förster* § 101 Rn. 11; *Schaub*, § 81 I 2 c, S. 522 f; a.A. *Steinmeyer*, Betriebliche Altersversorgung und Arbeitsverhältnis, 1991, S. 70: Gegenleistung nur für die tatsächliche Arbeitsleistung des Arbeitnehmers während des Arbeitsverhältnisses.
34 *BAG* vom 10. 3. 1972 a.a.O.; siehe auch *BGH* a.a.O.
35 Vgl. *BAG* vom 8. 5. 1990, 3 AZR 121/89 AP Nr. 58 zu § 7 BetrAVG unter I 2 d der Gründe.

aus frei, mit den Arbeitnehmerinnen zu vereinbaren, daß die Sondervergütung für die Zeit, in der das Arbeitsverhältnis erziehungsbedingt ruht, ausgeschlossen oder anteilig gekürzt wird. Allerdings darf eine solche Ausschluß- und Kürzungsklausel wegen Art. 119 EWG-Vertrag, § 612 Abs. 3 BGB nicht ausschließlich für den Erziehungs- und Elternurlaub vereinbart werden, sondern muß alle denkbaren Ruhenszeiträume erfassen.

Im Rahmen der betrieblichen Altersversorgung werden die Zeiten, in denen das Arbeitsverhältnis während des Elternurlaubs ruht, ebenso wie der Erziehungsurlaub als Betriebszugehörigkeit für die Erfüllung von Wartezeiten und für die Unverfallbarkeit der Anwartschaft und deren Wertsteigerung nach §§ 1, 2 BetrAVG angerechnet. Arbeitgeber und Arbeitnehmerin können auch nicht vereinbaren, daß die Unverfallbarkeitsfristen nach §§ 1, 2 BetrAVG durch den Elternurlaub gehemmt werden. Eine entsprechende Vereinbarung kann lediglich für Wartefristen getroffen werden.

Welche Auswirkungen der Elternurlaub auf die Höhe des Versorgungsanspruchs hat, ist vom konkreten Inhalt der arbeitgeberseitigen Versorgungszusage abhängig. Versorgungszusagen mit Mischcharakter kann der Arbeitgeber für Zeiten, in denen das Arbeitsverhältnis ruht, nach den gleichen Grundsätzen einseitig kürzen wie Jahressonderzahlungen.

2. Aufgelöstes Arbeitsverhältnis mit Wiedereinstellungsanspruch

Vereinbaren Arbeitgeber und Arbeitnehmerin, daß das Arbeitsverhältnis für den Elternurlaub mit Wiedereinstellungsanspruch der Arbeitnehmerin aufgelöst wird, erlöschen alle arbeitsvertraglichen Ansprüche. Ansprüche der früheren Arbeitnehmerinnen auf Jahressonderzahlungen und auf Fortschreibung der betrieblichen Altersversorgung bestehen nicht. Hat die Arbeitnehmerin während des zurückliegenden Arbeitsverhältnisses keine unverfallbaren Versorgungsanwartschaften nach § 1 Abs. 1 S. 1 Alt. 1 oder 2 BetrAVG erworben, hat sie im Alter oder im sonstigen Versorgungsfall keinerlei Versorgungsansprüche gegen ihren Arbeitgeber. Bei unverfallbaren Versorgungsanwartschaften steht ihr bei Erreichen der Altersgrenze zwar ein Versorgungsanspruch gegen den Arbeitgeber zu, allerdings nur in der sich aus § 2 BetrAVG ergebenden Höhe.

Die Arbeitsvertragsparteien können mit Blick auf den Wiedereinstellungsanspruch der Elternurlauberin aber vereinbaren, daß sie auch noch nach Auflösung des Arbeitsverhältnisses Leistungen des Arbeitgebers erhalten soll. Etwa können die Arbeitsvertragsparteien festlegen, daß Kindererziehungszeiten unabhängig vom Bestand des Arbeitsverhältnisses als Betriebszugehörigkeitszeiten im Rahmen der §§ 1, 2 BetrAVG berücksichtigt werden[36].

---

36 *BAG* vom 10. 3. 1992, 3 AZR 140/91, DB 1992, 2220 = BB 1992, 2251 („Nachdienstzeiten").

Eine solche Abrede ist dahin auszulegen, daß die Kindererziehungszeiten auch die Höhe der Versorgungsleistungen steigern sollen (siehe auch unten IV 2 d).

Diese Zusagen kann der Arbeitgeber unter die Bedingung stellen, daß die Elternurlauberin das Arbeitsverhältnis nach Ende des Unterbrechungszeitraums wieder aufnimmt und für einen bestimmten Zeitraum bei ihm tätig ist[37].

Gegen die Weiterführung der Versorgungszusage durch den bisherigen Arbeitgeber läßt sich nicht einwenden, die Zusage müsse nach § 1 Abs. 1 S. 1 BetrAVG „aus Anlaß des Arbeitsverhältnisses" abgegeben und könne mithin nach dem Ausscheiden der Arbeitnehmerin nicht aufrechterhalten werden. Mit der Formulierung „aus Anlaß des Arbeitsverhältnisses" sollen nur die Ruhegeldversprechen ausgegrenzt werden, die auf verwandtschaftlichen, freundschaftlichen oder sonstigen Beziehungen beruhen. Solange ein Arbeitsverhältnis zwischen Versorgungsgeber und -empfänger ursächlich für die Zusage von Versorgungsleistungen im Alter ist, ist aber unerheblich, ob die Leistungen im Hinblick auf die Fortdauer des Arbeitsverhältnisses oder davon unabhängig versprochen werden. Selbst nach Beendigung des Arbeitsverhältnisses kann der Arbeitgeber dem ausgeschiedenen Arbeitnehmer noch eine betriebliche Altersversorgung zusagen[38].

Inwieweit Versorgungsanwartschaften, die auf vertraglichen Unverfallbarkeitsregelungen beruhen, im Rahmen einer Direktzusage nach § 7 Abs. 2 S. 1 BetrAVG insolvenzgeschützt sind, ist zweifelhaft[39].

IV. Wechsel zu einem anderen Verbundunternehmen nach Ende des Erziehungs- oder Elternurlaubs

1. Betriebszugehörigkeitszeiten

a. Anrechnung

Wechseln die Arbeitnehmerinnen nach Ende des Erziehungs- oder des Elternurlaubs in ein anderes Verbundunternehmen, verlieren sie grundsätzlich die Vorteile aus ihrem früheren Arbeitsverhältnis, die eine bestimmte Betriebszugehörig-

---

37 Zur betrieblichen Altersversorgung der Arbeitnehmerin, wenn für diese bei Ende des Elternurlaubs ein Arbeitsplatz beim Arbeitgeber nicht frei ist und sie in ein anderes Verbundunternehmen wechselt, siehe unten IV 2. Für diesen Fall muß die Bedingung auch die Arbeitsaufnahme in einem anderen Verbundunternehmen genügen lassen, wenn diese wegen fehlender Beschäftigungsmöglichkeit beim Arbeitgeber erfolgt, vgl. dazu oben § 2 III 3 b.
38 *BAG* vom 8. 5. 1990, 3 AZR 121/1989, AP Nr. 58 zu § 7 BetrAVG unter I 2 c der Gründe; MünchArbR/*Ahrend/Förster* § 101 Rn. 7; *Blomeyer/Otto* Einl. Rn. 28 f.
39 Für den Ausnahmefall des vorgezogenen Ruhestands, aber nicht verallgemeinerbaren Argumenten bejahend *BAG* vom 10. 3. 1992, a. a. O.; allgemein verneinend MünchArbR/ *Ahrend/Förster* § 108 Rn. 32; *Höfer/Reiners/Wüst* § 1 Rn. 1301.

keitsdauer voraussetzen. An die Dauer der Betriebszugehörigkeit knüpfen etwa der Kündigungsschutz nach dem KSchG (§§ 1 Abs. 1, 10 Abs. 2 KSchG), die Kündigungsfristen (§ 622 Abs. 2 BGB) und der Anspruch der Arbeitnehmerin auf Erholungsurlaub an (§ 4 BUrlG)[40].

Damit die Arbeitnehmerinnen die an die Dauer der Betriebszugehörigkeit anknüpfenden Rechte nicht verlieren, kann das Verbundunternehmen, zu dem die Arbeitnehmerin nach Ende des Erziehungs- oder Elternurlaubs wechselt, die Betriebszugehörigkeit beim früheren Arbeitgeber anrechnen, d. h. als im eigenen Unternehmen zurückgelegte Tätigkeitsjahre behandeln[41]. Damit verliert das Verbundunternehmen aber grundsätzlich die Möglichkeit, die zu ihm wechselnde Arbeitnehmerin im Rahmen einer Probezeit zu testen.

Hatten Arbeitgeber und Arbeitnehmerin das Arbeitsverhältnis für den Elternurlaub aufgelöst, ist eine Anrechnung der Betriebszugehörigkeitszeiten durch ein anderes Verbundunternehmen nur zu erwägen, wenn der frühere Arbeitgeber der Elternurlauberin in der Wiedereinstellungsabrede eine entsprechende Zusage gemacht hat (siehe oben § 2 III 2 b). Sonst erhielte die Arbeitnehmerin bei der Wiedereinstellung durch ein anderes Verbundunternehmen mehr, als sie von ihrem früheren Arbeitgeber beanspruchen könnte.

Die Anrechnung der Betriebszugehörigkeitszeiten ist auch sinnvoll, wenn das Arbeitsverhältnis zum bisherigen Arbeitgeber nicht aufgelöst und lediglich ein Zweitarbeitsverhältnis zum neuen Arbeitgeber begründet wird (dazu oben § 2 II 3 c). Auch in diesen Fällen hat die Arbeitnehmerin ein schützenswertes Interesse etwa daran, daß ihr Arbeitsverhältnis zum Zweitarbeitgeber sofort dem Bestandsschutz nach dem KSchG unterfällt, und daß sie gegen diesen sofort einen Urlaubsanspruch erwirbt: Der Kündigungsschutz gegenüber dem Erstarbeitgeber hilft der Arbeitnehmerin wenig, da der Wechsel in das andere Verbundunternehmen gerade durch die fehlende Beschäftigungsmöglichkeit beim Erstarbeitgeber notwendig geworden ist, so daß dieser ihr unter Umständen betriebsbedingt kündigen kann. Und ein Urlaubsanspruch allein gegen den Erstarbeitgeber nützt der Arbeitnehmerin nichts, da die Hauptleistungspflichten aus dem Erstarbeitsverhältnis ohnehin kraft Vereinbarung ruhen.

Problematisch ist, ob der Arbeitgeber, der bei den zu ihm wechselnden Erziehungs- und Elternurlauberinnen aus anderen Verbundunternehmen Betriebszugehörigkeitszeiten anrechnet, die aus anderen Unternehmen zu ihm kommenden Arbeitnehmer nicht entgegen Art. 3 Abs. 1 GG ungleich behandelt. Durch die

---

40 § 622 Abs. 2 BGB ist nach *BVerfG* vom 30. 5. 1990, 1 BvL 2/90, BGBl I S. 1727 mit Art. 3 Abs. 1 GG unvereinbar, soweit hiernach die Kündigungsfristen für Arbeiter kürzer sind als für Angestellte. Zur Betriebszugehörigkeit nach § 1 Abs. 1 S. 1, § 2 BetrAVG siehe gleich unter 2.

41 Allerdings kann durch die Anrechnung der Betriebszugehörigkeitszeiten im Rahmen des Kündigungsschutzes nach dem KSchG nicht zulasten der beim Verbundunternehmen beschäftigten Arbeitnehmer in die Sozialauswahl nach § 1 Abs. 3 KSchG eingegriffen werden, siehe oben § 2 III 5 a.

Besserstellung der Erziehungs- und Elternurlauberinnen aus anderen Verbundunternehmen könnte er auch gegen den arbeitsrechtlichen Gleichbehandlungsgrundsatz verstoßen.

Gewährt der Arbeitgeber den Arbeitnehmerinnen, die nach Ende des Erziehungs- oder Elternurlaubs aus anderen Verbundunternehmen zu ihm kommen, besondere Vorteile, verstößt er dadurch nicht gegen Art. 3 Abs. 1 GG: Bewerber um einen Arbeitsplatz muß der Arbeitgeber nicht gleich behandeln [42].

Nach dem arbeitsrechtlichen Gleichbehandlungsgrundsatz darf der Arbeitgeber aber von Maßnahmen, die mehrere Arbeitnehmer betreffen und bei denen er nach gewissen Grundsätzen vorgeht, nicht willkürlich bestimmte Arbeitnehmer oder Arbeitnehmergruppen ausnehmen [43].

Rechnet der Arbeitgeber die frühere Tätigkeit einer Arbeitnehmerin in einem anderen Verbundunternehmen im Einzelfall als Betriebszugehörigkeit im eigenen Betrieb an, handelt es sich nicht um eine Arbeitgeberentscheidung mit kollektivem Bezug, sondern um eine erlaubte individuelle Besserstellung dieser Arbeitnehmerin. Erst wenn der Arbeitgeber bei jeder Einstellung von Verbundarbeitnehmerinnen so verfährt oder aus der Verbundsatzung verpflichtet ist, die Betriebszugehörigkeit von Erziehungs- und Elternurlauberinnen in anderen Verbundunternehmen anzurechnen, hat die Anrechnung kollektiven Charakter.

Die Unterscheidung zwischen den „Erziehungs- und Elternurlauberinnen aus anderen Verbundunternehmen" und den übrigen Arbeitnehmern, die aus einem anderen Arbeitsverhältnis zum Arbeitgeber wechseln, ist aber sachlich gerechtfertigt. Denn einmal werden durch die Besserstellung der Erziehungs- und Elternurlauberinnen im Verbund potentiell auch die übrigen Arbeitnehmer begünstigt: Nehmen sie Erziehungs- oder Elternurlaub in Anspruch und wechseln nach dessen Ende in ein anderes Verbundunternehmen, werden ihre Tätigkeitsjahre beim bisherigen Arbeitgeber beim neuen Arbeitgeber ebenfalls als Betriebszugehörigkeitszeiten angerechnet. Zum anderen rechtfertigt der Zweck des Verbundes, Arbeitnehmerinnen vor Nachteilen in Zusammenhang mit der Inanspruchnahme von Erziehungs- und Elternurlaub weitestgehend zu schützen, die Anrechnung der Betriebszugehörigkeitszeiten beim Wechsel von einem Verbundunternehmen in ein anderes.

b. Abfindung

Soweit Geldleistungen des Arbeitgebers an die Betriebszugehörigkeit anknüpfen, etwa bei Jubiläumsgaben nach 25jähriger Betriebszugehörigkeit, kann es unbillig

---

42 Vgl. Münchener Kommentar/*Söllner* § 620, Rn. 274 ff. zur Abschlußfreiheit des Arbeitgebers.
43 Zum arbeitsrechtlichen Gleichbehandlungsgrundsatz zuletzt *BAG* vom 19. 8. 1992, 5 AZR 513/91, BB 1992, 2431; siehe allgemein auch *Schaub* § 112, S. 861 ff; MünchArbR/*Richardi* § 14; zur Gleichbehandlung bei Versorgungszusagen *Höfer/Reiners/Wüst* ART Rn. 510 ff.

sein, daß der neue Arbeitgeber mit von ihm nicht zugesagten Zahlungsverpflichtungen belastet wird. In diesen Fällen kommt in Betracht, daß der bisherige Arbeitgeber die Arbeitnehmerin bei ihrem Ausscheiden aus dem Arbeitsverhältnis abfindet.

Wird das Arbeitsverhältnis zum bisherigen Arbeitgeber nicht aufgelöst und schließt die Arbeitnehmerin mit dem anderen Verbundunternehmen lediglich einen Zweitarbeitsvertrag, kann der Arbeitgeber die Arbeitnehmerin grundsätzlich nicht abfinden: Da auch die Zeiten, in denen das Arbeitsverhältnis kraft Vereinbarung ruht, als Betriebszugehörigkeitsjahre zählen, hat die Arbeitnehmerin nach der für die Jubiläumsgabe erforderlichen Betriebszugehörigkeit einen Anspruch auf den vollen Betrag. Abfinden kann der Arbeitgeber die Arbeitnehmerinnen nur, wenn sie sich mit dem Verzicht auf die Jubiläumsgabe einverstanden erklären.

2. Betriebliche Altersversorgung

a. Fehlen einer besonderen Vereinbarung

Wird die Arbeitnehmerin nach Ende des Erziehungs- oder Elternurlaubs nicht beim bisherigen Arbeitgeber wiederbeschäftigt oder wiedereingestellt, sondern wechselt sie zu einem anderen Verbundunternehmen, endet damit grundsätzlich die Versorgungszusage (siehe aber unter c). Hat sie noch keine unverfallbaren Versorgungsanwartschaften nach § 1 Abs. 1 S. 1 Alt. 1 oder 2 BetrAVG erworben, hat sie im Alter keinen Anspruch auf Altersversorgung gegen ihren früheren Arbeitgeber. Bei unverfallbaren Versorgungsanwartschaften steht ihr bei Erreichen der Altersgrenze zwar ein Versorgungsanspruch zu, allerdings nur in der sich aus § 2 BetrAVG ergebenden Höhe, da die Arbeitnehmerin ihre Versorgungsanwartschaft durch die Tätigkeit bei einem anderen Verbundunternehmen nicht steigern kann.

Beim neuen Arbeitgeber muß die Arbeitnehmerin beginnend bei Null neue Versorgungsansprüche erarbeiten. Bis die Versorgungsanwartschaften unverfallbar sind, läuft sie Gefahr, durch Kündigung des Arbeitsverhältnisses jedwede Versorgungsansprüche aus dem neuen Arbeitsverhältnis zu verlieren. Besteht beim neuen Arbeitgeber keine betriebliche Altersversorgung, ist sie, sofern sie gegen ihren früheren Arbeitgeber eine Versorgungsanwartschaft nach §§ 1, 2 BetrAVG erworben hat, ohnehin auf die Ansprüche aus dem früheren Arbeitsverhältnis beschränkt.

b. Konzernzugehörigkeit

Teilweise wird vertreten, daß innerhalb eines Konzerns im Sinne des § 18 AktG für die betriebliche Altersversorgung nicht auf die Betriebszugehörigkeit abzustellen sei, sondern die Konzernzugehörigkeit genüge: Wechsele ein Arbeitnehmer von einem Konzernunternehmen in ein anderes, würden seine Betriebszugehörigkeitszeiten automatisch beim neuen Arbeitgeber fortgeschrieben[44].

Ob dieser Auffassung, die jedenfalls im Wortlaut des Gesetzes keinerlei Grundlage findet, zuzustimmen ist, kann dahingestellt bleiben. Denn der Verbund ist schon kein Konzern im Sinne des § 18 AktG:

Zentraler Begriff des Konzerns in § 18 AktG ist die Zusammenfassung von Unternehmen unter einheitlicher Leitung. Wann mehrere selbständige Unternehmen in diesem Sinne einheitlich geleitet werden, ist in der konzernrechtlichen Literatur umstritten. Der engere Konzernbegriff geht von der wirtschaftswissenschaftlichen Beurteilung des Konzerns als wirtschaftlicher Einheit aus und verlangt, daß die Konzernspitze für die zentralen unternehmerischen Bereiche, insbesondere den Finanzbereich, eine einheitliche Planung aufstellt und ohne Rücksicht auf die Selbständigkeit der verbundenen Unternehmen durchsetzt. Nach dem weiten Konzernbegriff genügt demgegenüber, daß die Konzernspitze einen beliebigen Unternehmensbereich, etwa Einkauf, Verkauf, Organisation oder das Personalwesen einheitlich leitet, sofern die einheitliche Leitung Ausstrahlungen auf das Gesamtunternehmen hat und den Konzernunternehmen eine selbständige Planung unmöglich wird[45].

Einigkeit herrscht aber darüber, daß es für die einheitliche Leitung mehrerer Unternehmen im Sinne des § 18 AktG nicht ausreicht, wenn nur einzelne Unternehmensbereiche ohne Auswirkung auf das Gesamtunternehmen zusammengefaßt werden[46].

Die Verbundunternehmen wollen sich nur für die Personalführung einzelner, nämlich der im Erziehungsurlaub befindlichen oder im Anschluß daran für die Kinderbetreuung freigestellten Arbeitnehmerinnen zusammenschließen. Im übrigen sollen die einzelnen im Verbund zusammengeschlossenen Unternehmen in ihrer Personalpolitik, insbesondere auch in den übrigen Unternehmensbereichen unabhängig von den anderen Verbundunternehmen handeln können. Die Koordination und Durchsetzung eines Teilbereichs unternehmerischen Handelns ohne Auswirkung auf das Verhalten der Unternehmen am Markt genügt aber nicht, um die im Verbund zusammengeschlossenen Unternehmen als Konzern im Sinne des § 18 AktG zu definieren[47].

---

44 *Höfer/Reiners/Wüst* § 1 Rn. 1528 ff; *Kemper*, Die Unverfallbarkeit betrieblicher Versorgungsanwartschaften von Arbeitnehmern, 1977, 3.5.2. S. 92 ff.; *Höhne* in *Heubeck/Höhne* § 1 Rn. 64; vgl. auch *Forsbach*, Anpassungsprüfung im Konzern, in: Betriebliche Altersversorgung im Umbruch, S. 188, 191 f; a.A. *Blomeyer/Otto* § 1 Rn. 101.
45 Zum Streitstand *Emmerich/Sonnenschein*, Konzernrecht, 4. Aufl. 1992, S. 77.
46 Kölner Kommentar zum Aktiengesetz/*Koppensteiner*, 2. Aufl. 1988, § 18 Rn. 4; *Geßler/Hefermehl* Aktiengesetz. Kommentar, 1973, § 18 Rn. 17.
47 Auch die Befürworter einer „Konzernzugehörigkeit" in der betrieblichen Altersversorgung a.a.O. gehen vom Konzern als wirtschaftlicher Einheit aus.

Im Verbund gilt für die Rechtsstellung der in ein anderes Verbundunternehmen wechselnden Arbeitnehmerinnen daher das unter a Gesagte. Es muß insoweit überlegt werden, wie die durch den Wechsel einer Arbeitnehmerin zu einem anderen Verbundunternehmen entstehenden Nachteile vermieden und auch die beim bisherigen Arbeitgeber zurückgelegten Tätigkeitsjahre rentensteigernd berücksichtigt werden können.

Denkbar sind mehrere Lösungen, die nach dem unter 1 a Gesagten nicht gegen den arbeitsrechtlichen Gleichbehandlungsgrundsatz verstoßen:

c. Zweitarbeitsverhältnis zum Verbundunternehmen

Besteht das Arbeitsverhältnis zum Arbeitgeber fort und wird zum Verbundunternehmen lediglich ein Zweitarbeitsverhältnis begründet (vgl. oben § 2 II 3 c), werden die Versorgungsanwartschaften beim Erstarbeitgeber fortgeschrieben.

Da das Arbeitsverhältnis zum Erstarbeitgeber ruht, gelten insoweit die gleichen Grundsätze wie für das während des Erziehungs- oder Elternurlaubs ruhende Arbeitsverhältnis: Die Zeiten des ruhenden Arbeitsverhältnisses werden im Rahmen der Unverfallbarkeitsfristen nach § 1 Abs. 1 S. 1 BetrAVG mitberechnet (siehe II 2 a), die Höhe der Versorgungsleistungen im Alter richtet sich nach dem Inhalt der Versorgungszusage (oben II 2 b).

Die Höhe der späteren Versorgungsleistungen wächst mit zunehmender Dauer des Erstarbeitsverhältnisses daher nur, wenn auch die Zeiten, in denen das Arbeitsverhältnis ruht, nach der Versorgungszusage rentensteigernd wirken. Steigern nach der Versorgungszusage nur die Zeiten, in denen die Arbeitnehmerin tatsächlich gearbeitet hat, die Versorgungsansprüche, ist die Einbeziehung der zu einem anderen Verbundunternehmen wechselnden Erziehungs- und Elternurlauberinnen in die Altersversorgung beim Arbeitgeber nur sinnvoll, wenn er seine Versorgungszusage dahin ändert, daß diese Arbeitnehmerinnen die Höhe ihrer betrieblichen Altersversorgung auch durch die Tätigkeit im anderen Verbundunternehmen steigern können.

Gegen die Fortschreibung der Versorgungsanwartschaften beim Erstarbeitgeber kann nicht eingewandt werden, daß das Arbeitsverhältnis auf Dauer ruht, d.h. nicht wieder aktiviert werden soll. In der Entscheidung, welche Zeiten die Höhe der Versorgungsleistungen im Alter steigern sollen, ist der Arbeitgeber durch das BetrAVG nicht beschränkt (vgl. oben III 2 für Nachdienstzeiten).

Besteht beim neuen Arbeitgeber ebenfalls eine betriebliche Altersversorgung, erwirbt die Arbeitnehmerin neben den Versorgungsansprüchen gegen den Erstarbeitgeber grundsätzlich auch Rentenansprüche gegen den Zweitarbeitgeber.

Um diese Begünstigung der Arbeitnehmerin zu vermeiden, kann der Zweitarbeitgeber sie von der bei ihm bestehenden Altersversorgung vertraglich ausnehmen. Durch eine solche Vereinbarung verstößt der Zweitarbeitgeber nicht gegen den arbeitsrechtlichen Gleichbehandlungsgrundsatz: Zwar behandelt er die zu ihm wechselnde Verbundarbeitnehmerin gegenüber den übrigen Arbeitnehmern ungleich. Diese Ungleichbehandlung ist aber sachlich gerechtfertigt, wenn die Arbeitnehmerin aufgrund eines anderen Arbeitsverhältnisses bereits hinreichende Versorgungsansprüche im Alter hat[48].

Hat der Erstarbeitgeber den Arbeitnehmerinnen eine Altersversorgung im Wege der Direktzusage nach § 1 Abs. 1 BetrAVG versprochen, müssen Erst- und Zweitarbeitgeber intern regeln, in welcher Höhe sich der Zweitarbeitgeber an der Versorgung der Arbeitnehmerinnen im Alter beteiligt. Für Versorgungszusagen nach § 1 Abs. 2 bis 4 BetrAVG (Direktversicherung, Pensions- und Unterstützungskassen) muß geregelt werden, inwieweit sich der Zweitarbeitgeber an den an den Versorgungsträger zu zahlenden Beiträgen beteiligt.

Der Zweitarbeitgeber kann die Versorgungsverpflichtungen und -anwartschaften aus dem bisherigen Arbeits- und Versorgungsverhältnis auch im Außenverhältnis zur Arbeitnehmerin mitübernehmen, indem er der Versorgungszusage als zusätzlicher Schuldner beitritt. Erst- und Zweitarbeitgeber hafteten der Arbeitnehmerin dann kumulativ (Schuldbeitritt). Ein besonderes Interesse der Arbeitnehmerin, zwei nebeneinander haftende Schuldner zu erhalten, ist aber nicht ersichtlich[49].

d. Weiterhaftung des Arbeitgebers nach Aufhebung des Arbeitsvertrages

Wird das Arbeitsverhältnis der Arbeitnehmerin zum bisherigen Arbeitgeber aufgelöst und besteht ein Arbeitsverhältnis ausschließlich zu dem neuen Arbeitgeber, endet das frühere Versorgungsverhältnis. Nur soweit die Arbeitnehmerin bei Aufhebung des Arbeitsvertrages bereits unverfallbare Versorgungsanwartschaften gegen den Arbeitgeber erworben hat, kann sie im Versorgungsfall Ansprüche gegen ihn geltend machen.

Der bisherige Arbeitgeber kann sich beim Ausscheiden der Arbeitnehmerin allerdings verpflichten, die Versorgungszusage aufrechtzuerhalten und das Arbeitsverhältnis der Arbeitnehmerin zum neuen Arbeitgeber als Betriebszugehörigkeitszeit im Rahmen der bei ihm bestehenden betrieblichen Altersversorgung zu berücksichtigen[50].

Durch die Anrechnung von Nachdienstzeiten bei anderen Verbundunternehmen werden einmal die Unverfallbarkeitsfristen nach § 1 Abs. 1 S. 1 BetrAVG abge-

---

48 Allgemein für die Möglichkeit von Differenzierungen, wenn ein sachlicher Grund dafür besteht, *Höfer/Reiners/Wüst* ART Rn. 513 ff.; *Schaub* § 81 III 3 S. 532; vgl. auch *BAG* vom 25. 8. 1976, 5 AZR 788/75, AP Nr. 41 zu § 242 BGB Gleichbehandlung und vom 19. 11. 1992, 10 AZR 290/91, DB 1993, 843: keine Gleichbehandlung in gemeinsamem Betrieb zweier Unternehmen.
49 Zur befreienden Schuldübernahme nach §§ 415 BGB, § 4 BetrAVG oder einer Vertragsübernahme nach § 305 BGB, § 4 BetrAVG siehe unten IV 2 d.
50 Zur Anrechnung von Nachdienstzeiten siehe oben III 2.

kürzt: Die Arbeitnehmerin, die bei Auflösung ihres Arbeitsverhältnisses zum Vorarbeitgeber noch keine unverfallbaren Versorgungsanwartschaften erworben hatte, muß beim neuen Arbeitgeber nicht bei Null beginnend neue Versorgungsansprüche erarbeiten. Da der Vorarbeitgeber seine Versorgungszusage aufrechterhält und die Nachdienstzeit beim Verbundunternehmen als Betriebszugehörigkeit anrechnet, kann die Arbeitnehmerin die Fristen in § 1 Abs. 1 S. 1 Alt. 1 und 2 BetrAVG auch im Arbeitsverhältnis zum neuen Arbeitgeber erfüllen. Inwieweit diese durch Anrechnung der Nachdienstzeiten erworbenen Versorgungsanwartschaften nach § 7 Abs. 2 S. 1 BetrAVG insolvenzgeschützt sind, ist aber zweifelhaft[51].

Die Anrechnung der in einem anderen Verbundunternehmen zurückgelegten Nachdienstzeiten steigert grundsätzlich auch die Höhe der Versorgungsleistungen, die die Arbeitnehmerin im Alter beanspruchen kann (siehe oben III 2).

Lediglich bei beitragsorientierten Versorgungszusagen (siehe oben II 2 b) hängt die Höhe der durch den Versorgungsträger (Lebensversicherungsgesellschaft, Pensions- oder Unterstützungskasse) zu erbringenden Leistungen davon ab, daß Beiträge an den Versorgungsträger gezahlt worden sind. Ob der Vorarbeitgeber auch gegenüber der Arbeitnehmerin verpflichtet ist, die Beiträge zu tragen, ist durch Auslegung der Zusatzabrede zur Versorgungszusage zu ermitteln: Sagt der Arbeitgeber der Arbeitnehmerin ohne Einschränkungen zu, die Tätigkeitsjahre bei einem anderen Unternehmen als Betriebszugehörigkeitszeiten im Rahmen der bei ihm bestehenden Altersversorgung zu berücksichtigen, ist diese Zusage dahin auszulegen, daß er alles tun muß, um die Versorgung der Arbeitnehmerin sicherzustellen. Er haftet der Arbeitnehmerin dann auch dafür, daß die erforderlichen Beiträge an den Versorgungsträger gezahlt worden sind[52].

Allerdings ist fraglich, ob es den Interessen der beteiligten Verbundunternehmen und der Arbeitnehmerin entspricht, die Rechtsbeziehungen zwischen früherem Arbeitgeber und Arbeitnehmerin auch dann fortbestehen zu lassen, wenn die Arbeitnehmerin zum neuen Arbeitgeber nicht lediglich ein Zweitarbeitsverhältnis begründet. In diesem Fall liegt es näher, alle vertraglichen Bindungen der Arbeitnehmerin an den früheren Arbeitgeber enden zu lassen. Nur wenn beim Verbundunternehmen, in das die Arbeitnehmerin wechselt, keine betriebliche Altersversorgung besteht, kann es sinnvoll sein, die Altersversorgung beim früheren Arbeitgeber trotz Auflösung des Arbeitsverhältnisses fortzuschreiben.

e. Schuld- oder Vertragsübernahme durch den neuen Arbeitgeber

aa. Mit Zustimmung der Arbeitnehmerin kann der neue Arbeitgeber die Schuld des früheren Arbeitgebers aus der Versorgungszusage auch nach §§ 414, 415 BGB

---

51 Siehe oben III 2.
52 *Blomeyer/Otto* Einl. Rn. 451; siehe auch *Schaub* § 81 XVI 2 b, S. 601. Früherer und neuer Arbeitgeber müssen regeln, wer die Kosten für die Altersversorgung der Arbeitnehmerin in welchem Umfang im Innenverhältnis trägt.

übernehmen (befreiende Schuldübernahme) oder in die gesamte Versorgungszusage nach § 305 BGB (Vertragsübernahme) eintreten[53].

Übernimmt der Zweitarbeitgeber eine Direktzusage nach § 1 Abs. 1 BetrAVG vom Vorarbeitgeber, wird mit der Übernahme der Versorgungszusage gleichzeitig der Versorgungsträger ausgetauscht. Das ist nach § 4 Abs. 1 S. 1 BetrAVG auch zulässig, wenn die Arbeitnehmerin bereits Versorgungsanwartschaften gegenüber ihrem früheren Arbeitgeber erworben hat. Übernimmt der Zweitarbeitgeber eine Versorgungszusage über eine Direktversicherung, eine Pensions- oder eine Unterstützungskasse nach § 1 Abs. 2–4 BetrAVG greift § 4 BetrAVG bei der Übernahme von Versorgungsanwartschaften nur ein, wenn gleichzeitig die Direktversicherung, die Pensions- oder die Unterstützungskasse als Versorgungsträger ausgetauscht wird (siehe näher unten f).

Sobald der neue Arbeitgeber die Schuld aus der Versorgungszusage übernommen hat oder in die Versorgungszusage eingetreten ist, ist der Vorarbeitgeber nicht mehr verpflichtet, der Arbeitnehmerin nach Eintritt des Versorgungsfalls Versorgungsleistungen zu erbringen: Schuldner der Versorgungszusage wird allein der neue Arbeitgeber. Bei einer Direktzusage ist er verpflichtet, der Arbeitnehmerin im Alter die geschuldeten Versorgungsleistungen zu erbringen, bei einer Altersversorgung durch eine Direktversicherung, eine Pensions- oder Unterstützungskasse dazu, die Altersversorgung durch den Versorgungsträger sicherzustellen. Das bedeutet insbesondere, daß der neue Arbeitgeber die an den Versorgungsträger zu entrichtenden Beiträge zahlen muß.

Dabei übernimmt der neue Arbeitgeber die Versorgungszusage so, wie sie beim Vorarbeitgeber bestand. Insbesondere unterbricht die Übernahme der Versorgungszusage durch eine andere Person gem. § 1 Abs. 1 S. 3 BetrAVG nicht den Ablauf der Unverfallbarkeitsfrist nach § 1 Abs. 1 S. 1 Alt. 1 BetrAVG (zehnjähriges Bestehen der Versorgungszusage). Nach ganz herrschender Meinung gilt das auch für die dreijährige Zusagedauer in § 1 Abs. 1 S. 1 Alt. 2 BetrAVG[54].

bb. Übernimmt der neue Arbeitgeber lediglich die Schuld des Vorarbeitgebers nach §§ 414, 415 BGB, stehen die Gestaltungsrechte aus der Versorgungszusage, insbesondere das Recht zum Widerruf oder zur Änderung der Altersversorgung, weiterhin dem Vorarbeitgeber zu[55].

Damit wird das Ziel, die betriebliche Altersversorgung nach dem Wechsel der Arbeitnehmerin an den Zweitarbeitgeber zu binden, nicht vollständig erreicht.

Die Rechte aus der Versorgungszusage stehen dem Arbeitgeber nur zu, wenn er nach § 305 BGB die gesamte Versorgungszusage übernimmt. Aber auch dann tritt

---

53 Zu den Unterschieden zwischen befreiender Schuldübernahme und Vertragsübernahme Münchener Kommentar/*Möschel* Rn. 8 vor § 414; *Larenz*, Schuldrecht Band 1, 1987, § 35 S. 601 ff.
54 *BAG* vom 12. 2. 1982, 3 AZR 163/80, AP Nr. 5 zu § 1 BetrAVG; *Höfer/Reiners/Wüst* § 1 Rn. 1401 f; *Blomeyer/Otto* § 1 Rn. 162.
55 Münchener Kommentar/*Möschel* Rn. 7 vor § 414; *Larenz* a. a. O. § 35 I b S. 606.

er in die Versorgungszusage mit dem Inhalt ein, den der Vorarbeitgeber mit der Arbeitnehmerin oder – bei einer betrieblichen Altersversorgung auf Grundlage einer Betriebsvereinbarung – mit dem Betriebsrat vereinbart hat. Die Versorgungszusage kann der Zweitarbeitgeber auch nicht beliebig abändern und der in seinem Unternehmen bestehenden betrieblichen Altersversorgung anpassen: Hat der Vorarbeitgeber Versorgungsleistungen nicht nach § 1 Abs. 1 BetrAVG direkt, sondern nach § 1 Abs. 2–4 BetrAVG über eine Direktversicherung, eine Pensions- oder eine Unterstützungskasse zugesagt, und besteht beim Zweitarbeitgeber eine andere betriebliche Altersversorgung, müßte dafür auch der Versorgungsträger ausgetauscht werden. Der Wechsel des Versorgungsträgers ist einmal kompliziert, zum anderen bei der Übernahme von unverfallbaren Versorgungsanwartschaften nach § 4 BetrAVG besonderen Beschränkungen unterworfen (dazu gleich unter f).

Nur wenn beim neuen Arbeitgeber keine betriebliche Altersversorgung besteht, ist die Übernahme der Versorgungszusage durch ihn praktikabel. Auch dann ist aber zu erwägen, ob nicht besser der Vorarbeitgeber die Altersversorgung der Arbeitnehmerin fortschreibt und der neue Arbeitgeber lediglich intern an den Kosten der Altersversorgung beteiligt wird (oben d).

f. Anrechnung von Vordienstzeiten durch den neuen Arbeitgeber

aa. Besteht beim neuen Arbeitgeber eine betriebliche Altersversorgung, ist es einfacher, wenn er sich gegenüber der zu ihm wechselnden Arbeitnehmerin verpflichtet, die Tätigkeitsjahre beim Vorarbeitgeber im Rahmen der bei ihm bestehenden Versorgungszusage anzurechnen (Anerkennung von Vordienstzeiten)[56].

Schließt der neue Arbeitgeber nicht ausdrücklich aus, daß die Vordienstzeiten auch auf die Unverfallbarkeitsfristen nach § 1 Abs. 1 S. 1 Nr. 1 und 2 BetrAVG angerechnet werden, ist seine Erklärung dahin zu verstehen, daß die angerechneten Vordienstzeiten sowohl die Höhe der Versorgungsleistungen im Alter steigern als auch den Zeitpunkt, in dem die Arbeitnehmerin unverfallbare Versorgungsanwartschaften erwirbt, abkürzen[57].

Dem Arbeitgeber steht es frei, abweichende Regelungen zu treffen. Etwa kann er die Anrechnungsverpflichtung insoweit beschränken, als die Vordienstzeiten der Arbeitnehmerin – rückwirkend – erst ab dem Zeitpunkt angerechnet werden, ab dem die Arbeitnehmerin bei ihm unverfallbare Versorgungsanwartschaften erwirbt. § 1 Abs. 1 S. 3 BetrAVG gilt für die Anrechnung von Vordienstzeiten nicht.

---

56 Zur Zulässigkeit zuletzt *BAG* vom 12. 3. 1991, 3 AZR 86/90, ZIP 1991, 1446; *Blomeyer/ Otto* § 1 Rn. 96; *Höfer/Reiners/Wüst* § 1 Rn. 1337 ff.; 1456 ff.
57 *BAG* vom 25. 1. 1979, 3 AZR 1096/77, vom 16. 3. 1982, 3 AZR 843/79 und vom 29. 6. 1982, 3 AZR 1188/79, AP Nr. 2,6 und 7 zu § 1 BetrAVG; vgl. auch vom 29. 6. 1982 a. a. O.; kritisch zur Unverfallbarkeit *Höfer/Reiners/Wüst* § 1 Rn. 1339 m. Nw. zu weiteren abl. Stimmen in Fn. 62.

Hat der neue Arbeitgeber seinen Arbeitnehmern eine Altersversorgung über eine Direktversicherung, eine Pensions- oder Unterstützungskasse nach § 1 Abs. 2–4 BetrAVG zugesagt, muß der Zweitarbeitgeber die den Vordienstzeiten entsprechenden Beiträge aufbringen. Bei Lebensversicherungen ist das durch eine Rückdatierung des Versicherungsbeginns, bei Pensionskassen durch eine Rückdatierung der Mitgliedschaft in der Kasse möglich[58].

Die unverfallbaren Versorgungsanwartschaften, die die Arbeitnehmerin durch die Zusammenrechnung der angerechneten und der beim neuen Arbeitgeber zurückgelegten Tätigkeitsjahre erwirbt, sind bei einer Direktzusage des Arbeitgebers nach der Rechtsprechung des *BAG* gem. § 7 Abs. 2 S. 1 BetrAVG insolvenzgeschützt, wenn das Arbeitsverhältnis zum neuen Arbeitgeber unmittelbar an das frühere Arbeitsverhältnis anschließt[59].

Bei den zu einem anderen Verbundunternehmen wechselnden Arbeitnehmerinnen schließt das Arbeitsverhältnis zum neuen Arbeitgeber nur in den Fällen an das Arbeitsverhältnis zum früheren Arbeitgeber an, in denen das erste Arbeitsverhältnis während des Erziehungs- und des Elternurlaubs geruht hat. Ist das Arbeitsverhältnis der Arbeitnehmerin für den Elternurlaub aufgelöst worden, und wird sie bei einem anderen Verbundunternehmen wiedereingestellt, kann der neue Arbeitgeber ihre Vordienstzeiten beim früheren Arbeitgeber im Rahmen der bei ihm bestehenden betrieblichen Altersversorgung zwar im oben dargestellten Sinne anrechnen, Insolvenzschutz nach § 7 Abs. 2 S. 1 besteht für die so erworbenen Anwartschaften aber nicht. Hat die Arbeitnehmerin, wenn der Arbeitgeber in Konkurs fällt, allein durch die Beschäftigung bei ihm noch keine unverfallbaren Anwartschaften erworben, hat sie keinen Anspruch auf Versorgung durch den Pensionssicherungsverein im Alter.

Ob etwas anderes gilt, wenn der Vorarbeitgeber die Kindererziehungszeiten während des aufgelösten Arbeitsverhältnisses als Nachdienstzeiten angerechnet hat, ist zweifelhaft (siehe auch oben III 2).

bb. Problematisch ist die Anrechnung von Vordienstzeiten durch den neuen Arbeitgeber, wenn die Arbeitnehmerin schon gegen ihren früheren Arbeitgeber nach §§ 1, 2 BetrAVG unverfallbare Versorgungsanwartschaften erworben hat. Da ihr im Alter Versorgungsansprüche sowohl gegen ihren früheren als auch gegen den neuen Arbeitgeber zustünden, würde sie zulasten der Verbundarbeitgeber doppelt versorgt.

---

58 Siehe *Höhne* in *Heubeck/Höhne* § 1 Rn. 180. Alter und neuer Arbeitgeber müssen regeln, wer die Kosten für die Altersversorgung der Arbeitnehmerin in welchem Umfang im Innenverhältnis trägt.
59 *BAG* vom 3. 8. 1978, 3 AZR 19/77, vom 11. 1. 1983, 3 AZR 212/80, vom 26. 9. 1989, 3 AZR 815/87, und vom 26. 9. 1989, 3 AZR 814/87, AP Nr. 1, 17, 53 und 54 zu und § 7 BetrAVG; ausführlich und kritisch *Höfer/Reiners/Wüst* § 1 Rn. 1337 ff., 1456 ff.

Nach wohl herrschender Meinung kann die Arbeitnehmerin wegen § 1 BetrAVG bei Beendigung des Arbeitsverhältnisses nicht auf ihre unverfallbaren Versorgungsanwartschaften verzichten[60].

Um die Doppelversorgung der Arbeitnehmerin zu verhindern, muß die Anwartschaft gegen den Vorarbeitgeber auf die Altersversorgung beim neuen Arbeitgeber angerechnet werden. Dazu kann der neue Arbeitgeber einmal die beim Vorarbeitgeber erworbene Versorgungsanwartschaft nach §§ 414 ff. BGB, § 4 BetrAVG übernehmen und dann auf die von ihm versprochenen Versorgungsleistungen im Alter anrechnen. Selbst kann er sie aber nur in den Fällen übernehmen, in denen er in seinem Unternehmen eine Altersversorgung im Wege der Direktzusage nach § 1 Abs. 1 BetrAVG versprochen hat, er also gleichzeitig Versorgungsträger ist.

Hat er seinen Arbeitnehmern Versorgungsleistungen durch eine Lebensversicherungsgesellschaft, durch eine Pensions- oder eine Unterstützungskasse nach § 1 Abs. 2–4 BetrAVG zugesagt, müssen diese als Träger der betrieblichen Versorgungsleistungen auch die Schuld aus den beim Vorarbeitgeber entstandenen Versorgungsanwartschaften übernehmen. Dabei kann eine Unterstützungskasse, um die Interessen der von der Schuldübernahme betroffenen Arbeitnehmer nicht zu gefährden, Versorgungsanwartschaften nach § 4 Abs. 2 BetrAVG nur übernehmen, wenn auch der Vorarbeitgeber Versorgungsleistungen durch eine Unterstützungskasse zugesagt hat[61].

Hat auch der Vorarbeitgeber seinen Arbeitnehmern keine Direktzusage nach § 1 Abs. 1 BetrAVG gegeben, sondern andere Versorgungsträger nach § 1 Abs. 2–4 BetrAVG mit der Altersversorgung beauftragt, wird die Schuldübernahme nicht zwischen den beteiligten Verbundunternehmen vereinbart, sondern zwischen den beteiligten Versorgungsträgern.

Da der Versorgungsplan beim neuen Arbeitgeber oder seinem Versorgungsträger in der Regel nicht mit dem Versorgungsplan des Vorarbeitgebers oder dessen Versorgungsträger übereinstimmen wird, muß die Versorgungsanwartschaft dem Leistungsplan des übernehmenden Versorgungsträgers angepaßt werden. Dabei genügt es, wenn der neue Versorgungsträger eine Versorgungsverpflichtung übernimmt, die dem Wert der aufrechtzuerhaltenden Anwartschaft entspricht[62].

---

60 Offengelassen in *BAG* vom 18. 10. 1979, 3 AZR 550/78, EzA § 242 BGB Ruhegehalt Nr. 82 mit Anm. *Birk*, der einen Verzicht für zulässig hält; vgl. *BAG* vom 22. 9. 1987, 3 AZR 194/86, AP Nr. 13 zu § 17 BetrAVG: kein Verzicht auf eine nach § 3 Abs. 1 S. 1 BetrAVG nicht abfindbare Anwartschaft; *Schaub* § 81 IX 5 S. 582; *Blomeyer*, Probleme des Verschlechterungsverbotes des § 17 Abs. 3 BetrAVG – Grenzen der Vertragsfreiheit im Betriebsrentenrecht, RdA 1988, 88, 90; *Blomeyer*/Otto, Einl. Rn. 374 mit Nachweisen zur Gegenmeinung in Rn. 373; a. A. *Höfer/Reiners/Wüst* § 3 Rn. 2083; unklar *Höhne* in *Heubeck/Höhne* § 3 Rn. 34a und § 1 Rn. 432.
61 Diesbezüglich für eine teleologische Korrektur des § 4 Abs. 2 BetrAVG *Höfer/Reiners/Wüst* § 4 Rn. 2200 ff.
62 Dazu *Höfer/Reiners/Wüst* § 4 Rn. 2252.

Ebenso wie nach § 415 Abs. 1 S. 1 BGB, § 4 Abs. 1 S. 1 BetrAVG der Übernahme der Versorgungsanwartschaft muß die Arbeitnehmerin auch der Änderung des Versorgungsplans zustimmen.

cc. Um komplizierte Schuldübernahmen und Anpassungen des Versorgungsplans zu vermeiden, ist es einfacher, wenn die Versorgungsanwartschaft nicht übernommen wird, sondern der Vorarbeitgeber Schuldner der Anwartschaft bleibt. Der neue Arbeitgeber kann die beim Vorarbeitgeber zurückgelegten Tätigkeitsjahre dann unter der Bedingung als Vordienstzeiten anrechnen, daß er durch seine Versorgungsleistungen im Alter auch den Anspruch der Arbeitnehmerin gegen den Vorarbeitgeber aus §§ 1, 2 BetrAVG nach §§ 267 Abs. 1, 362 Abs. 1 BGB miterfüllt.

Dadurch würde der Vorteil einer Doppelversorgung der Arbeitnehmerin wegfallen, ohne daß diese entgegen § 17 Abs. 3 S. 3 BetrAVG benachteiligt wird. Da die Verpflichtung des Vorarbeitgebers erst erlischt, wenn ihr neuer Arbeitgeber nach Eintritt des Versorgungsfalls die jeweilige Versorgungsleistung erbracht hat, verliert die Arbeitnehmerin die Rechte gegen den Vorarbeitgeber erst, wenn ihre Versorgungsansprüche erfüllt worden sind[63].

g. Insbesondere bei aufgelöstem Arbeitsverhältnis

Haben Arbeitgeber und Arbeitnehmerin das Arbeitsverhältnis für den Elternurlaub aufgelöst, kommt eine Fortführung der Versorgungszusage durch den bisherigen oder den neuen Arbeitgeber gemäß den Möglichkeiten c bis e nur in Betracht, wenn der frühere Arbeitgeber den Elternurlaub in seiner Versorgungszusage als Nachdienstzeit angerechnet hat (siehe oben III 2), und die Zusage damit bis zur geplanten Wiedereinstellung der Arbeitnehmerin fortgeführt hat. Hat der Arbeitgeber den Elternurlaub nicht als Nachdienstzeit anerkannt, ist seine Versorgungszusage erloschen.

h. Gemeinsame Altersversorgung der Verbundunternehmen

Keine Probleme entstehen bei dem Wechsel von Erziehungs- und Elternurlauberinnen in ein anderes Verbundunternehmen, wenn die im Verbund zusammengeschlossenen Unternehmen eine gemeinsame Altersversorgung durch eine – bei nicht branchengleichen Verbundunternehmen nicht branchengebundene – überbetriebliche Pensions- oder Unterstützungskasse (§ 1 Abs. 3 und Abs. 4 BetrAVG) versprechen würden oder für die Arbeitnehmer eine Lebensversicherung bei demselben Lebensversicherer (§ 1 Abs. 2 BetrAVG) abschlössen[64].

---

63 Siehe *Höfer/Abt*, Kommentar 1982, § 4 Rn. 55. Dieser Vorschlag taucht in der Neuauflage *Höfer/Reiners/Wüst* 1992 nicht mehr auf. Problematisch ist, wie die erbrachten Versorgungsleistungen im Innenverhältnis unter den Verbundunternehmen oder den Versorgungsträgern ausgeglichen werden.
64 Vgl. etwa. *Simmich*, Betriebliche Altersversorgung kostengünstig und haftungsfrei gestalten – durch Anschluß an eine überbetriebliche Pensionskasse ohne Branchenbindung, DB 1982, 2700 ff.

Arbeitgeber und Arbeitnehmerinnen oder der Betriebsrat müßten zu diesem Zweck die bisher im jeweiligen Unternehmen bestehenden Ruhegeldordnungen aufheben und neue Versorgungsansprüche der Arbeitnehmerinnen begründen[65].

Einseitig widerrufen kann der Arbeitgeber Versorgungszusagen nur, wenn die Arbeitnehmerinnen noch keine Versorgungsanwartschaft erworben haben. Anwartschaften können nur ganz ausnahmsweise, etwa bei Treuepflichtverletzungen der Arbeitnehmerin oder bei wirtschaftlichen Schwierigkeiten des Arbeitgebers, widerrufen werden[66].

3. Tarifliche Rechte

a. Arbeitsentgelt

Wechselt die Arbeitnehmerin nach Ende des Erziehungs- oder Elternurlaubs zu einem Verbundunternehmen, das einem anderen Tarifvertrag unterfällt als ihr bisheriger Arbeitgeber, oder das gar nicht tarifgebunden ist, verliert sie möglicherweise Rechte aus dem früheren Tarifvertrag, ohne daß dies durch Vorteile beim neuen Arbeitgeber kompensiert wird. Das gilt nicht nur, wenn die Arbeitnehmerin unmittelbar tarifgebunden war, sondern auch, wenn der Arbeitsvertrag beim früheren Arbeitgeber auf den einschlägigen Tarifvertrag Bezug genommen hat[67].

Soweit die Arbeitnehmerin mit dem Wechsel in ein anderes Verbundunternehmen den Anspruch auf den bisherigen Tariflohn oder auf tarifliche Zusatzleistungen zum Lohn zu verlieren droht, werden damit verbundene Nachteile bereits bei Beschreibung des zumutbaren Arbeitsplatzes berücksichtigt: Die Erziehungs- oder Elternurlauberin hat einen Anspruch darauf, auf einem Arbeitsplatz bei ihrem Arbeitgeber, hilfsweise bei einem anderen Verbundunternehmen beschäftigt zu werden, der gegenüber der vor Antritt des Erziehungsurlaubs ausgeübten Tätigkeit nur mit geringfügigen Entgelteinbußen verbunden ist (dazu oben § 2 III 2 und 3).

Ist ein solcher Arbeitsplatz nach Ende des Erziehungs- oder Elternurlaubs in keinem der Verbundunternehmen frei, kann der Arbeitgeber der Arbeitnehmerin, wenn das Arbeitsverhältnis geruht hat, betriebsbedingt kündigen (siehe oben § 2 II 2 c und 3 d, III 5 a). Haben Arbeitgeber und Arbeitnehmerin das Arbeitsverhältnis für den Elternurlaub aufgelöst, entfällt bei fehlender Beschäftigungsmög-

---

65 Zur Zulässigkeit eines Erlaßvertrages während des laufenden Arbeitsverhältnisses *Blomeyer* RdA 1988, 88, 90 ff.; *Schaub* § 81 IX 5, S. 582.
66 Dazu *Höfer/Reiners/Wüst* ART Rn. 347 ff.; *Heither*, Aktuelle Rechtsprechung des *BAG* zu Fragen der betrieblichen Altersversorgung bei individualrechtlicher Ausgestaltung, DB 1991, 165 ff.; *derselbe*, Die Rechtsprechung des *BAG* zur Beteiligung des Betriebsrats bei der Ausgestaltung der betrieblichen Altersversorgung, DB 1991, 700, 702 ff; MünchArbR/*Ahrend/Förster* § 103; *Steinmeyer* S. 117ff; vgl. auch *BAG* vom 7. 7. 1992, 3 AZR 522/91, DB 1992, 2451.
67 Vgl. zur Bezugnahme *Löwisch/Rieble* § 3 Rn. 90 ff.

lichkeit der Wiedereinstellungsanspruch der Arbeitnehmerin (siehe oben § 2 III 5 b). Wendet die Arbeitnehmerin die betriebsbedingte Kündigung dadurch ab, oder erreicht sie ihre Wiedereinstellung dadurch, daß sie sich mit einer Beschäftigung zu Bedingungen bereiterklärt, die von ihrem Arbeitsvertrag erheblich abweichen, willigt sie selbst in die Schlechterstellung beim neuen Arbeitgeber ein. Insoweit kann sie mangels anderer Beschäftigungsmöglichkeiten nicht vor den damit verbundenen Nachteilen geschützt werden.

b. Kündigungsschutz

Viele Tarifverträge verbessern den Kündigungsschutz der Arbeitnehmerinnen.

Sofern Tarifverträge vorsehen, daß bestimmten Arbeitnehmern nur außerordentlich gekündigt werden darf, kann dies außer Betracht bleiben: Unkündbar werden Arbeitnehmer nach den Tarifverträgen regelmäßig erst, wenn sie ein Alter erreicht haben, in dem die Inanspruchnahme von Erziehungs- oder Elternurlaub nur in Ausnahmefällen, etwa als Großmutter des zu betreuenden Kindes, in Betracht kommt[68].

Teilweise bestimmen Tarifverträge aber auch, daß Arbeitnehmer ab einer bestimmten Tätigkeitszeit durch längere Kündigungsfristen geschützt werden[69].

Um den Arbeitnehmerinnen die langen Kündigungsfristen zu erhalten, können die branchenfremden oder nicht tarifgebundenen Verbundunternehmen, zu denen Arbeitnehmerinnen nach Ende des Erziehungs- oder Elternurlaubs wechseln, im Arbeitsvertrag eine dem Tarifschutz entsprechende Kündigungsfrist vereinbaren. Durch eine solche Abrede verstoßen sie nicht gegen den arbeitsrechtlichen Gleichbehandlungsgrundsatz (siehe oben 1 a).

Hatten Arbeitgeber und Arbeitnehmerin das Arbeitsverhältnis für den Elternurlaub aufgelöst, ist eine solche Vereinbarung zwischen dem Verbundunternehmen und der Elternurlauberin nur zu erwägen, wenn auch der frühere Arbeitgeber der Elternurlauberin in der Wiedereinstellungszusage versprochen hatte, ihre frühere Betriebszugehörigkeit bei der Wiedereinstellung anzurechnen (siehe oben 1 und § 2 III 2 b).

---

68 Vgl. 4.4 des Manteltarifvertrages für Arbeiter und Angestellte in der Metallindustrie Südbaden vom 1. 4. 1990.
69 Vgl. 4.5.2 des Manteltarifvertrages für Arbeiter und Angestellte in der Metallindustrie Südbaden vom 1. 4. 1990; § 4 Nr. 1 des Manteltarifvertrages für die Holzindustrie und Kunststoffverarbeitung Baden-Württemberg vom 13. Januar 1989.

V. Verbund als Arbeitgeber oder Schuldner des Wiedereinstellungsanspruchs

Ist der Verbund Arbeitgeber der Arbeitnehmerinnen im Erziehungs- oder Elternurlaub oder Schuldner des Wiedereinstellungsanspruchs, ändert sich an der unter II. beschriebenen Lage der Arbeitnehmerin während des Erziehungs- und des Elternurlaubs nichts.

Ruht das Arbeitsverhältnis der Arbeitnehmerinnen, wird der Erziehungs- und Elternurlaub bei den Fristen, innerhalb derer die Arbeitnehmerinnen nach §§ 1, 2 BetrAVG unverfallbare Anwartschaften auf Leistungen der betrieblichen Altersversorgung erwerben, mitgerechnet. Zum Nachteil der Arbeitnehmerin können Arbeitgeber und Arbeitnehmerin von §§ 1, 2 BetrAVG nicht abweichen. Ob die Höhe der betrieblichen Versorgungsleistungen im Alter durch die Kindererziehungszeiten gesteigert wird, richtet sich, ebenso wie der Anspruch der Erziehungs- und Elternurlauberinnen auf Jahressonderzahlungen während der Familienphase, nach dem Inhalt der Arbeitgeberzusage.

Haben Arbeitgeber und Arbeitnehmerin das Arbeitsverhältnis für den Elternurlaub aufgelöst, werden die Kindererziehungszeiten bei den Unverfallbarkeitsfristen nach §§ 1, 2 BetrAVG nur berücksichtigt, wenn der Arbeitgeber den Elternurlaub als Betriebszugehörigkeitszeit anerkennt. Dann wirkt sich die Kindererziehungszeit – je nach Inhalt der Versorgungszusage – auch rentensteigernd aus. Anspruch auf Jahressonderzahlungen haben die Arbeitnehmerinnen im aufgelösten Arbeitsverhältnis nicht, es sei denn, der Arbeitgeber sagt ihnen das besonders zu.

Nach Ende des Erziehungs- und Elternurlaubs entsteht das Problem des Arbeitgeberwechsels nicht, wenn sich der Wiederbeschäftigungs- oder Wiedereinstellungsanspruch der Erziehungs- und Elternurlauberinnen gegen den Verbund richtet: Der Verbund bleibt Arbeitgeber der Arbeitnehmerinnen oder wird es, wenn das Arbeitsverhältnis für den Elternurlaub mit Wiedereinstellungsanspruch der Arbeitnehmerin aufgelöst worden ist, wieder.

Das Problem, wie Versorgungserwartungen in der betrieblichen Altersversorgung bei einem Arbeitgeberwechsel erhalten bleiben können, wird indes lediglich vorverlagert, nämlich auf den Zeitpunkt, in dem die Arbeitnehmerin das Arbeitsverhältnis zum bisherigen Arbeitgeber auflöst und einen Arbeitsvertrag mit dem Verbund abschließt (siehe oben § 2 II 3 b). Insoweit gilt das unter IV 2 c – f Ausgeführte.

VI. Beteiligung des Betriebsrats

1. Kürzung von Arbeitgeberleistungen während des Erziehungs- oder Elternurlaubs

a. Grundsätze

Die Kürzung von Jahressonderzahlungen für Erziehungs- und Elternurlauberinnen und die Nichtberücksichtigung des Erziehungs- und des Elternurlaubs für die Höhe der Versorgungsansprüche im Rahmen der betrieblichen Altersversorgung könnte nach § 87 Abs. 1 Nr. 8 und Nr. 10 BetrVG mitbestimmungspflichtig sein.

§ 87 Abs. 1 Nr. 8 BetrVG greift nur, wenn der Arbeitgeber Leistungen aus einer Sozialeinrichtung, d. h. aus einem Sondervermögen mit einer auf Dauer gerichteten Organisation, erbringt. Das ist für die hier diskutierten Arbeitgeberleistungen nur der Fall, wenn der Arbeitgeber seinen Arbeitnehmern Versorgungsleistungen im Alter über eine Pensions- oder eine Unterstützungskasse nach § 1 Abs. 3 und 4 BetrAVG versprochen hat[70].

Wird eine betriebliche Altersversorgung im Wege der Direktzusage oder über eine Direktversicherung nach § 1 Abs. 1 und 2 BetrAVG zugesagt, hat der Betriebsrat demgegenüber nach § 87 Abs. 1 Nr. 10 BetrVG mitzubestimmen. Nach § 87 Abs. 1 Nr. 10 BetrVG richtet sich auch die Mitbestimmung des Betriebsrats über Jahressonderzahlungen[71].

Mitbestimmungsfrei sind sowohl nach § 87 Abs. 1 Nr. 8 BetrVG als auch nach § 87 Abs. 1 Nr. 10 BetrVG die Entscheidung des Arbeitgebers, ob und zu welchem Zweck er Sozialleistungen und Jahressonderzahlungen gewähren will, deren Höhe und die abstrakte Festlegung des Kreises der Begünstigten. Diese Entscheidungen stehen im alleinigen Ermessen des Arbeitgebers. Mitbestimmungspflichtig ist demgegenüber das Wie der Leistungen, d. h. die nähere Konkretisierung der Zweckbestimmung. Mitzubestimmen hat der Betriebsrat daher insbesondere über den Leistungsplan, in dem geregelt wird, welche Arbeitnehmer unter welchen Voraussetzungen welche Leistung erhalten. Bei Sozialeinrichtungen hat der Betriebsrat zusätzlich über die Form der Einrichtung und deren Verwaltung mitzubestimmen[72].

---

70 *BAG* vom 12. 6. 1975, 3 ABR 13/74, AP Nr. 1 zu § 87 BetrVG 1972 Altersversorgung; *Höfer/Reiners/Wüst* ART Rn. 750, 823, 855; *Heither*, Die Rechtsprechung des *BAG* zur Beteiligung des Betriebsrats bei der Ausgestaltung der betrieblichen Altersversorgung, DB 1991, 700, 701; *Schaub*, Die Mitbestimmung des Betriebsrats in der betrieblichen Altersversorgung, AuR 1992, 193, 195. Zur Art der Mitbestimmung in Pensions- und Unterstützungskassen (zweistufige oder organschaftliche Lösung) siehe MünchArbR/*Ahrend/Förster* § 102 Rn. 98 und *Höfer/Reiners/Wüst* ART Rn. 841 ff.
71 MünchArbR/*Ahrend/Förster* § 102 Rn. 90; *Höfer/Reiners/Wüst* ART Rn. 751.
72 *BAG* a. a. O.; zuletzt *BAG* vom 10. 3. 1992, 3 AZR 221/91, n.v.; GK-BetrVG/*Wiese* § 87 Rn. 503 ff., 629 ff. und 639 ff.; *Galperin/Löwisch* § 87 Rn. 183 ff. und 227 ff.; TK *Löwisch* § 87 Rn. 86 ff. und Rn. 118; *Schaub*, AuR 1992, 194 ff.; MünchArbR/*Ahrend/Förster* § 102 Rn. 93 f.

Will der Arbeitgeber Jahressonderzahlungen mit Mischcharakter für Arbeitnehmer in ruhenden Arbeitsverhältnissen kürzen (dazu oben II 1 d), oder möchte er verhindern, daß Zeiten, in denen das Arbeitsverhältnis ruht, die Höhe der betrieblichen Altersversorgungsansprüche steigern (oben II 2 c), hängt die Mitbestimmungsbefugnis des Betriebsrats davon ab, ob dadurch die Zweckbestimmung der Leistungen oder der Leistungsplan geändert wird.

Die Abgrenzung zwischen Zweckbestimmung und näherer Ausgestaltung der Sonderzuwendungen und der betrieblichen Altersversorgung ist danach zu treffen, ob der Arbeitgeber den Kreis der Bezugsberechtigten nach generellen Merkmalen abgrenzt, oder ob er für den begünstigten Personenkreis lediglich Leistungsvoraussetzungen aufstellt. Bestimmt der Arbeitgeber etwa, daß nur Arbeitnehmer einer bestimmten Betriebsabteilung oder eines bestimmten Alters Anspruch auf eine Sonderzahlung haben sollen, legt er abstrakt fest, wen er begünstigen will, und definiert so den Zweck seiner Leistung. Will er demgegenüber alle Arbeitnehmer seines Betriebes, etwa im Rahmen der betrieblichen Altersversorgung, begünstigen und macht den Erwerb späterer Versorgungsansprüche davon abhängig, daß die Arbeitnehmer bestimmte Wartezeiten erfüllt haben, definiert er lediglich die Voraussetzungen, unter denen begünstigte Arbeitnehmer Anspruch auf die Leistung haben. Nur im letzteren Fall besteht ein Mitbestimmungsrecht des Betriebsrats nach § 87 Abs. 1 Nr. 8 und 10 BetrVG[73].

b. Kürzung von Jahressonderzahlungen

Will der Arbeitgeber Jahressonderzahlungen mit Mischcharakter kürzen, ist fraglich, ob er insoweit lediglich abstrakt den begünstigten Personenkreis festlegt oder die Leistungsvoraussetzungen im einzelnen bestimmt.

Legt man die Rechtsprechung des *BAG* zugrunde, haben Arbeitnehmer Anspruch auf Sonderzahlungen mit Mischcharakter auch dann in voller Höhe, wenn sie im Bezugsjahr überhaupt nicht gearbeitet haben (siehe oben II 1 c). Konsequenterweise würden durch die Herausnahme der Arbeitnehmer aus dem Kreis der Bezugsberechtigten, deren Arbeitsverhältnis im Bezugszeitraum geruht hat, die Anspruchsvoraussetzungen näher festgelegt, nicht aber der Zweck der Sonderzahlung definiert. Denn den Leistungszweck hat der Arbeitgeber schon dadurch bestimmt, daß er mit der Sonderzahlung sowohl die Betriebstreue als auch die tatsächliche Arbeitsleistung entgelten will.

Diese Argumentation greift aber zu kurz. Indem der Arbeitgeber die Arbeitnehmer vom Bezug der Jahressonderzahlung ausschließt, deren Arbeitsverhältnis während des Bezugszeitraums geruht hat, präzisiert er lediglich den Leistungszweck. Er umreißt näher, was er mit der Leistung bezweckt, nämlich daß die Voraussetzungen Arbeitsleistung und Betriebstreue nebeneinander erfüllt sein müs-

---

73 *Galperin/Löwisch* § 87 Rn. 188; GK-BetrVG/*Wiese* § 87 Rn. 507, 525; *Höfer/Reiners/Wüst* ART Rn. 601, 107, 620; generell a. A. für Wartezeiten *Hess/Schlochauer/Glaubitz* § 87 Rn. 364.

sen, damit Arbeitnehmer Anspruch auf die Sonderzahlung haben. Damit zieht er die Konsequenz aus der Rechtsprechung, die es ihm verwehrt, diesen Leistungszweck durch bloße Definition der Leistungsvoraussetzungen zu erreichen. Will der Arbeitgeber Jahressonderzahlungen nur den Arbeitnehmern gewähren, die im Bezugsjahr tatsächlich gearbeitet haben und betriebstreu waren, muß er nach der Rechtsprechung eine Quotelungsregelung in die Sonderzahlungszusage aufnehmen.

c. Kürzung der betrieblichen Altersversorgung

Demgegenüber sind Klauseln in einer Versorgungszusage, wonach Zeiten, in denen das Arbeitsverhältnis ruht, die Höhe der Versorgungsansprüche im Alter nicht steigern, nach § 87 Abs. 1 Nr. 8 und 10 BetrVG mitbestimmungspflichtig.

Durch solche Klauseln bestimmt der Arbeitgeber nicht, welche Arbeitnehmer überhaupt Anspruch auf Versorgungsleistungen im Alter haben sollen, sondern die Höhe des grundsätzlich gegebenen Anspruchs und damit die Leistungsvoraussetzungen im einzelnen[74].

d. Verbund als Arbeitgeber oder Schuldner des Wiedereinstellungsanspruchs

Ist der Verbund Arbeitgeber der Arbeitnehmerinnen im Erziehungs- oder Elternurlaub oder Schuldner des Wiedereinstellungsanspruchs, gilt für die Kürzung von Arbeitgeberleistungen während der Familienphase das unter b und c Ausgeführte entsprechend.

2. Wechsel der Erziehungs- und Elternurlauberinnen in ein anderes Verbundunternehmen

a. Zweitarbeitsverhältnis zum Verbundunternehmen

Schließt eine Arbeitnehmerin nach Ende des Erziehungs- oder Elternurlaubs mit einem anderen Verbundunternehmen ein Zweitarbeitsverhältnis ab und führt der Erstarbeitgeber die Versorgungszusage fort (dazu oben IV 2 c), wird dadurch ein Mitbestimmungsrecht des Betriebsrats beim Erstarbeitgeber nicht ausgelöst: Auch die in anderen Verbundunternehmen beschäftigten Arbeitnehmerinnen sind weiterhin Arbeitnehmerinnen des Erstarbeitgebers, deren Arbeitsverhältnis wie im Erziehungs- und Elternurlaub ruht. An der Versorgungszusage beim Erstarbeitgeber ändert sich nichts.

Nur wenn der Arbeitgeber die Versorgungsleistungen tätigkeitsabhängig versprochen hat und bei den Arbeitnehmerinnen, die ein Zweitarbeitsverhältnis mit einem anderen Verbundunternehmen abgeschlossen haben, auch die Tätigkeit im

---

74 Zur Mitbestimmung des Betriebsrats, wenn der Arbeitgeber das für den Elternurlaub aufgelöste Arbeitsverhältnis als Nachdienstzeit anrechnet (oben III 2), vgl. unten 2 b.

Zweitarbeitsverhältnis rentensteigernd berücksichtigt (vgl. oben IV 2 c), bestimmt er neu, unter welchen Voraussetzungen betriebsangehörige Arbeitnehmerinnen in Sonderfällen Anspruch auf Versorgungsleistungen erwerben. Diese Bestimmung der Anspruchsvoraussetzungen ist nach § 87 Abs. 1 Nr. 8 oder 10 BetrVG mitbestimmungspflichtig.

Besteht auch beim Zweitarbeitgeber eine betriebliche Altersversorgung und nimmt der Zweitarbeitgeber die Arbeitnehmerin wegen der Versorgung beim Erstarbeitgeber aus der Versorgungszusage aus, ist fraglich, ob der Betriebsrat beim Zweitarbeitgeber insoweit nach § 87 Abs. 1 Nr. 8 oder 10 BetrVG mitzubestimmen hat. Ein Mitbestimmungsrecht bestünde nicht, wenn der Zweitarbeitgeber mit der Herausnahme der Arbeitnehmerinnen, deren Versorgungszusage bei einem anderen Verbundunternehmen fortgeschrieben wird, abstrakt-generell den durch seine betriebliche Altersversorgung begünstigten Personenkreis festlegte. Das ist aber nicht der Fall: Will der Zweitarbeitgeber grundsätzlich allen bei ihm beschäftigten Arbeitnehmern Versorgungsleistungen im Alter zusagen und nimmt er lediglich bestimmte Arbeitnehmer aus, um deren Doppelversorgung zu vermeiden, definiert er die Voraussetzungen, unter denen ein Anspruch auf Teilnahme an der betrieblichen Altersversorgung ausgeschlossen sein soll. An dieser Festlegung der Anspruchsvoraussetzungen ist der Betriebsrat nach § 87 Abs. 1 Nr. 8 oder 10 BetrVG zu beteiligen[75].

b. Weiterhaftung des Arbeitgebers nach Aufhebung des Arbeitsvertrages

Scheidet die Arbeitnehmerin nach Ende des Erziehungs- oder Elternurlaubs aus dem Betrieb ihres bisherigen Arbeitgebers aus, und schließt sie ausschließlich mit einem anderen Unternehmen einen Arbeitsvertrag, kann der Vorarbeitgeber das Arbeitsverhältnis der Arbeitnehmerin zum neuen Arbeitgeber als Betriebszugehörigkeit im Rahmen der bei ihm bestehenden betrieblichen Altersversorgung berücksichtigen (siehe oben IV 2 d).

Indem der Arbeitgeber zusichert, die Altersversorgung der zu einem anderen Verbundunternehmen wechselnden Arbeitnehmerinnen fortzuschreiben, erweitert er abstrakt-generell den durch seine betriebliche Altersversorgung begünstigten Personenkreis. Ein Mitbestimmungsrecht des Betriebsrats besteht schon aus diesem Grunde nicht. Es kann daher dahingestellt bleiben, ob das Mitbestimmungsrecht auch deshalb entfallen würde, weil der Arbeitgeber den Wirkungskreis der Pensions- oder Unterstützungskasse nicht auf den Betrieb beschränkt (§ 87 Abs. 1 Nr. 8 BetrVG) beziehungsweise über die Direktzusage oder Lebensversicherung auch betriebsfremde Personen begünstigt, für deren Interessenwahrnehmung der Betriebsrat nicht zuständig ist (§§ 87 Abs. 1 Nr. 10 i. V. m. §§ 1, 7 BetrVG).

Schließt der neue Arbeitgeber die Arbeitnehmerinnen, für die der Vorarbeitgeber die Versorgungszusage fortführt, zur Vermeidung einer Doppelversorgung aus

---

75 Vgl. auch *Höfer/Reiners/Wüst* ART Rn. 761; *Galperin/Löwisch* § 87 Rn. 188.

der bei ihm bestehenden betrieblichen Altersversorgung aus, hat der Betriebsrat beim neuen Arbeitgeber darüber nach § 87 Abs. 1 Nr. 8 oder 10 BetrVG mitzubestimmen (siehe oben a).

c. Schuld- oder Vertragsübernahme durch den neuen Arbeitgeber

Übernimmt der neue Arbeitgeber die Schuld des früheren Arbeitgebers aus der Versorgungszusage nach §§ 414, 415 BGB, oder tritt er in die gesamte Versorgungszusage nach § 305 BGB ein (dazu oben IV 2 e), besteht kein Mitbestimmungsrecht des Betriebsrats: Verträge, die der Arbeitgeber mit einem anderen Unternehmen schließt, sind nicht mitbestimmungspflichtig.

Das gleiche gilt für die Übernahme der Versorgungsanwartschaften nach §§ 414, 415 BGB i. V. m. § 4 BetrAVG.

d. Anrechnung von Vordienstzeiten durch den neuen Arbeitgeber

Rechnet der neue Arbeitgeber die Tätigkeitsjahre der aus einem anderen Verbundunternehmen zu ihm wechselnden Arbeitnehmerinnen beim Vorarbeitgeber im Rahmen der bei ihm bestehenden Versorgungszusage an (siehe oben IV 2 f), hat der Betriebsrat insoweit nach § 87 Abs. 1 Nr. 8 oder 10 BetrVG mitzubestimmen: Der Arbeitgeber erweitert durch die Anerkennung der Vordienstzeiten nicht den Personenkreis, der in den Genuß der bei ihm bestehenden betrieblichen Altersversorgung kommt, sondern bestimmt, unter welchen Voraussetzungen betriebszugehörige Arbeitnehmerinnen Anspruch auf Versorgungsleistungen in welcher Höhe erwerben können, und wann diese zu unverfallbaren Versorgungsanwartschaften erstarken. Damit regelt er nicht das Ob, sondern mitbestimmungspflichtig das Wie der betrieblichen Altersversorgung.

e. Wechsel der Arbeitnehmerinnen zum Verbund

Hebt die Arbeitnehmerin das Arbeitsverhältnis mit ihrem Arbeitgeber auf, um zum Verbund zu wechseln (siehe oben § 2 II 3 b), entstehen hinsichtlich der betrieblichen Altersversorgung die gleichen Probleme wie beim Arbeitgeberwechsel nach Ende des Erziehungs- oder Elternurlaubs (siehe oben V).

Für die Mitbestimmung des Betriebsrats gelten die Ausführungen unter a- e daher entsprechend.

3. Gemeinsame Altersversorgung der Verbundunternehmen

a. Überleitung der Versorgungszusagen in den einzelnen Verbundunternehmen

Errichten die im Verbund zusammengeschlossenen Unternehmen eine gemeinsame Altersversorgung und müssen die einzelnen Verbundunternehmen den Versorgungsplan ändern, um die Altersversorgung an die gemeinsame Versorgung im

Verbund anzupassen, hat der Betriebsrat nach § 87 Abs. 1 Nr. 10 BetrVG mitzubestimmen, wenn der einzelne Arbeitgeber seinen Arbeitnehmern eine betriebliche Altersversorgung im Wege einer Direktzusage nach § 1 Abs. 1 BetrAVG oder über eine Direktversicherung nach § 1 Abs. 2 BetrAVG zugesagt hat. Besteht in einzelnen Verbundunternehmen eine betriebliche Altersversorgung über eine Pensions- und Unterstützungskasse, hat der Betriebsrat über die mit dem Wechsel zur gemeinsamen Altersversorgung verbundenen Änderungen des Leistungsplans nach § 87 Abs. 1 Nr. 8 BetrVG mitzubestimmen.

Der Betriebsrat bestimmt demgegenüber nicht darüber mit, ob überhaupt eine gemeinsame Altersversorgung für alle im Verbund zusammengeschlossenen Unternehmen errichtet und in welcher Form die Verbundaltersversorgung durchgeführt werden soll[76]. Zwar bestimmt § 87 Abs. 1 Nr. 8 BetrVG ausdrücklich, daß der Betriebsrat auch über die Form der Altersversorgung mitzubestimmen hat. Da bei der betrieblichen Altersversorgung durch die Entscheidung für eine Pensions- oder Unterstützungskasse auch der Umfang der Leistungspflichten des Arbeitgebers und damit die Ausstattung der Kasse mit finanziellen Mitteln bestimmt wird, ist diese Entscheidung nach der Rechtsprechung des *BAG* mitbestimmungsfrei[77].

b. Mitbestimmung im Rahmen gemeinsamen Altersversorgung

Errichten die im Verbund zusammengeschlossenen Arbeitgeber eine gemeinsame Pensions- oder Unterstützungskasse (siehe oben IV 2 h), können die Betriebsräte in den einzelnen Verbundunternehmen nicht nach § 87 Abs. 1 Nr. 8 BetrVG über Form, Ausgestaltung und Verwaltung der Kasse mitbestimmen. Denn das Mitbestimmungsrecht nach § 87 Abs. 1 Nr. 8 BetrVG setzt voraus, daß sich der Wirkungskreis der Pensions- oder Unterstützungskasse auf einen Betrieb, ein Unternehmen oder einen Konzern erstreckt. Konzern im Sinne des § 87 Abs. 1 Nr. 8 BetrVG meint in Übereinstimmung mit § 54 Abs. 1 BetrVG nur den Unterordnungskonzern nach § 18 Abs. 1 AktG, da nur im Unterordnungskonzern mit dem Konzernbetriebsrat ein Organ besteht, das das Mitbestimmungsrecht für die Arbeitnehmer wahrnehmen kann[78]. Der Verbund ist kein Konzern im Sinne des Aktiengesetzes[79].

Eine Mitbestimmung über Form, Ausgestaltung und Inhalt der Altersversorgungseinrichtung können die Verbundunternehmen den Betriebsräten insofern

---

76 *BAG* vom 12. 6. 1975, BB 1975, 1062; vom 18. 3. 1976, AP Nr. 4 zu § 87 BetrVG Altersversorgung dazu, daß der Betriebsrat nach § 87 Abs. 1 Nr. 10 BetrVG nicht über die Form der Altersversorgung mitzubestimmen hat.
77 *BAG* vom AP Nr. 1 zu § 87 BetrVG 1972 Altersversorgung. GK-BetrVG/*Wiese* § 87 Rn. 515; *Dietz/Richardi* § 87 Rn. 539; *Hess/Schlochauer/Glaubitz* § 87 Rn. 356; *Schaub* AuR 1992, 193, 194 f.; *Schaub* AuR 1992, 193, 196.; *Höfer/Reiners/Wüst* ART Rn. 792
78 TK *Löwisch* § 87 Rn. 84; *Galperin/Löwisch* § 87 Rn. 179; GK-BetrVG/*Wiese* § 87 Rn. 497.
79 Siehe oben IV 2 b.

auch nicht freiwillig über § 88 Nr. 2 BetrVG einräumen, da auch diese Vorschrift die Mitbestimmung des Betriebsrats auf Pensions- und Unterstützungskassen in einem Unterordnungskonzern gem. § 18 Abs. 1 AktG beschränkt.

Auch in unternehmensübergreifenden Pensions- und Unterstützungskassen unterliegt aber das Abstimmungsverhalten des Arbeitgebers nach § 87 Abs. 1 Nr. 10 BetrVG dem Mitbestimmungsrecht des jeweiligen Betriebsrats. Etwa darf der Arbeitgeber Änderungen des Leistungsplans nur zustimmen, wenn er zuvor das Einverständnis des Betriebsrats mit der Änderung eingeholt hat [80].

Schließen die im Verbund zusammengeschlossenen Unternehmen für die bei ihnen beschäftigten Arbeitnehmer eine Lebensversicherung mit dem gleichen Inhalt bei demselben Versicherungsunternehmen ab, haben die Betriebsräte in den einzelnen Verbundunternehmen ebenfalls ein Mitbestimmungsrecht nach § 87 Abs. 1 Nr. 10 BetrVG.

---

80 *BAG* vom 22. 4. 1986, 3 AZR 100/83 und vom 9. 5. 1989, 3 AZR 439/88, AP Nr. 13 und 18 zu § 87 BetrVG Altersversorgung; TK *Löwisch* § 87 Rn. 84; *Höfer/Reiners/Wüst* ART Rn. 852 ff; *Schaub* AuR 1992, 193, 197 f.; MünchArbR/*Ahrend/Förster* § 102 Rn. 91.

§ 4 Bildungsmaßnahmen

I. Problemstellung

Um den Arbeitnehmerinnen die Möglichkeit zu geben, während des Erziehungs- und des Elternurlaubs ihre berufliche Qualifikation aufrechtzuerhalten oder zu verbessern, kann ihnen während der Familienphase die Teilnahme an Qualifizierungsmaßnahmen ermöglicht werden.

Zunächst ist zu klären, wer Träger der Qualifizierungsmaßnahmen sein soll: der Verbund, die einzelnen Verbundunternehmen oder Dritte (unter II).

Schwerpunkt der Prüfung ist, ob die Erziehungs- und Elternurlauberinnen verpflichtet werden können, während der Familienphase an Qualifizierungsmaßnahmen teilzunehmen (unter III). Geklärt werden muß insbesondere, mit Hilfe welcher Vertragsgestaltungen die im Verbund zusammengeschlossenen Unternehmen die Qualifizierungsverpflichtung der Erziehungs- und Elternurlauberinnen durchsetzen können (unter IV).

Sofern sich für die Qualifizierungsverpflichtung und ihre Durchsetzung Besonderheiten aus den Schutzbestimmungen des BErzGG oder daraus ergeben, daß das Arbeitsverhältnis während des Elternurlaubs ruht oder mit Wiedereinstellungsanspruch der Arbeitnehmerin aufgelöst worden ist, werden Erziehungsurlaub und ruhendes und aufgelöstes Arbeitsverhältnis im Elternurlaub besonders behandelt.

Wird der Verbund Arbeitgeber der Erziehungs- und Elternurlauberinnen oder Schuldner des Wiedereinstellungsanspruchs, ergeben sich keine Besonderheiten. Die Ausführungen unter III bis VI gelten daher entsprechend.

II. Organisation der Bildungsmaßnahmen im Verbund

aa. Um den Arbeitnehmerinnen die Möglichkeit zu geben, ihre berufliche Qualifikation während des Erziehungsurlaubs und des Elternurlaubs aufrechtzuerhalten oder zu verbessern, können die einzelnen Verbundunternehmen ihren Erziehungs- und Elternurlauberinnen Weiterbildungsmaßnahmen anbieten. Da Qualifizierungsmaßnahmen mit einem hohen organisatorischen und finanziellen Aufwand verbunden sind, ist das nur zu empfehlen, wenn in den einzelnen Verbundunternehmen hinreichend viele Arbeitnehmer für Bildungsmaßnahmen in Frage kommen. Insoweit erscheint es sinnvoller, daß der Verbund für die Verbundunternehmen gemeinsame Fortbildungsmaßnahmen anbietet.

Verbundeigene Bildungsmaßnahmen machen ebenfalls nur Sinn, wenn für genügend Arbeitnehmerinnen im Verbund Bedarf an denselben Bildungsmaßnahmen besteht, also hinreichend viele branchengleiche Unternehmen zusammengeschlossen sind. Dabei ist nicht allein auf die Zahl der Arbeitnehmerinnen im Erziehungs- und Elternurlaub abzustellen, sondern auf alle Arbeitnehmer mit Qualifikationsbedarf.

Daß genügend Arbeitnehmer der Verbundunternehmen zum selben Zeitpunkt Bedarf an Fortbildungs- und Umschulungsmaßnahmen haben, wird die Ausnahme sein. Der erhebliche organisatorische und finanzielle Aufwand, den die Planung und Durchführung eigener Bildungsmaßnahmen durch den Verbund bedeutet, wird dadurch in der Regel nicht gerechtfertigt. Es wird daher häufig sinnvoller sein, daß der Verbund die Teilnahme der Arbeitnehmerinnen an von dritter Seite durchgeführten Bildungsmaßnahmen organisiert.

bb. Von der Durchführung der Bildungsmaßnahmen zu trennen ist die Frage, gegen wen sich der Anspruch der Erziehungs- und Elternurlauberinnen auf Teilnahme an den Bildungsveranstaltungen richtet. Ist mit dem Teilnahmeanspruch der Erziehungs- oder Elternurlauberinnen eine Teilnahmeverpflichtung verbunden, bietet es sich an, die Verpflichtung und deren Durchsetzung an das Arbeitsverhältnis oder den Wiedereinstellungsanspruch der Erziehungs- und Elternurlauberinnen zu koppeln. Bleibt der Arbeitgeber Arbeitgeber der Arbeitnehmerinnen im Erziehungs- und Elternurlaub oder Schuldner des Wiedereinstellungsanspruchs, besteht der Teilnahmeanspruch und die Teilnahmeverpflichtung der Erziehungs- und Elternurlauberinnen gegenüber dem einzelnen Verbundunternehmen; wird der Verbund Arbeitgeber oder Schuldner des Wiedereinstellungsanspruchs, sind die Erziehungs- oder Elternurlauberinnen diesem gegenüber zur Teilnahme an Bildungsveranstaltungen verpflichtet.

cc. Die im Verbund zusammengeschlossenen Unternehmen müssen sowohl bei Bildungsmaßnahmen des Verbundes als auch bei von Dritten durchgeführten Bildungsmaßnahmen regeln, wer die Kosten trägt, die durch die Teilnahme der einzelnen Erziehungs- oder Elternurlauberin an solchen Maßnahmen entstehen. Als Kostenschuldner kommen drei Personen beziehungsweise Einrichtungen in Betracht: Der Arbeitgeber, bei dem die Arbeitnehmerin vor Inanspruchnahme des Erziehungsurlaubs beschäftigt war, der Arbeitgeber, bei dem die Arbeitnehmerin im Anschluß an die Familienphase wieder arbeitet, oder der Verbund, d. h. alle im Verbund zusammengeschlossen Verbundunternehmen gemeinsam im Wege eines Umlageverfahrens. Welche der Alternativen die im Verbund zusammengeschlossenen Unternehmen wählen, ist eine von diesen zu beurteilende Zweckmäßigkeitsfrage.

Inwieweit die Arbeitnehmerinnen, die an Bildungsmaßnahmen teilnehmen, verpflichtet werden können, sich an den dadurch entstehenden Kosten zu beteiligen, wird unter III mitbehandelt.

III. Verpflichtung der Arbeitnehmerin zur Teilnahme an Bildungsmaßnahmen

1. Aus dem Arbeitsvertrag

a. Verpflichtung der Arbeitnehmerin

Haben Arbeitgeber und Arbeitnehmerin das Arbeitsverhältnis für den Elternurlaub aufgelöst, besteht mangels Arbeitsvertrages keine arbeitsvertragliche Verpflichtung der Elternurlauberin, an Bildungsmaßnahmen zur Aufrechterhaltung und Fortbildung ihrer beruflichen Qualifikation teilzunehmen.

Eine arbeitsvertragliche Qualifizierungsverpflichtung besteht aber unter Umständen, wenn das Arbeitsverhältnis während des Erziehungsurlaubs oder des Elternurlaubs ruht: Verfügt die Arbeitnehmerin nicht über die Kenntnisse und Fähigkeiten, die für die vertraglich geschuldete Arbeitsleistung Voraussetzung sind, kann der Arbeitgeber im Rahmen seines Direktionsrechts von ihr verlangen, eine Schulung zu besuchen.

Etwa muß eine als Büroangestellte eingestellte Arbeitnehmerin im Rahmen ihrer arbeitsvertraglich geschuldeten Tätigkeit auch neue Bürokommunikationsmittel wie das Btx-System anwenden, weswegen sie bei Fehlen entsprechender Kenntnisse verpflichtet ist, sich diese auf Kosten des Arbeitgebers anzueignen [1].

Da der Arbeitgeber der Arbeitnehmerin keine höher qualifizierte als die arbeitsvertraglich vereinbarte Tätigkeit zuweisen darf (oben § 2 II 1 a), besteht aber keine arbeitsvertragliche Verpflichtung der Arbeitnehmerin, an Fortbildungsmaßnahmen teilzunehmen, die sie für solche höherwertigen Tätigkeiten qualifizieren.

b. Während des Erziehungs- oder Elternurlaubs

Fraglich ist, ob der Arbeitgeber von der Arbeitnehmerin erst nach Ende des Erziehungs- oder Elternurlaubs verlangen kann, an den arbeitsvertraglich geschuldeten Schulungsveranstaltungen teilzunehmen, oder ob die Arbeitnehmerin auch während der erziehungsbedingten Arbeitsfreistellung verpflichtet ist, Bildungsmaßnahmen zu besuchen.

Eine solche arbeitsvertragliche Pflicht, während des Erziehungs- oder Elternurlaubs an Bildungsmaßnahmen teilzunehmen, besteht nicht: Im gesetzlichen Erziehungsurlaub sind die Hauptpflichten des Arbeitgebers und der Arbeitnehmerin aus dem Arbeitsvertrag, also die Pflicht der Arbeitnehmerin zur Arbeitsleistung und die Entgeltzahlungspflicht des Arbeitgebers, suspendiert. Aus § 15 Abs. 3 BErzGG folgt, daß der Arbeitgeber die Erziehungsurlauberin gegen ihren Willen nicht zwingen kann, während des Erziehungsurlaubs zu arbeiten. Da die arbeitsvertraglich geschuldete Teilnahme an Schulungsveranstaltungen nicht Teil

---

1 *ArbG Bonn* vom 4. 7. 1990, 4 Ca 751/90, NJW 1991, 2168 = NZA 1991, 512.

der arbeitsvertraglichen Leistungsverpflichtung der Arbeitnehmerin ist, kann sie auch zu Bildungsveranstaltungen während des Erziehungsurlaubs nicht gezwungen werden.

Haben Arbeitgeber und Arbeitnehmerin für den Elternurlaub vereinbart, daß das Arbeitsverhältnis ruhen soll, entfällt die Pflicht zur Teilnahme an Bildungsmaßnahmen während des Elternurlaubs wegen der vertraglich vereinbarten Suspendierung der beiderseitigen Hauptpflichten in der Regel ebenfalls. Die Arbeitsvertragsparteien können aber vereinbaren, daß das ruhende Arbeitsverhältnis für die Teilnahme an Schulungsmaßnahmen unterbrochen werden darf (dazu unter 2).

c. Kostenbeteiligung der Arbeitnehmerin

Die Arbeitnehmerin kann zu den Kosten für Bildungsmaßnahmen, zu deren Teilnahme sie arbeitsvertraglich verpflichtet ist, grundsätzlich nicht herangezogen werden: Die Fortbildung ist Teil ihrer vertraglich geschuldeten Arbeitsleistung, für den Zeitraum der Bildungsmaßnahme schuldet der Arbeitgeber das vertraglich vereinbarte Arbeitsentgelt.

Soll sich die Arbeitnehmerin an den Kosten beteiligen, müssen die Arbeitsvertragsparteien dies ausdrücklich vereinbaren.

2. Aufgrund einer besonderen Vereinbarung

a. Verpflichtung der Arbeitnehmerin

Wird das Arbeitsverhältnis für den Elternurlaub mit Wiedereinstellungsanspruch der Arbeitnehmerin aufgelöst, scheiden arbeitsvertragliche Ansprüche des Arbeitgebers auf Teilnahme der Arbeitnehmerin an Bildungsveranstaltungen während des Elternurlaubs aus. Auch wenn das Arbeitsverhältnis während des gesetzlichen Erziehungs- oder Elternurlaubs ruht, ist die Arbeitnehmerin arbeitsvertraglich nicht verpflichtet, während der Familienphase an Qualifizierungsmaßnahmen teilzunehmen (siehe oben 1 b).

Die Arbeitnehmerin muß sich daher durch eine besondere Abrede gegenüber dem Arbeitgeber verpflichten, während des Erziehungs- oder Elternurlaubs an Maßnahmen zur Aufrechterhaltung und Fortbildung ihrer beruflichen Qualifikation teilzunehmen.

Haben Arbeitgeber und Arbeitnehmerin das Arbeitsverhältnis für den Elternurlaub aufgelöst, wird es durch die Qualifizierungsvereinbarung nicht etwa wieder in Kraft gesetzt: Inhalt der Qualifizierungsabrede ist nicht, daß die Elternurlauberin dem Arbeitgeber gegen Entgelt eine Arbeitsleistung erbringt, sondern daß sie, insbesondere auch im eigenen Interesse, an Bildungsveranstaltungen teilnimmt, um durch die Unterbrechung ihrer Berufstätigkeit ihre beruflichen Fertigkeiten nicht zu verlieren oder um sie zu erweitern.

b. Insbesondere während des Erziehungsurlaubs

Fraglich ist, ob sich die Arbeitnehmerin zur Teilnahme an Bildungsmaßnahmen auch während des Erziehungsurlaubs verpflichten kann, oder ob insoweit zwingende Vorschriften des BErzGG entgegenstehen.

Vor der Ankündigung nach § 16 Abs. 1 S. 1 BErzGG, Erziehungsurlaub nehmen zu wollen, können Arbeitgeber und Arbeitnehmerin keine entsprechende Qualifizierungsverpflichtung vereinbaren. Eine solche Vereinbarung verstieße gegen das Verbot des § 15 Abs. 3 BErzGG, den Erziehungsurlaub im voraus abzubedingen, und wäre deshalb nach § 134 BGB nichtig. Denn die Arbeitnehmerin wäre aufgrund der Qualifizierungsabrede verpflichtet, den Erziehungsurlaub für Bildungsmaßnahmen zu unterbrechen, könnte also den Ruhenszeitraum nicht in dem ihr gesetzlich zustehenden Umfang ausnutzen.

Hat die Arbeitnehmerin aber gem. § 16 Abs. 1 S. 1 BErzGG Erziehungsurlaub verlangt, steht es ihr frei, an vom Arbeitgeber angebotenen Bildungsmaßnahmen teilzunehmen. Dazu kann sie sich nach Verlangen des Erziehungsurlaubs auch verpflichten: Aus § 16 Abs. 3 S. 2 BErzGG, nach dem die Arbeitsvertragsparteien den Erziehungsurlaub durch Vereinbarung vorzeitig beenden können, ergibt sich, daß auch eine Teilaufhebung auf Zeit vereinbart werden kann. Ebenso wie sich die Arbeitnehmerin während des Erziehungsurlaubs zu einer Teilzeitarbeit bei ihrem Arbeitgeber oder einem Dritten verpflichten kann (siehe unten § 2 II 1 a und b), kann sie auch an Bildungsmaßnahmen teilnehmen[2].

Für die Teilnahme an Bildungsmaßnahmen während des gesetzlichen Erziehungsurlaubs gilt dieselbe zeitliche Grenze wie für Teilzeitbeschäftigungen der Arbeitnehmerin im Erziehungsurlaub: Mehr als 19 Stunden pro Woche darf die Arbeitnehmerin nicht für den Besuch von Qualifizierungsmaßnahmen aufwenden (dazu näher unter § 2 II 1 a und b).

Zwingt der Arbeitgeber die Erziehungsurlauberin mit der Drohung, ihr andernfalls zu kündigen, zu einer Qualifizierungsvereinbarung, kann sie ihre Verpflichtungserklärung nach § 123 BGB anfechten: Ohne eine entsprechende Vereinbarung wäre die Arbeitnehmerin zur Teilnahme an Bildungsmaßnahmen während des Erziehungsurlaubs nicht verpflichtet, der Arbeitgeber dürfte ihr wegen der Nichtteilnahme nicht kündigen. Die Kündigung, mit der der Arbeitgeber die Arbeitnehmerin nötigen will, darf er daher nicht ernsthaft in Erwägung ziehen, so daß seine Drohung nach der Rechtsprechung des *BAG* widerrechtlich und die Arbeitnehmerin ihre Willenserklärung daher nach § 123 BGB anfechten kann (siehe oben B II 3 e).

Lehnt die Arbeitnehmerin die Teilnahme an Bildungsmaßnahmen während des Erziehungsurlaubs ab, kann der Arbeitgeber, da er während des Erziehungsurlaubs keine Änderungskündigung aussprechen darf (siehe oben § 2 II 3 f), die

---

[2] A. A. *Zmarzlik/Zipperer/Viethen* § 15 BErzGG 1989 Rn. 27 („Die Unabdingbarkeit gilt für einen bereits entstandenen und einen erst künftig entstehenden Anspruch auf Erziehungsurlaub."); unklar *Meisel/Sowka* § 15 BErzGG Rn. 25.

Arbeitnehmerin erst nach dessen Ende zu den erforderlichen Bildungsveranstaltungen schicken.

c. Kostenbeteiligung der Arbeitnehmerin

Im Rahmen der Vereinbarung können der Arbeitnehmerin die Kosten der Bildungsveranstaltungen anteilig auferlegt werden. Eine solche Abrede verstößt nicht gegen (§ 19 i. V. m.) § 5 Abs. 2 Nr. 1 BBiG, nach der die Verpflichtung einer Auszubildenden, eine Entschädigung für die Berufsausbildung zu zahlen, nichtig ist. § 5 Abs. 2 Nr. 1 BBiG gilt nur für die erstmalige Ausbildung zu einem Beruf, nicht aber für Fortbildungs- und Umschulungsmaßnahmen[3].

IV. Sanktion bei Nichtteilnahme an Bildungsmaßnahmen

1. Vertragsstrafe

a. Vertragsstrafeversprechen

Nimmt die Arbeitnehmerin trotz arbeitsvertraglicher oder besonderer Verpflichtung nicht an einer Bildungsmaßnahme teil oder bricht sie diese vorzeitig ab, muß der Arbeitgeber oder der Verbund die durch die Anmeldung zur Bildungsmaßnahme usw. entstandenen Kosten tragen, ohne dafür eine „Gegenleistung" in Form der erhöhten Qualifikation der Arbeitnehmerin zu erhalten.

Um die Arbeitnehmerin zur Teilnahme an der Bildungsmaßnahme zu zwingen, können Arbeitgeber und Arbeitnehmerin im Arbeitsvertrag oder in der besonderen Qualifizierungsabrede vereinbaren, daß die Arbeitnehmerin bei Nichtteilnahme eine Vertragsstrafe im Sinne der §§ 339 S. 1, 340 BGB zahlen muß.

b. Insbesondere während des Erziehungsurlaubs

Ein Vertragsstrafeversprechen kann wirksam nur für die verlängerte Familienphase, nicht aber vorab für den Zeitraum des Erziehungsurlaubs vereinbart werden. Das verstieße gegen § 15 Abs. 3 BErzGG, nach dem der Anspruch der Arbeitnehmerin auf Erziehungsurlaub vertraglich weder ausgeschlossen noch beschränkt werden kann. Die Arbeitnehmerin hat nach dem BErzGG Anspruch darauf, bis zur Vollendung des dritten Lebensjahres des zu betreuenden Kindes vollständig von der Arbeit freigestellt zu werden, um sich der Kindeserziehung zu widmen. Vorab kann sie sich weder verpflichten, den Ruhenszeitraum für Bildungsmaßnahmen zu unterbrechen (siehe oben III 2 b), noch darf sie sich einem mittelbaren Teilnahmedruck unterwerfen, wie ihn eine Vertragsstrafe ausübt. Ein Vertragsstrafeversprechen kann die Arbeitnehmerin erst abgeben, nachdem sie den Erziehungsurlaub gem. § 16 Abs. 1 S. 1 BErzGG verlangt hat.

---

3 *BAG* vom 20. 2. 1975, 5 AZR 240/74, AP Nr. 3 zu § 611 BGB Ausbildungsbeihilfe.

c. Schadensersatz

Ist dem Arbeitgeber oder dem Verbund durch die Nichtteilnahme der Arbeitnehmerin an der vom Verbund angebotenen Bildungsmaßnahme ein Schaden entstanden, kann er die verwirkte Strafe als Mindestbetrag des Schadens und darüber hinaus weiteren Schadensersatz aus positiver Vertragsverletzung des Arbeitsvertrages verlangen, § 340 Abs. 2 BGB.

Kein Schaden sind aber die Mittel, die der Arbeitgeber vergeblich für die Bildungsmaßnahme aufgewendet hat. Zwar ist in der Rechtsprechung anerkannt, daß derjenige, der einen Schadensersatzanspruch wegen Nichterfüllung eines Vertrages geltend macht, als Mindestschaden seine nutzlos gewordenen Aufwendungen berechnen kann. Begründet wird dies damit, daß der Geschädigte seine Aufwendungen durch Vorteile aus der vereinbarten Gegenleistung wieder erwirtschaftet hätte (widerlegliche Rentabilitätsvermutung). Der Schaden liegt damit nicht in den Aufwendungen als solchen, sondern im Verlust der Kompensationsmöglichkeit[4].

Trägt der Arbeitgeber die Kosten einer Bildungsmaßnahme, tut er dies zwar in der Erwartung, daß die Arbeitsleistung der Arbeitnehmerin durch ihre erhöhte Qualifikation gesteigert wird und seinem Unternehmen dadurch wirtschaftliche Vorteile zufließen. Die gesteigerte Leistung erwartet der Arbeitgeber von der Arbeitnehmerin für den gesamten Zeitraum des zukünftigen Arbeitsverhältnisses, d. h. die Bildungsinvestition soll sich innerhalb eines längeren Zeitraums „amortisieren". Geschützt ist die Rentabilitätserwartung aber nur bis zum nächstmöglichen Termin, zu dem die Arbeitnehmerin das Arbeitsverhältnis kündigen kann. Daß die Arbeitnehmerin bis dahin die gesamten Qualifizierungskosten wieder erwirtschaftet hat, erwartet der Arbeitgeber gerade nicht. Für die Rentabilitätsvermutung im Sinne der Rechtsprechung ist daher kein Raum.

Insbesondere deshalb empfiehlt sich die Vereinbarung einer Vertragsstrafe für die Nichtteilnahme an Bildungsmaßnahmen.

2. Bildungsmaßnahmen als Bedingung der Wiederbeschäftigung oder Wiedereinstellung

a. Für den Erziehungsurlaub

Fraglich ist, ob die Arbeitsvertragsparteien vereinbaren können, daß der Anspruch der Arbeitnehmerin auf Wiederbeschäftigung davon abhängig gemacht wird, daß diese an Bildungsveranstaltungen zur Aufrechterhaltung und Verbesserung ihrer beruflichen Qualifikation teilnimmt. Die Beschäftigung der Arbeitnehmerin nach Ende des Erziehungsurlaubs wäre dann durch die Nichtteilnahme

---

[4] *BGH* vom 21. 4. 1978, V ZR 235/77, BGHZ 71, 234, 238f. = NJW 1978, 1805, 1806f.; vom 10. 12. 1986, VIII ZR 349/85, BGHZ 99, 182, 196ff.; vom 15. 3. 1990, I ZR 149/88, NJW 1990, 2543, 2544.

der Arbeitnehmerin an Bildungsmaßnahmen während des Erziehungsurlaubs auflösend bedingt.

§ 15 Abs. 3 BErzGG steht einer solchen Vereinbarung nicht entgegen, wenn Arbeitgeber und Arbeitnehmerin die auflösende Bedingung erst vereinbaren, nachdem die Arbeitnehmerin gem. § 16 Abs. 1 S. 1 BErzGG Erziehungsurlaub verlangt hat.

Möglicherweise umgehen die Arbeitsvertragsparteien durch die auflösende Bedingung des Arbeitsverhältnisses aber den Sonderkündigungsschutz nach § 18 BErzGG.

Das *BAG* läßt auflösend bedingte Arbeitsverhältnisse nur in engen Grenzen zu, wobei seiner Rechtsprechung keine klaren Maßstäbe zugrunde liegen. Während das *BAG* früher die Grundsätze über die Zulässigkeit befristeter Arbeitsverträge auf die Zulässigkeit auflösend bedingter Arbeitsverhältnisse übertrug[5], hat es diese Rechtsprechung wegen der erheblichen Unterschiede zwischen Befristungen und auflösenden Bedingungen inzwischen angezweifelt und erwogen, auflösend bedingte Arbeitsverhältnisse grundsätzlich für unzulässig zu erklären, es sei denn, die auflösende Bedingung belastet den Arbeitnehmer nicht oder ihr Eintritt hängt allein von seinem Willen ab (Potestativbedingung)[6].

Zuletzt hat das *BAG* es allerdings wieder ausreichen lassen, daß ein sachlicher Grund für die auflösende Bedingung des Arbeitsverhältnisses besteht[7].

Die Wirksamkeit auflösender Bedingungen kann angesichts dieser Rechtsprechung nur fallgruppenartig bestimmt werden. Mit der auflösenden Bedingung des Arbeitsverhältnisses durch die Nichtteilnahme der Arbeitnehmerin an Bildungsveranstaltungen vergleichbar sind die Fälle, in denen Arbeitgeber und Gastarbeiter vereinbaren, daß das Arbeitsverhältnis automatisch endet, wenn der Arbeitnehmer nach Ende seines verlängerten Erholungsurlaubs die Arbeit nicht rechtzeitig wieder aufnimmt. Das *BAG* hat solche auflösenden Bedingungen für unwirksam erklärt, weil der Arbeitnehmer durch sie vorab auf zwingende Kündigungsschutzvorschriften verzichte: Der bedingte Aufhebungsvertrag werde geschlossen, um den Arbeitnehmer zu veranlassen weiterzuarbeiten, nämlich pünktlich nach Ende seines Urlaubs die Arbeit wiederaufzunehmen. Bei verspäteter Rückkehr des Arbeitnehmers aus dem Urlaub ende das Arbeitsverhältnis automatisch, ohne daß der Arbeitgeber eine Kündigung aussprechen müsse. Da der rechtzeitige Arbeitsantritt nicht ausschließlich vom Willen des Arbeitnehmers, sondern auch von weiteren Umständen (Krankheit des Arbeitnehmers, Verkehrsstörungen) abhänge, reichten unter Umständen Gründe zur Auflösung des Arbeitsverhältnisses aus, die eine fristlose Kündigung nach § 626 BGB nicht rechtfertigten[8].

---

5 *BAG* vom 19. 12. 1974, 2 AZR 565/73, AP Nr. 3 zu § 620 BGB.
6 *BAG* vom 9. 7. 1981, 2 AZR 788/78, AP Nr. 4 zu § 620 BGB Bedingung.
7 *BAG* vom 4. 12. 1991, 7 AZR 344/1990, ZTR 1992, 384 = NZA 1992, 838 (LS).
8 *BAG* vom 19. 12. 1974, 2 AZR 565/73, AP Nr. 3 zu § 620 BGB; bestätigt für die Auflösung des Arbeitsverhältnisses mit einer durch die rechtzeitige Rückkehr aus dem Urlaub

Nach dieser Rechtsprechung wäre auch die Abrede, das während des Erziehungsurlaubs ruhende Arbeitsverhältnis durch die Nichtteilnahme an einer Bildungsmaßnahme auflösend zu bedingen, unzulässig. Ohne diese Bedingung müßte der Arbeitgeber einer Arbeitnehmerin, die die Teilnahme an einer Bildungsveranstaltung verweigert, verhaltensbedingt kündigen. Während des Erziehungsurlaubs sind arbeitgeberseitige Kündigungen aber nach § 18 BErzGG verboten (vgl. § 2 II 2 a).

b. Für das während des Elternurlaubs ruhende Arbeitsverhältnis

Ein durch die Nichtteilnahme an Bildungsmaßnahmen auflösend bedingtes Arbeitsverhältnis können Arbeitgeber und Arbeitnehmerin auch nicht für das im Anschluß an den Erziehungsurlaub ruhende Arbeitsverhältnis vereinbaren.

Ohne die auflösende Bedingung müßte der Arbeitgeber, wenn die Arbeitnehmerin die Teilnahme an einer Bildungsmaßnahme ohne hinreichenden Grund verweigert, die Arbeitnehmerin abmahnen und im Anschluß daran eine verhaltensbedingte Kündigung aussprechen. Eine fristlose Kündigung wäre nur möglich, wenn in der Nichtteilnahme der Arbeitnehmerin an der Bildungsveranstaltung eine beharrliche Arbeitsverweigerung läge (siehe oben § 2 II 2 c).

Durch die auflösende Bedingung würden somit die Voraussetzungen des § 626 BGB unzulässig umgangen.

Da die Teilnahme der Elternurlauberin an einer Bildungsmaßnahme ebensowenig wie die rechtzeitige Rückkehr aus dem Urlaub ausschließlich vom Willen der Arbeitnehmerin abhängt, sie etwa wegen einer Erkrankung oder durch die Notwendigkeit, ihr Kind zu betreuen, an der Teilnahme gehindert sein kann, ist die auflösende Bedingung auch nicht als Potestativbedingung wirksam.

c. Für das während des Elternurlaubs aufgelöste Arbeitsverhältnis

Fraglich ist, ob Arbeitgeber und Arbeitnehmerin die Nichtteilnahme an Bildungsmaßnahmen zumindest dann zur auflösenden Bedingung des Wiedereinstellungsanspruchs der Arbeitnehmerin machen können, wenn sie das Arbeitsverhältnis für den Elternurlaub aufheben.

Die Rechtsprechung des *BAG* zu Wiedereinstellungszusagen, die durch die nicht rechtzeitige Rückkehr des Arbeitnehmers aus dem Urlaub auflösend bedingt sind[9], entspricht inhaltlich der Rechtsprechung zu den durch die nicht rechtzei-

---

bedingten Wiedereinstellungszusage *BAG* vom 13. 12. 1984, 2 AZR 294/83, AP Nr. 8 zu § 620 BGB Bedingung; vgl. auch *BAG* vom 5. 12. 1985, 2 AZR 61/85 AP Nr. 10 zu § 620 BGB zu einem Berufsausbildungsverhältnis mit der Vereinbarung, daß das Ausbildungsverhältnis automatisch ende, wenn der Auszubildende bestimmte Noten nicht erreicht.

9 *BAG* vom 13. 12. 1984 a. a. O. und vom 25. 6. 1987, 2 AZR 541/86 AP Nr. 14 zu § 620 BGB Bedingung.

tige Rückkehr aus dem Urlaub auflösend bedingten Arbeitsverhältnissen (siehe oben b).

Sie hindert m.E. eine durch die Nichtteilnahme an Bildungsmaßnahmen auflösend bedingte Wiedereinstellungszusage nicht. Anders als in den vom *BAG* entschiedenen Fällen wird das Arbeitsverhältnis der Elternurlauberin nicht lediglich formal aufgelöst, um über die bedingte Wiedereinstellungszusage zwingende Kündigungsschutzvorschriften zu umgehen. Die Auflösung des Arbeitsverhältnisses erfolgt vielmehr vor allem im Interesse der Arbeitnehmerin, die sich auch im Anschluß an den gesetzlichen Erziehungsurlaub um die Kindererziehung kümmern möchte und deshalb von der Arbeit freigestellt werden will. Der Arbeitgeber könnte auf der unbedingten Auflösung des Arbeitsverhältnisses bestehen, er gewährt der Arbeitnehmerin durch die Wiedereinstellungszusage mehr als diese verlangen kann. Dann muß es ihm freistehen, die Wiedereinstellungszusage an zusätzliche Bedingungen zu knüpfen[10].

V. Sanktion bei Teilnahme der Arbeitnehmerin an Bildungsmaßnahmen und Nichtwiederantritt der Arbeit

1. Rückzahlung der Ausbildungskosten

Besucht die Arbeitnehmerin eine Bildungsmaßnahme, nimmt sie aber nach Ende des Erziehungs- oder Elternurlaubs kein Arbeitsverhältnis bei ihrem Arbeitgeber oder einem anderen Verbundunternehmen auf oder bricht es frühzeitig wieder ab, bringt der Arbeitgeber oder der Verbund die Kosten für die Bildungsmaßnahmen umsonst auf. Hat sich die Arbeitnehmerin an den Kosten der Bildungsmaßnahme beteiligt, verringern sich die finanziellen Einbußen des Arbeitgebers entsprechend.

Insoweit ist fraglich, ob Arbeitgeber und Erziehungs- oder Elternurlauberin vereinbaren können, daß die Arbeitnehmerin die vom Arbeitgeber oder vom Verbund für die Bildungsmaßnahme gezahlten Kosten erstattet.

Rückzahlungsklauseln sind nur zulässig, wenn sie nicht das Grundrecht der Arbeitnehmerin aus Art. 12 Abs. 1 GG auf freie Wahl des Arbeitsplatzes verletzen, indem sie die Kündigung der Arbeitnehmerin oder, wenn Arbeitgeber und Arbeitnehmerin das Arbeitsverhältnis für den Elternurlaub aufgelöst haben, die Aufnahme eines neuen Arbeitsverhältnisses durch übermäßige Zahlungsverpflichtungen erschweren. Das *BAG* läßt Rückzahlungsklauseln nur zu, wenn sie dem Arbeitnehmer bei Abwägung aller Umstände des Einzelfalls nach Treu und Glauben zumutbar sind und vom Standpunkt eines verständigen Betrachters aus einem begründeten und billigen Interesse des Arbeitgebers entsprechen. Abwä-

---

10 Vgl. *BAG* vom 15. 3. 1984, 2 AZR 24/83, AP Nr. 2 zu § 1 KSchG 1969 Soziale Auswahl.

gungsgesichtspunkte sind die Dauer der Bindung des Arbeitnehmers, während der er das Arbeitsverhältnis nur gegen Rückzahlung von Ausbildungskosten kündigen kann, der Umfang der Bildungsmaßnahme, die Höhe des Rückzahlungsbetrags und dessen Abwicklung, die beruflichen Vorteile, die der Arbeitnehmer durch die Fortbildung erhält, und das Interesse des Arbeitgebers an der Ausbildung[11].

Zulässig sind Verpflichtungen zur Erstattung der Ausbildungskosten in der Regel nur, wenn der Arbeitnehmer mit der Bildungsmaßnahme einen geldwerten Vorteil erhalten hat, etwa der Marktwert seiner Arbeitskraft oder seine beruflichen Entwicklungsmöglichkeiten erhöht worden sind, oder er ein höheres Entgelt, etwa aus der nächsthöheren Tarifgruppe, beanspruchen kann. Je größer der mit der Ausbildung verbundene Vorteil für den Arbeitnehmer ist, desto eher ist ihm die Rückzahlung eines Teils der Ausbildungskosten zumutbar[12].

Überwiegen demgegenüber die Interessen des Arbeitgebers an der Ausbildung, scheidet eine Beteiligung des Arbeitnehmers in der Regel aus. Rückzahlungsverpflichtungen sind insbesondere unzulässig, wenn der Arbeitnehmer die geschuldete Arbeitsleistung auch ohne besondere Fortbildungsmaßnahmen erbringen kann und die Bildungsveranstaltung vorhandene Fähigkeiten des Arbeitnehmers aus überwiegend betriebsbezogenen Interessen erweitern und auffrischen soll, etwa weil für den Arbeitsplatz eine besondere Einarbeitung oder Einweisung notwendig ist[13].

Der Arbeitgeber kann die Kosten der Bildungsmaßnahmen daher in der Regel nicht zurückverlangen, wenn die Arbeitnehmerin zur Weiterbildung aus dem Arbeitsvertrag verpflichtet ist, da solche Bildungsveranstaltungen die Arbeitnehmerin im überwiegend betriebsbezogenen Interesse für seine arbeitsvertraglich geschuldete Leistung fit machen sollen. Erhält die Arbeitnehmerin durch Fortbildungs- und Umschulungsmaßnahmen demgegenüber einen geldwerten Vorteil,

---

11 *BAG* vom 29. 6. 1962, 1 AZR 343/61, und vom 24. 1. 1963, 5 AZR 100/62, AP Nr. 25 und 29 und zu Art. 12 GG, vom 20. 2. 1975, 5 AZR 240/74, vom 18. 8. 1976, 5 AZR 399/75, vom 23. 2. 1983, 5 AZR 531/80, vom 11. 4. 1984, 5 AZR 430/82, vom 23. 4. 1986, 5 AZR 159/85 und 5. 6. 1984, 5 AZR 279/82, Nr. 2, 3, 6, 8, 10 und 11 zu § 611 BGB Ausbildungsbeihilfe, vom 24. 7. 1991, 5 AZR 443/90, EzA § 611 BGB Ausbildungsbeihilfe Nr. 8 = BB 1992, 1141.
Allgemein zur Inhaltskontrolle von Verträgen siehe *Schmidt-Rimpler*, Grundlagen der Erneuerung des Vertragsrechts, AcP 147 (1941), 130ff; *Fastrich*, Richterliche Inhaltskontrolle im Privatrecht, 1992, S. 9–78, 159–201, 215ff.; vgl. auch MünchArbR/*Richardi* 14 Rn. 37ff. Bei Rückzahlungsklauseln in Betriebsvereinbarungen folgt die Zulässigkeit einer Billigkeitskontrolle aus § 75 BetrVG.
12 *BAG* vom 20. 2. 1975, vom 18. 8. 1976, vom 11. 4. 1984 und vom 24. 7. 1991 a. a. O.; vgl. auch *Becker-Schaffner*, Die Rechtsprechung zur Rückerstattung von Ausbildungskosten, DB 1991, 1016f.
13 *BAG* vom 20. 2. 1975, vom 18. 8. 1976 und vom 24. 7. 1991 a. a. O.; *LAG Rheinland-Pfalz* vom 23. 10. 1981, 6 Sa 353/81, EzA Art 12 GG Nr. 28; *LAG Bremen* vom 25. 1. 1984, AP Nr. 7 zu § 611 BGB Ausbildungsbeihilfe; *Becker-Schaffner* a. a. O. S. 1017 und 1018.

etwa weil sie aufgrund der Ausbildung in eine höhere Tarifgruppe eingestuft würde, ist eine anteilige Kostenbeteiligung der Arbeitnehmerin möglich [14].

2. Rückforderung gezahlten Arbeitsentgelts

Hat der Arbeitgeber der Erziehungs- oder Elternurlauberin Arbeitsentgelt während der Teilnahme an der Bildungsveranstaltung gezahlt, ist fraglich, inwieweit die Arbeitnehmerin verpflichtet ist, dem Arbeitgeber das Entgelt zurückzuzahlen.

Zurückfordern kann der Arbeitgeber das Arbeitsentgelt allenfalls, wenn sich die Arbeitnehmerin für den Fall, daß sie nach Ende der Familienphase nicht zum Arbeitgeber oder in ein anderes Verbundunternehmen zurückkehrt oder frühzeitig wieder ausscheidet, durch besondere Abrede zur Rückzahlung verpflichtet hat [15].

Schuldet der Arbeitgeber das Arbeitsentgelt bereits aus dem Arbeitsvertrag, weil die Arbeitnehmerin zur Teilnahme an der Bildungsmaßnahme – etwa während des ruhenden Arbeitsverhältnisses – arbeitsvertraglich verpflichtet ist, kann er den gezahlten Arbeitslohn unter keinen Umständen zurückfordern: Durch die Teilnahme an der Bildungsveranstaltung hat die Arbeitnehmerin die von ihr geschuldete Gegenleistung erbracht.

Ist die theoretische Ausbildung mit einer praktischen Ausbildung beim Arbeitgeber gekoppelt, kann der Arbeitgeber aus demselben Grund den für die praktische Ausbildung gezahlten Teil des Ausbildungsentgelts nicht von der Arbeitnehmerin erstattet verlangen [16].

VI. Beteiligung des Betriebsrats

Mitbestimmungsrechte des Betriebsrats hinsichtlich der Teilnahme der Erziehungs- und Elternurlauberinnen an Bildungsmaßnahmen während der Familienphase bestehen nur, wenn das Arbeitsverhältnis der Erziehungs- und Elternurlauberinnen ruht. Haben Arbeitgeber und Arbeitnehmerin das Arbeitsverhältnis für den Elternurlaub aufgelöst, gehört die Elternurlauberin dem Arbeitgeberbetrieb nicht mehr an und wird deshalb auch nicht vom dort gewählten Betriebsrat vertreten (siehe oben § 2 IV 1 b).

---

14 Zu den Modalitäten zulässiger Rückzahlungsklauseln (Staffelung des zurückgeforderten Betrages, Rückzahlungszeiträume) siehe *BAG* vom 11. 4. 1984 und vom 23. 4. 1986 a. a. O.; *Becker-Schaffner* a. a. O. S. 1017 f.; *Schaub*, § 177 V 3, S. 1325 f.
15 Vgl. dazu *BAG* vom 29. 6. 1962 a. a. O.
16 Zum letzteren *BAG* vom 20. 2. 1975 a. a. O.

1. Gestaltung der Bildungsmaßnahmen

Hinsichtlich der Frage, ob Berufsbildungsmaßnahmen für die Arbeitnehmer des Betriebes durchgeführt und welche Ziele damit verfolgt werden, hat der Betriebsrat nach § 96 S. 2 und 3 BetrVG auf Verlangen ein Mitberatungs- und Vorschlagsrecht. Sofern der Arbeitgeber tatsächlich betriebliche Berufsbildungseinrichtungen errichtet oder Arbeitnehmer zu außerbetrieblichen Berufsbildungsmaßnahmen schickt, muß er den Betriebsrat nach § 97 von sich aus beteiligen.

Dabei ist der Begriff der Berufsbildung im Sinne der §§ 96, 97 BetrVG weit zu verstehen. Er erfaßt neben der Ausbildung zu einem Beruf auch die Ausbildung nur zu einer bestimmten Tätigkeit sowie die Umschulung und die berufliche Fortbildung, auch wenn sie in einzelnen Kursen erfolgt[17].

Werden Arbeitnehmer gem. § 81 Abs. 1 S. 1 BetrVG lediglich in die von ihnen arbeitsvertraglich geschuldete Tätigkeit eingewiesen, handelt es sich demgegenüber nicht um eine nach §§ 96, 97 BetrVG mitbestimmungspflichtige Maßnahme[18].

Der Betriebsrat kann über §§ 96, 97 BetrVG aber weder erzwingen, daß Berufsbildungsmaßnahmen für die von ihm vertretenen Arbeitnehmerinnen durchgeführt werden, noch kann er die Durchführung betrieblicher oder überbetrieblicher Berufsbildungsmaßnahmen verhindern. Hinsichtlich der Entscheidung, ob Berufsbildungsmaßnahmen durchgeführt werden, welche Ziele damit verfolgt werden sollen und für welche Arbeitnehmergruppen Bildungsmaßnahmen durchgeführt werden, ist der Arbeitgeber frei[19].

Bei betrieblichen Berufsbildungsmaßnahmen hat der Betriebsrat nach § 98 Abs. 1 BetrVG aber ein Mitbestimmungsrecht hinsichtlich der Art und Weise, in der die Bildungsmaßnahmen durchgeführt werden. Insoweit ist fraglich, ob vom Verbund organisierte oder mitfinanzierte Bildungsmaßnahmen betriebliche Berufsbildung im Sinne der §§ 97, 98 BetrVG sind.

Betriebliche Berufsbildungsmaßnahmen im Sinne der §§ 97, 98 BetrVG setzen voraus, daß der Arbeitgeber Träger bzw. Veranstalter der Maßnahme ist und sie für seine Arbeitnehmer durchführt[20]. Träger beziehungsweise Veranstalter der Maßnahme ist er auch, wenn er sie in Zusammenarbeit mit Dritten durchführt und auf Inhalt und Durchführung der Maßnahme rechtlich oder tatsächlich einen beherrschenden Einfluß hat[21]. Für seine Arbeitnehmer führt der Arbeitgeber die Bildungsmaßnahme durch, wenn die Bildungsmaßnahme vorrangig seinen

---

17 *BAG* vom 23. 4. 1991, 1 ABR 49/90, DB 1991, 2347 = BB 1992, 565.
18 Zur Abgrenzung siehe *BAG* vom 5. 11. 1985, 1 ABR 49/83, AP Nr. 2 zu § 98 BetrVG 1972.
19 *Galperin/Löwisch* § 98 Rn. 2f., 26; GK-BetrVG/*Kraft* § 98 Rn. 4, 15; *Dietz/Richardi* § 98 Rn. 5, 47.
20 *BAG* vom 4. 12. 1990, 1 ABR 10/90, DB 1991, 971 = BB 1991, 770 (LS); vom 12. 11. 1991, 1 ABR 21/91, DB 1992, 741 = BB 1992, 572 (LS).
21 *BAG* a. a. O.

Arbeitnehmern offensteht und andere Teilnehmer nur ausnahmsweise, etwa zur Lückenfüllung, berücksichtigt werden[22].

Ob der Arbeitgeber auf mit anderen Verbundunternehmen durchgeführte Fortbildungsmaßnahmen einen beherrschenden Einfluß hat, ist eine Frage des Einzelfalls: Sie wird in der Regel zu verneinen sein. Da durch die vom Verbund mitgetragenen oder mitfinanzierten Bildungsmaßnahmen Arbeitnehmer verschiedener Verbundunternehmen qualifiziert werden sollen, führt der einzelne Arbeitgeber die Qualifizierungsmaßnahmen jedenfalls nicht für seine Arbeitnehmer durch.

Die Betriebsräte in den einzelnen Verbundunternehmen sind hinsichtlich der Bildungsmaßnahmen für die Arbeitnehmerinnen im Erziehungs- oder Elternurlaub daher nur nach §§ 96, 97 BetrVG, nicht aber nach § 98 Abs. 1 BetrVG zu beteiligen.

2. Auswahl der Teilnehmer

Nach § 98 Abs. 3 BetrVG kann der Betriebsrat in drei Fällen bei der Auswahl der Arbeitnehmer mitbestimmen, die an Berufsbildungsmaßnahmen teilnehmen sollen. Ein Mitbestimmungsrecht besteht einmal bei betrieblichen Berufsbildungsmaßnahmen im Sinne der §§ 96, 97 BetrVG (§ 98 Abs. 3 Alt. 1 BetrVG), zum anderen bei außerbetrieblichen Bildungsmaßnahmen, wenn der Arbeitgeber die Arbeitnehmer für die Dauer der Qualifizierungsmaßnahmen von der Arbeit freistellt (§ 98 Abs. 3 Alt. 2 BetrVG), oder wenn er die Kosten der Teilnahme an außerbetrieblichen Bildungsmaßnahmen zumindest teilweise übernimmt (§ 98 Abs. 3 Alt. 3 BetrVG). Der Betriebsrat kann dem Arbeitgeber in diesen Fällen Vorschläge dafür machen, welche Arbeitnehmer an den Qualifizierungsmaßnahmen teilnehmen sollen. Einigen sich Arbeitgeber und Betriebsrat nicht, entscheidet die Einigungsstelle nach § 98 Abs. 4 BetrVG. Schlägt der Betriebsrat dem Arbeitgeber keine Teilnehmer vor, kann der Arbeitgeber frei festlegen, welche Arbeitnehmer er fortbilden oder umschulen lassen will[23].

Die vom Verbund organisierten oder mitfinanzierten Bildungsmaßnahmen für die Arbeitnehmerinnen im Erziehungs- oder Elternurlaub sind keine betrieblichen Berufsbildungsmaßnahmen im Sinne des § 97 BetrVG (siehe 1). Die Betriebsräte in den einzelnen Verbundunternehmen können bei der Auswahl der Arbeitnehmer daher nur mitbestimmen, wenn die Voraussetzungen der § 98 Abs. 3 Alt. 2 oder 3 BetrVG vorliegen.

Nach § 98 Abs. 3 Alt. 3 BetrVG genügt für die Beteiligung des Betriebsrats, daß der Arbeitgeber Arbeitnehmer für die Beteiligung an außerbetrieblichen Berufs-

---
22 *BAG* a. a. O.
23 *BAG* vom 8. 12. 1987, 1 ABR 32/86, AP Nr. 4 zu § 98 BetrVG 1972; TK *Löwisch* § 98 Rn. 4; *Dietz/Richardi* § 98 Rn. 48; *Hess/Schlochauer/Glaubitz* § 98 Rn. 46; *Schneider* in *Däubler/Kittner/Klebe/Schneider* § 98 Rn. 21; *Fitting/Auffarth/Kaiser/Heither* § 98 Rn. 33; a. A. *Viets*, Zur Beteiligung des Betriebsrats bei der Auswahl von Arbeitnehmern zur Teilnahme an Berufsbildungsmaßnahmen, DB 1980, 2085 ff.

bildungsmaßnahmen freistellt. Es ist fraglich, ob die Betriebsräte in den einzelnen Verbundunternehmen bei der Auswahl der Teilnehmerinnen an den Bildungsmaßnahmen des Verbunds schon deshalb mitzubestimmen haben, weil das Arbeitsverhältnis der Arbeitnehmerinnen während des Erziehungs- oder Elternurlaubs ruht.

Das ist zu verneinen: Schon nach seinem Wortlaut setzt das Mitbestimmungsrecht des Betriebsrats nach § 98 Abs. 3 Alt. 3 BetrVG voraus, daß der Arbeitgeber Arbeitnehmerinnen gerade „für" die Teilnahme an außerbetrieblichen Bildungsmaßnahmen von der Arbeit freistellt. Diese Auslegung entspricht auch dem Zweck des Mitbestimmungsrechts. Durch die Beteiligung des Betriebsrats an der Auswahlentscheidung soll sichergestellt werden, daß unter Beachtung des Gleichbehandlungsgrundsatzes alle Arbeitnehmer die gleiche Chance auf Leistungen haben, die der Arbeitgeber für die Berufsbildung seiner Arbeitnehmer erbringt [24].

Leistungen für die Berufsbildung erbringt der Arbeitgeber bei fremdfinanzierten Bildungsmaßnahmen aber nur, wenn er seine Arbeitnehmerinnen gerade für die Bildungsmaßnahmen von der Arbeit freistellt – sei es mit oder ohne Fortzahlung des Arbeitsentgelts [25]. Daß Arbeitnehmer aus anderen Gründen von der Arbeit freigestellt sind und während der Arbeitsfreistellung an außerbetrieblichen Bildungsmaßnahmen teilnehmen sollen, genügt demgegenüber für das Mitbestimmungsrecht des Betriebsrats nicht.

Nach § 98 Abs. 3 Alt. 2 BetrVG ist der Betriebsrat bei außerbetrieblichen Berufsbildungsmaßnahmen auch dann an der Auswahlentscheidung zu beteiligen, wenn der Arbeitgeber die Kosten der Bildungsmaßnahme zumindest teilweise übernimmt.

Wegen des Zwecks des Mitbestimmungsrechts, allen Arbeitnehmern an Bildungsleistungen des Arbeitgebers eine gleiche Chance zu sichern, hat der Betriebsrat immer schon mitzubestimmen, wenn der Arbeitgeber die Teilnehmer an außerbetrieblichen Bildungsmaßnahmen irgendwie unterstützt. Die Betriebsräte in den einzelnen Verbundunternehmen wählen die Teilnehmerinnen an den Bildungsmaßnahmen des Verbunds daher schon dann mit aus, wenn das einzelne Verbundunternehmen Teilnehmergebühren, Reise- und Aufenthaltskosten für seine Arbeitnehmerinnen ganz oder teilweise übernimmt [26], aber auch, wenn es Räume oder Maschinen für die Bildungsmaßnahmen des Verbunds zur Verfügung stellt [27].

---

24 *Galperin/Löwisch* § 98 Rn. 22, § 97 Rn. 22; *Dietz/Richardi* § 98 Rn. 45; *Hess/Schlochauer/Glaubitz* § 98 Rn. 43; *Fitting/Auffarth/Kaiser/Heither* § 98 Rn. 28; *Schneider* in *Däubler/Kittner/Klebe/Schneider* § 98 Rn. 18.
25 Zu letzterem *Hess/Schlochauer/Glaubitz* § 98 Rn. 44; *Fitting/Auffarth/Kaiser/Heither* § 98 Rn. 30; *Dietz/Richardi* § 98 Rn. 44; *Schneider* in *Däubler/Kittner/Klebe/Schneider* § 98 Rn. 19.
26 *Hess/Schlochauer/Glaubitz* § 98 Rn. 44; *Fitting/Auffarth/Kaiser/Heither* § 98 Rn. 30, *Schneider* in *Däubler/Kittner/Klebe/Schneider* § 98 Rn. 98.
27 *Kaiser*, Arbeitsrechtliche Probleme der Beschäftigungsgesellschaften in den neuen Bundesländern, NZA 1992, 193, 196.

Für die Auswahl der Teilnehmer an außerbetrieblichen Berufsbildungsmaßnahmen können die Betriebspartner auch Richtlinien aufstellen. Solche Richtlinien fallen zwar nicht unter § 95 BetrVG, die Befugnis zum Abschluß entsprechender Betriebsvereinbarungen ergibt sich aber aus § 98 Abs. 3 BetrVG[28].

3. Sanktionen bei Nichtteilnahme oder bei Teilnahme und Nichtwiederantritt der Arbeit

Vertragsstraferegelungen und Rückzahlungsklauseln (oben IV 1 und 3) sind nicht nach § 87 Abs. 1 Nr. 1 BetrVG mitbestimmungspflichtig.

Das Mitbestimmungsrecht des Betriebsrats nach § 87 Abs. 1 Nr. 1 BetrVG erstreckt sich nur auf Regelungen, die die Ordnung im Betrieb regeln. Bestimmungen, die das eigentliche Arbeits- und Leistungsverhalten der Arbeitnehmer betreffen, insbesondere rein arbeitsvertragliche Sanktionen wie Vertragsstrafen und Rückzahlungsklauseln, sind demgegenüber nicht mitbestimmungspflichtig[29].

---

28 *Hess/Schlochauer/Glaubitz* § 98 Rn. 51; *Fitting/Auffarth/Kaiser/Heither* § 98 Rn. 35; *Dietz/Richardi* § 98 Rn. 49; *Schneider* in *Däubler/Kittner/Klebe/Schneider* § 98 Rn. 22; *D. Kaiser* NZA 1992, 193, 196.
29 TK *Löwisch* § 87 Rn. 36; GK-BetrVG/*Wiese* § 87 Rn. 170; *Fitting/Auffarth/Kaiser/Heither* § 87 Rn. 35, 36a.

§ 5 Krankheits- und Urlaubsvertretungen/ Gleitender Wiedereinstieg in den Beruf

I. Problemstellung

Um Kontakt mit dem Beruf zu halten, kann den Arbeitnehmerinnen die Möglichkeit gegeben werden, während der familienbedingten Unterbrechung ihrer Berufstätigkeit Urlaubs- und Krankheitsvertretungen zu übernehmen. Beim Arbeitgeber wird die Möglichkeit zu solchen Vertretungen für engagierte Berufsunterbrecherinnen in der Regel nicht hinreichend häufig gegeben sein. Deshalb ist es erforderlich, daß Interessierte auch bei anderen Verbundunternehmen kranke oder in Urlaub befindliche Arbeitnehmerinnen befristet vertreten können. Zu überlegen ist darüber hinaus, ob und gegebenenfalls in welchem Umfang die Arbeitnehmerinnen während des gesetzlichen Erziehungsurlaubs und der daran anschließenden Arbeitsfreistellung zu Krankheits- und Urlaubsvertretungen verpflichtet werden können.

Unterbrechen Arbeitnehmerinnen ihre Berufstätigkeit, um Kinder zu erziehen, scheitert der baldige Wiedereinstieg in den Beruf häufig daran, daß Beruf und Kinderbetreuung zeitlich nicht zu vereinbaren sind. Um das zu verhindern und gleichzeitig Qualifikationsverluste durch zu lang dauernde Unterbrechungen der Berufstätigkeit zu vermeiden, kann den Erziehungs- und Elternurlauberinnen die Möglichkeit gegeben werden, gleitend in den Beruf zurückkehren. Zu diesem Zweck kann ihnen zu einem möglichst frühen Zeitpunkt eine Beschäftigung mit einer geringen Stundenzahl angeboten werden, neben der die Kinderbetreuung durch Dritte einfacher zu organisieren ist als bei einer Vollzeitberufstätigkeit der Arbeitnehmerin. Parallel zum Älter- und Selbständigerwerden der Kinder kann die Teilzeittätigkeit – zeitlich abgestuft – bis zur Vollzeitberufstätigkeit gesteigert werden. Sofern ein gleitender Wiedereinstieg ins Berufsleben beim Arbeitgeber nicht möglich ist, ist zu überlegen, ob der Arbeitnehmerin eine entsprechende Teilzeitbeschäftigung bei einem anderen Verbundunternehmen ermöglicht werden kann.

Für die möglichen Regelungen ist wegen der besonderen für die Teilzeitbeschäftigung im BErzGG zwischen dem gesetzlichen Erziehungsurlaub und dem Elternurlaub zu unterscheiden. Beim Elternurlaub ist weiter danach zu differenzieren, ob das Arbeitsverhältnis zwischen Arbeitgeber und Arbeitnehmerin ruht, oder ob es mit Wiedereinstellungsanspruch der Arbeitnehmerin aufgelöst worden ist.

Die Besonderheiten, die sich ergeben, wenn der Verbund Arbeitgeber der Arbeitnehmerinnen im Erziehungs- oder Elternurlaub oder Schuldner des Wiedereinstellungsanspruchs wird, werden unter IV erläutert.

II. Während des Erziehungsurlaubs

1. Teilzeitarbeit

a. Teilzeitarbeit beim Arbeitgeber

aa. Daß Arbeitgeber und Arbeitnehmerin eine Teilzeitbeschäftigung beim Arbeitgeber während des gesetzlichen Erziehungsurlaubs vereinbaren können, ist anders als in § 15 Abs. 1 und 5 BErzGG a.F. zwar nicht mehr ausdrücklich geregelt, ergibt sich aber aus §§ 18 Abs. 2 Nr. 1, 17 Abs. 1 S. 1 BErzGG, die die Teilzeitarbeit beim Arbeitgeber erwähnen.

Allerdings haben die Arbeitnehmerinnen keinen Anspruch auf eine Teilzeitbeschäftigung während des Erziehungsurlaubs[1]. Eine Teilzeitbeschäftigung kann die Erziehungsurlauberin daher nur aufnehmen, wenn der Arbeitgeber damit einverstanden ist.

bb. Leistet eine Arbeitnehmerin während des gesetzlichen Erziehungsurlaubs Teilzeitarbeit bei ihrem Arbeitgeber, ist fraglich, ob dadurch ein Teilzeitarbeitsverhältnis neben einem im übrigen ruhenden Arbeitsverhältnis begründet wird, oder ob zwischen den Parteien ausschließlich ein Teilzeitarbeitsverhältnis besteht. Das ist für die Frage von Bedeutung, ob für die Höhe etwaiger Jahressonderzahlungen und der Beiträge zur betrieblichen Altersversorgung an ein – teilruhendes – Vollzeitarbeitsverhältnis oder an ein Teilzeitarbeitsverhältnis angeknüpft werden muß (vgl. dazu allgemein oben § 3 II).

Sofern diese Frage problematisiert wird, geht die herrschende Meinung davon aus, daß Arbeitgeber und Arbeitnehmerin lediglich ein einheitliches Teilzeitarbeitsverhältnis verbindet[2].

Der herrschenden Meinung ist zuzustimmen. Vereinbaren Arbeitgeber und Arbeitnehmerin, daß die Arbeitnehmerin verpflichtet ist, in einem bestimmten Umfang zu arbeiten, gestalten sie den Arbeitsvertrag entsprechend um. Die Lage ist nicht anders, als wenn Arbeitgeber und Arbeitnehmerin von vornherein lediglich ein befristetes Teilzeitarbeitsverhältnis eingingen.

Ob und in welcher Höhe die teilzeitarbeitende Erziehungsurlauberin Anspruch auf Jahressonderzahlungen hat und sich der Erziehungsurlaub im Rahmen der betrieblichen Altersversorgung rentensteigernd auswirkt, bestimmt sich nach dem Inhalt der jeweiligen Arbeitgeberzusage.

---

[1] *Ramrath* DB 1987, 1785; *Halbach* DB 1986 Beilage Nr. 1 S. 10; *Schleicher* BB 1986 Beilage Nr. 1 S. 8.

[2] *Ramrath* DB 1987, 1785, 1786; *Meisel/Sowka* § 18 Rn. 15; *Halbach* DB 1986 Beilage Nr. 1 S. 15; vgl. auch *Winterfeld* Teil M Rn. 240 und Anm. zu BAG vom 10. 5. 1989, 6 AZR 660/87, SAE 256, 258; *Hönsch* Rn. 269b; vgl. auch *LAG Baden-Württemberg* vom 22. 12. 1987, 14 Sa 64/87 LAGE § 15 BErzGG Nr. 1 unter 2 b der Gründe; a. A. *Mauer/Schmidt* BB 1991, 1779, 1783.

Daß die Arbeitnehmerin während des Erziehungsurlaubs eine Teilzeitarbeit beim Arbeitgeber aufnimmt, hat auf die Höhe ihrer späteren Versorgungsansprüche im Alter in der Regel keinen Einfluß, allenfalls wird sie gegenüber der nicht arbeitenden Erziehungsurlauberin dadurch begünstigt (vgl. allgemein oben § 3 II 2 b): Macht die Arbeitgeberzusage die Altersversorgung lediglich von der Dauer der Betriebszugehörigkeit abhängig, wie Festbetragszusagen, rein dienstzeitabhängige Zusagen und teilweise auch beitragsabhängige Zusagen, ändert die Teilzeittätigkeit der Erziehungsurlauberin die Höhe ihrer Altersversorgung nicht. Will der Arbeitgeber mit der Altersversorgung demgegenüber die tatsächliche Arbeitsleistung der Arbeitnehmerin vergüten, wie häufig bei beitragsbezogenen Versorgungszusagen, steigert eine Teilzeitbeschäftigung die Versorgungsansprüche, während das vollständig ruhende Arbeitsverhältnis die Höhe der Versorgungsansprüche nicht beeinflußt.

Will der Arbeitgeber mit einer Jahressonderzahlung lediglich die Betriebstreue der Arbeitnehmerinnen vergüten, erhalten die teilzeitarbeitende und die nicht arbeitende Erziehungsurlauberin die Sonderzahlung in gleicher Höhe. Soll die Sondervergütung demgegenüber die tatsächliche Arbeitsleistung der Arbeitnehmerinnen besonders entgelten, erwirbt nur die Teilzeitarbeitnehmerin, nicht aber die nicht arbeitende Erziehungsurlauberin einen Anspruch.

Problematisch sind nach der Rechtsprechung des *BAG* lediglich Jahressonderzahlungen mit Mischcharakter, wenn die Zusage keine anteilige Kürzung der Sondervergütung für die Zeiten vorsieht, in denen das Arbeitsverhältnis geruht hat: Die Erziehungsurlauberin, die im Bezugsjahr überhaupt nicht gearbeitet hat, enthält nach dem *BAG* die Jahressonderzahlung in voller Höhe, d.h. der Höhe, die sie als Vollzeitarbeitnehmerin vor Beginn des Erziehungsurlaubs bekommen hat. Demgegenüber muß sich die Teilzeitarbeitnehmerin mit einer Jahressonderzahlung begnügen, die an ihr – niedrigeres – Teilzeitgehalt anknüpft. Das *BAG* rechtfertigt die Benachteiligung der teilzeitarbeitenden Erziehungsurlauberin gegenüber der nichtarbeitenden damit, daß die Verringerung der Arbeitgeberleistungen auf ihrer einverständlichen Vertragsänderung mit dem Arbeitgeber beruht[3].

Diese Rechtsprechung muß für dienstzeitabhängige Altersversorgungszusagen mit Mischcharakter hinsichtlich der Höhe der späteren Versorgungsansprüche entsprechend gelten: Das während des Erziehungsurlaubs vollständig ruhende Arbeitsverhältnis steigert die Versorgungsansprüche der Erziehungsurlauberin wie ein Vollzeitarbeitsverhältnis, das Teilzeitarbeitsverhältnis steigert sie lediglich entsprechend der tatsächlich erbrachten Teilzeitleistung.

Die Benachteiligung der arbeitenden gegenüber der nicht arbeitenden Erziehungsurlauberin zeigt deutlich, daß die Rechtsprechung des *BAG* zu Jahresson-

---

3 *BAG* vom 24.10.1990, 6 AZR 418/89, DB 1991, 1024 mit Rechtsprechungsnachweisen; vom 6.9.1990, 6 AZR 149/89, n.v., JURIS Dokumentennr. 682093; unklar *Grüner/Dalichau* vor §§ 15–21 Anm. III 2.

derzahlungen mit Mischcharakter nicht haltbar ist (vgl. auch oben § 3 II 1 c)[4].
Die Konsequenzen dieser Rechtsprechung kann man vermeiden, indem man für Zeiten, in denen das Arbeitsverhältnis vollständig ruht, ausdrücklich die anteilige Kürzung der Jahressonderzahlung in die Arbeitgeberzusage aufnimmt (zur Kürzungsklausel siehe oben § 3 II 1 d). Eine entsprechende Klausel kann der Arbeitgeber auch in eine dienstzeitabhängige Versorgungszusage mit Mischcharakter aufnehmen.

b. Teilzeitarbeit bei einem Dritten

Nach dem neu in das BErzGG eingefügten § 15 Abs. 4 S. 1 ist die Arbeitnehmerin auch berechtigt, bei einem Dritten eine Teilzeitarbeit bis zu 19 Stunden wöchentlich aufzunehmen, § 15 Abs. 4 S. 1 i. V. m. 1 Abs. 1 Nr. 4 und § 2 Abs. 1 Nr. 1 BErzGG. Dafür ist allerdings die vorherige schriftliche Zustimmung des Arbeitgebers erforderlich. Der Arbeitgeber darf seine Zustimmung nur wegen entgegenstehender betrieblicher Interessen verweigern und muß dies – mit schriftlicher Begründung – innerhalb von vier Wochen tun, § 15 Abs. 4 S. 2 BErzGG. Betriebliche Interessen stehen der Teilzeitbeschäftigung bei einem Dritten etwa entgegen, wenn die Arbeitnehmerin durch ihr Tätigwerden bei einem Konkurrenten des Arbeitgebers gegen das arbeitsvertragliche Wettbewerbsverbot verstieße (dazu näher unten § 6 III 3). Ablehnen kann der Arbeitgeber die Beschäftigung der Arbeitnehmerin bei einem Dritten auch, wenn sie sein Angebot auf Teilzeitbeschäftigung abgelehnt hat, da die Arbeitnehmerin, die trotz Teilzeitmöglichkeit bei ihrem Arbeitgeber bei einem Dritten tätig wird, dadurch gegen ihre Treuepflicht verstößt[5].

Nimmt die Arbeitnehmerin eine Teilzeitbeschäftigung bei einem Dritten auf, ändert sich im Verhältnis zum urlaubsgewährenden Arbeitgeber nichts: Das Arbeitsverhältnis ruht. Hinsichtlich des ruhenden Arbeitsverhältnisses gilt das unter § 3 II Gesagte.

Die Arbeitnehmerinnen, die bei einem Dritten teilzeitbeschäftigt sind, erhalten daher tätigkeitsunabhängige Sonderleistungen aus dem wegen Erziehungsurlaubs ruhenden Arbeitsverhältnis zum Arbeitgeber in voller Höhe und daneben noch etwaige Leistungen aus dem Teilzeitarbeitsverhältnis zum Dritten. Die dadurch bedingte Besserstellung gegenüber den Arbeitnehmerinnen, die während des Erziehungsurlaubs eine Teilzeittätigkeit bei ihrem Arbeitgeber ausüben (siehe 1 a), ist im Rahmen der betrieblichen Altersversorgung ohne Bedeutung, wenn das Teilzeitarbeitsverhältnis beim Dritten auf die Dauer des Erziehungsurlaubs beschränkt ist: In den drei Jahren des gesetzlichen Erziehungsurlaubs erwirbt die Arbeitnehmerin keine unverfallbaren Versorgungsanwartschaften gegen ihren Zweitarbeitgeber (dazu oben § 3 II 2 a). Daß die Arbeitnehmerin mehrfach Jah-

---

[4] Ablehnend auch *Mauer/Schmidt* BB 1991, 1779, 1782.
[5] *Erasmy*, der Arbeitgeber 1992, 188, 190; *Köster/Schiefer/Überacker* DB 1992 Beilage Nr. 10 S. 8; *Zmarzlik/Zipperer/Viethen* § 15 BErzGG Rn. 26.

ressonderzahlungen erhält, können die im Verbund zusammengeschlossenen Unternehmen – wenn die Arbeitnehmerin während des Erziehungsurlaubs bei einem anderen Verbundunternehmen tätig wird – verhindern, indem der Zweitarbeitgeber die beim Erstarbeitgeber gezahlten Sonderzahlungen auf die von ihm zu zahlenden anrechnet (genauer unten 4 a).

c. Sonderkündigungsschutz

aa. Nach § 18 Abs. 2 Nr. 1 BErzGG wird der Sonderkündigungsschutz des § 18 Abs. 1 BErzGG (dazu oben § 2 II 2 a) auch auf die Arbeitnehmerin erstreckt, die während des gesetzlichen Erziehungsurlaubs bei ihrem Arbeitgeber Teilzeitarbeit leistet. Auch ihr darf der Arbeitgeber während des gesetzlichen Erziehungsurlaubs nicht kündigen.

Fraglich ist, ob § 18 Abs. 2 Nr. 1 BErzGG lediglich den Bestand des Arbeitsverhältnisses schützt, d. h. das Arbeitsverhältnis in der Form, in der es zwischen den Arbeitsvertragsparteien vor Antritt des Erziehungsurlaubs bestanden hat (siehe oben § 2 II 2 a), oder weitergehend auch den Inhalt des für den Erziehungsurlaub vereinbarten Teilzeitarbeitsverhältnisses.

Nach herrschender Meinung erstreckt sich der Sonderkündigungsschutz aus § 18 Abs. 2 Nr. 1 BErzGG auch auf das Teilzeitarbeitsverhältnis: Die für die Zeit des gesetzlichen Erziehungsurlaubs geänderten Arbeitsbedingungen dürften vom Arbeitgeber nicht einseitig geändert werden und die Teilzeitvereinbarung nicht einseitig aufgehoben werden[6].

Ein so weitgehender Schutz kann § 18 Abs. 2 Nr. 1 BErzGG aber nicht entnommen werden. Nach dem Wortlaut der Vorschrift gilt, wenn die Arbeitnehmerin während des Erziehungsurlaubs bei ihrem Arbeitgeber Teilzeitarbeit leistet, „Absatz 1... entsprechend". Das bedeutet lediglich, daß der Bestandsschutz des Arbeitsverhältnisses nach § 18 Abs. 1 BErzGG nicht deshalb entfällt, weil die Arbeitnehmerin beim Arbeitgeber während des Erziehungsurlaubs teilzeitbeschäftigt ist. Auch wenn die Arbeitnehmerin Teilzeitarbeit leistet, soll sie darauf vertrauen dürfen, daß das Arbeitsverhältnis vor Ende des gesetzlich geschützten Kindererziehungszeitraums durch den Arbeitgeber nicht einseitig aufgelöst wird und ihr das Recht erhalten bleibt, nach Ende des Erziehungsurlaubs entsprechend ihrem ursprünglichen Arbeitsvertrag beschäftigt zu werden (dazu oben § 2 II 1 b). Die nach dem Arbeitsvertrag geschuldete Arbeitsleistung darf der Arbeitgeber deshalb nach § 18 Abs. 1, Abs. 2 Nr. 1 BErzGG auch nicht im Wege einer Änderungskündigung einseitig ändern.

---

6 KR/*Becker* § 18 BErzGG Rn. 18; *Zmarzlik/Zipperer/Viethen* § 15 BErzGG 1989 Rn. 31 und § 18 BErzGG 1989 Rn. 10 a; *Gröninger/Thomas*, Mutterschutzgesetz einschließlich Erziehungsurlaub. Kommentar, 1990, § 18 Rn. 6; *Viethen* NZA 1986, 245, 248; *Schleicher* BB 1986 Beilage Nr. 1 S. 9; *Halbach* DB 1986 Beilage Nr. 1 S. 15; a. A. *Ramrath* DB 1987, 1785, 1786 ff., soweit Arbeitgeber und Arbeitnehmerin die Möglichkeit der Teilkündigung der Teilzeitabrede vereinbart haben; *Meisel/Sowka* § 18 Rn. 16.

Demgegenüber erfordert es der Zweck des Erziehungsurlaubs nicht, den Sonderkündigungsschutz des § 18 Abs. 1 BErzGG auch auf Änderungen der auf die Dauer des Erziehungsurlaubs befristeten Teilzeitvereinbarung zu erstrecken. Hinsichtlich ihrer konkreten Erwerbserwartung aus der Teilzeitbeschäftigung ist die Arbeitnehmerin nicht schutzwürdiger als andere Arbeitnehmer. Insoweit ist nur über § 1 Abs. 2 und 3 KSchG geschützt. Das entspricht dem Kündigungsschutz der Erziehungsurlauberin, die bei einem Dritten eine Teilzeitbeschäftigung aufnimmt (dazu gleich).

Anders ist es nur, wenn Arbeitgeber und Arbeitnehmerin vereinbart haben, daß die Arbeitnehmerin das Teilzeitarbeitsverhältnis auch nach Ende des Erziehungsurlaubs fortsetzen soll. Durch die Änderung des Arbeitsvertrages haben Arbeitgeber und Arbeitnehmerin das Arbeitsverhältnis einvernehmlich reduziert. Da die Teilzeitverpflichtung den Umfang des Arbeitsverhältnisses ausmacht, ist die Arbeitnehmerin auch hinsichtlich der Teilzeitarbeitsbedingungen durch § 18 Abs. 2 BErzGG gegen Kündigungen des Arbeitgebers geschützt.

bb. Für die Arbeitnehmerin, die während des Erziehungsurlaubs bei einem Dritten Teilzeitarbeit leistet, gelten keine Besonderheiten: Ihr ruhendes Arbeitsverhältnis mit dem Arbeitgeber ist nach § 18 Abs. 1 BErzGG gegen Arbeitgeberkündigungen geschützt, ihr Teilzeitarbeitsverhältnis beim Dritten nach § 1 Abs. 2, 3 KSchG.

2. Krankheits- und Urlaubsvertretungen

Teilzeitarbeit während des Erziehungsurlaubs eröffnet die grundsätzliche Möglichkeit, die Arbeitnehmerinnen zu Krankheits- und Urlaubsvertretungen heranzuziehen.

a. Bedarfsweise Übernahme von Vertretungen

Denkbar ist einmal, daß die Erziehungsurlauberin, wenn bei ihrem Arbeitgeber Vertretungsbedarf besteht, freiwillig eine Krankheits- und Urlaubsvertretung übernimmt. Das während des Erziehungsurlaubs ruhende Arbeitsverhältnis würde für den Vertretungszeitraum in ein befristetes Teilzeitarbeitsverhältnis umgewandelt (vgl. auch oben 1 a).

Problematisch ist insoweit nur, ob Arbeitgeber und Arbeitnehmerin während des Erziehungsurlaubs überhaupt vereinbaren können, daß die Arbeitnehmerin das ruhende Arbeitsverhältnis für eine befristete Teilzeitbeschäftigung mit dem Arbeitgeber unterbricht. Dagegen könnte sprechen, daß die Arbeitnehmerin gem. § 16 Abs. 1 S. 1 BErzGG spätestens vier Wochen vor Antritt des Erziehungsurlaubs erklären muß, für welche Zeiträume sie Erziehungsurlaub in Anspruch nimmt.

Arbeitgeber und Arbeitnehmerin können den Erziehungsurlaub durch Vertrag vorzeitig beenden, § 16 Abs. 3 S. 1 BErzGG, oder das Arbeitsverhältnis während des Erziehungsurlaubs vertraglich auflösen (dazu oben § 2 II 3 b). Dann müssen sie das während des Erziehungsurlaubs ruhende Arbeitsverhältnis erst recht teilaufheben können, indem sie in jedem Vertretungsfall während des Erziehungsurlaubs vereinbaren, die Arbeitnehmerin solle – befristet – eine Teilzeitarbeit beim Arbeitgeber aufnehmen.

Den allgemeinen, immer wiederkehrenden Inhalt der befristeten Arbeitsverträge, etwa die Art der von der Arbeitnehmerin zu verrichtenden Vertretungstätigkeit, die Höhe der Vergütung usw., können Arbeitgeber und Arbeitnehmerin vorab in einem Rahmenvertrag festlegen. Da die Arbeitsvertragsparteien lediglich regeln, welche Bedingungen für mögliche künftige Arbeitsverträge gelten sollen, selbst aber keine Arbeitsverpflichtung der Arbeitnehmerin aufstellen, ist der Rahmenvertrag kein Arbeitsvertrag (ausführlicher unten III 2 a). Die während des Erziehungsurlaubs suspendierten Hauptpflichten des Arbeitgebers und der Arbeitnehmerin aus dem Arbeitsvertrag leben – wenn auch u. U. mit anderem Inhalt – nur im jeweiligen Vertretungsfall auf, für den die Arbeitsvertragsparteien einen befristeten Teilzeitarbeitsvertrag abschließen.

b. KAPOVAZ-Arbeitsverhältnis

Die Arbeitnehmerin kann sich auch verpflichten, erkrankte oder im Urlaub befindliche Arbeitnehmer zu vertreten. Folge ist, daß das Arbeitsverhältnis zwischen Arbeitgeber und Arbeitnehmerin während des Erziehungsurlaubs nicht ruht, sondern mit Arbeitsverpflichtung der Arbeitnehmerin im Bedarfsfall fortbesteht.

Eine entsprechende Vertretungsverpflichtung können Arbeitgeber und Arbeitnehmerin aber erst vereinbaren, wenn die Arbeitnehmerin nach § 16 Abs. 1 S. 1 BErzGG angekündigt hat, Erziehungsurlaub nehmen zu wollen. Würde sich die Arbeitnehmerin vorher, etwa schon bei Abschluß des Arbeitsvertrages, verpflichten, im Erziehungsurlaub Krankheits- und Urlaubsvertretungen zu übernehmen, verstieße das gegen § 15 Abs. 3 BErzGG. Die Arbeitnehmerin verzichtete vorab auf einen Teil ihres Erziehungsurlaubs[7].

Die Vertretungsverpflichtung ist eine auf die Dauer des gesetzlichen Erziehungsurlaubs befristete KAPOVAZ-Vereinbarung zwischen Arbeitgeber und Arbeitnehmerin (Arbeitsvertrag mit kapazitätsorientierter variabler Arbeitszeit): Dauer und Lage der Arbeitszeit sollen offen sein[8].

Da sich die Arbeitnehmerin bedarfsweise zu Teilzeitarbeit verpflichtet, unterliegt das Arbeitsverhältnis nach Art. 1 § 4 BeschFG 1985 besonderen Regeln. Probleme entstehen insoweit aus Art. § 4 Abs. 1 BeschFG, nach dem zwar die Lage,

---

7 Vgl. *Winterfeld* Teil M Rn. 238.
8 GK-TzA/*Mikosch* Art. 1 § 4 BeschFG 1985 Rn. 6 ff. und 39; vgl. auch *Klevemann*, Der KAPOVAZ-Arbeitsvertrag – Zur Unbilligkeit arbeitsanfallorientierter Vertragsgestaltungen, AiB 1986, 103, 105 mit einer entsprechenden arbeitsvertraglichen Regelung.

nicht aber die Dauer der Arbeitszeit flexibel gestaltet werden darf. In der KAPOVAZ-Abrede muß daher geregelt werden, wieviele Stunden die Arbeitnehmerin überhaupt zu arbeiten verpflichtet ist.

Fraglich ist insofern, welchen zeitlichen Rahmen die Arbeitsvertragsparteien wählen dürfen, um die Dauer der Arbeitsverpflichtung der Arbeitnehmerin festzulegen, ob etwa ausreicht, eine Gesamtvertretungsdauer der Arbeitnehmerin für den gesamten Erziehungsurlaub festzusetzen, oder ob eine Stundenzahl pro Jahr, Quartal oder Woche vereinbart werden muß. Das ist insofern von Bedeutung, als der Arbeitgeber, wenn er die Arbeitnehmerin nicht im vereinbarten Umfang zu Krankheits- und Urlaubsvertretungen abruft, ihr für die nicht abgerufene Zeit Annahmeverzugslohn nach § 615 Abs. 1 BGB schuldet und sich auch seine sonstigen Verpflichtungen aus dem Arbeitsverhältnis, etwa die Höhe der der KAPOVAZ-Arbeitnehmerin zustehenden Jahressonderzahlungen oder des Jahresurlaubs, nach der vereinbarten Arbeitsverpflichtung richten.

Hinsichtlich der Festlegung des Bezugsrahmens für die Dauer der Arbeitszeit wird teilweise unter Hinweis auf Art. 1 § 4 Abs. 1 Hs. 2, Abs. 2 BeschFG 1985 vertreten, es müsse eine Stundenzahl pro Woche festgelegt werden[9], teilweise, daß das BeschFG 1985 von dem allgemein für die Festlegung der Arbeitszeit üblichen Bezugsrahmen, nämlich einem Monat, ausgeht[10]. Die überwiegende Auffassung geht dahin, daß auch die Festlegung einer Jahresarbeitszeit den Anforderungen des Art. 1 § 4 Abs. 1 BeschFG 1985 genügt[11].

Dieser Auffassung ist zuzustimmen. Das BeschFG 1985 enthält keinerlei Anhaltspunkte für einen engeren zeitlichen Rahmen der Arbeitsverpflichtung der KAPOVAZ-Arbeitnehmerin. Die Fiktion des Art. 1 § 4 Abs. 1 Hs. 2 BeschFG, daß eine wöchentliche Arbeitszeit von 10 Stunden als vereinbart gilt, wenn die Arbeitsvertragsparteien die Dauer der Arbeitszeit nicht festgelegt haben, dient dem Schutz der Arbeitnehmerin vor einseitigen Festlegungen des Arbeitgebers und bestimmt deshalb einen engen Abrufspielraum des Arbeitgebers. Über das, was die Arbeitsvertragsparteien kraft Privatautonomie vereinbaren können, enthält die Vorschrift gerade keine Bestimmungen. Auch Art. 1 § 4 Abs. 2 BeschFG

---

[9] *Fitting/Auffarth/Kaiser/Heither* BetrVG § 5 Rn. 47; *Plander*, Kapazitätsorientierte variable Arbeitszeit als Gegenstand von Tarifverträgen und Betriebsvereinbarungen, AuR 1987, 281, 282.

[10] GK-TzA/*Mikosch* Art. 1 § 4 BeschFG 1985 Rn. 50f. und 116; *Stevens/Bartol*, Probleme der „Kapovaz" – Anmerkungen zu Art. 1 § 4 des Beschäftigungsförderungsgesetzes, AiB 1985, 122f.; *Klevemann*, Zum Leistungsbestimmungsrecht des Arbeitgebers nach Art. 1 § 4 BeschFG 1985, AuR 1987, 292, 295f.

[11] *Löwisch*, Das Beschäftigungsförderungsgesetz 1985, BB 1985, 1200, 1204; *Lorenz*, Beschäftigungsförderungsgesetz: Teilzeitarbeit, Sozialplan und die sozialversicherungsrechtlichen Regelungen, NZA 1985, 473, 474; *Malzahn*, Das Beschäftigungsförderungsgesetz und Kapazitätsorientierte variable Arbeitszeiten, AuR 1985, 386, 387; *Schaub*, Teilzeitbeschäftigung und befristete Arbeitsverhältnisse als Formen einer Personalentscheidung, BB 1988, 2253, 2256; mit Einschränkungen *Schwerdtner*, Beschäftigungsförderungsgesetz, Tarifautonomie und Betriebsverfassung, NZA 1985, 577, 582f.

1985 regelt den zeitlichen Rahmen der Arbeitsverpflichtung der KAPOVAZ-Arbeitnehmerin nicht, sondern schränkt das Direktionsrecht des Arbeitgebers dahin ein, daß die Arbeitnehmerin zur Arbeitsleistung nur verpflichtet ist, wenn der Arbeitgeber ihr die Lage der Arbeitszeit vier Tage im voraus mitgeteilt hat. Das entspricht dem Normzweck des Art. 1 § 4 Abs. 1 BeschFG, der lediglich verhindern soll, daß der Arbeitgeber die Arbeitnehmerin nach seinem Belieben zur Arbeitsleistung auffordern kann[12].

Weitergehende Einschränkungen der Vertragsautonomie von Arbeitgeber und Arbeitnehmerin enthält Art. 1 § 4 BeschFG 1985 nicht. Sie können daher einen beliebig langen Zeitrahmen vereinbaren, innerhalb dessen die Arbeitnehmerin verpflichtet ist, Krankheits- und Urlaubsvertretungen bis zur Ausschöpfung des vertraglich geregelten Stundenkontingents wahrzunehmen.

Grundsätzlich können Arbeitgeber und Arbeitnehmerin daher auch die Gesamtdauer des Erziehungsurlaubs als Zeitrahmen für die von der Arbeitnehmerin zu erbringende Arbeitsleistung wählen. Da aber nicht absehbar ist, welche Zeiträume die Rechtsprechung als zulässigen Bezugsrahmen nach Art. 1 § 4 Abs. 1 BeschFG 1985 anerkennen wird, ist die Festlegung eines derart weiten Rahmens mit Risiken behaftet. Deshalb sollte der Arbeitspflicht der Arbeitnehmerin ein Bezugsrahmen von maximal einem Jahr zugrundegelegt werden. Um dem einseitigen Bestimmungsrecht des Arbeitgebers über § 315 Abs. 1 BGB hinausgehende Grenzen zu ziehen, kann neben einem jährlichen Stundenkontingent festgelegt werden, daß die Arbeitnehmerin nur in bestimmten Abständen, etwa einmal im Vierteljahr, zu Krankheits- und Urlaubsvertretungen herangezogen werden und eine Vertretung eine bestimmte Anzahl von Arbeitstagen, etwa zehn, nicht übersteigen darf. Dadurch wird praktisch der Bezugsrahmen verkürzt.

Daß den Arbeitnehmerinnen darüber hinaus eine bestimmte Mindestbeschäftigung und damit ein Mindestarbeitsentgelt pro Monat gesichert werden müßte[13], trifft jedenfalls auf Erziehungsurlauberinnen nicht zu. Es liegt gerade im Interesse der Arbeitnehmerinnen im Erziehungsurlaub, nicht zu häufig zu Krankheits- und Urlaubsvertretungen herangezogen zu werden. Außerdem können die tatsächliche Beschäftigung der KAPOVAZ-Arbeitnehmerinnen und die Entgeltzahlung durch den Arbeitgeber voneinander abgekoppelt werden: Der Arbeitgeber kann das Jahresarbeitsentgelt monatlich auszahlen, auch wenn die Arbeitnehmerin in einem Monat überhaupt keine Vertretungsaufgaben übernommen hat.

Ebensowenig ist es erforderlich festzulegen, wieviele Stunden die Arbeitnehmerin „am Stück" arbeiten muß. Zwar ist der Arbeitgeber, wenn eine solche Vereinbarung fehlt, nach Art. 1 § 4 Abs. 3 BeschFG 1985 verpflichtet, die Arbeitnehmerin jeweils für mindestens drei aufeinanderfolgende Stunden in Anspruch zu nehmen. Kürzere tägliche Vertretungen sind aber in der Regel ohnehin weder im Interesse des Arbeitgebers noch der Arbeitnehmerin.

---

12 Ausführlich zur Gesetzgebungsgeschichte *Schwerdtner* a. a. O. S. 582.
13 So *Schwerdtner* a. a. O. S. 583.

3. Gleitender Wiedereinstieg in den Beruf

Während des gesetzlichen Erziehungsurlaubs kann der Arbeitnehmerin über eine Teilzeitbeschäftigung auch die Möglichkeit gegeben werden, gleitend in den Beruf zurückzukehren. Wegen § 15 Abs. 3 BErzGG dürfen Arbeitgeber und Arbeitnehmerin den gleitenden Wiedereinstieg in den Beruf aber erst vereinbaren, wenn die Arbeitnehmerin nach § 16 Abs. 1 S. 1 BErzGG Erziehungsurlaub verlangt hat (siehe oben 2 b).

Auch für den gleitenden Wiedereinstieg müssen Arbeitgeber und Arbeitnehmerin regeln, welche Beschäftigungen der Arbeitnehmerin zumutbar sind. Insoweit ist auf die Ausführungen unter § 2 III 2 a zu verweisen.

Im übrigen ist problematisch, ob die Arbeitszeit der Arbeitnehmerin im Erziehungsurlaub stufenweise von einer Teilzeit- auf eine Vollzeitbeschäftigung angehoben werden kann. Das hängt davon ab, ob das BErzGG die Berufstätigkeit der Erziehungsurlauberin zeitlich beschränkt (dazu unter 5).

4. Teilzeitarbeit bei anderen Verbundunternehmen

Gem. § 15 Abs. 4 BErzGG kann die Arbeitnehmerin Teilzeitbeschäftigungen auch bei Dritten aufnehmen, wenn keine betrieblichen Interessen entgegenstehen (dazu oben 1 b).

a. Krankheits- und Urlaubsvertretungen

aa. Das eröffnet für die Erziehungsurlauberin einmal die Möglichkeit, freiwillig Krankheits- und Urlaubsvertretungen in anderen Verbundunternehmen zu übernehmen, wenn dort Vertretungsbedarf besteht. Verbundunternehmen und Erziehungsurlauberin schließen dann in jedem Einzelfall einen auf die Vertretung befristeten Arbeitsvertrag ab. Den wiederkehrenden Inhalt der befristeten Arbeitsverträge können die für Vertretungsaufgaben in Betracht kommenden Verbundunternehmen und die Erziehungsurlauberin vorab in einem Rahmenvertrag festlegen (siehe oben 2 a).

bb. Die Arbeitnehmerin kann sich auch vorab verpflichten, Krankheits- und Urlaubsvertretungen bei anderen Verbundunternehmen zu übernehmen.

Hat die Arbeitnehmerin mit dem Arbeitgeber ein auf den Elternurlaub befristeten KAPOVAZ-Arbeitsvertrag abgeschlossen, und verleiht der Arbeitgeber die Arbeitnehmerin bei Vertretungsbedarf an andere Verbundunternehmen, entstehen keine besonderen Schwierigkeiten: Die Arbeitnehmerin steht lediglich zu ihrem Arbeitgeber in arbeitsvertraglichen Beziehungen, ihm gegenüber ist sie zu Krankheits- und Urlaubsvertretungen verpflichtet. Daß sie unter Umständen bei einem anderen Verbundunternehmen tätig werden muß, ist nur eine Erweiterung des Weisungsrechts des Arbeitgebers hinsichtlich des Orts der Arbeitsleistung[14].

cc. Problematischer ist es, wenn die Arbeitnehmerin im Vertretungsfall als Arbeitnehmerin des Verbundunternehmens tätig werden soll, bei dem sie die Vertretungsaufgaben wahrnimmt.

Die Arbeitnehmerin kann sich einmal gegenüber ihrem Arbeitgeber verpflichten, mit Dritten kurz befristete Zweitarbeitsverträge abzuschließen (vgl. oben § 2 II 3 c). Auch auf diesen Rahmenvertrag, im Bedarfsfall befristete Arbeitsverträge abzuschließen, ist Art. 1 § 4 BeschFG 1985 anzuwenden, da die Arbeitnehmerin aufgrund dieses Vertrages ebenso wie im typischen KAPOVAZ-Vertrag verpflichtet ist, die Arbeitsleistung entsprechend dem Arbeitsanfall zu erbringen[15].

In diesem Fall steht die Arbeitnehmerin während des Erziehungsurlaubs grundsätzlich nur zu ihrem Arbeitgeber in einem Arbeitsverhältnis. Zu den Verbundunternehmen, bei denen sie Krankheits- und Urlaubsvertretungen übernimmt, tritt sie wie bei der freiwilligen Übernahme von Vertretungen nur in arbeitsrechtliche Beziehungen, wenn sie einen auf den Vertretungsfall befristeten Arbeitsvertrag mit diesen abschließt.

dd. Die Arbeitnehmerin kann sich auch gegenüber den Verbundunternehmen zu Krankheits- und Urlaubsvertretungen verpflichten, bei denen Vertretungen in Betracht kommen.

Neben dem befristeten KAPOVAZ-Arbeitsverhältnis zum Arbeitgeber bestünde dann ein auf die Dauer des Erziehungsurlaubs befristetes KAPOVAZ-Arbeitsverhältnis zu den anderen Verbundunternehmen. Bei einem solchen Mehrfacharbeitsverhältnis der Arbeitnehmerin müssen die im Verbund zusammengeschlossenen Unternehmen untereinander absprechen, wer die Arbeitnehmerin wann zu Krankheits- und Urlaubsvertretungen heranziehen kann. Insbesondere muß Sorge dafür getragen werden, daß die vertraglich vereinbarten Abstände zwischen den einzelnen Vertretungstätigkeiten gewahrt werden.

Durch die Arbeitnehmerstellung in mehreren Verbundunternehmen erwerben die KAPOVAZ-Arbeitnehmerinnen gegen jeden Arbeitgeber einen Anspruch auf Jahressonderzahlungen. Sofern ein Verbundunternehmen seinen Arbeitnehmern Sonderzahlungen nur für die Betriebszugehörigkeit oder Leistungen mit Mischcharakter ohne Kürzungsklausel versprochen hat, muß es diese der KAPOVAZ-Arbeitnehmerin auch zahlen, wenn sie im Bezugszeitraum Vertretungsaufgaben ausschließlich in anderen Verbundunternehmen übernommen hat (vgl. oben § 3 II 1 b und c).

---

14 Zu den Fragen, die sich bei einer solchen Vertragsgestaltung im Zusammenhang mit der Arbeitnehmerüberlassung nach dem AÜG und AFG ergeben, siehe unten § 7 IV 1 a.
15 GK-TzA/*Mikosch* Art. 1 § 4 Rn. 39 für einen Rahmenvertrag, in dem sich die Arbeitnehmerin gegenüber ihrem Arbeitgeber zum Abschluß befristeter Arbeitsverträge mit ihm verpflichtet.

Von diesen Sonderzahlungen können die Verbundunternehmen die KAPOVAZ-Arbeitnehmerin ausschließen, indem sie für den Bezug eine bestimmte Betriebszugehörigkeitsdauer festlegen oder den Zweck der Sonderzahlung dahin definieren, daß nur die im Bezugsjahr tatsächlich erbrachte Arbeitsleistung vergütet werden soll (siehe oben § 3 II 1 a).

Lehnen sie entsprechende vertragliche Gestaltungen mit Blick auf die anderen Arbeitnehmer ab, können die Verbundunternehmen Mehrfachzahlungen verhindern, indem sie eine Klausel in ihre Sonderzahlungsabrede aufnehmen, nach der eine beim Erstarbeitgeber gezahlte Sondervergütung auf die von ihnen geschuldete Sondervergütung angerechnet wird. Die Verbundunternehmen müßten der Arbeitnehmerin dann lediglich den darüber hinausgehenden Teil der in ihrem Betrieb geschuldeten Sondervergütung zahlen.

Es ist aber fraglich, ob die teilzeitbeschäftigten KAPOVAZ-Arbeitnehmerinnen durch eine solche Anrechnungsklausel nicht entgegen Art. 1 § 2 Abs. 1 BeschFG gegenüber vollzeitbeschäftigten Arbeitnehmern benachteiligt werden. So ist umstritten, ob die Vergütung eines Teilzeitarbeitnehmers deswegen überproportional gemindert werden darf, weil dieser durch seinen Hauptberuf über eine dauerhafte Existenzgrundlage verfügt[16].

Zahlen die Verbundunternehmen den bei ihnen teilzeitbeschäftigten Arbeitnehmerinnen leistungsunabhängige Sondervergütungen oder Sondervergütungen mit Mischcharakter grundsätzlich in voller Höhe und sehen sie lediglich für die bei mehreren Verbundunternehmen beschäftigten KAPOVAZ-Arbeitnehmerinnen eine Minderung durch Anrechung der vom Erstarbeitgeber gezahlten Sondervergütung vor, greift schon der Tatbestand des Art. 1 § 2 Abs. 1 BeschFG 1985 nicht. Denn die KAPOVAZ-Arbeitnehmerinnen werden nicht „wegen der Teilzeitarbeit" unterschiedlich behandelt, sondern wegen des zu mehreren Verbundunternehmen bestehenden Mehrfacharbeitsverhältnisses[17].

Eine entsprechende Anrechnungsklausel verstößt m.E. auch weder gegen Art. 119 Abs. 1 EWG-Vertrag (dazu oben § 3 II 1 d) noch gegen den arbeitsrechtlichen Gleichbehandlungsgrundsatz. Zwar werden die KAPOVAZ-Arbeitnehmerinnen in den Verbundunternehmen, mit denen sie Zweit- und Drittarbeitsverträge abgeschlossen haben, formal gegenüber den dort voll- und teilzeitbeschäftigten

---

16 Bejahend *BAG* vom 11. 3. 1992, 5 AZR 237/91, NZA 1992, 893; vom 21. 8. 1991, 5 AZR 634/90, ZTR 1992, 73; vom 22. 8. 1990, 5 AZR 543/89, EzA § 2 BeschFG 1985 Nr. 4 = BB 1991, 2299; vom 6. 12. 1990, 6 AZR 159/89, EzA § 2 BeschFG 1985 Nr. 7 mit Anm. *Oetker* = NZA 1991, 305; *LAG Hamm* vom 18. 1. 1991, 2 Ca 1378/90, LAGE § 2 BeschFG Nr. 11; *Hanau*, Der Regierungsentwurf eines Beschäftigungsförderungsgesetzes 1985 oder: Hier hat der Chef selbst gekocht, NZA 1984, 3451, 347; *Löwisch/Rieble* § 1 Rn. 633; ablehnend *LAG Köln* vom 30. 9. 1991, 14/2 Sa 107/91, ZTR 1992, 82; *LAG Düsseldorf* vom 9. 7. 1991, 16 Sa 515/91, *LAG Schleswig-Holstein* vom 27. 6. 1991, 4 Sa 195/91 und *LAG Köln* vom 8. 11. 1990, 6 Ca 3256/90, LAGE § 2 BeschFG 1985 Nr. 8, 9 und 12; *Lipke*, Individualrechtliche Grundprobleme der Teilzeitarbeit, AuR 1991, 76, 79.
17 Vgl. auch *Oetker* a. a. O.

Arbeitnehmern benachteiligt, weil sie aufgrund der Anrechnungsklausel keinen Anspruch auf die volle Jahressonderzahlung haben. Für diese Differenzierung gibt es aber einen sachlichen Grund: Daß die Erziehungsurlauberinnen zu Krankheits- und Urlaubsvertretungen auf der Grundlage von KAPOVAZ-Arbeitsverhältnissen mit mehreren Verbundunternehmen herangezogen werden, hat organisatorische Gründe. Es rechtfertigt nicht, die KAPOVAZ-Arbeitnehmerinnen durch einen Mehrfachbezug von Jahressonderzahlungen besser zu stellen als die Arbeitnehmer, die nur in einem Arbeitsverhältnis zu einem Verbundunternehmen stehen. Durch die Anrechnungsklausel sollen die KAPOVAZ-Arbeitnehmerinnen nicht benachteiligt, sondern es soll lediglich deren ungerechtfertigte Bevorzugung verhindert werden[18].

b. Gleitender Wiedereinstieg in den Beruf

Besteht beim Arbeitgeber keine Möglichkeit, auf dem bisherigen oder einem vergleichbaren Arbeitsplatz gleitend wieder in den Beruf zurückzukehren, kann die Arbeitnehmerin eine entsprechende Teilzeitbeschäftigung bei einem anderen Verbundunternehmen aufnehmen, § 15 Abs. 4 BErzGG.

Die Arbeitnehmerin kann von ihrem Arbeitgeber an ein anderes Verbundunternehmen verliehen werden, oder sie kann, was bei einem längerdauernden Teilzeitarbeitsverhältnis näher liegt, zusätzlich zum Arbeitsvertrag mit ihrem Arbeitgeber einen Zweitarbeitsvertrag mit dem Verbundunternehmen abschließen, bei dem sie tatsächlich arbeitet. Zum Abschluß eines solchen Arbeitsvertrages kann sie sich gegenüber ihrem Arbeitgeber auch vorab verpflichten (vgl. § 2 II 3 c).

Es muß insbesondere geregelt werden, wann eine Wiedereinstiegsmöglichkeit beim Arbeitgeber fehlt und die Arbeitnehmerin auf Beschäftigungsmöglichkeiten bei einem anderen Verbundunternehmen verwiesen werden kann. Dafür ist auf die Kriterien zurückzugreifen, die unter § 2 III 2 a und 3 a entwickelt worden sind: Nur wenn beim Arbeitgeber kein zumutbarer Arbeitsplatz frei ist, auf dem die Arbeitnehmerin teilzeitbeschäftigt werden kann, ist nach einer Wiedereinstiegsmöglichkeit bei einem anderen Verbundunternehmen zu suchen.

5. Zeitlicher Umfang

a. Zulässige Arbeitszeit nach dem BErzGG

Es ist fraglich, in welchem zeitlichen Umfang Arbeitnehmerinnen während des gesetzlichen Erziehungsurlaubs Teilzeitarbeit leisten und damit Krankheits- und Urlaubsvertretungen übernehmen oder stufenweise wieder in den Beruf zurückkehren dürfen.

---

18 Zur Rechtfertigung einer Ungleichbehandlung nach Art. 119 EWG-Vertrag siehe *EuGH* vom 13. 5. 1986, Rs 170/84, und vom 13. 7. 1989, Rs 171/88, AP Nr. 10 und 16 zu Art. 119 EWG-Vertrag; siehe auch *Kirsten*, Anforderungen an die Rechtfertigung einer mittelbaren Diskriminierung wegen des Geschlechts, RdA 1990, 282 ff.

Nimmt die Erziehungsurlauberin eine Teilzeitbeschäftigung bei einem Dritten auf, ergibt sich der zeitlich zulässige Umfang aus dem Gesetz: Nach § 15 Abs. 4 BErzGG ist eine Teilzeitarbeit bei Dritten während des Erziehungsurlaubs auf 19 Wochenstunden begrenzt.

Zweifelhaft ist, in welchem zeitlichen Umfang die Arbeitnehmerinnen während des Erziehungsurlaubs bei ihrem Arbeitgeber arbeiten dürfen. Die Voraussetzungen für die Inanspruchnahme von Erziehungsurlaub und den Bezug von Erziehungsgeld sind in der Neufassung des BErzGG voneinander abgekoppelt worden. Anders als § 15 Abs. 1 BErzGG a.F. verweist der neugefaßte § 15 Abs. 1 BErzGG nicht mehr auf §§ 1 Abs. 1 Nr. 4, § 2 Abs. 1 BErzGG, wonach Anspruch auf Erziehungsgeld nur besteht, wenn die wöchentliche Arbeitszeit der Erziehungsurlauberin 19 Stunden nicht überschreitet.

Aus der Nichtregelung wird zum Teil gefolgert, daß die Arbeitsvertragsparteien eine Arbeitszeit von mehr als 19 Wochenstunden vereinbaren können[19].

Diese Auffassung ist nicht überzeugend. Die 19-Stunden-Grenze gilt für die Teilzeitbeschäftigung während des Erziehungsurlaubs nach wie vor.

Das folgt einmal aus dem Gesetzeszweck: Die Arbeitnehmerin im Erziehungsurlaub kann sich der Erziehung und Betreuung des Kindes, für die sie von der Arbeit freigestellt worden ist, nur widmen, wenn sie sich zumindest halbtags oder halbwöchig um das Kind kümmern kann. An der Zielsetzung des Erziehungsurlaubs nach dem BErzGG hat der Gesetzgeber durch die Novellierung des Gesetzes nichts ändern wollen. Er hat den Erziehungsurlaub nur deshalb von den Anspruchsvoraussetzungen für das Erziehungsgeld abgekoppelt, um die Dauer der Arbeitsfreistellung unabhängig vom Bezugszeitraum für das Erziehungsgeld regeln zu können. Daß durch den Verweis auf den Erziehungsgeldanspruch in § 15 Abs. 1 S. 1 BErzGG a.F. auch der Umfang der neben dem Erziehungsurlaub zulässigen Teilzeitarbeit geregelt war, hat er dabei übersehen[20].

Daß die Arbeitnehmerin während des gesetzlichen Erziehungsurlaubs bei ihrem Arbeitgeber nur 19 Stunden wöchentlich arbeiten darf, folgt auch aus § 15 Abs. 4 BErzGG und § 18 Abs. 2 Nr. 2 BErzGG. Nach § 15 Abs. 4 BErzGG ist eine Teilzeitarbeit bei Dritten während des Erziehungsurlaubs auf 19 Wochenstunden begrenzt. Durch § 15 Abs. 4 BErzGG wollte der Gesetzgeber aber lediglich das

---

19 *Zmarzlik*, Einzelfragen zum Bundeserziehungsgeldgesetz 1992, BB 1992, 852; *Zmarzlik/Zipperer/Viethen* § 15 BErzGG 1992 Rn 21; *Schaub*, § 102 V I b S. 804 f; offengelassen von *Köster/Schiefer/Überacker*, DB Beilage Nr. 10 S. 8 f, ablehnend auf S. 14; nicht problematisiert von *Mauer*, Arbeitslosengeld anstelle eines Anspruchs auf Arbeitszeitreduzierung im bestehenden Arbeitsverhältnis. Bedeutung der Neuregelung zur Teilzeitbeschäftigung während des Erziehungsurlaubs, BB 1992, 2354 ff.
20 Die *Begründung der Regierung* zur Änderung des § 15 Abs. 1 BErzGG (Entwurf eines Zweiten Gesetzes zur Änderung des Bundeserziehungsgeldgesetzes und anderer Vorschriften), BT-Drucks. XII/1125 S. 8 lautet: „Da der Anspruchszeitraum für Erziehungsgeld kürzer ist, müssen die Voraussetzungen für den Erziehungsurlaub vom Bezug des Erziehungsgeldes abgekoppelt und selbständig geregelt werden."

Verbot der Teilzeitbeschäftigung bei Dritten (§ 15 Abs. 5 BErzGG a.F.) aufheben, nicht auch unterschiedliche zeitliche Grenzen für die Teilzeitbeschäftigung während des Erziehungsurlaubs einführen[21].

Nach § 18 Abs. 2 Nr. 2 BErzGG gilt die 19-Stunden-Grenze auch für den Kündigungsschutz der Arbeitnehmerin, die ohne Inanspruchnahme des Erziehungsurlaubs bei ihrem Arbeitgeber im Anspruchszeitraum Teilzeitarbeit leistet, d. h. der Teilzeitarbeitnehmerin, die nach der Geburt des Kindes ihre bisherige Teilzeitbeschäftigung im gleichen Umfang fortsetzt. Sie ist während des Anspruchszeitraums nach § 18 Abs. 2 Nr. 2 BErzGG ebenso wie die Erziehungsurlauberinnen gegen Kündigungen des Arbeitgebers geschützt. Wie aus der Formulierung „und Anspruch auf Erziehungsgeld hat" folgt, setzt der Sonderkündigungsschutz aber voraus, daß die Arbeitnehmerin nicht mehr als 19 Stunden pro Woche arbeitet. Es sind keine sachlichen Gründe dafür ersichtlich, warum diese Arbeitnehmerin nur bei einer Teilzeitarbeit von maximal 19 Wochenstunden gegen Kündigungen geschützt sein soll, die Erziehungsurlauberin aber bei jeder beliebigen Wochenstundenzahl.

Auch für Krankheits- und Urlaubsvertretungen ist die Höchstgrenze von 19 Arbeitsstunden pro Woche zu beachten. Sie gilt auch, wenn Urlaubs- oder Krankheitsvertretungen nur auf kurze Zeiträume befristet sind. Die Höhe der wöchentlichen Arbeitszeit ist dem Arbeitsvertrag zu entnehmen. Es ist nicht möglich, davon abzuweichen, indem z. B. eine einmonatige Vollzeitvertretung auf den gesamten Zeitraum des Erziehungsurlaubs umgelegt und auf dieser Grundlage für den Gesamtzeitraum die durchschnittliche wöchentliche Arbeitszeit errechnet wird. Das widerspräche dem Schutzzweck des BErzGG, da die Arbeitnehmerin während der – zwar nur befristeten – Vollzeiterwerbstätigkeit das Kind gerade nicht selbst betreuen und erziehen kann[22].

b. Rechtsfolgen unzulässiger Mehrarbeit

aa. Nimmt die Erziehungsurlauberin bei ihrem Arbeitgeber oder einem anderen Verbundunternehmen eine über 19 Stunden hinausgehende Beschäftigung auf Dauer auf, verliert sie einmal ihren Anspruch auf Erziehungsgeld gem. §§ 4 Abs. 3 S. 1, 1 Abs. 1 S. 1 Nr. 4, 2 Abs. 1 Nr. 1 BErzGG mit Ablauf des Lebensmonats des Kindes, in dem sie die Teilzeitbeschäftigung aufgenommen hat.

Zum anderen endet der Erziehungsurlaub und mit ihm der Sonderkündigungsschutz der Arbeitnehmerin nach § 18 Abs. 1, Abs. 2 Nr. 1 BErzGG. Nach ganz h.M. meint auch § 18 Abs. 2 Nr. 1 BErzGG mit dem Begriff „Teilzeitarbeit" eine Teilzeitbeschäftigung in dem nach § 15 Abs. 1 BErzGG zulässigen Umfang, so

---

21 *Begründung des Regierungsentwurfs* a. a. O.: „Mit der Neufassung des § 15 Abs. 4 wird Arbeitnehmern ausdrücklich die Möglichkeit eröffnet, mit Zustimmung ihres Arbeitgebers während des Erziehungsurlaubs bei einem anderen Arbeitgeber eine Teilzeitarbeit zu leisten."
22 *Winterfeld*, Teil M Rn 49 f.

daß die Erziehungsurlauberin gegen Kündigungen des Arbeitgebers nur geschützt ist, wenn ihre Teilzeitbeschäftigung 19 Wochenstunden nicht übersteigt[23].

Während des gesetzlichen Erziehungsurlaubs ist es daher nicht möglich, die Arbeitszeit der Arbeitnehmerin für den gleitenden Wiedereinstieg in den Beruf stufenweise von einer Teilzeitbeschäftigung auf eine Vollzeitbeschäftigung anzuheben: Die 19-Stunden-Grenze in §§ 1 Abs. 1 Nr. 4, § 2 Abs. 1 BErzGG ist die Höchstgrenze, bis zu der eine Arbeitnehmerin während des gesetzlichen Erziehungsurlaubs arbeiten darf. Durch eine darüber hinausgehende, auf Dauer angelegte Tätigkeit wäre der Zweck des BErzGG, die Kindererziehung durch die freigestellte Arbeitnehmerin zu gewährleisten, gefährdet. Sobald die Arbeitnehmerin auf Dauer mehr als 19 Stunden pro Woche arbeitet, verliert sie den Anspruch auf Erziehungsgeld und den Sonderkündigungsschutz nach § 18 BErzGG.

Arbeitgeber und Arbeitnehmerin steht es – unter Inkaufnahme der aufgezeigten Nachteile für die Arbeitnehmerin – insoweit aber frei, den Erziehungsurlaub vorzeitig zu beenden, § 16 Abs. 3 S. 1 BErzGG, um der Arbeitnehmerin den stufenweisen Wiedereinstieg in den Beruf zu ermöglichen.

bb. Wird die für Teilzeitbeschäftigungen beim Arbeitgeber oder anderen Verbundunternehmen nach § 15 Abs. 1, 4 BErzGG bestehende 19-Stunden-Grenze nur befristet im Rahmen einer Krankheits- oder Urlaubsvertretung überschritten, ist fraglich, ob der Erziehungsgeldanspruch und der Erziehungsurlaub mit Sonderkündigungsschutz ebenfalls enden, oder ob sie nur für die Dauer des Vertretungszeitraums entfallen.

Diese Frage wird in der Literatur zum BErzGG lediglich von *Winterfeld* problematisiert[24]. Sie geht davon aus, daß auch bei einer nur vorübergehend mehr als 19-stündigen Tätigkeit der Anspruch auf Erziehungsgeld endet, da auch eine solche Tätigkeit dem Schutzzweck des BErzGG entgegenstehe, die ständige Betreuung und Erziehung des Kindes zu gewährleisten. Diese Erwägung muß konsequent auch für den Sonderkündigungsschutz der Arbeitnehmerin nach mehr als 19-stündigen Vertretungen gelten[25].

Ihr ist nach der Neufassung des Gesetzes der Boden entzogen, da das BErzGG die vollständige Betreuung des Kindes durch eine Person nicht mehr voraussetzt: Nach § 16 Abs. 1 S. 1 und 2 BErzGG n.F. kann die Arbeitnehmerin Zeiten des Erziehungsurlaubs mit Zeiten der Vollzeitbeschäftigung abwechseln. Zwar ist das nach dem Wortlaut der Vorschrift nur zulässig, wenn die Arbeitnehmerin vor

---

23 *Zmarzlik/Zipperer/Viethen* § 18 BErzGG 1989 Rn. 9 – die Kommentierung zu § 18 BErzGG im Ergänzungsband 1992 ist der geänderten Auffassung zu § 15 BErzGG, daß eine Arbeitnehmerin während des Erziehungsurlaubs mehr als 19 Wochenstunden bei ihrem Arbeitgeber arbeiten darf, nicht angepaßt worden; *Winterfeld* Teil M Rn. 280; *Hönsch* Rn. 280, 283 b; a.A. *Grüner/Dalichau* § 18 Anm. V 2; *Halbach* DB 1986 Beilage Nr. 1 S. 14; *Schleicher* BB 1986 Beilage Nr. 1 S. 9.
24 *Winterfeld* Teil M Rn. 53 zum BErzGG 1985 für den Bezug von Erziehungsgeld
25 Für den Sonderkündigungsschutz nach § 18 Abs. 2 Nr. 1 BErzGG problematisiert auch *Winterfeld* Teil M Rn. 279 f. diese Frage nicht.

Antritt des Erziehungsurlaubs erklärt, für welche Zeiträume sie Erziehungsurlaub in Anspruch nehmen will. Diese Ankündigungspflicht dient aber allein dem Schutz der Dispositionsfreiheit des Arbeitgebers. Stimmt der Arbeitgeber zu, kann der Erziehungsurlaub nach § 16 Abs. 3 S. 1 BErzGG sowohl vorzeitig beendet als auch verlängert werden. Dann müssen Arbeitgeber und Arbeitnehmerin auch vereinbaren können, daß die Arbeitnehmerin eine Krankheits- oder Urlaubsvertretung von mehr als 19 Wochenstunden übernehmen soll, ohne daß der Erziehungsurlaub endet. Dafür spricht auch, daß in der Neufassung des BErzGG § 16 Abs. 3 S. 5 BErzGG a.F. ersatzlos gestrichen worden ist. Nach dieser Vorschrift war ein erneuter Antritt des Erziehungsurlaubs ausgeschlossen, wenn die Parteien das ruhende Arbeitsverhältnis einvernehmlich vorzeitig beendet hatten. Mit dem Wegfall dieser Einschränkung ist für Arbeitgeber und Arbeitnehmerin eine Wiederaufnahme des Erziehungsurlaubs möglich geworden.

Auch der Anspruch auf Erziehungsgeld lebt in dem Moment wieder auf, in dem die Arbeitnehmerin die Voraussetzungen der §§ 1, 2 BErzGG erneut erfüllt, weil sie keine volle Erwerbstätigkeit ausübt. Voraussetzung ist allerdings, daß der Bezugszeitraum nach § 4 Abs. 1 S. 1 und 2 BErzGG (Vollendung des 18. (24.) Lebensmonats des Kindes) noch nicht abgelaufen ist. Dagegen läßt sich nicht einwenden, daß Arbeitgeber und Arbeitnehmerin so unzulässigerweise über staatliche Mittel verfügen. Denn die Möglichkeit, den Bezug von Erziehungsgeld durch Vollzeitbeschäftigungen während des Erziehungsurlaubs zu unterbrechen, ist eine Konsequenz des geänderten Gesetzes.

Nach § 16 Abs. 1 S. 2 BErzGG ist eine Unterbrechung und Wiederaufnahme des Erziehungsurlaubs allerdings nur bis zu dreimal während dessen möglicher Höchstdauer (Vollendung des dritten Lebensjahres des Kindes) zulässig, einen Anspruch darauf hat die Arbeitnehmerin nur in dem Ausnahmefall des § 16 Abs. 3 S. 2 BErzGG. Entsprechend kann auch der Anspruch auf Erziehungsgeld nur bis zu dreimal während des Bezugszeitraums wiederaufleben.

Hat die Arbeitnehmerin während des gesetzlichen Erziehungsurlaubs mehr als dreimal Vertretungen übernommen, die die zulässige Arbeitszeit von 19 Wochenstunden überschreiten, ist fraglich, ob das Arbeitsverhältnis automatisch in der Form wiederauflebt, in der es vor Antritt des Erziehungsurlaubs zwischen den Parteien bestand. Dann wäre die Arbeitnehmerin, sofern die Parteien für die Zeit nach dem Erziehungsurlaub nichts anderes vereinbart haben, verpflichtet, eine ihrem Arbeitsvertrag entsprechende Vollzeitbeschäftigung beim Arbeitgeber aufzunehmen, der Arbeitgeber, ihr einen entsprechenden Arbeitsplatz zuzuweisen. Täte er das nicht, schuldete er der Arbeitnehmerin Annahmeverzugslohn nach § 615 BGB.

Das ist m.E. durch das BErzGG nicht gewollt. Wird die Arbeitnehmerin aufgrund einer KAPOVAZ-Abrede zu Krankheits- und Urlaubsvertretungen herangezogen, folgt die Unrichtigkeit dieser Auffassung schon aus der KAPOVAZ-Abrede: Arbeitgeber und Arbeitnehmerin haben durch die Vereinbarung eines Abrufarbeitsverhältnisses ihre Beziehungen für einen bestimmten Zeitraum – die Dauer des beabsichtigten Erziehungsurlaubs – auf eine selbständige vertragliche Grundlage gestellt und den zwischen ihnen ursprünglich bestehenden Arbeitsvertrag befristet abgeändert. Daß der Bezug des Erziehungsgeldes und der Sonderkündigungsschutz nach § 18 BErzGG wegfallen, weil die Erziehungsurlauberin Vertretungstätigkeiten in einem über das BErzGG hinausgehenden Umfang übernommen hat, hat auf die KAPOVAZ-Vereinbarung keinen Einfluß. Aufgrund dieser Abrede ist die Arbeitnehmerin lediglich verpflichtet, in dem dort vorgegebenen Umfang Vertretungsaufgaben zu übernehmen. Erst mit Ende des Befristungszeitraums ist die Arbeitnehmerin wieder verpflichtet, entsprechend ihrem ursprünglichen Arbeitsvertrag beim Arbeitgeber zu arbeiten, und muß der Arbeitgeber ihr eine entsprechende Tätigkeit zuweisen.

Aber auch wenn die Erziehungsurlauberin Krankheits- und Urlaubsvertretungen nur von Fall zu Fall in jeweils befristeten Arbeitsverträgen übernimmt, leben die Hauptpflichten des Arbeitgebers und der Arbeitnehmerin aus dem Arbeitsvertrag nicht wieder auf, wenn die Erziehungsurlauberin über die nach § 15 Abs. 1 BErzGG zulässige Wochenstundenzahl hinaus arbeitet. Zwar ruhen die Hauptpflichten des Arbeitgebers und der Arbeitnehmerin während des Erziehungsurlaubs nicht aufgrund einer Vereinbarung der Arbeitsvertragsparteien, sondern aufgrund der einseitigen Geltendmachung des Erziehungsurlaubs durch die Arbeitnehmerin nach § 16 Abs. 1 S. 1 BErzGG. Aus § 16 Abs. 3 S. 1 BErzGG, nach dem der Erziehungsurlaub vorzeitig nur beendet werden kann, wenn der Arbeitgeber dem Beendigungsverlangen der Arbeitnehmerin zustimmt, folgt aber, daß die Dispositionsfreiheit des Arbeitgebers und der Arbeitnehmerin in demselben Umfang wie bei einer vertraglichen Suspendierung der arbeitsvertraglichen Hauptpflichten geschützt sein soll: Die Arbeitnehmerin ist grundsätzlich an ihr Urlaubsverlangen gebunden, der Arbeitgeber soll, etwa um Ersatzarbeitnehmerinnen einstellen zu können, auf die von der Arbeitnehmerin angegebene Dauer des Ruhenszeitraums vertrauen dürfen. Nur im beiderseitigen Einvernehmen können die Arbeitspflicht der Arbeitnehmerin und die Entgeltzahlungspflicht des Arbeitgebers vorzeitig wiederaufleben.

Das gilt auch, wenn die Erziehungsurlauberin nicht bei ihrem Arbeitgeber, sondern in einem anderen Verbundunternehmen eine über 19 Wochenstunden hinausgehende Krankheits- oder Urlaubsvertretung übernommen hat.

Folge einer „Überarbeit" während des gesetzlichen Erziehungsurlaubs ist damit allein, daß die Arbeitnehmerin ihren Anspruch auf Erziehungsgeld und den Sonderkündigungsschutz nach § 18 BErzGG verliert. Vereinbaren Arbeitgeber und Arbeitnehmerin nichts anderes, bleiben die beiderseitigen Hauptpflichten bis zum beabsichtigten Urlaubsende suspendiert. Vorbehaltlich abweichender vertraglicher Abreden ist die Arbeitnehmerin erst dann wieder verpflichtet, entsprechend ihrem ursprünglichen Arbeitsvertrag zu arbeiten. Einen Sonderkündigungsschutz können Arbeitgeber und Arbeitnehmerin für das nach Ende des Erziehungsurlaubs ruhende Arbeitsverhältnis nach hier vertretener Auffassung nicht vereinbaren (siehe oben § 2 III 5 a).

c. Tarifvertragliche Teilzeitregelungen

Probleme für die Teilzeitbeschäftigung von Erziehungsurlauberinnen – sei es bei Krankheits- und Urlaubsvertretungen, sei es im Rahmen des gleitenden Wiedereinstiegs in den Beruf – entstehen, wenn Tarifverträge eine Mindestarbeitszeit von mehr als 19 Stunden pro Woche festlegen. So bestimmt § 5 des Tarifvertrages der chemischen Industrie, daß die Arbeitszeit in Teilzeitarbeitsverträgen im monatlichen Durchschnitt mindestens 20 Stunden in der Woche betragen muß[26].

Solche tariflichen Regelungen könnten die nach dem BErzGG auf 19 Stunden beschränkte Teilzeitarbeit von Erziehungsurlauberinnen verbieten.

Es ist aber zweifelhaft, ob Mindestarbeitszeiten in Tarifverträgen überhaupt wirksam festgelegt werden können. Indem die Tarifvertragsparteien Beschäftigungen unterhalb einer bestimmten Wochenarbeitszeit und damit entsprechende einzelvertragliche Abreden untersagen, greifen sie als Berufsausübungsregel in das Recht des Arbeitnehmers aus Art. 12 Abs. 1 GG ein, seinen Arbeitsplatz frei zu wählen und den Umfang seiner Tätigkeit frei zu bestimmen.

Das *BAG* hat in einem Fall, in dem der Betriebsrat der Einstellung von Arbeitnehmerinnen gem. § 99 Abs. 1 BetrVG mit der Begründung widersprochen hatte, der einschlägige Tarifvertrag untersage eine Beschäftigung von Arbeitnehmern mit weniger als 20 Wochenarbeitsstunden, einen möglichen Verstoß gegen Art. 12 Abs. 1 GG nicht problematisiert und die tarifvertragliche Mindestarbeitszeitklausel ohne Bedenken als zulässig behandelt[27].

Das wird der grundgesetzlich geschützten Berufsfreiheit nicht gerecht. Zwar dürfen die Tarifvertragsparteien die Freiheit der Arbeitsvertragsparteien auch im Bereich des Art. 12 Abs. 1 GG durch Tarifverträge einschränken. Solche Beschränkungen müssen aber verhältnismäßig sein. Die Regelung der Tarifvertragsparteien muß dem Interesse ihrer Mitglieder an einer angemessenen Gestaltung der Arbeits- und Wirtschaftsbedingungen dienen[28], sie muß erforderlich und geeignet sein, diesen Zweck zu erreichen, und der Eingriff in die Berufsfreiheit muß in einem angemessenen Verhältnis zu dem ihn rechtfertigenden Zweck stehen[29].

Wollen die Tarifvertragsparteien den Arbeitnehmern mit der Festsetzung einer Mindestarbeitszeit ein Mindestarbeitsentgelt verschaffen, genügt schon der verfolgte Zweck nicht, die Berufsausübung der Arbeitnehmer generell einzuschränken. Denn das setzte ein entsprechendes Schutzbedürfnis der Arbeitnehmer vor-

---

26 Abgedruckt in *Stolz-Willig*, Kindererziehung und soziale Sicherung, WSI-Arbeitsmaterialien Nr. 26, 1990, S. 45.
27 *BAG* vom 28. 1. 1992, 1 ABR 45/91, SAE 1992, 197 zu § 3 Abs. 3 des Manteltarifvertrages für den Einzelhandel Nordrhein-Westfalen vom 6. 7. 1990.
28 *Rieble*, Beschäftigungspolitik durch Tarifvertrag, ZTR 1993, 54, 60; *Säcker/Oetker*, Grundlagen und Grenzen der Tarifautonomie, 1992 B II 2 b S. 263 ff.
29 Ausführlich *Rieble* a. a. O.; siehe auch von *Münch/Gubelt*, Grundgesetz-Kommentar Band 1, 3. Aufl. 1985, Art. 12 Rn. 37.

aus, das etwa fehlt, wenn Arbeitnehmerinnen lediglich etwas zu Einkünften aus einem anderen Beschäftigungsverhältnis oder zum Erziehungsgeld nach dem BErzGG hinzuverdienen wollen[30].

Zulässig mag demgegenüber die Absicht der Tarifvertragsparteien sein, geringfügige Beschäftigungen ohne Sozialversicherungsschutz zu verhindern[31].

Tarifliche Mindestarbeitszeiten mit diesem Ziel betreffen Teilzeitbeschäftigungen während des gesetzlichen Erziehungsurlaubs aber nicht: Da der Sozialversicherungsschutz in der Kranken- und Rentenversicherung nach § 7 S. 1 Hs. 1 SGB V, § 5 Abs. 2 S. 1 SGB VI i. V. m. § 8 Abs. 1 Nr. 1 lit. a SGB IV erst bei weniger als 15 Wochenstunden, in der Arbeitslosenversicherung nach § 169 a AFG i. V. m. § 102 AFG bei weniger als 18 Wochenstunden entfällt, müssen entsprechende Tarifregelungen die wöchentliche Arbeitszeit unterhalb der nach dem BErzGG zulässigen 19 Wochenstunden festlegen. Nur wenn die Tarifvertragsparteien neben einer Mindestwochenarbeitszeit auch eine Mindestjahresarbeitszeit regeln, könnten Erziehungsurlauberinnen, die von ihrem Arbeitgeber oder einem anderen Verbundunternehmen zu Krankheits- und Urlaubsvertretungen herangezogen werden (dazu oben 2), weniger als die für die Sozialversicherungspflicht nach § 8 Abs. 1 Nr. 1 lit. b SGB IV maßgeblichen zwei Monate/fünfzig Tage pro Beschäftigungsjahr arbeiten. Auch dann ist ein Eingriff in die Berufsfreiheit der Erziehungsurlauberinnen aber unverhältnismäßig und daher unzulässig, da Mindestarbeitszeiten nicht erforderlich sind, um den Sozialversicherungsschutz dieser Arbeitnehmerinnen zu erreichen: Erziehungsurlauberinnen sind nach § 192 Abs. 1 Nr. 2 SGB V, § 56 SGB VI kranken- und rentenversichert, der Zeitraum, in dem sie Kindergeld beziehen, wird nach § 107 S. 1 Nr. 5 lit. c AFG im Rahmen der Arbeitslosenversicherung als Versicherungszeit angerechnet[32].

III. Arbeitsfreistellung während des Elternurlaubs

1. Ruhendes Arbeitsverhältnis

a. Krankheits- und Urlaubsvertretungen

Vereinbaren Arbeitgeber und Arbeitnehmerin, daß das Arbeitsverhältnis für den Elternurlaub ruhen soll, gilt grundsätzlich das gleiche wie während des Erziehungsurlaubs: Die Arbeitnehmerin kann freiwillig Krankheits- und Urlaubsvertretungen übernehmen, wenn Vertretungsbedarf besteht, sie kann sich dazu auch vorab verpflichten. Treffen Arbeitgeber und Arbeitnehmerin eine auf den Elternurlaub befristete KAPOVAZ-Abrede, sind die Arbeitsvertragsparteien an Art. 1

---

30 *Löwisch/Rieble* § 1 Rn. 629.
31 So *Löwisch/Rieble* a. a. O.
32 Ausführlich *Köster/Schiefer/Überacker*, DB 1992 Beilage Nr. 10 S. 12 ff.

§ 4 BeschFG 1985 gebunden, ihr Arbeitsverhältnis ruht gerade nicht (vgl. oben II 2 b).

Soll die Elternurlauberin verpflichtet werden, Krankheits- und Urlaubsvertretungen bei anderen Verbundunternehmen zu übernehmen, kommen mehrere Regelungsmöglichkeiten in Betracht: Hat sich die Arbeitnehmerin gegenüber ihrem Arbeitgeber in einem KAPOVAZ-Arbeitsverhältnis zu Krankheits- und Urlaubsvertretungen verpflichtet, kann ihr Arbeitgeber sie einmal im jeweiligen Vertretungsfall an andere Verbundunternehmen verleihen. Die Arbeitnehmerin kann sich gegenüber ihrem Arbeitgeber im Rahmen einer KAPOVAZ-Abrede auch verpflichten, auf den Vertretungsfall befristete Zweitarbeitsverträge mit den Verbundunternehmen abzuschließen, in denen sie Arbeitnehmer vertritt. Schließlich kann sie sich gegenüber den Verbundunternehmen, bei denen sie Krankheits- und Urlaubsvertretungen übernehmen soll, in einer KAPOVAZ-Abrede direkt zu solchen Vertretungsaufgaben verpflichten. Sie steht dann während des Elternurlaubs in einem Mehrfacharbeitsverhältnis zu allen Verbundunternehmen, gegenüber denen sie sich zu Krankheits- und Urlaubsvertretungen verpflichtet hat.

Anders als im gesetzlichen Erziehungsurlaub sind die Krankheits- und Urlaubsvertretungen zeitlich nicht beschränkt. Die Elternurlauberinnen dürfen daher auch Vollzeitarbeitnehmer vertreten.

b. Gleitender Wiedereinstieg in den Beruf

Arbeitgeber und Arbeitnehmerin können darüber hinaus beliebige Modelle für den gleitenden Wiedereinstieg der Arbeitnehmerin in den Beruf vereinbaren, wobei sie insbesondere frei sind, die Arbeitszeit der Arbeitnehmerin stufenweise von einer Teilzeit- zu einer Vollzeitbeschäftigung anzuheben.

Die Elternurlauberin kann, wenn bei ihrem Arbeitgeber eine Möglichkeit zum gleitenden Wiedereinstieg in den Beruf im Zeitpunkt des Rückkehrwunsches nicht besteht, zu diesem Zweck auch bei einem anderen Verbundunternehmen eine Teilzeitbeschäftigung aufnehmen.

2. Aufgelöstes Arbeitsverhältnis mit Wiedereinstellungsanspruch

a. Krankheits- und Urlaubsvertretungen

aa. Wollen Arbeitgeber und Arbeitnehmerin das Arbeitsverhältnis für den Elternurlaub mit Wiedereinstellungsanspruch der Arbeitnehmerin auflösen, birgt deren Verpflichtung zu Krankheits- und Urlaubsvertretungen Probleme.

Verpflichtet sich die Elternurlauberin nämlich, unter bestimmten Voraussetzungen für den Arbeitgeber zu arbeiten, wenn bei diesem wegen Urlaubs oder Krankheit eines Arbeitnehmers Vertretungsbedarf entsteht, schließt sie einen Arbeitsvertrag mit kapazitätsorientierter variabler Arbeitszeit (siehe oben II 2 b). Sie verpflichtet sich, die vereinbarungsgemäß geschuldete Tätigkeit eingebunden in die betriebliche Organisation des Arbeitgebers und abhängig von dessen Weisungen zu erbringen. Die arbeitsvertraglichen Beziehungen der Elternurlauberin zum Arbeitgeber enden, anders als von den Parteien beabsichtigt, gerade nicht. Das früher bestehende unbefristete Arbeitsverhältnis mit der Vereinbarung einer näher umschriebenen (Vollzeit)Arbeitsverpflichtung, wird lediglich durch ein KAPOVAZ-Arbeitsverhältnis abgelöst, das auf den Zeitpunkt der beabsichtigten Wiedereinstellung, d. h. der Aufnahme eines Arbeitsverhältnisses mit regelmäßiger wöchentlicher Arbeitszeit, befristet ist.

Eine solche Befristung ist sachlich gerechtfertigt, da die Arbeitnehmerin ein Interesse daran hat, während der Familienphase nur gelegentlich zu arbeiten, nach einer gewissen Zeit aber wieder in ein Regelarbeitsverhältnis übernommen zu werden. Dagegen läßt sich nicht einwenden, das Interesse der Arbeitnehmerin ginge vielmehr dahin, das bisherige Arbeitsverhältnis als ruhendes aufrechtzuerhalten und lediglich im Rahmen des ruhenden Arbeitsverhältnisses eine Vertretungsverpflichtung zu vereinbaren (siehe 1 a). Das hieße, nicht die sachliche Rechtfertigung des befristeten KAPOVAZ-Arbeitsverhältnisses zu prüfen, sondern die sachliche Rechtfertigung des Aufhebungsvertrages, mit dem Arbeitgeber und Arbeitnehmerin das früher zwischen ihnen bestehende (Regel-)Arbeitsverhältnis aufgehoben haben.

bb. Wollen Arbeitgeber und Arbeitnehmerin das Arbeitsverhältnis tatsächlich beenden, kann daher eine Pflicht der Elternurlauberin, im Bedarfsfall erkrankte oder im Urlaub befindliche Arbeitnehmer beim bisherigen Arbeitgeber zu vertreten, nicht vereinbart werden. In diesem Fall ist der Arbeitgeber darauf beschränkt, der Elternurlauberin die Möglichkeit zu Krankheits- und Urlaubsvertretungen in jeweils befristeten Aushilfsarbeitsverhältnissen zu geben, damit diese den Kontakt zum Beruf nicht verliert.

Arbeitgeber und Elternurlauberin können den allgemeinen, immer wiederkehrenden Inhalt der befristeten Arbeitsverträge, auch in einem Rahmenvertrag festlegen. In einem solchen Rahmenvertrag verpflichten sich Arbeitgeber und Elternurlauberin, daß für künftig von ihnen abzuschließende Verträge bestimmte Bedingungen gelten sollen. Ob die im Rahmenvertrag festgelegten Bedingungen wirksam werden, hängt davon ab, ob Arbeitgeber und Elternurlauberin bei Vertretungsbedarf einen auf den Vertretungsfall befristeten Arbeitsvertrag abschließen.

Da die Arbeitnehmerin aus dem Rahmenvertrag selbst nicht verpflichtet ist, eine Arbeitsleistung zu erbringen, ist der Rahmenvertrag kein Arbeitsvertrag[33].

Zwischen Arbeitgeber und Arbeitnehmerin besteht daher kein Dauerarbeitsverhältnis. Die Arbeitnehmerin hat gegen ihren früheren Arbeitgeber lediglich einen Anspruch auf Wiedereinstellung nach Ende des Elternurlaubs.

---

33 *Löwisch*, Rahmenvereinbarungen für befristete Arbeitsverträge, RdA 1987, 97 f.; a. A. BAG vom 28. 4. 1992, 1 ABR 73/91, DB 1992, 2144 unter IV. der Gründe für das Mitbestimmungsrecht des Betriebsrates nach § 99 Abs. 1 BetrVG bei Einstellungen.

cc. Der Arbeitgeber kann die Übernahme von Krankheits- und Urlaubsvertretungen bei sich aber zur Bedingung des Wiedereinstellungsanspruchs machen. Nach dem oben in § 4 unter IV 2 c Gesagten ist eine solche auflösende Bedingung des Wiedereinstellungsanspruchs zulässig.

Wird der Wiedereinstellungsanspruch durch die Übernahme von Krankheits- und Urlaubsvertretungen auflösend bedingt, ist die Elternurlauberin nicht verpflichtet, Vertretungsaufgaben beim Arbeitgeber zu übernehmen. Zwischen ihr und dem Arbeitgeber besteht während des Elternurlaubs daher nur ein befristetes Arbeitsverhältnis, wenn sie sich im Einzelfall zu einer Vertretungstätigkeit verpflichtet.

b. Gleitender Wiedereinstieg in den Beruf

Verpflichtet sich die Arbeitnehmerin, vor Aufnahme einer Vollzeitbeschäftigung beim Arbeitgeber in einem Teilzeitarbeitsverhältnis wieder eingearbeitet zu werden, ist diese Verpflichtung ein Vorvertrag auf Abschluß eines Arbeitsverhältnisses. Wegen des Grundrechts auf freie Arbeitsplatzwahl aus Art. 12 Abs. 1 GG kann sich die Arbeitnehmerin von diesem Vorvertrag jederzeit lösen, wofür – angemessen kurze – Kündigungsfristen vereinbart werden können.

Nimmt die Elternurlauberin gegen Ende der Familienphase ein Teilzeitarbeitsverhältnis beim Arbeitgeber auf, um gleitend in ihren Beruf zurückzukehren, endet damit der arbeitsvertragslose Zustand zwischen Arbeitgeber und Arbeitnehmerin.

c. Bei einem anderen Verbundunternehmen

Die Elternurlauberin kann einmal freiwillig bei anderen Verbundunternehmen Krankheits- und Urlaubsvertretungen übernehmen oder bei einem anderen Verbundunternehmen eine Teilzeitbeschäftigung beginnen, um gleitend in den Beruf zurückzukehren. Dann schließt sie jeweils einen Arbeitsvertrag mit dem Verbundunternehmen ab, in dem sie tätig wird. Der Arbeitsvertrag ist bei Vertretung erkrankter oder im Urlaub befindlicher Arbeitnehmer auf den konkreten Vertretungsfall befristet. Das gilt auch, wenn die Arbeitnehmerin Krankheits- und Urlaubsvertretungen bei anderen Verbundunternehmen übernimmt, weil ihr Arbeitgeber den Wiedereinstellungsanspruch durch die Übernahme von Vertretungstätigkeiten bei sich und in anderen Verbundunternehmen auflösend bedingt hat (siehe oben a). Die Arbeitnehmerin kann sich gegenüber anderen Verbundunternehmen auch generell verpflichten, unter bestimmten Voraussetzungen Vertretungen zu übernehmen. In diesem Fall besteht ein KAPOVAZ- Arbeitsverhältnis mit jedem Verbundunternehmen, mit dem die Arbeitnehmerin eine entsprechende Abrede getroffen hat (vgl. oben II 5 a).

Nimmt die Elternurlauberin bei einem Verbundunternehmen ein Teilzeitarbeitsverhältnis auf, um gleitend in den Beruf zurückzukehren, stellt sich die Frage, ob es sinnvoll ist, der Arbeitnehmerin den Wiedereinstellungsanspruch gegen ihren früheren Arbeitgeber zu erhalten. Das hängt von der Interessenlage der Beteiligten ab: Befristet das Verbundunternehmen die Teilzeitbeschäftigung der Arbeitnehmerin von vornherein auf die Dauer des Elternurlaubs, liegt der Wiedereinstellungsanspruch gegen den früheren Arbeitgeber im Interesse aller Beteiligten, da ein Dauerarbeitsverhältnis zu dem Verbundunternehmen gerade nicht begründet werden soll.

Hat das Verbundunternehmen demgegenüber einen dauerhaften Beschäftigungsbedarf für die Arbeitnehmerin und kann es ihr nach Ende der Familienphase die Möglichkeit bieten, auf dem Teilzeitarbeitsplatz vollzeitbeschäftigt zu werden, gehen die Interessen der Arbeitnehmerin und des Verbundunternehmens in der Regel dahin, das zum Wiedereinstieg in den Beruf aufgenommene Arbeitsverhältnis fortzusetzen. Anders kann es sein, wenn Arbeitsentgelt und betriebliche Sonderleistungen beim neuen Arbeitgeber erheblich schlechter als beim früheren Arbeitgeber sind.

In der Aufnahme einer unbefristeten Beschäftigung bei einem anderen Verbundunternehmen kann aber kein Verzicht der Arbeitnehmerin auf den Wiedereinstellungsanspruch beim bisherigen Arbeitgeber gesehen werden. Einen solchen Verzicht muß sie ausdrücklich erklären. Tut sie das, endet der Wiedereinstellungsanspruch gegenüber ihrem früheren Arbeitgeber.

IV. Verbund als Arbeitgeber

Wird der Verbund Arbeitgeber der Arbeitnehmerinnen im Erziehungs- oder Elternurlaub oder Schuldner des Wiedereinstellungsanspruchs, ergeben sich keine Besonderheiten. Aus individualvertraglicher Sicht wird die Handhabung der Krankheits- und Urlaubsvertretungen und des gleitenden Wiedereinstiegs in den Beruf insofern vereinfacht, als Probleme, die im Zusammenhang mit Doppelarbeitsverhältnissen auftreten können, nicht entstehen[34].

V. Beteiligung des Betriebsrats

1. Betriebszugehörigkeit der Erziehungs- und Elternurlauberinnen

a. Ruhendes Arbeitsverhältnis

Vereinbaren Arbeitgeber und Arbeitnehmerin, daß das Arbeitsverhältnis nicht ruhen, sondern die Arbeitnehmerin für einen befristeten Zeitraum eine Teilzeitbeschäftigung beim Arbeitgeber ausüben soll, damit sie Kindererziehung und Beruf

---

34 Zur Arbeitnehmerüberlassung nach AÜG und AFG siehe unten § 7 III.

miteinander verbinden kann, schließen die Arbeitsvertragsparteien ein befristetes Teilzeitarbeitsverhältnis ab (siehe oben II 1 a).

Für die Betriebszugehörigkeit im Sinne des § 7 BetrVG sind Umfang und Dauer der Beschäftigung unerheblich. Daher gehören nach ganz herrschender Meinung auch teilzeitbeschäftigte Arbeitnehmerinnen dem Betrieb an und werden durch den Betriebsrat vertreten[35].

Ruht das Arbeitsverhältnis im Erziehungsurlaub oder kraft Vereinbarung im Elternurlaub, und ist die Arbeitnehmerin im Bedarfsfall zu Krankheits- oder Urlaubsvertretungen beim Arbeitgeber verpflichtet (oben II 2 a), gehört sie während des auf den Vertretungsfall befristeten Teilzeitarbeitsverhältnisses als Teilzeitarbeitnehmerin dem Betrieb ihres Arbeitgebers an. Zwischen den einzelnen Krankheits- und Urlaubsvertretungen ruht das Arbeitsverhältnis, und zwar auch dann, wenn Arbeitgeber und Arbeitnehmerin den Inhalt der auf den Vertretungsfall befristeten Arbeitsverträge in einem Rahmenvertrag vorab geregelt haben[36]. Auch während des Ruhenszeitraums gehört die Erziehungs- oder Elternurlauberin nach dem unter § 2 IV 1 a Gesagten dem Betrieb ihres Arbeitgebers an.

Hat sich die Arbeitnehmerin in einem KAPOVAZ-Arbeitsverhältnis zu Krankheits- und Urlaubsvertretungen beim Arbeitgeber verpflichtet (oben II 2 b), ist sie ebenfalls Betriebszugehörige des Arbeitgeberbetriebs im Sinne des § 7 BetrVG: Sie wird vom Betriebsrat im Arbeitgeberbetrieb vertreten, unabhängig davon, ob ihre Arbeitsverpflichtung aus der KAPOVAZ-Abrede zeitweilig ruht, oder ob sie bei Vertretungsbedarf tatsächlich arbeitet[37].

b. Aufgelöstes Arbeitsverhältnis

Haben Arbeitgeber und Arbeitnehmerin das Arbeitsverhältnis im Anschluß an den gesetzlichen Erziehungsurlaub aufgelöst, und übernimmt die Arbeitnehmerin bedarfsweise Krankheits- und Urlaubsvertretungen, ohne dazu aufgrund eines KAPOVAZ-Arbeitsverhältnisses verpflichtet zu sein (siehe oben III 1), schließt sie ein auf den Vertretungsfall befristetes Arbeitsverhältnis mit ihrem früheren Arbeitgeber ab. Als in den Arbeitgeberbetrieb eingegliederte Arbeitnehmerin des Arbeitgebers gehört sie für den begrenzten Zeitraum der Krankheits- und Ur-

---

35 *BAG* vom 29. 1. 1992, 7 ABR 27/91 NZA 1992, 894 unter B III der Gründe für Zeitungszusteller m. Nw. zur Gegenmeinung; *Lipke*, Betriebsverfassungsrechtliche Probleme der Teilzeitarbeit, NZA 1990, 758, 759 mit Nw. zur Gegenmeinung; GK-BetrVG/*Kreutz* § 7 Rn. 25; *Dietz/Richardi* § 7 Rn. 14; *Fitting/Auffarth/Kaiser/Heither* § 7 Rn. 7; *Hess/Schlochauer/Glaubitz* § 7 Rn. 16; *Stege/Weinspach* § 7 Rn. 3; *v. Hoyningen-Huene* § 7 III 1 S. 121; *Schneider* in *Däubler/Kittner/Klebe/Schneider* § 7 Rn. 11, § 5 Rn. 31 ff.; TK *Löwisch* § 7 Rn. 4; anders noch *Galperin/Löwisch* § 7 Rn. 9 bei geringfügig Beschäftigten.
36 Dazu, daß durch den Rahmenvertrag kein Arbeitsverhältnis begründet wird, siehe oben III 1.
37 *Lipke* NZA 1990. 758, 759 f.; *Dietz/Richardi* § 7 Rn. 14; *Fitting/Auffarth/Kaiser/Heither* § 7 Rn. 5a.

laubsvertretung dem Betrieb ihres früheren Arbeitgebers im Sinne des § 7 BetrVG an[38].

Zwischen den auf den Vertretungsfall befristeten Arbeitsverhältnissen bleibt es bei der unter § 2 IV 1 b dargestellten Rechtslage: Wegen des aufgelösten Arbeitsverhältnisses besteht keine Betriebszugehörigkeit der Elternurlauberin zum Betrieb ihres früheren Arbeitgebers.

c. Teilzeitarbeit bei anderen Verbundunternehmen

Sind Arbeitnehmerinnen in zwei oder mehr Betrieben nebeneinander beschäftigt, gehören sie nach der Definition der Betriebszugehörigkeit in § 2 IV 1 a (Arbeitsverhältnis zum Betriebsinhaber und tatsächliche Eingliederung in den Betrieb) jedem dieser Betriebe an: Sie werden in allen Beschäftigungsbetrieben von dem dortigen Betriebsrat vertreten[39].

In einem Doppelarbeitsverhältnis stehen auch die Arbeitnehmerinnen, deren Arbeitsverhältnis während des Erziehungs- und des Elternurlaubs ruht, und die in dieser Zeit eine Teilzeitbeschäftigung bei einem anderen Verbundunternehmen ausüben (dazu oben II 1 b). Trotz des ruhenden Arbeitsverhältnisses gehören sie dem Betrieb ihres Hauptarbeitgebers an (oben § 2 IV 1 a) und daneben dem Betrieb des Verbundunternehmens, bei dem sie teilzeitbeschäftigt sind. Nach § 7 BetrVG sind sie zu beiden Betriebsräten wahlberechtigt[40].

Übernimmt eine Arbeitnehmerin, deren Arbeitsverhältnis zum Arbeitgeber ruht, im Bedarfsfall Krankheits- und Urlaubsvertretungen bei einem anderen Verbundunternehmen (oben II 5 a), gehört sie dem Betrieb ihres Arbeitgebers und für den befristeten Vertretungszeitraum zusätzlich dem Betrieb des Verbundunternehmens an, in dem sie einen Arbeitnehmer vertritt.

Schließen die Erziehungs- und Elternurlauberinnen ein KAPOVAZ-Arbeitsverhältnis mit mehreren oder allen Verbundunternehmen ab (II 5 a), gehören sie demgegenüber nicht automatisch jedem der Betriebe an, für die eine Vertretungsverpflichtung vereinbart worden ist. Denn Voraussetzung der Betriebszugehörigkeit ist neben dem Bestehen eines Arbeitsverhältnisses, daß die Arbeitnehmerin den Betriebszweck mit ihrer Tätigkeit mitverfolgt (siehe oben § 2 IV 1 a). Die Arbeitnehmerin muß daher zumindest einmal tatsächlich in einem Betrieb gear-

---

38 *LAG Düsseldorf* vom 26. 9. 1990, 2 TaBV 74/90, LAGE Nr. 3 zu § 9 BetrVG 1972; GK-BetrVG/*Kreutz* § 7 Rn. 27; *Fitting/Auffarth/Kaiser/Heither* § 7 Rn. 5a; *Hess/Schlochauer/Glaubitz* § 7 Rn. 6; *Stege/Weinspach* § 7 Rn. 3; TK *Löwisch* § 7 Rn. 4; einschränkend bei ganz kurzfristigem Einspringen noch *Galperin/Löwisch* § 7 Rn. 8.

39 Vgl. *BAG* vom 11. 4. 1958, 1 ABR 2/57, AP Nr. 1 zu § 6 BetrVG; TK *Löwisch* § 7 Rn. 7; GK-BetrVG/*Kreutz* § 7 Rn. 26; MünchArbR/*Richardi* § 30 Rn. 47; *Dietz/Richardi* § 7 Rn. 22; *Hess/Schlochauer/Glaubitz* § 7 Rn. 18; *Stege/Weinspach* § 7 Rn. 4; Schneider in *Däubler/Kittner/Klebe/Schneider* § 7 Rn. 15.

40 Vgl. *Kaiser*, Arbeitsrechtliche Probleme der Beschäftigungsgesellschaften in den neuen Bundesländern, NZA 1992, 193, 198.

beitet haben, um diesem im Sinne des § 7 BetrVG anzugehören. Die bloße Möglichkeit, aufgrund des KAPOVAZ-Arbeitsverhältnisses zu Vertretungsaufgaben herangezogen zu werden, genügt demgegenüber nicht[41].

Verleiht der Arbeitgeber seine Arbeitnehmerin für Krankheits- und Urlaubsvertretungen an andere Verbundunternehmen, ist fraglich, ob die Arbeitnehmerin auch dem Betrieb des entleihenden Verbundunternehmens angehört. Da insoweit Probleme der Arbeitnehmerüberlassung berührt werden, soll die Betriebszugehörigkeit der Arbeitnehmerinnen erst in § 7 unter VII 1 a erörtert werden.

2. Vereinbarung einer Teilzeitbeschäftigung während des Erziehungs- oder Elternurlaubs

Wechselt eine Arbeitnehmerin für die Zeit des Erziehungs- oder Elternurlaubs auf ihrem bisherigen Arbeitsplatz von einer Vollzeit- zu einer Teilzeitbeschäftigung, muß der Arbeitgeber dazu nicht die Zustimmung des Betriebsrats nach § 99 BetrVG einholen: Die Reduzierung der Arbeitszeit ist keine Versetzung nach § 95 Abs. 3 BetrVG, da der Arbeitnehmerin dadurch kein anderer Arbeitsbereich zugewiesen wird (siehe oben § 2 IV 2a).

Kann sie allerdings nicht auf ihrem bisherigen Arbeitsplatz teilzeitbeschäftigt werden und wird ihr für die Zeit des Erziehungs- oder Elternurlaubs ein anderer Arbeitsplatz oder eine andere Arbeitsaufgabe zugewiesen (siehe oben § 2 IV 2a), liegt darin eine Versetzung, die das Zustimmungsverweigerungsrecht des Betriebsrats nach §§ 95 Abs. 3, 99 BetrVG auslöst.

3. Bedarfsweise Krankheits- und Urlaubsvertretungen

Nimmt die Arbeitnehmerin während des Erziehungs- oder Elternurlaubs bedarfsweise Krankheits- und Urlaubsvertretungen wahr, ist fraglich, ob der Betriebsrat der Beschäftigung der Arbeitnehmerin im jeweiligen Vertretungsfall als Einstellung im Sinne des § 99 Abs. 1 BetrVG zustimmen muß.

Dabei ist zu unterscheiden, ob das Arbeitsverhältnis der Erziehungs- und Elternurlauberin ruht oder mit Wiedereinstellungsanspruch der Arbeitnehmerin aufgelöst worden ist:

a. Beim Arbeitgeber im ruhenden Arbeitsverhältnis

Ruht das Arbeitsverhältnis der Arbeitnehmerin während des Erziehungs- oder des Elternurlaubs, wird die Arbeitnehmerin, die im Einzelfall eine Krankheits- und Urlaubsvertretung übernimmt, nicht nach § 99 BetrVG eingestellt: Im Sinne

---

41 Vgl. GK-BetrVG/*Kreutz* § 7 Rn. 21; *Galperin/Löwisch* § 7 Rn. 7; vgl. auch *Schneider* in *Däubler/Kittner/Klebe/Schneider* § 7 Rn. 10.

des § 99 Abs. 1 BetrVG eingestellt wird nur derjenige, der erstmals in den Arbeitgeberbetrieb integriert wird. Ist eine Arbeitnehmerin einmal in den Arbeitgeberbetrieb eingegliedert worden, und wird ihre Tätigkeit während des fortbestehenden Arbeitsverhältnisses geändert, ist das allenfalls nach §§ 99, 95 Abs. 3 BetrVG als Versetzung zustimmungspflichtig (siehe oben § 2 IV 2 a).

Voraussetzung ist, daß der Erziehungs- oder Elternurlauberin im konkreten Vertretungsfall ein anderer Arbeitsbereich im Sinne des § 95 Abs. 3 S. 1 BetrVG für längere Zeit als einen Monat zugewiesen wird, oder die zugewiesene Tätigkeit unter erheblich anderen Umständen ausgeübt werden muß als die früher ausgeübte Tätigkeit.

Dafür, ob der der Arbeitnehmerin zugewiesene Arbeitsbereich „anders" ist, ist nicht auf die Änderung gegenüber der jeweils letzten Vertretungstätigkeit abzustellen: Maßgebend ist allein, inwieweit die Vertretungstätigkeit von dem Arbeitsbereich abweicht, der der Arbeitnehmerin vor Inanspruchnahme des Erziehungsurlaubs zugewiesen war. Denn die letzte Krankheits- und Urlaubsvertretung ist als befristete Maßnahme mit dem Ablauf des Vertretungszeitraums abgeschlossen. Nicht die im Vertretungsfall erbrachte Tätigkeit ruht, sondern die Tätigkeit, die die Arbeitnehmerin vor Beginn des Erziehungsurlaubs ausgeübt hat (vgl. oben § 2 II 1 b).

Die Krankheits- und Urlaubsvertretungen der Erziehungs- und Elternurlauberinnen werden häufig weniger als einen Monat dauern. In diesen Fällen kommt es für die Beteiligung des Betriebsrats allein darauf an, daß die Arbeitnehmerin bei ihrer Vertretungstätigkeit unter wesentlich anderen Umständen arbeiten muß als vor Beginn des Erziehungsurlaubs. Unter den Umständen, unter denen die Arbeit geleistet wird, sind die äußeren Bedingungen der Arbeit zu verstehen, etwa die Gestaltung des Arbeitsplatzes, etwaige Umwelteinflüsse, die Beanspruchung der Arbeitnehmer und die Lage der Arbeitszeit[42].

b. Beim Arbeitgeber bei aufgelöstem Arbeitsverhältnis

Haben Arbeitgeber und Arbeitnehmerin das Arbeitsverhältnis für den Elternurlaub aufgelöst, wird die Elternurlauberin, wenn sie eine Krankheits- und Urlaubsvertretung bei ihrem früheren Arbeitgeber übernimmt, in den Arbeitgeberbetrieb eingestellt (vgl. oben § 2 IV 2 b).

Haben Arbeitgeber und Elternurlauberin für die freiwillige Übernahme von Vertretungen in einem Rahmenvertrag vereinbart, welchen Inhalt die bei Krankheits- und Urlaubsvertretungen abzuschließenden Arbeitsverträge haben sollen, ist fraglich, ob der Betriebsrat schon bei Abschluß des Rahmenvertrages zu beteiligen ist, oder erst, wenn die Elternurlauberin im konkreten Vertretungsfall im Betrieb eingesetzt wird.

---

42 *BAG* vom 18. 10. 1988, 1 ABR 26/87, AP Nr. 56 zu § 99 BetrVG 1972 unter III 2 der Gründe; v. *Hoyningen-Huene/Boemke* VII 4 c S. 137 ff; *Fitting/Auffarth/Kaiser/Heither* § 99 Rn. 23; *Dietz/Richardi* § 99 Rn. 84; *Hess/Schlochauer/Glaubitz* § 99 Rn. 48 ff.

Nach Auffassung des *BAG* ist die Zustimmung des Betriebsrats zur Einstellung der Arbeitnehmerin schon vor Abschluß des Rahmenvertrages einzuholen. Das soll ausdrücklich auch dann gelten, wenn aus dem Rahmenvertrag für die Aushilfskraft keine Verpflichtung folgt, tatsächlich Vertretungsaufgaben zu übernehmen, und nicht sicher ist, daß eine Beschäftigung auf Grundlage des Rahmenvertrages tatsächlich erfolgen wird: Mit dem Rahmenvertrag und nicht erst im Bedarfsfall werde die tatsächliche Beschäftigung der Aushilfskraft im Betrieb geplant, die bei Bedarf erfolgende Beschäftigung der Aushilfskraft im Betrieb sei lediglich der Vollzug des Rahmenvertrages[43].

Diese Auffassung ist abzulehnen. Sie verlegt das Beteiligungsrecht des Betriebsrats bei Einstellungen zu weit vor. Einstellung ist die tatsächliche Eingliederung der Arbeitnehmerin in den Betrieb. Vor Einstellung der Arbeitnehmerin ist der Betriebsrat so rechtzeitig zu beteiligen, daß er nicht durch tatsächliche Zwänge daran gehindert ist, von seinem Zustimmungsverweigerungsrecht unbeeinträchtigt Gebrauch zu machen. Da mit dem Abschluß des Arbeitsvertrages alle wesentlichen Arbeitgeberentscheidungen gefallen sind, muß der Betriebsrat schon vor Abschluß des Arbeitsvertrages an der vom Arbeitgeber geplanten personellen Maßnahme beteiligt werden (siehe oben § 2 IV 2 a).

Tatsächliche, den Betriebsrat in seiner Entscheidungsfreiheit bindende Zwänge werden durch den Abschluß eines bloßen Rahmenvertrages aber nicht geschaffen: Der Arbeitgeber ist aus dem Rahmenvertrag nicht verpflichtet, die potentielle Aushilfskraft bei Bedarf tatsächlich zu beschäftigen; die Aushilfskraft ist nicht verpflichtet, einer Aufforderung des Arbeitgebers, eine Krankheits- und Urlaubsvertretung zu übernehmen, Folge zu leisten. Die bloße Möglichkeit, daß eine Arbeitnehmerin Vertretungsaufgaben im Betrieb übernimmt, kann die Beteiligungspflicht des Arbeitgebers nach § 99 Abs. 1 BetrVG aber nicht auslösen. Dem Betriebsrat würde ansonsten das Zustimmungsverweigerungsrecht nach § 99 BetrVG gegeben, obwohl die Arbeitnehmerin in den Betrieb später überhaupt nicht eingegliedert, d. h. im Sinne des § 99 BetrVG eingestellt wird.

Der Arbeitgeber muß die Zustimmung des Betriebsrats zu der geplanten Einstellung einer Aushilfskraft erst einholen, wenn er konkret deren Einsatz beabsichtigt.

c. Bei einem anderen Verbundunternehmen

aa. Wird die Erziehungs- oder Elternurlauberin im Bedarfsfall bei einem anderen Verbundunternehmen tätig und schließt sie einen auf den Vertretungsfall befristeten Arbeitsvertrag ab, wird sie in den Betrieb des Verbundunternehmens nach § 99 BetrVG eingestellt.

Auch wenn Verbundunternehmen und Erziehungs- oder Elternurlauberin die Bedingungen des im Vertretungsfall abzuschließenden Arbeitsvertrages in einem

---

43 *BAG* vom 28. 4. 1992, 1 ABR 73/91, DB 1992, 2144 unter B IV. der Gründe.

Rahmenvertrag geregelt haben, ist der Betriebsrat des Verbundunternehmens, in dem die Arbeitnehmerin Vertretungsaufgaben übernimmt, erst zu beteiligen, wenn das Verbundunternehmen den Einsatz der Elternurlauberin in seinem Betrieb konkret plant (siehe oben b).

Auch wenn das Arbeitsverhältnis zwischen Arbeitgeber und Arbeitnehmerin während des Erziehungs- oder Elternurlaubs geruht hat, ist die freiwillige Übernahme einer Krankheits- oder Urlaubsvertretung bei einem anderen Verbundunternehmen aus Sicht des Arbeitgeberbetriebs keine Versetzung im Sinne der §§ 99, 95 Abs. 3 BetrVG: Die Übernahme der Vertretungstätigkeit beruht ausschließlich auf der Initiative der Erziehungs- oder Elternurlauberin und wird vom Arbeitgeber nicht veranlaßt[44]. Die bloße Aufnahme einer Nebentätigkeit durch die Arbeitnehmerin löst die Mitbestimmungsrechte des Betriebsrats aus §§ 99, 95 Abs. 3 BetrVG aber nicht aus.

4. Verpflichtung zu Krankheits- und Urlaubsvertretungen

a. Einführung von KAPOVAZ im Betrieb

Die einzelnen Verbundunternehmen können Bedarfsarbeit in ihren Betrieben nur einführen, wenn sie den Betriebsrat nach § 87 Abs. 1 Nr. 2 BetrVG beteiligen. Nach § 87 Abs. 1 Nr. 2 BetrVG ist nicht die Dauer, aber die Lage der Arbeitszeit während der Woche mitbestimmungspflichtig[45].

Führt der Arbeitgeber variable Arbeitszeiten nach Bedarf ein, geht es um die Verteilung eines vorgegebenen Arbeitsvolumens auf einen längeren Zeitraum und damit um die Lage der Arbeitszeit. Insofern hat der Betriebsrat bei Einführung von KAPOVAZ im Betrieb nach § 87 Abs. 1 Nr. 2 BetrVG mitzubestimmen.

Mitzubestimmen hat der Betriebsrat einmal darüber, ob die Arbeitnehmerinnen im Betrieb überhaupt zu festen Zeiten oder nach Bedarf beschäftigt werden sollen, d.h. ob KAPOVAZ im Betrieb eingeführt wird[46]. Dem Mitbestimmungsrecht unterfällt auch die Festlegung von Rahmenbedingungen für den kapazitätsorientierten Einsatz der Arbeitnehmerinnen. Der Betriebsrat hat etwa darüber mitzubestimmen, welche Ankündigungsfristen beim Abruf der Arbeitnehmerin-

---

44 Vgl. dazu oben § 2 IV 2 c.
45 Siehe nur GK-BetrVG/*Wiese* § 87 Rn. 200 ff; *Galperin/Löwisch* § 87 Rn. 84 ff.; a. A. *Fitting/Auffarth/Kaiser/Heither* § 87 Rn. 44.
46 *BAG* vom 28. 8. 1988, 1 ABR 411/87, AP Nr. 29 zu § 87 BetrVG 1972 Arbeitszeit unter B II 2 b der Gründe; TK *Löwisch* § 87 Rn. 42; *Fitting/Auffarth/Kaiser/Heither* § 87 Rn. 145a; a. A. *LAG Rheinland-Pfalz* vom 13. 1. 1986, 5 TaBV 61/85, NZA 1986, 618 (Leitsatz): Keine Mitbestimmung über das „Verbot der Arbeitszeit auf Abruf"; GK-TzA/*Mikosch* Art. 1 § 4 BeschFG Rn. 150; GK-BetrVG/*Wiese* § 87 Rn. 216, 217; *Schwerdtner*, Die Reichweite der Mitbestimmungsrechte aus § 87 Abs. 1 Nr. 2, 3 BetrVG bei Teilzeitbeschäftigten mit variabler Arbeitszeit, DB 1983, 2763, 2770 ff.; *Hanau*, Befristung und Abrufarbeit nach dem Beschäftigungsförderungsgesetz 1985, RdA 1987, 25, 27.

nen einzuhalten sind, an wie vielen Tagen pro Woche und wie viele Stunden täglich die Arbeitnehmerin höchstens arbeiten darf, wie die Interessen der Arbeitnehmerinnen beim Abruf zu berücksichtigen sind usw.[47].

Dabei steht der Mitbestimmung des Betriebsrats nach § 87 Abs. 1 Nr. 2 BetrVG nicht entgegen, daß Art. 1 § 4 Abs. 2 und 3 BeschFG Bestimmungen über die Lage der Arbeitszeit der KAPOVAZ-Arbeitnehmer trifft. Denn Art. 1 § 4 BeschFG ist keine gesetzliche Regelung im Sinne des § 87 Abs. 1 Eingangs-Hs. BetrVG, die die Mitbestimmungsrechte des Betriebsrats ausschließt, sondern legt, wie die Wortwahl „mindestens" zeigt, lediglich gesetzliche Mindestbedingungen fest[48].

Nicht mitzubestimmen hat der Betriebsrat aber darüber, welcher Bezugszeitraum für die Arbeitsverpflichtung der Arbeitnehmerinnen festgelegt wird. Denn dem Bezugsrahmen kann weder etwas über die tägliche Arbeitszeit der KAPOVAZ-Arbeitnehmerinnen noch über die Verteilung der Arbeitszeit auf die einzelnen Wochentage entnommen werden[49].

Fraglich ist, ob der Betriebsrat nach § 87 Abs. 1 Nr. 2 BetrVG mitzubestimmen hat, wenn der Arbeitgeber eine Arbeitnehmerin aufgrund der KAPOVAZ-Abrede im Einzelfall zu Vertretungsaufgaben heranzieht. Teilweise wird ein Mitbestimmungsrecht des Betriebsrats bejaht[50]. Das ist aber mit der ganz herrschenden Meinung abzulehnen: Nach § 87 Abs. 1 Nr. 2 BetrVG hat der Betriebsrat ein Mitbestimmungsrecht nur hinsichtlich kollektiver Tatbestände. Demgegenüber kann er nicht mitbestimmen, wenn der Arbeitgeber die Arbeitszeit einer einzelnen Arbeitnehmerin individuell festlegt[51]. Ein Mitbestimmungsrecht bei personellen Einzelmaßnahmen steht dem Betriebsrat allenfalls nach § 99 BetrVG zu (dazu gleich).

---

47 TK *Löwisch* § 87 Rn. 42; *Löwisch/Schüren*, Aktuelle arbeitsrechtliche Fragen von Teilzeitarbeit und kürzerer Arbeitszeit, BB 1984, 925, 929 f.; *Löwisch*, Arbeits- und sozialrechtliche Hemmnisse einer weiteren Flexibilisierung der Arbeitszeit, RdA 1984, 197, 199; *Schwerdtner*, DB 1983, 2763, 2774 f. und Beschäftigungsförderungsgesetz, Tarifautonomie und Betriebsverfassung, NZA 1985, 577, 583; *v. Hoyningen-Huene*, Das neue Beschäftigungsförderungsgesetz 1985, NJW 1985, 1801, 1805; GK-BetrVG/*Wiese* § 87 Rn. 222, 226; vgl. auch *BAG* vom 21. 12. 1982, 1 ABR 14/81, AP Nr. 9 zu § 87 BetrVG 1972 Arbeitszeit = BB 1983, 503 unter III 1 und 2 der Gründe für einen Rufbereitschaftsplan und *BAG* vom 2. 3. 1982, 1 ABR 74/79, AP Nr. 6 zu § 87 BetrVG 1972 Arbeitszeit zum Bereitschaftsdienst.
48 *Löwisch*, BB 1985, 1200, 1204; *Schwerdtner* NZA 1985, 577, 583; *v. Hoyningen-Huene*, NJW 1985, 1801, 1805; GK-TzA/*Mikosch* Art. 1 § 4 Rn. 150; *Fitting/Auffarth/Kaiser/Heither* § 87 Rn. 45a; GK-BetrVG/*Wiese* § 87 Rn. 225; a.A. *Hanau*, NZA 1984, 345, 347 und RdA 1987, 25, 27.
49 Vgl. auch GK-TzA/*Mikosch* Art. 1 § 4 BeschFG Rn. 150.
50 *Klevemann*, Die Mitbestimmungsrechte des Betriebsrats bei Flexibilisierung der Arbeitszeit, AiB 1984, 90 ff., 107 ff, 111; *derselbe*, Die Mitbestimmung des Betriebsrats bei KAPOVAZ-Arbeitszeitsystemen, AiB 1986, 156, 160 f.
51 TK *Löwisch* § 87 Rn. 42; *Löwisch/Schüren*, BB 1984, 925, 930; *Löwisch* RdA 1984, 197, 199; GK-BetrVG/*Wiese* § 87 Rn. 211, 216, 226; *Schwerdtner* DB 1983, 2763, 2774 f. und NZA 1985, 577, 583; *v. Hoyningen-Huene* NJW 1985, 1801, 1805; *Hanau* RdA 1987,

b. KAPOVAZ-Arbeitsverhältnis zum Arbeitgeber

Schließen Arbeitgeber und Arbeitnehmerin für die Zeit des Erziehungs- oder Elternurlaubs ein KAPOVAZ-Arbeitsverhältnis ab, ist fraglich, ob diese Änderung des Arbeitsvertrages eine Versetzung nach § 95 Abs. 3 BetrVG ist.

In der Reduzierung der Arbeitszeit allein liegt keine Versetzung (siehe oben § 2 IV 1 a). Der Arbeitnehmerin wird aber dadurch ein anderer Arbeitsbereich im Sinne des § 95 Abs. 3 S. 1 BetrVG zugewiesen, daß sie während des befristeten KAPOVAZ-Arbeitsverhältnisses nicht mehr ständig an einem Arbeitsplatz mit regelmäßiger Arbeitszeit beschäftigt wird, sondern verpflichtet ist, nach Bedarf an verschiedenen Arbeitsplätzen zu unterschiedlichen Zeiten zu arbeiten[52].

Das Tätigwerden im konkreten Vertretungsfall ist weder eine Einstellung der Arbeitnehmerin im Sinne des § 99 Abs. 1 BetrVG noch eine Versetzung im Sinne der §§ 99 Abs. 1, 95 Abs. 3 BetrVG. Eingestellt wird die Arbeitnehmerin nicht, da sie schon vor Abruf der jeweiligen Vertretungsleistung in einem Arbeitsverhältnis zum Arbeitgeber steht. Und der einzelne Abruf der Arbeitnehmerin zu Vertretungsleistungen ist nach § 95 Abs. 3 S. 2 BetrVG keine Versetzung: Nach der Eigenart des KAPOVAZ-Arbeitsverhältnisses wird die Arbeitnehmerin nicht ständig an einem bestimmten Arbeitsplatz beschäftigt[53].

c. Verpflichtung zu Krankheits- und Urlaubsvertretungen bei anderen Verbundunternehmen

aa. Verpflichtet sich die Arbeitnehmerin im Rahmen der KAPOVAZ-Abrede gegenüber ihrem Arbeitgeber, mit anderen Verbundunternehmen für Krankheits- und Urlaubsvertretungen befristete Zweitarbeitsverträge abzuschließen (siehe oben II 4 b), wird sie, wenn sie im Einzelfall Vertretungsaufgaben bei einem anderen Verbundunternehmen übernimmt, auch dann nicht im Sinne des § 95 Abs. 3 BetrVG versetzt, wenn der Arbeitgeber die Krankheits- oder Urlaubsvertretung veranlaßt hat: Das KAPOVAZ-Arbeitsverhältnis ist gerade darauf gerichtet, daß die Arbeitnehmerin auch bei anderen Verbundunternehmen tätig wird, § 95 Abs. 3 S. 2 BetrVG (siehe gerade unter b).

In das entleihende Verbundunternehmen wird die Arbeitnehmerin im jeweiligen Vertretungsfall nach § 99 BetrVG eingestellt. Da sich der Arbeitgeber bereits durch den Abschluß des Arbeitsvertrages mit der Arbeitnehmerin zu ihrer tat-

---

25, 27; GK-TzA/*Mikosch* Art. 1 § 4 BeschFG Rn. 151; vgl. auch *BAG* vom 2. 3. 1982, 1 ABR 74/79, AP Nr. 6 zu § 87 BetrVG 1972 Arbeitszeit unter B II 1 und 2 der Gründe, das bei Regelung des Bereitschaftsdienstes für Störfälle die allgemeinen Rahmenbedingungen für die Einsätze, nicht aber den einzelnen Einsatz als mitbestimmungspflichtig ansieht; a. A. *Dietz/Richardi* § 87 Rn. 224.

52 Vgl. GK-TzA/*Mikosch* Art. 1 § 4 Rn. 148; *Klevemann*, AiB 1986, 156, 158; weiter *Fitting/Auffarth/Kaiser/Heither* § 99 Rn. 25.

53 *Galperin/Löwisch* § 99 Rn. 21; GK-BetrVG/*Kraft* § 99 Rn. 63; *Hess/Schlochauer/Glaubitz* § 99 Rn. 51; *Fitting/Auffarth/Kaiser/Heither* § 99 Rn. 28 für Springer.

sächlichen Eingliederung in den Betrieb verpflichtet, ist der Betriebsrat an der Einstellung schon vor Abschluß des Arbeitsvertrages zu beteiligen (vgl. oben § 2 IV 2 a)[54].

bb. Schließt die Erziehungs- oder Elternurlauberin mit anderen Verbundunternehmen ein auf die Dauer des Erziehungs- oder Elternurlaubs befristetes KAPOVAZ-Arbeitsverhältnis ab, liegt im Abschluß des Arbeitsvertrages keine Einstellung im Sinne des § 99 Abs. 1 BetrVG. Eingestellt wird die Arbeitnehmerin erst, wenn sie tatsächlich in den Betrieb des Verbundunternehmens eingegliedert wird, d. h. dort tatsächlich eine Krankheits- und Urlaubsvertretung wahrnimmt (siehe oben § 2 IV 2 a).

Fraglich ist aber, ob der Betriebsrat schon bei Abschluß des KAPOVAZ-Arbeitsvertrages nach § 99 BetrVG zu beteiligen ist. Das hängt davon ab, ob sich der Arbeitgeber durch den Abschluß des KAPOVAZ-Arbeitsvertrages soweit bindet, daß der Betriebsrat nach Abschluß dieses Vertrages sein Zustimmungsverweigerungsrecht nicht mehr sinnvoll wahrnehmen kann (siehe oben § 2 IV 2 a).

Aus dem KAPOVAZ-Vertrag ist die Arbeitnehmerin verpflichtet, unter den vertraglich genannten Voraussetzungen beim Arbeitgeber Vertretungsaufgaben zu übernehmen, der Arbeitgeber ist verpflichtet, der Arbeitnehmerin das vertraglich vereinbarte Arbeitsentgelt auch dann zu zahlen, wenn er sie mangels Vertretungsbedarfs im Bezugszeitraum nicht abruft. Die KAPOVAZ-Abrede ist ein echter Arbeitsvertrag. Vereinbaren Arbeitgeber und Arbeitnehmerin Abrufarbeit im Sinne des Art. 1 § 4 BeschFG, trifft der Arbeitgeber wie auch sonst bei Abschluß eines Arbeitsvertrages alle wesentlichen Entscheidungen hinsichtlich der Eingliederung der Arbeitnehmerin in den Betrieb. Da durch den Abschluß der KAPOVAZ-Abrede tatsächliche Zwänge geschaffen werden, die den Betriebsrat an der unbeeinträchtigten Ausübung seines Zustimmungsverweigerungsrechts nach § 99 BetrVG hindern, muß er schon vor Abschluß des KAPOVAZ-Vertrages beteiligt werden.

Daran ändert sich auch nichts, wenn die Arbeitnehmerin nicht nur mit einem Arbeitgeber einen KAPOVAZ-Arbeitsvertrag abschließt, sondern mit mehreren oder allen Verbundunternehmen. Zwar ist in diesen Fällen nicht sicher, daß die Arbeitnehmerin in jedem Bezugsjahr tatsächlich in jedem Betrieb der Verbundunternehmen Krankheits- und Urlaubsvertretungen wahrnimmt, so daß möglicherweise Betriebsräte in Betrieben nach § 99 BetrVG beteiligt werden, in die die Arbeitnehmerin später gar nicht eingegliedert wird. Für das Zustimmungsverweigerungsrecht des Betriebsrats genügt aber, daß der Arbeitgeber verpflichtet ist, die Arbeitnehmerin unter bestimmten Umständen in seinen Betrieb einzugliedern. Denn schon die Beschäftigungs- und Entgeltzahlungspflicht des Arbeitgebers ist geeignet, den Betriebsrat in seiner Entscheidung nach § 99 BetrVG dar-

---

54 Zur Mitbestimmung des Betriebsrats, wenn der Arbeitgeber die Arbeitnehmerin aufgrund eines KAPOVAZ-Arbeitsverhältnisses für Krankheits- und Urlaubsvertretungen an andere Verbundunternehmen verleiht, siehe unten § 7 VII 1 a.

über zu beeinträchtigen, ob er der Einstellung der Arbeitnehmerin zustimmen oder diese ablehnen soll.

Vor Abschluß des KAPOVAZ-Arbeitsvertrages müssen nach § 99 BetrVG daher die Betriebsräte in allen Betrieben beteiligt werden, für die die Verbundunternehmen als Arbeitgeber die Arbeitnehmerin verpflichtet haben, Krankheits- und Urlaubsvertretungen zu übernehmen.

5. Gleitender Wiedereinstieg in den Beruf

Hat das Arbeitsverhältnis zwischen Arbeitgeber und Arbeitnehmerin während des Erziehungs- oder des Elternurlaubs geruht und nimmt die Arbeitnehmerin gegen Ende der Familienphase ein Teilzeitarbeitsverhältnis zum Arbeitgeber auf, um gleitend in den Beruf zurückzukehren (dazu oben II 3), liegt darin keine nach § 99 BetrVG zustimmungspflichtige Einstellung: Einstellung ist, sofern das Arbeitsverhältnis zwischen Arbeitgeber und Arbeitnehmerin fortbesteht, nur die erstmalige Eingliederung in den Arbeitgeberbetrieb (siehe oben § 2 IV 2 a). Wird die Arbeitnehmerin aber auf ihrem früheren Arbeitsplatz beschäftigt, kann der Betriebsrat bei ihrer Wiedereingliederung in den Arbeitgeberbetrieb nach §§ 99, 95 Abs. 3 BetrVG zu beteiligen sein, wenn der Arbeitnehmerin ein anderer Arbeitsbereich zugewiesen wird (zur Versetzung siehe oben § 2 IV 2 a).

Haben Arbeitgeber und Arbeitnehmerin das Arbeitsverhältnis nach Ende des gesetzlichen Erziehungsurlaubs aufgelöst und beginnt die Elternurlauberin bei ihrem früheren Arbeitgeber eine Teilzeitbeschäftigung, wird sie demgegenüber im Sinne des § 99 BetrVG in den Arbeitgeberbetrieb eingestellt (siehe oben II 4 b).

Als Einstellung zustimmungspflichtig ist grundsätzlich auch, wenn die Arbeitnehmerin bei einem anderen Verbundunternehmen gleitend in den Beruf zurückkehrt (vgl. oben II 4 b). Voraussetzung ist aber, daß zwischen ihr und dem Verbundunternehmen keine arbeitsvertraglichen Bindungen bestanden haben, die an das Teilzeitarbeitsverhältnis heranreichen. In diesem Fall ist der Betriebsrat nur zu beteiligen, wenn der Arbeitnehmerin mit der Teilzeittätigkeit ein anderer Arbeitsbereich im Sinne der §§ 99, 95 Abs. 3 BetrVG zugewiesen wird. An die Wiedereingliederung heranreichende arbeitsvertraglichen Bindungen zwischen Arbeitnehmerin und Verbundunternehmen bestehen, wenn die Arbeitnehmerin auch mit dem wiedereingliedernden Verbundunternehmen für die Dauer des Erziehungs- oder Elternurlaubs ein KAPOVAZ-Arbeitsverhältnis abgeschlossen hatte (siehe oben § 2 IV 2 c)[55].

---

55 Zur Mitbestimmung des Betriebsrats, wenn der Arbeitgeber die Erziehungs- oder Elternurlauberin für den gleitenden Wiedereinstieg in den Beruf an andere Verbundunternehmen verleiht, siehe unten § 7 VII 2.

6. Verbund als Arbeitgeber oder Schuldner des Wiedereinstellungsanspruchs

a. Krankheits- und Urlaubsvertretungen

aa. Ruht das Arbeitsverhältnis zwischen Arbeitnehmerin und Verbund während des Erziehungs- oder Elternurlaubs und verleiht der Verbund die Arbeitnehmerin im Bedarfsfall oder aufgrund einer KAPOVAZ-Verpflichtung der Arbeitnehmerin für Krankheits- und Urlaubsvertretungen an einzelne Verbundunternehmen, ist fraglich, ob der Betriebsrat im Verbund und der Betriebsrat im Entleiherbetrieb nach §§ 99, 95 Abs. 3 BetrVG zu beteiligen sind. Da der Arbeitnehmerverleih Probleme des AÜG berührt, soll diese Frage erst in § 7 unter VII 3 behandelt werden.

bb. Haben Arbeitgeber und Arbeitnehmerin das Arbeitsverhältnis für den Elternurlaub aufgelöst, hängt die Beteiligung der Betriebsräte im Verbund und in den Verbundunternehmen davon ab, ob sie der Verbund an die Verbundunternehmen mit Vertretungsbedarf verleiht (zum letzteren unten § 7 VII 3), oder ob die Arbeitnehmerin im Bedarfsfall einen auf den Vertretungsfall befristeten Arbeitsvertrag mit dem Verbundunternehmen abschließt oder mit dem Verbundunternehmen eine KAPOVAZ-Abrede trifft.

Schließt die Elternurlauberin mit dem Verbundunternehmen einen auf den Vertretungsfall befristeten Arbeitsvertrag ab und übernimmt sie eine Krankheits- und Urlaubsvertretung, ist der dortige Betriebsrat zu beteiligen: Er muß der Einstellung der Elternurlauberin nach § 99 BetrVG zustimmen. Verpflichtet sich die Arbeitnehmerin aufgrund einer KAPOVAZ-Abrede zu Krankheits- und Urlaubsvertretungen gegenüber dem Verbundunternehmen, ist der dortige Betriebsrat ebenfalls zu beteiligen, aber nicht schon bei Abschluß der KAPOVAZ-Abrede, sondern erst, wenn das Verbundunternehmen den Einsatz der Elternurlauberin als Aushilfskraft konkret beabsichtigt (dazu oben 4 c).

b. Gleitender Wiedereinstieg in den Beruf

Für den gleitenden Wiedereinstieg in den Beruf sind der Verbundbetriebsrat und der Betriebsrat im Betrieb des wiedereingliedernden Verbundunternehmens so zu beteiligen, wie bei der Wiederbeschäftigung oder Wiedereinstellung der Erziehungs- oder Elternurlauberin nach Ende der Familienphase (siehe oben § 2 IV 2d).

§ 6 Verbot einer Beschäftigung bei verbundfremden Arbeitgebern

I. Problemstellung

Verbund und Verbundunternehmen haben ein Interesse daran, die Arbeitnehmerinnen, die sie für Zeiten der Kindererziehung von der Arbeit freistellen, an sich zu binden.

Arbeiten die Arbeitnehmerinnen während des Erziehungs- oder Elternurlaubs bei verbundfremden Arbeitgebern, besteht die Gefahr, daß sie im Anschluß an die Familienphase nicht zum bisherigen Arbeitgeber oder einem anderen Verbundunternehmen zurückkehren, sondern das Beschäftigungsverhältnis zum verbundfremden Dritten fortsetzen[1].

Um Tätigkeiten der Erziehungs- und Elternurlauberinnen bei verbundfremden Arbeitgebern zu verhindern, kommen entsprechende Nebentätigkeitsverbote in Betracht.

Welche Nebentätigkeitsverbote arbeitsvertraglich bestehen oder zwischen Arbeitgeber und Arbeitnehmerin vereinbart werden können, ist zunächst allgemein und dann für den Erziehungsurlaub, für das im Elternurlaub ruhende und für das aufgelöste Arbeitsverhältnis zu untersuchen. Für zulässige Nebentätigkeitsverbote ist im Anschluß an die allgemeine Untersuchung jeweils zu prüfen, ob den Erziehungs- und Elternurlauberinnen mit ihrer Hilfe verboten werden kann, gerade bei verbundfremden Arbeitgebern zu arbeiten.

Auf die Besonderheiten, die bestehen, wenn der Verbund Arbeitgeber der Erziehungs- und Elternurlauberinnen oder Schuldner des Wiedereinstellungsanspruchs wird, wird anschließend eingegangen.

In Betracht kommt auch, die Erziehungs- und Elternurlauberinnen vertraglich zu verpflichten, nach Ende der Familienphase wieder beim bisherigen Arbeitgeber oder bei einem anderen Verbundunternehmen zu arbeiten. Es muß geprüft werden, inwieweit eine solche Vertragsgestaltung zulässig ist.

---

1 Kehrt eine Erziehungs- oder Elternurlauberin nach Ende der Familienphase nicht zu ihrem bisherigen Arbeitgeber zurück, sondern wird bei einem anderen Verbundunternehmen tätig, muß dieser Konflikt verbundintern geregelt werden. Dazu können der Gesellschaftsvertrag oder die Satzung des Verbunds Vorgaben enthalten.

II. Nebentätigkeitsverbote

1. Zulässigkeit und Grenzen einer Nebenbeschäftigung

a. Grundsätze

Die Arbeitnehmerin ist ihrem Arbeitgeber aus dem Arbeitsvertrag verpflichtet, die vereinbarte Arbeitsleistung zu erbringen. Daraus folgt in der Regel aber nicht, daß sie neben der dem Arbeitgeber geschuldeten Tätigkeit keine weitere Beschäftigung bei einem anderen Arbeitgeber aufnehmen darf. Denn sie verspricht arbeitsvertraglich nicht, ihre Arbeitskraft ausschließlich dem Arbeitgeber zur Verfügung zu stellen, sondern lediglich, eine bestimmte Stundenzahl pro Woche oder Monat bei ihm zu arbeiten.

Das Recht der Arbeitnehmerin, neben ihrem Hauptarbeitsverhältnis eine weitere Beschäftigung aufzunehmen, kann jedoch durch den Arbeitsvertrag selbst oder aufgrund besonderer Vereinbarung beschränkt oder verboten sein. Da ein Nebentätigkeitsverbot als Berufsausübungsregel in das Recht der Arbeitnehmerin auf freie Arbeitsplatzwahl aus Art. 12 Abs. 1 GG eingreift, ist es nur zulässig, soweit die Beschränkung der freien Arbeitsplatzwahl verhältnismäßig ist. Verhältnismäßig ist sie, wenn sie einem berechtigten Interesse des Arbeitgebers dient, erforderlich und geeignet ist, diesen Zweck zu erreichen, und der Eingriff in die Berufsfreiheit der Arbeitnehmerin in angemessenem Verhältnis zu diesem Zweck steht[2].

b. Erhebliche Beeinträchtigung der Arbeitsleistung

Zulässig eingeschränkt wird das Recht der Arbeitnehmerin, eine Nebentätigkeit aufzunehmen, einmal durch den Arbeitsvertrag: Aus der arbeitsvertraglichen Leistungsverpflichtung der Arbeitnehmerin folgt, daß sie eine Nebentätigkeit nicht aufnehmen darf, wenn dadurch ihre Arbeitsleistung erheblich beeinträchtigt wird, sie etwa wegen körperlicher Überbeanspruchung ihren Arbeitspflichten aus dem Hauptarbeitsverhältnis nur unzureichend nachkommt[3].

c. Wettbewerbsverbot

Aufgrund des Arbeitsvertrages, nämlich der arbeitsvertraglichen Treuepflicht, ist es der Arbeitnehmerin darüber hinaus verboten, eine Nebenbeschäftigung aufzu-

---

2 Vgl. *BAG* vom 3. 12. 1970, 2 AZR 110/70, und vom 26. 8. 1976, 2 AZR 377/75, AP Nr. 60 und 68 zu § 626 BGB; vom 13. 11. 1979, 6 AZR 934/77, AR-Blattei D-Blatt Nebentätigkeit des Arbeitnehmers Entsch. 8; vgl. auch MünchArbR/*Blomeyer* § 50 Rn. 3, § 53 Rn. 3 und 20. Allgemein zur Inhaltskontrolle von Verträgen siehe oben § 4 Fn. 11.
3 *BAG* vom 3. 12. 1970 und vom 26. 8. 1976 a. a. O.; *Schaub* § 43 II 4 S. 224; *Monjau*, Nebentätigkeit von Arbeitnehmern, AR-Blattei D-Blatt 1975 B III; *Löwisch/Rieble* § 1 Rn. 611; MünchArbR/*Blomeyer* § 50 Rn. 4 f.

nehmen, durch welche sie Wettbewerb zulasten ihres Arbeitgebers betreibt. Dabei betrifft das Wettbewerbsverbot nur Tätigkeiten im Geschäftszweig oder in der Interessensphäre des Arbeitgebers[4]. Die Arbeitnehmerin darf daher nicht in einem Konkurrenzunternehmen des Arbeitgebers arbeiten[5].

2. Rechtsfolgen des Verstoßes gegen ein Nebentätigkeitsverbot

Verstößt die Arbeitnehmerin gegen ein Nebentätigkeitsverbot, kann der Arbeitgeber Unterlassung der verbotswidrigen Tätigkeit verlangen, sofern weitere Zuwiderhandlungen zu besorgen sind.

Haben Arbeitgeber und Arbeitnehmerin vereinbart, daß die Arbeitnehmerin eine Vertragsstrafe (vgl. dazu oben § 4 III 1) zahlen muß, wenn sie eine Nebentätigkeit aufnimmt, kann der Arbeitgeber diese geltend machen. Ist ihm durch die verbotene Nebenbeschäftigung ein Schaden entstanden, etwa weil die Arbeitnehmerin dem Konkurrenten Kunden des Arbeitgebers zugeführt hat, kann der Arbeitgeber auch Schadenersatzansprüche aus positiver Vertragsverletzung geltend machen.

Setzt die Arbeitnehmerin eine verbotene Nebentätigkeit fort, nachdem der Arbeitgeber sie deswegen abgemahnt hat, kann er ihr verhaltensbedingt ordentlich, bei schwerwiegenden Verstößen auch außerordentlich kündigen[6].

III. Im Erziehungsurlaub

1. Erhebliche Beeinträchtigung der Arbeitsleistung

Im Erziehungsurlaub sind nur die Hauptpflichten von Arbeitgeber und Arbeitnehmerin, nämlich die Entgeltzahlungspflicht des Arbeitgebers und die Pflicht der Arbeitnehmerin zur Arbeitsleistung, suspendiert. Die arbeitsvertraglichen Nebenpflichten bestehen demgegenüber auch während des Erziehungsurlaubs[7].

Daraus folgt aber nicht, daß die für Nebenbeschäftigungen geltenden arbeitsvertraglichen Grenzen zwingend auch im Erziehungsurlaub Anwendung finden.

So rechtfertigt der Zweck, den Arbeitgeber davor zu schützen, daß die Arbeitnehmerin aufgrund erheblicher Belastungen durch eine Nebentätigkeit ihren Arbeitspflichten aus dem Hauptarbeitsverhältnis nur unzureichend nachkommt, ein Nebentätigkeitsverbot während des Erziehungsurlaubs nicht. Ruht die Pflicht

---

4 *BAG* vom 25. 5. 1970, 3 AZR 384/69, AP Nr. 4 zu § 60 HGB; MünchArbR/*Blomeyer* § 50 Rn. 1, 4.
5 *BAG* vom 17. 10. 1969, 3 AZR 442/68, AP Nr. 7 zu § 611 BGB Treuepflicht; *Schaub* § 43 II 5 S. 224; *Monjau* a. a. O.; *Löwisch/Rieble* a. a. O.
6 Vgl. dazu *BAG* vom 26. 8. 1976, 2 AZR 377/75, AP Nr. 68 zu § 626 BGB.
7 *BAG* 10. 5. 1989, 6 AZR 660/87, AP Nr. 2 zu § 15 BErzGG.

der Arbeitnehmerin zur Arbeitsleistung, wird das Arbeitsverhältnis zum Arbeitgeber durch eine etwaige Nebenbeschäftigung nicht beeinträchtigt[8].

Das gilt auch, wenn die Arbeitnehmerin im Erziehungsurlaub bei ihrem Arbeitgeber teilzeitbeschäftigt ist und daneben eine Nebenbeschäftigung zu einem Dritten ausübt. Da die Arbeitnehmerin insgesamt nur 19 Stunden pro Woche arbeiten darf (dazu oben § 5 II 5 a), ist kaum vorstellbar, daß die Teilzeittätigkeit beim Arbeitgeber durch eine zusätzliche geringfügige Nebenbeschäftigung bei einem Dritten beeinträchtigt wird.

2. Schutzzweck des BErzGG

Möglicherweise rechtfertigt es der Schutzzweck des BErzGG, die Kindesbetreuung durch die Erziehungsurlauberin zu gewährleisten, der von der Arbeit freigestellten Arbeitnehmerin eine Nebentätigkeit zu verbieten. Ein entsprechendes Tätigkeitsverbot enthält etwa § 8 BUrlG, der den Arbeitnehmern untersagt, während ihres Erholungsurlaubs eine dem Urlaubszweck widersprechende Erwerbstätigkeit zu leisten. Ebenso folgert die herrschende Meinung aus der Treuepflicht des krank geschriebenen Arbeitnehmers, alles – und damit auch Nebentätigkeiten – zu unterlassen, die seine Genesung verzögern könnten[9].

Das BErzGG enthält aber kein absolutes Beschäftigungsverbot. Vielmehr erlaubt es den Arbeitnehmerinnen in § 15 Abs. 1 BErzGG, auch während des Erziehungsurlaubs eine Teilzeitbeschäftigung von maximal 19 Wochenstunden bei ihrem Arbeitgeber aufzunehmen (siehe oben § 5 II 5 a). Entgegen § 15 Abs. 5 BErzGG a.F., nach der der Erziehungsurlauberin eine Nebentätigkeit bei anderen Arbeitgebern verboten war, erstreckt § 15 Abs. 4 BErzGG n. F. die Möglichkeit einer Teilzeitarbeit auch auf ein Tätigwerden für Dritte. § 15 Abs. 4 BErzGG macht eine solche Nebentätigkeit lediglich von der schriftlichen Zustimmung des Arbeitgebers abhängig, die dieser nur bei entgegenstehenden betrieblichen Interessen verweigern darf (dazu oben § 5 II 1 b).

In diesem Rahmen erachtet das BErzGG eine Arbeitstätigkeit der Erziehungsurlauberin als unschädlich und mit dem Zweck des Gesetzes vereinbar. Die Wertung des BErzGG ist abschließend.

3. Wettbewerbsverbot

a. Zulässigkeit

Ob Nebentätigkeitsverbote während des Erziehungsurlaubs damit gerechtfertigt werden können, daß der Arbeitgeber vor Wettbewerb seiner Arbeitnehmerin geschützt werden muß, ist zweifelhaft.

---

[8] Vgl. auch *Leube*, S. 78 m. w. Nw.
[9] *BAG* vom 13. 11. 1979, 6 AZR 934/77, AP Nr. 5 zu § 1 KSchG 1969 Krankheit m. w. Nw.; MünchArbR/*Blomeyer* § 53 Rn. 6.

Die überwiegende Meinung geht davon aus, daß es für das arbeitsvertragliche Wettbewerbsverbot nicht darauf ankommt, ob der Arbeitnehmer tatsächlich arbeitet, sondern allein darauf, daß das Arbeitsverhältnis dem rechtlichen Bande nach besteht [10].

Auch nach der erziehungsrechtlichen Literatur besteht das Wettbewerbsverbot als Ausprägung der während des gesetzlichen Erziehungsurlaubs nicht suspendierten Treuepflicht der Arbeitnehmerin fort [11]. Deshalb soll der Arbeitgeber nach § 15 Abs. 4 S. 2 BErzGG berechtigt sein, seine Zustimmung zu einer Teilzeitbeschäftigung der Arbeitnehmerin bei einem Dritten zu verweigern, wenn dieser in Wettbewerb zum Arbeitgeber steht [12].

Die Argumentation, die Arbeitnehmerin sei schon deshalb verpflichtet, Wettbewerb zulasten ihres Arbeitgebers zu unterlassen, weil sie in einem Arbeitsverhältnis zu ihm stehe, greift zu kurz. Aus §§ 74 ff. HGB, wonach einem Arbeitnehmer Konkurrenztätigkeiten nach Beendigung des Arbeitsverhältnisses nur gegen eine Karenzentschädigung untersagt werden können, folgt, daß Eingriffe in die Berufsausübungsfreiheit der Arbeitnehmerin aus Art. 12 Abs. 1 GG grundsätzlich nur gerechtfertigt sind, wenn der Arbeitgeber sie dafür hinreichend entschädigt. Erbringt die Arbeitnehmerin im bestehenden Arbeitsverhältnis die dem Arbeitgeber geschuldete Arbeitsleistung und erhält sie als Gegenleistung das dafür geschuldete Arbeitsentgelt, wird sie für das Verbot, daneben auch für ein Konkurrenzunternehmen zu arbeiten, durch das Arbeitsentgelt „entschädigt".

Im gesetzlichen Erziehungsurlaub erhält die Arbeitnehmerin grundsätzlich kein Arbeitsentgelt, sondern während der ersten sechs Monate, bei schlechten Einkommensverhältnissen auch für 18 (24) Monate, vom Bund Erziehungsgeld in Höhe vom DM 600,–, §§ 4 Abs. 1, 5 Abs. 1 BErzGG, an das sich unter bestimmten Voraussetzungen Landeserziehungsgeld in Höhe von DM 400,– anschließt. Übt sie während des Erziehungsurlaubs eine Teilzeitbeschäftigung bei ihrem

---

10 *BAG* vom 17. 10. 1969, 3 AZR 442/68 AP Nr. 7 zu § 611 BGB Treuepflicht mit zust. Anm. *Canaris*; vom 30. 5. 1978, 2 AZR 598/76, AP Nr. 9 zu § 60 HGB mit zust. Anm. *Schröder*; *LAG Kiel* vom 24. 1. 1956, 2 Sa 224/55, AP Nr. 2 zu § 60 HGB mit diff. Anm. *Nikisch*; *LAG Stuttgart* vom 24. 7. 1969, 4 Sa 42/69, BB 1969, 1176; *LAG Mannheim* vom 10. 2. 1951, Sa 150/50 (32/50), AP 1952 Nr. 6; *LAG München* vom 22. 9. 1975, 5 Sa 601, 634/75, BB 1977, 1049; *Schaub* § 57 I.2.; S. 339 f.; MünchArbR/*Blomeyer* § 50 Rn. 11 f.; *Baumbach/Duden/Hopt*, Handelsgesetzbuch. Kommentar, 28. Aufl. 1989, § 60, Anm. B a); *Isele* in FS Molitor, S. 107; *Leube* a.a.O. S. 78 f.; a.A. *LAG Mannheim* vom 27. 11. 1951, Sa 153/51, AP 1952 Nr. 190 für die vertragliche Suspendierung der arbeitsvertraglichen Hauptleistungspflichten.
11 *Zmarzlik/Zipperer/Viethen* § 18 BErzGG 1989 § 15 Rn. 39; *Meisel/Sowka* § 15 BErzGG Rn. 32; *Hönsch* Rn. 266 und *Grüner/Dalichau* Anm. III 1 vor §§ 15–18 zur arbeitsvertraglichen Verschwiegenheitspflicht.
12 *Zmarzlik/Zipperer/Viethen* § 15 BErzGG 1992 Rn. 26; *Erasmy*, Der Arbeitgeber 1992, 188, 190; *Köster/Schiefer/Überacker*, DB 1992 Beilage Nr. 10 S. 8; vgl. auch *Stevens-Bartol* § 15 Anm. 6. Eine nähere Gesetzesbegründung des erst auf Vorschlag des Ausschusses für Familie und Senioren eingefügten § 15 Abs. 4 S. 2 BErzGG fehlt (BT-Drucks. XII 1495 S. 8 und 14).

Arbeitgeber aus, zahlt ihr der Arbeitgeber – zusätzlich zum Erziehungsgeld – ein Teilzeitarbeitsentgelt, wobei das Erziehungsgeld nach Ablauf von sechs Monaten wegfällt, soweit die Arbeitnehmerin bestimmte Einkommensgrenzen überschreitet, § 5 Abs. 2 und 3 BErzGG.

Es ist zweifelhaft, ob das Recht der Arbeitnehmerin auf freie Arbeitsplatzwahl aus Art. 12 Abs. 1 GG verhältnismäßig eingeschränkt wird, wenn sie aus Wettbewerbsgründen eine Nebentätigkeit nicht ausüben darf, obwohl der Arbeitgeber ihr kein oder nur ein geringfügiges Arbeitsentgelt zahlt, d. h. sie für die Nichtaufnahme einer weiteren Beschäftigung allenfalls unzureichend entschädigt[13].

Daß der Arbeitgeber seine Zustimmung zu einer Teilzeitarbeit der Erziehungsurlauberin bei einem Dritten verweigern kann, wenn dieser in Wettbewerb zum Arbeitgeber steht, folgt aber aus einem anderen Grund: Der Arbeitgeber wird während der Kindererziehungsphase durch § 18 BErzGG am Arbeitsverhältnis festgehalten, er kann die Inanspruchnahme des Erziehungsurlaubs durch die Arbeitnehmerin nicht verhindern, § 15 Abs. 3 BErzGG. Die Aufrechterhaltung des Arbeitsverhältnisses dient dem Interesse der Arbeitnehmerin, nach Ende des Erziehungsurlaubs bei ihrem Arbeitgeber wiederbeschäftigt zu werden, während der Arbeitgeber durch die Notwendigkeit, eine Ersatzkraft einzustellen und die Erziehungsurlauberin nach ihrer Rückkehr wieder in den Betrieb zu integrieren, vor organisatorische Probleme gestellt und finanziellen Belastungen ausgesetzt wird. Wegen dieser dem Arbeitgeber in ihrem Interesse auferlegten Belastungen ist die Erziehungsurlauberin aufgrund ihrer arbeitsvertraglichen Treuepflicht verpflichtet, Beschäftigungen bei Dritten zu unterlassen, die dem Arbeitgeber im Wettbewerb auf dem Markt schaden können. Durch die Garantie, nach Ende des Erziehungsurlaubs wieder beim Arbeitgeber tätig werden zu können, wird sie für das Nebentätigkeitsverbot hinreichend „entschädigt"[14].

Daß die im Verbund zusammengeschlossenen Arbeitgeber die Wiederbeschäftigungsgarantie über das Arbeitgeberunternehmen hinaus auf andere Verbundunternehmen erstrecken, steht der so ausgeformten Treuepflicht der Erziehungsurlauberin nicht entgegen: Indem der Arbeitnehmerin, für die eine Beschäftigungsmöglichkeit beim bisherigen Arbeitgeber nicht besteht, ein Anspruch darauf eingeräumt wird, auf einem entsprechenden Arbeitsplatz in einem anderen Verbundunternehmen zu arbeiten, wird ihr nicht weniger, sondern mehr gewährt als nach dem BErzGG geschuldet. Ohne den verbundweiten Beschäftigungsanspruch bestünde für die aus dem Erziehungsurlaub zurückkehrende Arbeitnehmerin die Gefahr, daß ihr betriebsbedingt ordentlich gekündigt wird, wenn beim Arbeitgeber kein Arbeitsplatz frei ist. Hat sie demgegenüber einen Anspruch darauf, auf einem freien Arbeitsplatz in einem anderen Verbundunternehmen beschäftigt zu werden, wird dieses Risiko erheblich herabgesetzt[15].

---

13 Vgl. *Dikomey* S. 102 für das Wettbewerbsverbot während des ruhenden Arbeitsverhältnisses; Löwisch/Rieble § 1 Rn. 611 für tarifvertragliche Nebentätigkeitsverbote in Teilzeitarbeitsverhältnissen.
14 Vgl. auch *Dikomey* S. 105.
15 Vgl. oben § 2 II 3 d.

b. Verbot der Tätigkeit bei verbundfremden Unternehmen

Aufgrund des arbeitsvertraglichen Wettbewerbsverbots kann der Arbeitgeber seinen Erziehungsurlauberinnen nach § 15 Abs. 4 S. 2 BErzGG eine Teilzeitbeschäftigung bei verbundfremden Arbeitgebern untersagen. Allerdings verbietet das Wettbewerbsverbot nicht die Tätigkeit bei allen verbundfremden Unternehmen, sondern nur bei solchen, die im selben Geschäftszweig wie der Arbeitgeber tätig sind (siehe oben II 1 c)[16].

4. Verhinderung eines Arbeitsplatzwechsels

Das Interesse der im Verbund zusammengeschlossenen Unternehmen, die Teilzeitbeschäftigung der Erziehungsurlauberinnen bei verbundfremden Arbeitgebern zu verbieten und so zu verhindern, daß die Arbeitnehmerinnen nach Ende des Erziehungsurlaubs eine Tätigkeit bei verbundfremden Unternehmen aufnehmen, rechtfertigt ein Nebentätigkeitsverbot nicht.

Ein solches Nebentätigkeitsverbot hätte den alleinigen Zweck, den Arbeitsplatzwechsel der Arbeitnehmerin zu erschweren. Das dahingehende Interesse des Arbeitgebers ist jedoch kein schutzwürdiger Zweck, der eine Beschränkung des Rechts der Arbeitnehmerin auf freie Arbeitsplatzwahl aus Art. 12 Abs. 1 GG erlaubte[17].

IV. Im während des Elternurlaubs ruhenden Arbeitsverhältnis

1. Erhebliche Beeinträchtigung der Arbeitsleistung

Ruht das Arbeitsverhältnis im Elternurlaub und haben Arbeitgeber und Arbeitnehmerin nicht vereinbart, daß die Arbeitnehmerin während des Elternurlaubs Teilzeitbeschäftigungen nur bis zu einer bestimmten zeitlichen Grenze ausüben darf, steht es ihr grundsätzlich frei, auch während des Elternurlaubs in einem erheblichen zeitlichen Umfang zu arbeiten. Da die Arbeitspflicht der Arbeitnehmerin während des Elternurlaubs ruht, wird das Arbeitsverhältnis zum Arbeitgeber durch entsprechende Tätigkeiten der Elternurlauberin bei einem Dritten aber nicht beeinträchtigt.

---

16 Zur Erstreckung des Wettbewerbsverbots auf den Unternehmensgegenstand der übrigen Verbundunternehmen siehe unten VI 1.

17 Vgl. die Bedenken des *BAG* zum Wettbewerbsverbot, *BAG* vom 16. 12. 1968, 3 AZR 434/67, AP Nr. 21 zu 133 f GewO unter I 5 der Gründe mit weitergehender Anm. *Simitis*; vgl. a. § 74 a Abs. 1 S. 1 und 2 HGB.

2. Betreuung des Kindes

Fraglich ist, ob Arbeitgeber und Arbeitnehmerin anders als für den gesetzlichen Erziehungsurlaub (vgl. oben III 2) vereinbaren können, daß sich die Elternurlauberin ausschließlich der Betreuung des Kindes widmen soll, so daß ihr Tätigkeiten während des ruhenden Arbeitsverhältnisses generell verboten sind. Abgesehen davon, daß eine entsprechende Vereinbarung nicht im Interesse der Arbeitgeber liegt, die die Arbeitnehmerinnen während des Elternurlaubs zu Krankheits- und Urlaubsvertretungen heranziehen wollen, griffe diese Abrede unverhältnismäßig in das Berufsausübungsrecht der Arbeitnehmerin aus Art. 12 Abs. 1 GG ein: Zwischen dem Interesse des Arbeitgebers, einen Arbeitsplatz nur bei berechtigten Gründen in der Person der Arbeitnehmerin freizuhalten, und dem Berufsausübungsrecht der Arbeitnehmerin muß abgewogen und ein angemessener Interessenausgleich gefunden werden. Eine solche Interessenabwägung hat der Gesetzgeber im BErzGG für den vergleichbaren Fall des gesetzlichen Erziehungsurlaubs getroffen. Danach darf eine Arbeitnehmerin während der Kinderbetreuungsphase bis zu 19 Wochenstunden einer Arbeit nachgehen, ohne daß der Gesetzgeber die Betreuung des Kindes durch die Arbeitnehmerin gefährdet sieht. Diese gesetzgeberische Wertung ist auch für den an den Erziehungsurlaub anschließenden Elternurlaub als angemessene Interessenabwägung zugrunde zu legen.

3. Wettbewerbsverbot

Wie im Erziehungsurlaub kann der Arbeitgeber der Arbeitnehmerin auch während des Elternurlaubs verbieten, für einen Konkurrenten tätig zu werden. Dieses Wettbewerbsverbot beinhaltet das Verbot, kein Arbeitsverhältnis zu einem verbundfremden Wettbewerber des Arbeitgebers einzugehen (siehe oben II 3)[18].

V. Im für den Elternurlaub aufgelösten Arbeitsverhältnis

Da Arbeitgeber und Arbeitnehmerin das Arbeitsverhältnis mit Wiedereinstellungsanspruch der Arbeitnehmerin aufgelöst haben, kann der Elternurlauberin eine Tätigkeit bei verbundfremden Arbeitgebern aufgrund der unter II genannten arbeitsvertraglichen Nebentätigkeitsverbote nicht untersagt werden. In Betracht kommt lediglich, daß Arbeitgeber und Arbeitnehmerin ein nachvertragliches Wettbewerbsverbot vereinbaren.

---

18 Zur Erstreckung des Wettbewerbsverbots auf den Unternehmensgegenstand der übrigen Verbundunternehmen siehe unten VI 1.

1. Nachvertragliches Wettbewerbsverbot

a. Inhalt

Wird das Arbeitsverhältnis im Anschluß an den gesetzlichen Erziehungsurlaub aufgelöst, erlöschen sowohl die Haupt- als auch die Nebenpflichten des Arbeitgebers und der Arbeitnehmerin aus dem Arbeitsvertrag. Nach Beendigung des Arbeitsverhältnisses besteht daher grundsätzlich kein Konkurrenzverbot für die Arbeitnehmerin, so daß sie bis zu den sich aus § 1 UWG, §§ 823 Abs. 1, 826 BGB ergebenden Grenzen zu ihrem ehemaligen Arbeitgeber in Wettbewerb treten kann. Lediglich die Verpflichtung der Arbeitnehmerin, Verschwiegenheit über Betriebs- und Geschäftsgeheimnisse ihres Arbeitgebers zu wahren, besteht als nachvertragliche Pflicht fort [19].

Arbeitgeber und Arbeitnehmerin können aber besonders vereinbaren, daß die Arbeitnehmerin auch nach Beendigung des Arbeitsverhältnisses nicht in Wettbewerb zum Arbeitgeber treten, insbesondere kein Arbeitsverhältnis zu einem Wettbewerber des Arbeitgebers aufnehmen darf. Wegen Art. 12 Abs. 1 GG ist ein nachvertragliches Wettbewerbsverbot aber nur zulässig, wenn die Arbeitnehmerin für das Unterlassen einer Konkurrenztätigkeit hinreichend entschädigt wird und auch zeitlich an das nachvertragliche Wettbewerbsverbot nicht übermäßig gebunden ist [20].

Der Gesetzgeber hat die Zulässigkeitsvoraussetzungen für ein nachvertragliches Wettbewerbsverbot in §§ 74 ff. HGB konkretisiert. Das *BAG* wendet die §§ 74 ff. HGB seit 1969 analog auf alle Arbeitnehmer an [21].

Danach müssen Arbeitgeber und Arbeitnehmerin das nachvertragliche Wettbewerbsverbot schriftlich vereinbaren und zwar unter Aushändigung einer vom Arbeitgeber unterzeichneten, die vereinbarten Bedingungen enthaltenden Urkunde an die Arbeitnehmerin, § 74 Abs. 1 HGB analog.

Das Wettbewerbsverbot ist analog § 74a Abs. 1 S. 1 HGB nur verbindlich, wenn es dem Schutz berechtigter geschäftlicher Interessen des Arbeitgebers dient: Der Arbeitgeber muß im Hinblick auf die spezifische Tätigkeit der Arbeitnehmerin Anlaß zu der Befürchtung haben, die Arbeitnehmerin könne dem Konkurrenten durch Ausnutzung der im bisherigen Arbeitsverhältnis erlangten Kenntnisse und Informationen Wettbewerbsvorteile verschaffen. Es genügt daher nicht, wenn lediglich die Möglichkeit besteht, daß die Arbeitnehmerin irgendwie zur Stärkung des Wettbewerbers beiträgt, vielmehr muß eine Beziehung zwischen der früheren Tätigkeit der Arbeitnehmerin und der untersagten Konkurrenztätigkeit be-

---

19 *BAG* vom 15. 12. 1987, 3 AZR 474/86 NJW 1988, 1686.
20 MünchArbR/*Löwisch*, 1993, § 252 Rn 32.
21 *BAG* vom 13. 9. 1969, 3 AZR 138/68, Nr. 24 zu 611 BGB Konkurrenzklausel mit zust. Anm. *Wiedemann/Steinberg* = NJW 1970, 626; vom 16. 5. 1969, 3 AZR 137/68, AP Nr. 23 zu § 133 f GewO mit zust. Anm. *Hofmann* = NJW 1970, 444; Nr. 22 = SAE 1969, 43; vom 2. 5. 1970, 3 AZR 134/69, Nr. 26 zu § 74 HGB mit Anm. *Buchner*.

stehen[22]. Analog § 74 a Abs. 1 S. 3 HGB darf das Wettbewerbsverbot insgesamt nicht auf einen Zeitraum von mehr als zwei Jahren nach Beendigung des Arbeitsverhältnisses erstreckt werden.

Unverbindlich ist ein nachvertragliches Wettbewerbsverbot analog § 74 Abs. 2 HGB auch, wenn der Arbeitgeber sich nicht verpflichtet, der Arbeitnehmerin für die Dauer des Verbots eine Entschädigung in Höhe der Hälfte des zuletzt bezogenen Arbeitsentgelts zu zahlen. Lösen Arbeitgeber und Arbeitnehmerin das Arbeitsverhältnis nach Ende des Erziehungsurlaubs für den Elternurlaub auf, ist der Karenzentschädigung das Arbeitsentgelt zugrundezulegen, welches der Arbeitgeber der Arbeitnehmerin bei Wiederaufnahme der Beschäftigung im Anschluß an den Erziehungsurlaub schuldet, also ein Arbeitsentgelt in Höhe des vor Antritt des Erziehungsurlaubs zuletzt gezahlten Lohns. Das gilt grundsätzlich auch, wenn die Erziehungsurlauberin während des Ruhenszeitraums in einem KAPOVAZ-Arbeitsverhältnis oder einem regulären Teilzeitarbeitsverhältnis zum Arbeitgeber stand, da die Teilzeitabrede nur befristet für die Dauer des Erziehungsurlaubs getroffen wird (siehe oben § 2 II 1 b). Anders ist es nur, wenn Arbeitgeber und Arbeitnehmerin vereinbart haben, das Arbeitsverhältnis nach Ende des Erziehungsurlaubs als Teilzeitarbeitsverhältnis fortzusetzen. Dann ist der Karenzentschädigung nach § 74 Abs. 2 HGB analog das für die Teilzeitarbeit geschuldete Entgelt zugrunde zulegen (siehe oben § 2 II 1 b).

Sofern die grundsätzlich fortbestehende Geheimhaltungsverpflichtung eine wettbewerbliche Tätigkeit der Arbeitnehmerin verhindert, ist sie als nachvertragliches Wettbewerbsverbot ebenfalls nur in den Grenzen der §§ 74ff. HGB analog zulässig[23].

b. Vereinbarung bei Auflösung des Arbeitsverhältnisses

Zweifelhaft ist, ob §§ 74ff. HGB auch dann analog angewandt werden müssen, wenn Arbeitgeber und Arbeitnehmerin das Wettbewerbsverbot erst im Zusammenhang mit der Beendigung des Arbeitsverhältnisses vereinbaren. Wäre das nicht der Fall, könnten Arbeitgeber und Arbeitnehmerin das Arbeitsverhältnis auflösen und ein Wettbewerbsverbot vereinbaren, ohne daß der Arbeitgeber eine Karenzentschädigung nach § 74 Abs. 2 HGB analog zahlen müßte und an die zeitliche Höchstgrenze des § 74 a Abs. 1 S. 3 HGB analog gebunden wäre.

Während die Frage in der Rechtsprechung nicht geklärt ist[24], wendet die überwiegende Meinung in der Literatur die §§ 74ff. HGB auch auf Wettbewerbsver-

---

22 *BAG* vom 24. 6. 1966, 3 AZR 501/65, AP Nr. 2 zu § 74a HGB unter III 2 der Gründe mit abl. Anm. *Duden*; vom 9. 9. 1966, vom 9. 9. 1968, 3 AZR 188/67, AP Nr. 22 zu § 611 BGB Konkurrenzklausel; *Buchner*, AR-Blattei Wettbewerbsverbot III. Nach Beendigung des Arbeitsverhältnisses, B II 2a; a. A. *Schlegelberger/Schröder*, 5. Aufl. 1973, § 74a Rn. 3a; Großkommentar HGB/*Würdinger*, 3. Aufl. 1967, § 74a Anm. 1.
23 *BAG* vom 15. 12. 1987 a. a. O.
24 Gegen die Anwendung der §§ 74ff. HGB: *RG* vom 15. 1. 1908, Rep. I 131/07, RGZ 67, 333, 334 f.; *LAG Baden-Württemberg* vom 21. 9. 1959, IV Sa 76/59; vgl. auch *BGH* vom

bote an, die bei der einvernehmlichen Aufhebung des Arbeitsverhältnisses vereinbart worden sind [25].

Dem ist zuzustimmen: §§ 74 ff. HGB schränken die Vertragsfreiheit von Arbeitgeber und Arbeitnehmerin ein, um das Recht der Arbeitnehmerin auf freie Arbeitsplatzwahl aus Art. 12 Abs. 1 GG zu schützen. Insoweit sind sie verfassungskonform auszulegen [26].

§ 74 Abs. 1 HGB stellt nach seinem Wortlaut („Eine Vereinbarung zwischen Prinzipal und dem Handlungsgehilfen, die den Gehilfen für die Zeit nach Beendigung des Dienstverhältnisses in seiner gewerblichen Tätigkeit beschränkt...") allein darauf ab, daß das Arbeitsverhältnis zur Zeit der Vereinbarung des Wettbewerbsverbots noch besteht. Über ihren Wortlaut hinaus dürfen §§ 74 ff. HGB dann nicht dahin ausgelegt werden, daß die Arbeitnehmerin den Schutz vor nachvertraglichen Wettbewerbsverboten verliert, wenn das Wettbewerbsverbot erst im Aufhebungsvertrag vereinbart wird.

Die Arbeitnehmerin ist bei Abschluß eines Wettbewerbsverbots im Aufhebungsvertrag auch schutzbedürftig: Solange Arbeitnehmerin und Arbeitgeber arbeitsvertraglich verbunden sind, steht die Arbeitnehmerin in einem Abhängigkeitsverhältnis zum Arbeitgeber. Daß sie in ihrer Entscheidung über die Aufhebung des Arbeitsverhältnisses und den gleichzeitigen Abschluß des Wettbewerbsverbots frei ist, mag in Sonderfällen zutreffen, läßt sich aber nicht verallgemeinern. Die Arbeitnehmerinnen, die bei Ende des gesetzlichen Erziehungsurlaubs das Arbeitsverhältnis mit dem Arbeitgeber unter Vereinbarung eines Wiedereinstellungsanspruchs auflösen, befinden sich darüber hinaus in einer ähnlichen Situation wie die Arbeitnehmer, die ein Wettbewerbsverbot bei Abschluß des Arbeitsvertrages vereinbaren: Die Arbeitnehmer, die bei Abschluß des Arbeitsvertrages in ein Wettbewerbsverbot einwilligen, tun dies unter dem Druck, ansonsten gar keinen Arbeitsvertrag zu erhalten, die Arbeitnehmerin, deren Arbeitsverhältnis zur Verlängerung der Familienphase aufgelöst wird, damit ihr ein Wiedereinstellungsanspruch eingeräumt wird.

---

5. 12. 1968, VII ZR 102/66, BGHZ 51, 184, 186 f. für § 90a HGB unter ausdrücklichem Hinweis, das die Regelungen für abhängig Beschäftigte in §§ 74 ff. HGB damit nicht vergleichbar seien; dafür: *RG* vom 1. 11. 1927, zitiert bei A. *Hueck*, Anm. zu *LAG Hamburg* vom 23. 7. 1940, 19 Sa 32/33/40, ARS 40, II. Abt. S. 80, 81; *LAG Hamburg* vom 23. 7. 1940, 19 Sa 32/33/40, ARS 40, Abt. II. S. 75 mit zust. Anm. A. *Hueck*.

25 *Schaub* § 58 II 7 S. 354; *Hueck* in *Hueck/Nipperdey*, 7. Aufl. 1963, Bd. I § 38 II A 12 S. 258 m.w.Nw.; *Baumbach/Duden/Hopt* § 74 Anm. 1 B a; a. A. *Schlegelberger/ Schröder* § 74 Anm. 3, wenn das Arbeitsverhältnis mit dem Aufhebungsvertrag sofort endet.

26 Vgl. *BVerfG* vom 7. 2. 1990, 1 BvR 26/84, NJW 1990, 1469 zum entschädigungslosen nachvertraglichen Wettbewerbsverbot für Handelsvertreter nach § 90a Abs. 2 S. 2 HGB.

2. Unterlassen von Wettbewerb als auflösende Bedingung des Wiedereinstellungsanspruchs

Fraglich ist, ob Arbeitgeber und Arbeitnehmerin die Wiedereinstellungszusage dadurch auflösend bedingen können, daß die frühere Arbeitnehmerin während der Familienphase kein Arbeitsverhältnis zu einem verbundfremden Arbeitgeber aufgenommen hat. Dem könnte einmal die Rechtsprechung des *BAG* zu auflösend bedingten Wiedereinstellungszusagen entgegenstehen (vgl. oben § 4 IV 2c). Zum anderen könnten durch die auflösende Bedingung der Wiedereinstellungszusage die §§ 74 ff. HGB umgangen werden, nach denen ein nachvertragliches Wettbewerbsverbot nur wirksam vereinbart werden kann, wenn die Arbeitnehmerin für dessen Dauer eine Karenzentschädigung erhält.

Eine Umgehung der §§ 74 ff. HGB liegt in der auflösend bedingten Wiedereinstellungszusage nicht. Indem der Arbeitgeber den Wiedereinstellungsanspruch der Arbeitnehmerin durch das Unterlassen von Wettbewerb auflösend bedingt, verbietet er der Arbeitnehmerin nicht, mit ihm in Wettbewerb zu treten und schränkt ihr Recht auf freie Arbeitsplatzwahl aus Art. 12 Abs. 1 GG nicht ein: Der Arbeitnehmerin steht es frei, während der Familienphase für einen Konkurrenten des Arbeitgebers zu arbeiten. Daß sie, wenn sie einen Arbeitsvertrag mit einem verbundfremden Wettbewerber ihres früheren Arbeitgebers abschließt, den Anspruch auf Wiedereinstellung verliert, beeinträchtigt sie nicht in gleichem Umfang wie ein nachvertragliches Wettbewerbsverbot. Denn mit der Wiedereinstellungszusage verliert sie nichts, was ihr der Arbeitgeber aus dem früheren Arbeitsvertrag schuldete, sondern etwas, das er ihr zusätzlich versprochen hat.

Da der Arbeitgeber, der den Wiedereinstellungsanspruch der Arbeitnehmerin durch das Unterlassen von Wettbewerb auflösend bedingt, keine Schutzvorschriften zugunsten der Arbeitnehmerin umgeht, ist die bedingte Wiedereinstellungszusage auch nicht nach der Rechtsprechung des *BAG* zu auflösend bedingten Wiedereinstellungszusagen verboten. Gewährt der Arbeitgeber der Arbeitnehmerin durch die Wiedereinstellungszusage mehr als sie verlangen kann, steht es ihm frei, die Zusage an zusätzliche Bedingungen zu knüpfen (vgl. oben § 4 IV 2c).

3. Verbot der Tätigkeit bei verbundfremden Unternehmen

Aufgrund des nachvertraglichen Wettbewerbsverbots ist den Elternurlauberinnen das Tätigwerden für verbundfremde Unternehmen verboten, die im selben Geschäftszweig wie der Arbeitgeber tätig sind[27].

---

27 Zu weiteren Einschränkungen siehe oben 1a und unten VI 2a. Zur Erstreckung des Wettbewerbsverbots auf den Unternehmensgegenstand der übrigen Verbundunternehmen siehe gleich.

177

VI. Einbezug anderer Verbundunternehmen in das Wettbewerbsverbot

Da das arbeitsvertragliche und das nachvertragliche Wettbewerbsverbot nur Tätigkeiten im Geschäftszweig oder in der Interessensphäre des Arbeitgebers verbietet (siehe oben II 1 c), ist fraglich, inwieweit den Erziehungs- und Elternurlauberinnen auch untersagt werden kann, zu anderen Verbundunternehmen in Wettbewerb zu treten.

1. Im während des Erziehungs- oder Elternurlaubs ruhenden Arbeitsverhältnis

a. Mehrfacharbeitsverhältnisse

Steht die Arbeitnehmerin in Arbeitsverhältnissen zu mehreren Verbundunternehmen, etwa weil sie während des Erziehungs- oder Elternurlaubs ein reguläres Teilzeitarbeitsverhältnis zu einem anderen Verbundunternehmen aufgenommen oder einen KAPOVAZ-Arbeitsvertrag mit mehreren Verbundunternehmen abgeschlossen hat (dazu oben § 2 II 1 b und § 5 II 4a), sind die Tätigkeitsbereiche aller Arbeitgeber durch das im jeweiligen Arbeitsverhältnis bestehende arbeitsvertragliche Wettbewerbsverbot geschützt.

b. Arbeitsverhältnis nur zum Arbeitgeber

Steht die Arbeitnehmerin nur in einem Arbeitsverhältnis zum Arbeitgeber, ist sie arbeitsvertraglich auch nur ihm gegenüber verpflichtet, Nebentätigkeiten zu unterlassen. Ein Verbot, ein Nebenarbeitsverhältnis mit einem Unternehmen einzugehen, das in Wettbewerb zu einem anderen Verbundunternehmen steht, folgt aus dem Arbeitsvertrag nicht[28].

Fraglich ist, ob Arbeitgeber und Arbeitnehmerin besonders vereinbaren können, daß die Arbeitnehmerin nicht bei einem verbundfremden Wettbewerber der anderen im Verbund zusammengeschlossenen Unternehmen arbeiten darf[29]. Dadurch könnte unverhältnismäßig in das Berufsausübungsrecht der Arbeitnehmerin aus Art. 12 Abs. 1 GG eingegriffen werden.

Entscheidend ist, ob die im Verbund zusammengeschlossenen Unternehmen ein berechtigtes Interesse daran haben, daß eine Arbeitnehmerin während des Er-

---

28 *Windbichler* § 6 III 4 a S. 247 f. für konzernverbundene Unternehmen; weiter *Henssler*, Der Arbeitsvertrag im Konzern, 1983 S. 173 ff., der ein konzernweites Wettbewerbsverbot bejaht, wenn der Arbeitnehmer aufgrund der engen wirtschaftlichen Verbundenheit seines Arbeitgebers mit einem anderen Konzernunternehmen Einblick in die Betriebsinterna und Geschäftsgeheimnisse dieses Unternehmens erlangt.
29 Bejahend *Windbichler* a. a. O. S. 248 auch für die Arbeitnehmer eines Konzernunternehmens, deren Tätigkeit keinen Konzernbezug hat.

ziehungs- oder Elternurlaubs zu keinem Verbundunternehmen in Konkurrenz tritt, auch wenn sie mit dem Tätigkeitsbereich dieser Unternehmen nicht in Berührung kommt. Da die Verbundunternehmen anders als in einem typischen Konzern zusammengeschlossene Unternehmen keine wirtschaftlich-organisatorische Einheit bilden (zum Konzernbegriff oben § 3 IV 2 b), sondern sich nur deshalb verbinden, um die personalorganisatorischen Probleme in Zusammenhang mit dem Erziehungs- oder Elternurlaub von Arbeitnehmerinnen gemeinsam zu bewältigen, besteht anders als im Konzern kein gemeinsames wirtschaftliches Interesse an einem verbundweiten Wettbewerbs- und Nebentätigkeitsverbot. Der aus anderen Gründen erfolgte Zusammenschluß von Unternehmen rechtfertigt es nicht, Arbeitnehmerinnen aus wirtschaftlichen Gründen ein Wettbewerbsverbot zugunsten Unternehmen beliebiger Branchen aufzuerlegen.

Ein gemeinsames Interesse, den Erziehungs- und Elternurlauberinnen eine Nebentätigkeit zu verbieten, besteht zwischen den Verbundunternehmen nur insoweit, als sie die Arbeitnehmerinnen über die Dauer der Familienphase hinaus an sich binden wollen. Daß der Wunsch, einen Arbeitsplatzwechsel der Arbeitnehmerinnen zu verhindern, ein Nebentätigkeitsverbot nicht rechtfertigt, wurde schon unter III 4 ausgeführt.

c. Arbeitnehmerverleih an andere Verbundunternehmen

Verleiht der Arbeitgeber Arbeitnehmerinnen für Krankheits- und Urlaubsvertretungen oder den gleitenden Wiedereinstieg in den Beruf an andere Verbundunternehmen, ist zweifelhaft, ob die Arbeitnehmerinnen nur gegenüber dem Arbeitgeber als Verleiher verpflichtet sind, arbeitsvertragswidrige Nebentätigkeiten zu unterlassen, oder ob auch die entleihenden Verbundunternehmen in die arbeitsvertragliche Treuepflicht einbezogen sind.

Nach der Rechtsprechung schuldet der Leiharbeitnehmer nicht nur seinem Arbeitgeber, sondern auch dem Entleiherunternehmen die Beachtung der arbeitsvertraglichen Nebenpflichten einschließlich des Wettbewerbsverbots[30].

Eine solche Pflichtenerstreckung ist abzulehnen: Die Arbeitnehmerin steht nur zum verleihenden Arbeitgeber in einem Arbeitsverhältnis, nur im Verhältnis zu diesem bestehen ihre arbeitsvertragliche Leistungspflicht und die Nebenpflichten aus dem Arbeitsvertrag. In den Pflichtenbereich eines Vertrages können Dritte, die wie die Entleiherunternehmen keinen Anspruch auf die Hauptleistung haben, nur ganz ausnahmsweise einbezogen werden, nämlich unter den engen Voraussetzungen des Vertrages mit Schutzwirkung zugunsten Dritter.

Voraussetzung des Vertrages mit Schutzwirkung zugunsten Dritter ist erstens, daß der Dritte (das entleihende Verbundunternehmen) nach dem Vertrag (dem

---

30 *BAG* vom 3. 5. 1983, 3 AZR 62/81, AP Nr. 10 zu § 60 HGB unter B I der Gründe = AR-Blattei Wettbewerbsverbot Entscheidung 136 mit zust. Anm. *Buchner; LAG Berlin* vom 9. 2. 1981, 9 Sa 83/80, DB 1981, 1095; so auch *Hueck* in *Hueck/Nipperdey* Bd. I § 54 IV 4 a S. 524.

Arbeitsvertrag zwischen Arbeitgeber und Arbeitnehmerin) bestimmungsgemäß mit der vertraglich geschuldeten Leistung (der Arbeitsleistung) in Berührung kommt, zweitens, daß der Gläubiger (der Arbeitgeber) ein besonderes Interesse am Schutz des Dritten (des Entleiherunternehmens) hat, etwa weil die vertragliche Leistung bestimmungsgemäß auch diesem zugute kommen soll, und drittens, daß die Pflichtenerstreckung für den Schuldner (die Arbeitnehmerin) bei Vertragsabschluß erkennbar war [31].

In den ursprünglichen Arbeitsvertrag zwischen Arbeitgeber und Arbeitnehmerin ist das entleihende Verbundunternehmen nicht einbezogen: Nach dessen Inhalt soll die Arbeitnehmerin lediglich im Betrieb oder Unternehmen des Arbeitgebers tätig werden. Da der Arbeitgeber die Arbeitnehmerin aber nicht kraft seines Direktionsrechtes verpflichten kann, für ein Entleiherunternehmen tätig zu werden, müssen Arbeitgeber und Arbeitnehmerin den Arbeitsvertrag für die Entleihdauer befristet abändern. Inhalt der Abänderungsabrede ist, daß die Arbeitnehmerin leihweise für ein anderes Verbundunternehmen tätig wird, diesem also die Arbeitsleistung der Arbeitnehmerin bestimmungsgemäß und erkennbar zugute kommen soll.

Die Voraussetzungen für die Erstreckung des arbeitsvertraglichen Wettbewerbsverbots auf das entleihende Verbundunternehmen liegen aber nur scheinbar vor. Denn Zweck des Vertrages zugunsten Dritter ist es nicht, den Dritten in den gesamten vertraglichen Pflichtenbereich einzubeziehen: Dritte, die bestimmungsgemäß mit der Leistung in Kontakt kommen, sollen vor den Gefahren aus dem Schuldverhältnis, denen sie wie ein Vertragsgläubiger ausgesetzt sind, geschützt werden. Da die deliktischen Haftungsregeln als unzureichend erachtet werden, sollen auch sie vertragliche Schadenersatzansprüche geltend machen können, wenn ihnen der Schuldner durch seine Leistung einen Schaden zufügt. Sie werden daher nur in die vertraglichen Sorgfalts- und Obhutspflichten des Schuldners einbezogen [32].

Das nebenvertragliche Wettbewerbsverbot ist aber keine Schutz- und Obhutspflicht, die den Vertragsgläubiger – und damit auch den Dritten – vor den mit der Arbeitsleistung verbundenen Gefahren schützen soll. Mit dem Wettbewerbsverbot wird der Arbeitnehmerin über die Arbeitsverpflichtung und die sie begleitenden Schutzpflichten hinaus ein Mehr auferlegt, nämlich das Verbot, kein Arbeitsverhältnis mit einem Wettbewerber des Arbeitgebers abzuschließen. In diese vertragliche Nebenleistungspflicht kann das entleihende Verbundunternehmen nicht ohne besondere Abrede einbezogen werden.

Arbeitgeber und Arbeitnehmerin müssen daher ausdrücklich vereinbaren, daß die Arbeitnehmerin in der Zeit, in der sie leihweise für ein anderes Verbundunter-

---

31 *BGH* vom 22. 1. 1968, VIIII ZR 195/65, BGHZ 49, 350, 354; vom 7. 7. 1976, VIII ZR 44/75, NJW 1976, 1843; *Palandt/Heinrichs*, 52. Aufl. 1993, § 328 Rn. 16 ff.; *Soergel/Hadding*, 12. Aufl. 1990, Anh. § 328 Rn. 13 ff. jeweils m. w. Nw.
32 Vgl. *Soergel/Hadding* Anhang § 328 Rn. 1.

nehmen tätig ist, nicht in Wettbewerb zum entleihenden Unternehmen treten darf[33].

Unzulässig beeinträchtigt wird die Arbeitnehmerin durch eine solche Erweiterung ihrer arbeitsvertraglichen Nebenpflichten nicht[34].

2. Nach Auflösung des Arbeitsverhältnisses

a. Nachvertragliches Wettbewerbsverbot

Gem. § 74a Abs. 1 S. 1 HGB analog ist ein nachvertragliches Wettbewerbsverbot nur verbindlich, wenn es einem berechtigten geschäftlichen Interesse des Arbeitgebers dient. Das nachvertragliche Wettbewerbsverbot rechtfertigt sich aus dem früher zwischen den Parteien bestehenden Arbeitsverhältnis, wegen dessen der frühere Arbeitgeber eine spezifische Konkurrenztätigkeit der Arbeitnehmerin fürchten muß. Daher können der Arbeitnehmerin nachvertraglich nur solche Konkurrenztätigkeiten verboten werden, die in Zusammenhang mit der ausgeübten Tätigkeit der Arbeitnehmerin und ihrer dabei erworbenen Kenntnisse und Informationen steht (vgl. oben V 1 a).

Ein verbundweites Wettbewerbsverbot, das die Unternehmensgegenstände aller Verbundunternehmen einbezieht, kann wegen § 74 Abs. 1 S. 1 HGB analog nicht wirksam vereinbart werden. Denn es verbietet der Arbeitnehmerin nachvertraglich Tätigkeiten, die in keinem Bezug zu ihrem Arbeitsverhältnis stehen. Durch ein solches verbundweites Wettbewerbsverbot würde das Recht der Arbeitnehmerin auf freie Arbeitsplatzwahl aus Art. 12 Abs. 1 GG unzulässig eingeschränkt[35].

Fraglich ist, ob Arbeitgeber und Arbeitnehmerin die Verbundunternehmen in ein nachvertragliches Wettbewerbsverbot einbeziehen können, an die der Arbeitgeber die Arbeitnehmerin für Krankheits- und Urlaubsvertretungen verliehen hat. Das ist zu bejahen: Die entleihenden Verbundunternehmen, bei denen die Arbeitnehmerin tätig geworden ist und Einblick in Betriebs- und Geschäftsgeheimnisse gewonnen hat, müssen die Konkurrenztätigkeit der Arbeitnehmerin in gleichem Umfang fürchten wie der Arbeitgeber. Sie haben ein schutzwürdiges Interesse daran, daß die Arbeitnehmerin nicht für einen Wettbewerber tätig wird[36]. Dem Interesse der Arbeitnehmerin an einer ungehinderten Arbeitsplatzwahl wird auch insoweit durch die §§ 74ff. HGB analog Rechnung getragen. Insbesondere

---

33 So auch *Windbichler* § 4 III 4a S. 127f.
34 Zur Möglichkeit, ein nachvertragliches Wettbewerbsverbot zugunsten der entleihenden Verbundunternehmen zu vereinbaren, siehe gleich 2. a.
35 So auch *Windbichler* § 4 III 4 b bb S. 130ff. und § 6 III 4 b S. 249f.; *Martens*, Konzerndimensionaler Wettbewerbschutz, in FS *Herschel* 1982, S: 237, 243 f.; vgl. auch *Henssler* S. 176f.
36 Für die Zulässigkeit eines nachvertraglichen Wettbewerbsverbots zugunsten der Konzernunternehmen *Windbichler* § 4 III 4b bb S. 131 ff.; *Martens* a.a.O. S. 244 ff.; vgl. auch *Henssler* S. 176f.

beginnt die für ein nachvertragliches Wettbewerbsverbot analog § 74 a Abs. 1 S. 3 HGB zulässige Höchstdauer von zwei Jahren mit Ende des Arbeitnehmerverleihs und nicht erst mit Ende des Arbeitsverhältnisses zum Arbeitgeber[37].

Ist die Arbeitnehmerin an mehrere branchenverschiedene Verbundunternehmen entliehen worden, die alle in das nachvertragliche Wettbewerbsverbot einbezogen werden sollen, kann ein derart weitreichendes Wettbewerbsverbot allerdings wegen unzulässiger Fortkommenserschwer analog § 74 a Abs. 1 S. 2 HGB unverbindlich sein.

b. Auflösende Bedingung des Wiedereinstellungsanspruchs

Macht der Arbeitgeber den Wiedereinstellungsanspruch der Arbeitnehmerin von der auflösenden Bedingung abhängig, bis zur Wiedereinstellung Tätigkeiten bei Konkurrenzunternehmen zu unterlassen, kann er die Bedingung erweitern. Insbesondere kann er die Wiedereinstellung der früheren Arbeitnehmerin davon abhängig machen, daß sie zu keinem Verbundunternehmen in Wettbewerb tritt[38].

VII. Verbund als Arbeitgeber oder Schuldner des Wiedereinstellungsanspruchs

1. Während des im Erziehungs- oder Elternurlaub ruhenden Arbeitsverhältnisses

Verleiht der Verbund Arbeitnehmerinnen für Krankheits- und Urlaubsvertretungen oder auf Dauer an einzelne Verbundunternehmen, ist die Arbeitnehmerin arbeitsvertraglich nur gegenüber dem Verbund verpflichtet, Nebentätigkeiten zu unterlassen: Die Arbeitnehmerin darf für einen Wettbewerber des Verbunds nicht tätig werden. Da sich der Geschäftsbereich des Verbunds darauf beschränkt, Erziehungs- und Elternurlauberinnen an andere Unternehmen zu überlassen, wird den Arbeitnehmerinnen durch das Wettbewerbsverbot lediglich untersagt, für Arbeitnehmerverleihfirmen zu arbeiten.

Die entleihenden Verbundunternehmen sind in das Wettbewerbsverbot auch nicht nach den Grundsätzen des Vertrages mit Schutzwirkung zugunsten Dritter einbezogen. Eine Erweiterung des Nebentätigkeitsverbots auf die entleihenden Verbundunternehmen müssen der Verbund als Arbeitgeber und die Arbeitnehmerin ausdrücklich vereinbaren (vgl. oben VI 1 c).

---

37 A. A. *Windbichler* § 4 III 4b bb S. 133 und *Martens* a. a. O. S. 251 für aneinander anschließende Arbeitsverhältnisse eines Arbeitnehmers zu verschiedenen Konzernunternehmen (Wettbewerbsverbot ab dem endgültigen Ausscheiden aus dem Konzern).
38 Dazu, daß eine solche Abrede zulässig ist, siehe oben V 2.

2. Im für den Elternurlaub aufgelösten Arbeitsverhältnis

Lösen Verbund und Arbeitnehmerin das Arbeitsverhältnis mit Wiedereinstellungsanspruch der Arbeitnehmerin auf, können sie ein nachvertragliches Wettbewerbsverbot gegen Karenzentschädigung vereinbaren. Dieses Wettbewerbsverbot kann auch auf das Verbundunternehmen erstreckt werden, für das die Arbeitnehmerin vor Beginn der Familienphase tätig war (vgl. oben VI 1 c und 2 a).

Der Verbund kann den Wiedereinstellungsanspruch der Arbeitnehmerin auch von der auflösenden Bedingung abhängig machen, daß diese kein Arbeitsverhältnis zu einem Konkurrenten des Verbunds oder einzelner Verbundunternehmen aufnimmt (siehe oben VI 2 b).

VIII. Pflicht zur Tätigkeit beim bisherigen Arbeitgeber oder bei einem anderen Verbundunternehmen

Arbeitgeber und Arbeitnehmerin können nicht wirksam vereinbaren, daß die Arbeitnehmerin nach Ende der Familienphase verpflichtet ist, beim Arbeitgeber oder einem anderen Verbundunternehmen tätig zu werden. Das gilt auch, wenn der Verbund Arbeitgeber der Arbeitnehmerinnen oder Schuldner des Wiedereinstellungsanspruchs ist. Eine solche Abrede würde die Arbeitnehmerin entgegen ihrem Recht auf freie Arbeitsplatzwahl aus Art. 12 Abs. 1 GG an den Arbeitgeber binden und wäre nach § 138 BGB nichtig.

IX. Beteiligung des Betriebsrats

Mitwirkungs- oder Mitbestimmungstatbestände, aus denen sich eine Beteiligungsrecht des Betriebsrats bei der Vereinbarung des an die Erziehungs- und Elternurlauberinnen gerichteten Verbots ergeben könnte, in verbundfremden Unternehmen zu arbeiten, bestehen nicht.

§ 7 Arbeitnehmerüberlassung/ Arbeitsvermittlung

I. Problemstellung

Die Verteilung der Arbeitnehmerinnen durch den Verbund auf die einzelnen Verbundunternehmen wirft Probleme im Bereich der Arbeitnehmerüberlassung und der Arbeitsvermittlung auf. Dabei ist zu unterscheiden, ob der Verbund oder der bisherige Arbeitgeber Arbeitgeber der für die Kinderbetreuung freigestellten Arbeitnehmerinnen oder Schuldner des Wiedereinstellungsanspruchs ist.

Wird der Verbund Arbeitgeber oder Schuldner des Wiedereinstellungsanspruchs und verteilt er – als Arbeitgeber – die Arbeitnehmerinnen während der Familienphase für Krankheits- und Urlaubsvertretungen oder nach deren Ende auf Dauer auf die Verbundunternehmen, wird er als Verleihunternehmen tätig. Dasselbe gilt, wenn der Verbund Ersatzarbeitskräfte auf Dauer einstellt und diese bei Vertretungsbedarf befristet den einzelnen Verbundunternehmen überläßt. Es stellt sich die Frage, ob diese Arbeitnehmerüberlassung nach Art. 1 § 1 Abs. 1 S. 1 AÜG erlaubnispflichtig ist, und wenn ja, welche Voraussetzungen der Verbund erfüllen muß, um eine entsprechende Genehmigung zu erhalten. Zu prüfen ist auch, ob der Verbund durch diesen Arbeitnehmerverleih nach der gesetzlichen Vermutung des Art. 1 § 1 Abs. 2 AÜG als Arbeitsvermittler tätig wird und gegen das Arbeitsvermittlungsmonopol der Bundesanstalt für Arbeit (§ 4 AFG) verstößt.

Bleiben die einzelnen Verbundunternehmen Arbeitgeber im ruhenden Arbeitsverhältnis oder Schuldner des Wiedereinstellungsanspruchs und verleihen sie ihre Arbeitnehmerinnen für Krankheits- und Urlaubsvertretungen an andere Verbundunternehmen, könnte darin ebenfalls eine nach Art. 1 § 1 Abs. 1 S. 1 AÜG erlaubnispflichtige Arbeitnehmerüberlassung liegen. Die gleiche Frage stellt sich, wenn bei Ende des Erziehungs- oder Elternurlaubs beim Arbeitgeber nur vorübergehend kein Arbeitsplatz frei ist und er eine Arbeitnehmerin für die Übergangszeit an ein anderes Verbundunternehmen verleiht.

Organisiert der Verbund, bei welchen Verbundunternehmen die Arbeitnehmerinnen Krankheits- und Urlaubsvertretungen übernehmen oder nach Ende des Erziehungs- oder Elternurlaubs arbeiten, ist zu prüfen, ob er mit der Vermittlungstätigkeit gegen das Arbeitsvermittlungsmonopol der Bundesanstalt für Arbeit verstößt. Das gleiche Problem entsteht, wenn der Verbund nicht Arbeitgeber der Ersatzarbeitskräfte wird, sondern diese lediglich an die einzelnen Verbundunternehmen vermittelt.

II. Begriffsbestimmung

1. Arbeitnehmerüberlassung

Arbeitnehmerüberlassung im Sinne des AÜG heißt, daß ein Unternehmer (Verleiher) seine Arbeitnehmer (Leiharbeitnehmer) anderen Unternehmern (Entleihern) zur Arbeitsleistung zur Verfügung stellt. Voraussetzung ist, daß zwischen Verleiher und Arbeitnehmer ein Arbeitsverhältnis besteht, der Arbeitnehmer aber seine Arbeitsleistung nicht dem Verleiher direkt erbringt, sondern nach den Weisungen des Entleihers in dessen Unternehmen arbeitet[1].

Nach § 12a AFG ist die gewerbsmäßige Arbeitnehmerüberlassung im Baugewerbe für Arbeiten verboten, die üblicherweise von Arbeitern verrichtet werden. Im übrigen ist der gewerbsmäßige Arbeitnehmerverleih erlaubnispflichtig, Art. 1 § 1 Abs. 1 S. 1 AÜG. Überläßt jemand einem Dritten vorsätzlich oder fahrlässig Leiharbeitnehmer ohne Erlaubnis, begeht er eine Ordnungswidrigkeit nach § 16 Abs. 1 Nr. 1 AÜG.

2. Arbeitsvermittlung

Gem. § 13 Abs. 1 AFG ist Arbeitsvermittlung eine Tätigkeit, die darauf gerichtet ist, Arbeitsuchende mit Arbeitgebern zur Begründung von Arbeitsverhältnissen zusammenzuführen.

Nach Art. 1 § 1 Abs. 2 AÜG wird vermutet, daß ein Verleiher Arbeitsvermittlung betreibt, wenn er nicht die typischen Arbeitgeberpflichten oder das Arbeitgeberrisiko gem. § 3 Abs. 1 Nr. 1 bis 5 AÜG übernimmt oder die Überlassung länger als sechs Monate dauert (§ 3 Abs. 1 Nr. 6 AÜG).

Vermittlungsverträge, die mit dem zu vermittelnden Arbeitnehmer oder einem Arbeitskräfte suchenden Arbeitgeber unter Verstoß gegen das Arbeitsvermittlungsmonopol der Bundesanstalt für Arbeit (§ 4 AFG) abgeschlossen werden, sind gem. § 134 BGB nichtig, nicht aber die verbotswidrig vermittelten Arbeitsverhältnisse[2].

Wird nach Art. 1 § 1 Abs. 2 AÜG vermutet, daß ein Verleihunternehmen Arbeitsvermittlung betreibt, sind die Leiharbeitsverträge gem. § 134 BGB i.V.m. § 4 AFG nichtig. Aus § 13 AÜG folgt, daß im Zeitpunkt der tatsächlichen Arbeits-

---

1 *Sandmann/Marschall*, Arbeitnehmerüberlassungsgesetz. Kommentar, Stand Juli 1990, Einl. Anm. 2; *Becker/Wulfgramm*, Kommentar zum Arbeitnehmerüberlassungsgesetz, 3. Aufl. 1985, Einl. Rn. 16;
2 *BAG* vom 30. 5. 1969, 5 AZR 256/68, AP Nr. 4 zu § 35 AVAVG; *BGH* vom 27. 6. 1973, IV ZR 117/71, DB 1973, 1744 zu § 35 AVAVG; *BGH* vom 12. 4. 1978, IV ZR 157/57 EzAÜG Nr. 43; *Gagel*, Arbeitsförderungsgesetz. Kommentar, Stand Mai 1991, § 4 Rn. 5.

aufnahme kraft Gesetzes ein Arbeitsverhältnis zwischen Entleiher und Arbeitnehmer zustande kommt[3].

Wer Arbeitsvermittlung ohne Auftrag der Bundesanstalt für Arbeit betreibt, begeht darüber hinaus eine Ordnungswidrigkeit nach § 228 Abs. 1 S. 2 AFG. Streitig ist, ob auch die Vermutung des Art. 1 § 1 Abs. 2 AÜG ausreicht, um gegen den Verleiher ein Bußgeld nach § 228 Abs. 1 Nr. 2 AFG zu verhängen[4].

Die Bundesanstalt für Arbeit kann dem Vermittler die Fortsetzung der verbotswidrigen Arbeitsvermittlung durch einen Versagungsbescheid unter Androhung von Zwangsmitteln untersagen[5].

III. Verbund als Arbeitgeber

1. Erlaubnispflichtige Arbeitnehmerüberlassung nach Art. 1 § 1 Abs. 1 S. 1 AÜG

Wird der Verbund Arbeitgeber der Arbeitnehmerinnen im Erziehungs- oder Elternurlaub, und verteilt er diese während der Familienphase für Krankheits- und Urlaubsvertretungen (oben § 5 II 4 a) oder nach deren Ende auf Dauer auf die Verbundunternehmen, ist das formal Arbeitnehmerüberlassung im Sinne des AÜG: Die Arbeitnehmerin leistet ihre vertraglich geschuldete Arbeit nicht beim Partner ihres Arbeitsvertrages, dem Arbeitgeber (Verbund), sondern bei einem Dritten (Verbundunternehmen)[6].

Der Arbeitnehmerverleih durch den Verbund ist nur dann nach § 12a AFG verboten oder nach Art. 1 § 1 Abs. 1 S. 1 AÜG erlaubnispflichtig, wenn er gewerbsmäßig betrieben wird.

Der Begriff der Gewerbsmäßigkeit in Art. 1 § 1 Abs. 1 S. 1 AÜG entspricht im wesentlichen dem gewerberechtlichen Gewerbsmäßigkeitsbegriff: Gewerbsmäßig im Sinne des Art. 1 § 1 Abs. 1 S. 1 AÜG handelt, wer die Arbeitnehmerüberlassung für eine gewisse Dauer betreibt und daraus – sei es auch nur mittelbare –

---

3 *BAG* vom 10. 2. 1977, 2 ABR 80/76, EzAÜG Nr. 32 und vom 23. 11. 1988, 7 AZR 34/88 AP Nr. 14 zu § 1 AÜG; *Becker/Wulfgramm* Art. 1 § 1 Rn. 51 e; *Sandmann/Marschall* Art. 1 § 1 Anm. 67.
4 Verneinend *BayObLG* vom 14. 5. 1981 3 ObOWi 73/81 EzAÜG Nr. 97; bejahend *Sandmann/Marschall* Art. 1 § 1 Anm. 66 m. w. Nw.; *Becker/Wulfgramm* Art. 1 § 1 Rn. 51 g.
5 *BSG* vom 11. 5. 1976, 7 RAr 120/74, SozR 4100 § 4 Nr. 2; vom 16. 12. 1976, 12/7 RAr 89/75, SozR 4100 § 4 Nr. 3 = EzAÜG Nr. 31 und vom 23. 6. 1982, 7 RAr 98/80, SozR 4100 § 13 Nr. 6; *Gagel* § 4 Rn 8.
6 Vgl. zu zentralen Personalführungsgesellschaften *Sandmann/Marschall* Art. 1 § 1 Anm. 4; *Becker/Wulfgramm* Einl. Rn 27, Art. 1 § 1 Rn. 32, 117; *Becker*, Abgrenzung der Arbeitnehmerüberlassung gegenüber Werk- und Dienstverträgen, DB 1988, 2561, 2563.

wirtschaftliche Vorteile erzielen will. Entscheidendes Kriterium der Gewerbsmäßigkeit ist damit die Gewinnerzielungsabsicht[7].

Nicht erforderlich ist, daß die Arbeitnehmerüberlassung Hauptzweck oder überwiegender Zweck des Verleiherunternehmens ist. Gewerbsmäßig handelt auch, wer neben der Arbeitnehmerüberlassung andere Unternehmenszwecke verfolgt. Nur gelegentliche Arbeitnehmerüberlassungen begründen aber kein gewerbsmäßiges Handeln[8].

Der Verbund überläßt die Arbeitnehmerinnen unentgeltlich an die Verbundunternehmen. Auch wenn die Satzung des Verbundes bestimmte, daß die Entleiherunternehmen dem Verbund die durch die Arbeitnehmerüberlassung entstandenen Kosten ersetzen müssen, würde der Verbund nicht gewerbsmäßig tätig: Wer lediglich kostendeckend arbeitet, erzielt keinen Gewinn[9].

Als nicht gewerbsmäßige Arbeitnehmerüberlassung ist die Tätigkeit des Verbundes nicht erlaubnispflichtig.

2. Vermutung der Arbeitsvermittlung nach Art. 1 § 1 Abs. 2 AÜG

Nach Art. 1 § 1 Abs. 2 AÜG wird vermutet, daß der Verbund verbotswidrig Arbeitsvermittlung betreibt, wenn er die üblichen Arbeitgeberpflichten oder das Arbeitgeberrisiko nicht übernimmt, oder die Arbeitnehmerüberlassung sechs Monate übersteigt.

a. Privileg der Arbeitnehmerüberlassung im Konzern
(Art. 1 § 1 Abs. 3 Nr. 2 AÜG)

Keine Anwendung findet das AÜG und damit auch die gesetzliche Vermutung des Art. 1 § 1 Abs. 2 AÜG nach Art. 1 § 1 Abs. 3 Nr. 2 AÜG auf die vorübergehende Arbeitnehmerüberlassung zwischen Konzernunternehmen im Sinne des § 18 AktG.

Die Verbundunternehmen wollen sich nur für die Personalführung der Arbeitnehmerinnen zusammenschließen, die Erziehungs- oder Elternurlaub in Anspruch nehmen. Im übrigen sollen die einzelnen im Verbund zusammengeschlossenen Unternehmen in ihrer Personalpolitik, insbesondere auch in den übrigen Unternehmensbereichen, unabhängig von den anderen Verbundunternehmen handeln können. Die Koordination und Durchsetzung eines Teilbereichs unternehmeri-

---

7 *BAG* vom 8. 11. 1978, 5 AZR 261/77 AP Nr. 2 zu § 1 AÜG = BB 1980, 1326 und vom 21. 3. 1990, 7 AZR 198/89, AP Nr. 15 zu § 1 AÜG; *Sandmann/Marschall* Art. 1 § 1 Anm. 35; *Becker/Wulfgramm* Art. 1 § 1 Rn. 25 und 29.
8 *BAG* a. a. O.; *Becker/Wulfgramm* Art. 1 § 1 Rn. 26a und 30.
9 Vgl. *Becker/Wulfgramm* Art. 1 § 1 Rn. 29; *Göbel*, Neue Arbeitsplätze für schwer vermittelbare Arbeitslose durch nichtgewerbsmäßige Arbeitnehmerüberlassung, RdA 1980, 204, 210; *Martens*, Die Arbeitnehmerüberlassung im Konzern, DB 1985, 2144, 2150 m. w. Nw.

schen Handelns ohne Auswirkung auf das Verhalten der Unternehmen am Markt genügt aber nicht, um die im Verbund zusammengeschlossenen Unternehmen als Konzern im Sinne des Art. 1 § 1 Abs. 3 Nr. 2 AÜG i. V. m. § 18 AktG zu definieren (siehe oben § 3 IV 2 b).

Daß Unternehmenszusammenschlüsse im Bereich der Personalführung nicht von Art. 1 § 1 Abs. 3 Nr. 2 AÜG erfaßt werden sollen, entspricht auch der Intention des Gesetzgebers: Nach der Gesetzesbegründung sollen reine Personalführungsgesellschaften in einem Konzern, deren einziger Zweck die Einstellung und Beschäftigung von Arbeitnehmern zur Entsendung an andere Konzernunternehmen ist, nicht vom Anwendungsbereich des AÜG ausgenommen sein[10].

b. Arbeitsvermittlungsvermutung (Art. 1 § 1 Abs. 2 AÜG)

Nach Art. 1 § 1 Abs. 2 AÜG wird vermutet, daß der Verbund Arbeitsvermittlung betreibt, wenn er nicht die üblichen Arbeitgeberpflichten oder das Arbeitgeberrisiko gem. Art. 1 § 3 Abs. 1 Nr. 1 bis 5 AÜG übernimmt. Die gesetzliche Vermutung erfaßt sowohl die gewerbsmäßige als auch die nicht gewerbsmäßige Arbeitnehmerüberlassung[11].

Zu den üblichen Arbeitgeberpflichten zählen alle typischerweise vom Arbeitgeber übernommenen arbeits-, sozial- und steuerrechtlichen Pflichten. Insbesondere fallen hierunter die Hauptleistungspflicht zur Zahlung des Arbeitsentgelts, die Pflichten zur Einbehaltung und Abführung der Lohnsteuer und zur Entrichtung der Sozialversicherungsbeiträge, die arbeitsvertraglichen Nebenpflichten und die im BUrlG, BetrVG, KSchG, MuSchG, BErzGG, SchwbG usw. geregelten Arbeitgeberverpflichtungen[12].

Das typische Arbeitgeberrisiko trägt der Verleiher nur, wenn er das Arbeitsentgelt auch für die Zeiträume zahlt, in denen für den Arbeitnehmer keine Einsatzmöglichkeiten bei Dritten bestehen[13].

Schränkt der Arbeitgeber die Dauer des Arbeitsverhältnisses auf die Zeit der erstmaligen Überlassung an einen Entleiher ein, fehlt es nach Art. 1 § 1 Abs. 2 i. V. m. Art. 1 § 3 Abs. 1 Nr. 5 AÜG ebenfalls an der Übernahme eines eigenen Arbeitgeberrisikos.

---

10 *Bericht des Ausschusses für Arbeit und Sozialordnung* zum Beschäftigungsförderungsgesetz BT-Drucks. X/3206 S. 33; *Becker/Wulfgramm* Einl. Rn. 27, Art. 1 § 1 Rn. 32 und 117.
11 *Becker/Wulfgramm* Art. 1 § 1 Rn. 46a; *Sandmann/Marschall* Art. 1 § 1 Anm. 55.
12 *Becker/Wulfgramm* Art. 1 § 1 Rn. 49e; *Sandmann/Marschall* Art. 1 § 1 Anm. 57.
13 *BSG* vom 23. 6. 1982, 7 RAr 98/80, SozR 4100 § 13 Nr. 6; *BayObLG* vom 14. 5. 1981, 3 ObOWi 73/81, EzAÜG Nr. 97 = DB 1981, 1460.

3. Krankheits- und Urlaubsvertretungen

Verleiht der Verbund die Arbeitnehmerinnen während des Erziehungs- oder Elternurlaubs für befristete Krankheits- und Urlaubsvertretungen an einzelne Verbundunternehmen, ist für die Frage, ob dadurch die Vermutung verbotener Arbeitsvermittlung nach Art. 1 § 1 Abs. 2 AÜG ausgelöst wird, zwischen der freiwilligen und der aus einer KAPOVAZ-Abrede geschuldeten Übernahme von Vertretungen zu unterscheiden.

a. Freiwillige

Übernimmt eine Erziehungs- oder Elternurlauberin Krankheits- und Urlaubsvertretungen, ohne dazu vertraglich verpflichtet zu sein, begründet sie mit dem Verbund nur im jeweiligen Vertretungsfall ein Teilzeitarbeitsverhältnis mit Arbeitsverpflichtung (siehe oben § 5 IV i. V. m. II 2 a, III 1 a und 2 a). Insofern ist fraglich, ob diese Vertragsgestaltung die Vermutung verbotener Arbeitsvermittlung nach Art. 1 § 1 Abs. 2 i. V. m. § 3 Abs. 1 Nr. 5 AÜG auslöst.

Das ist jedenfalls in den Fällen zu verneinen, in denen das Arbeitsverhältnis während des Erziehungs- oder Elternurlaubs ruht. Denn daß ein ruhendes Arbeitsverhältnis nur für den Zeitraum des Verleihs an Dritte „aktiviert" wird, kann nicht dem Fall gleichgesetzt werden, daß der Arbeitgeber das Arbeitsverhältnis nur für die Dauer der erstmaligen Überlassung an den Entleiher abschließt: Der Verbund übernimmt das Arbeitgeberrisiko auch während der Zeiträume, in denen das Arbeitsverhältnis ruht. Ihn treffen die nicht ruhenden Nebenpflichten, gegen ihn richtet sich der Wiederbeschäftigungsanspruch der Arbeitnehmerin nach Ende des Erziehungsurlaubs.

Die Vermutung unerlaubter Arbeitsvermittlung greift bei dieser Vertragsgestaltung aber, wenn das Arbeitsverhältnis für den Elternurlaub mit Wiedereinstellungsanspruch der Arbeitnehmerin aufgelöst wird. Stellt der Verbund eine frühere Arbeitnehmerin erstmals für eine befristete Krankheits- und Urlaubsvertretung ein und verleiht sie dafür an ein Verbundunternehmen, deckt sich die Dauer des Arbeitsverhältnisses mit dem Verbund mit der Zeit der Überlassung an das entleihende Verbundunternehmen. Das löst nach Art. 1 § 1 Abs. 2 i. V. m. Art. § 3 Abs. 1 Nr. 5 AÜG die Vermutung unerlaubter Arbeitsvermittlung im Sinne des § 13 AFG aus.

b. Aufgrund einer KAPOVAZ-Abrede

Vereinbaren Verbund und Erziehungs- oder Elternurlauberin, daß die Arbeitnehmerin bei Vertretungsbedarf verpflichtet ist, Krankheits- und Urlaubsvertretungen in den Verbundunternehmen zu übernehmen (KAPOVAZ-Abrede, siehe § 5 IV i. V. m. II 2 b, III 1 a und 2 a), ist demgegenüber zweifelhaft, ob das vermittlungsrechtlich zulässig ist.

Das BSG hat eine an die Einsatzmöglichkeiten in den Entleiherunternehmen angepaßte Beschäftigung auf Abruf, bei der die Arbeitsvertragsparteien ein Arbeitszeitvolumen nicht festgelegt hatten, wegen Verstoßes gegen § 4 AFG für unzulässig gehalten: Bei dieser Vertragsgestaltung bliebe es dem Verleiher überlassen, die zwischenzeitlich bestehende Arbeitslosigkeit der Leiharbeitnehmer von Fall zu Fall zu beenden, weswegen er seine Tätigkeit auf eine reine Vermittlungstätigkeit beschränken könne [14].

Arbeit auf Abruf ohne Festlegung eines Arbeitskontingents ist aber durch Art. 1 § 4 Abs. 1 BeschFG 1985 ohnehin individualvertraglich untersagt. Halten sich Verbund und Arbeitnehmerin an Art. 1 § 4 Abs. 1 BeschFG und legen die Dauer der von der Arbeitnehmerin innerhalb eines Jahres geschuldeten Arbeitsleistung im voraus fest (siehe oben § 5 IV. i. V. m. II 2 b), trägt die Argumentation des BSG nicht: Wird ein Arbeitszeitvolumen festgelegt, steht die Arbeitnehmerin in einem ständigen Arbeitsverhältnis zum Verbund, das durch die Zeiten ohne Vertretungsbedarf nicht unterbrochen wird. Der Verbund schuldet ihr als Arbeitgeber Arbeitsentgelt nicht nur für die tatsächlich erbrachten Vertretungsleistungen, sondern nach § 615 Abs. 1 BGB auch, wenn er sie mangels Vertretungsbedarfs in keinem Verbundunternehmen beschäftigen kann. Der Verbund vermittelt die Arbeitnehmerinnen mithin nicht an die Verbundunternehmen, sondern ist deren Arbeitgeber mit allen Arbeitgeberrisiken.

Trägt der Verbund das Entgeltrisiko nach § 615 BGB, greift die Vermutung verbotener Arbeitsvermittlung nach Art. 1 § 1 Abs. 2 AÜG nicht. Sie läßt sich auch nicht darauf stützen, daß der Verbund entgegen Art. 1 § 1 Abs. 2 i. V. m. § 3 Abs. 1 Nr. 3 AÜG nicht das übliche Arbeitgeberrisiko trage, weil die KAPOVAZ-Abrede auf die Dauer des Erziehungs- oder Elternurlaubs befristet ist. Denn die Befristung der KAPOVAZ-Abrede liegt im Interesse der Arbeitnehmerin, die nach Ende des Erziehungs- oder Elternurlaubs wieder ein Arbeitsverhältnis mit regelmäßiger Beschäftigung aufnehmen will, und ist daher sachlich gerechtfertigt.

4. Wiederbeschäftigung nach Ende der Familienphase

Verleiht der Verbund die Arbeitnehmerinnen nach dem Ende der Familienphase an Verbundunternehmen, betreibt er Arbeitsvermittlung nach Art. 1 § 1 Abs. 2 AÜG.

Das folgt schon daraus, daß die Arbeitnehmerin in Zukunft auf Dauer bei dem Verbundunternehmen beschäftigt sein soll. Zwar wird nach der Rechtsprechung des *BAG* bei nicht gewerbsmäßiger Arbeitnehmerüberlassung die Vermutung verbotener Arbeitsvermittlung entgegen Art. 1 § 1 Abs. 2 i. V. m. § 3 Abs. 1 Nr. 6 AÜG nicht schon immer dann ausgelöst, wenn der Verleiher seine Arbeitnehmer länger als sechs Monate an Dritte verleiht. Sind Ver- und Entleiher konzernähnlich miteinander verbunden, verleiht etwa ein Unternehmen Arbeitnehmer an

---

14 *BSG* vom 16. 12. 1976, 12/7 RAr 89/75, EzAÜG Bd. 1 Nr. 31.

einen seiner Gesellschafter, legt das *BAG* den Sechs-Monats-Zeitraum des Art. 1 § 1 Abs. 2 AÜG wegen der Interessengleichheit mit der nicht gewerbsmäßig betriebenen Arbeitnehmerüberlassung zwischen Konzernunternehmen als „vorübergehend" im Sinne des Art. 1 § 1 Abs. 3 Nr. 2 AÜG aus[15]. Wegen der insoweit regelmäßig nicht bestehenden Gefährdung des arbeits- und sozialrechtlichen Status der Leiharbeitnehmer sind auch Abordnungen, die mehrere Jahre dauern, vorübergehend in diesem Sinne[16].

Auch der Verbund überläßt seine Arbeitnehmer an seine Träger, die Verbundunternehmen.

Vorübergehend ist die Arbeitnehmerüberlassung aber nicht mehr, wenn sie wie vom Verbund auf Dauer geplant ist. Der Dauerverleih von Arbeitnehmern begründet schon für sich die Vermutung unerlaubter Arbeitsvermittlung nach Art. 1 § 1 Abs. 2 AÜG[17].

Es entspricht auch weder der Absicht des Verbundes noch des Verbundunternehmens noch der Arbeitnehmerin, daß der Verbund auch weiterhin die Arbeitgeberpflichten und das Arbeitgeberrisiko übernimmt. Für die Zukunft soll vielmehr das Verbundunternehmen das Arbeitsentgelt zahlen – und sei es auch nur im Erstattungswege –, und die Arbeitnehmerin soll an betrieblichen Vergünstigungen teilhaben, Jahressonderzahlungen erhalten und in die betriebliche Altersversorgung eingegliedert werden wie die übrigen Arbeitnehmer des Verbundunternehmens. Den Verbund sollen nach der Überlassung der Arbeitnehmerinnen an ein Verbundunternehmen keine eigentlichen Arbeitgeberpflichten mehr treffen.

IV. Verbundunternehmen als Arbeitgeber

1. Arbeitnehmerverleih durch die Verbundunternehmen

a. Krankheits- und Urlaubsvertretungen

Vereinbaren Arbeitgeber und Arbeitnehmerin, daß die Arbeitnehmerin für Krankheits- und Urlaubsvertretungen auch an andere Verbundunternehmen aus-

---

15 *BAG* vom 21. 3. 1990, 7 AZR 198/89, AP Nr. 15 zu § 1 AÜG für die Abordnung eines Arbeitnehmers von seinem Arbeitgeber zu einem öffentlich-rechtlichen Mitgesellschafter der Arbeitgebergesellschaft.
16 *BAG* vom 5. 5. 1988, 2 AZR 795/87 AP Nr. 8 zu § 1 AÜG mit Anm. *Wiedemann*; *Becker/Wulfgramm* Art. 1 § 1 Rn. 46 a und 120; *Becker*, DB 1988, 2561, 2564; *Martens*, DB 1985, 2144, 2149; *Rüthers/Bakker*, Arbeitnehmerentsendung und Betriebsinhaberwechsel im Konzern, ZfA 1990, 245, 298 f.; vgl. auch v. *Hoyningen-Huene/Boemke* X 4 a S. 216.
17 Siehe die Nachweise in Fn. 16; vgl. a *BayObLG* vom 22. 12. 1970, 8 Ws (B) 19/70, NJW 1971, 529.

geliehen wird (dazu oben § 5 II 4 a), überläßt der Arbeitgeber die Arbeitnehmerin dem anderen Verbundunternehmen als Verleiher im Sinne des AÜG[18].

Inwieweit diese Arbeitnehmerüberlassung gewerbsmäßig erfolgt, bestimmt sich nach den Abreden zwischen dem Verbund und den Verbundunternehmen, für die die Satzung des Verbunds Vorgaben enthalten kann. Erzielt der überlassende Arbeitgeber keinen Gewinn aus dem Arbeitnehmerverleih, sondern erhält er vom Entleiher lediglich die ihm entstehenden Kosten ersetzt, ist die Gewerbsmäßigkeit zu verneinen (siehe oben III 1).

Bei nicht gewerbsmäßiger Arbeitnehmerüberlassung ergeben sich keine Probleme. Der Arbeitgeber, der seine Arbeitnehmerinnen aufgrund einer KAPOVAZ-Abrede oder ohne Arbeitsverpflichtung in Vertretungsfällen an andere Verbundunternehmen überläßt, wird nicht als Arbeitsvermittler tätig (vgl. oben II 3 für den Arbeitnehmerinnenverleih durch den Verbund).

Demgegenüber wird von *Becker/Wulfgramm*[19] gegen die gewerbsmäßige Arbeitnehmerüberlassung im Rahmen von KAPOVAZ-Arbeitsverträgen eingewandt, diese seien unzulässig, und zwar auch, wenn die Arbeitsvertragsparteien eine bestimmte Arbeitszeit im Beschäftigungszeitraum festgelegt hätten: Der Arbeitgeber könne durch die Vereinbarung einer geringen Mindestarbeitszeit die darüber hinaus bestehenden Beschäftigungsrisiken auf die Leiharbeitnehmerin verlagern und so gegen das Verbot des Art. 1 § 11 Abs. 4 S. 2 AÜG verstoßen, den Anspruch der Arbeitnehmerin auf Annahmeverzugslohn gegen den Verleiher weder aufzuheben noch zu beschränken.

Das überzeugt nicht. Auch im Rahmen eines KAPOVAZ-Arbeitsverhältnisses mit vereinbarter Mindestarbeitszeit pro Jahr hat die Arbeitnehmerin einen Anspruch auf Annahmeverzugslohn, wenn der Arbeitgeber die Arbeitnehmerin nur in geringerem Umfang als vereinbart beschäftigen kann. Die Argumentation von *Becker/Wulfgramm* wäre richtig, wenn sich dem AÜG, insbesondere Art. 1 § 11 Abs. 4 S. 1 AÜG, entnehmen ließe, daß im Rahmen der gewerbsmäßigen Arbeitnehmerüberlassung nur Arbeitsverhältnisse mit einer bestimmten Mindeststundenzahl abgeschlossen werden dürften. Dafür enthält das AÜG aber keine Anhaltspunkte. Auch im Rahmen der Arbeitnehmerüberlassung richtet sich die Entgelterwartung der Arbeitnehmerin nach dem mit dem Arbeitgeber abgeschlossenen Arbeitsvertrag. Das ist bei einem KAPOVAZ-Vertrag das Entgelt für das vertraglich vereinbarte Jahreskontingent. Nur in diesem Rahmen kann sie Annahmeverzugslohn erwarten, wenn sie weniger als vertraglich vereinbart beschäftigt wird[20].

---

18 Diese Fallgestaltung kommt nur in Betracht, wenn das Arbeitsverhältnis während des Erziehungs- oder Elternurlaubs ruht, da nach Auflösung des Arbeitsverhältnisses die Arbeitgeberstellung des früheren Arbeitgebers endet.
19 *Becker/Wulfgramm* Art. § 3 Rn. 39 b.
20 Für die Zulässigkeit von KAPOVAZ-Verträgen im Bereich gewerbsmäßiger Arbeitnehmerüberlassung auch *Schubel*, Beschäftigungsförderungsgesetz und Arbeitnehmerüberlassung, BB 1985, 1606, 1607; GK-TzA/*Becker* Art. 1 § 2 BeschFG Rn. 382 ff.

b. Gleitender Wiedereinstieg/Vorübergehende Beschäftigung bei einem anderen Verbundunternehmen

Besteht für den gleitenden Wiedereinstieg in den Beruf (dazu oben § 5 II 3, III 1 b und 2 b) beim Arbeitgeber keine Möglichkeit, oder ist nach Ende des Erziehungs- oder Elternurlaubs beim Arbeitgeber nur vorübergehend kein Arbeitsplatz für die rückkehrwillige Arbeitnehmerin frei, wird der Arbeitgeber als Verleiher im Sinne des AÜG tätig, wenn die Arbeitnehmerin für eine Übergangszeit bei einem anderen Verbundunternehmen beschäftigt wird, ohne daß das Arbeitsverhältnis zum Arbeitgeber aufgelöst wird[21].

Wie bei der Überlassung von Arbeitnehmern zu Krankheits- und Urlaubsvertretungen erfolgt der Arbeitnehmerverleih nur gewerbsmäßig, wenn der verleihende Arbeitgeber vom Entleiherunternehmen mehr als die ihm entstehenden Kosten ersetzt erhält. Jedenfalls handelt es sich um eine bloß gelegentliche und damit nicht nach Art. 1 § 1 Abs. 1 S. 1 AÜG erlaubnispflichtige Arbeitnehmerüberlassung (siehe dazu oben III 1).

Durch die Arbeitnehmerüberlassung wird auch nicht die Vermutung verbotswidriger Arbeitnehmerüberlassung nach Art. 1 § 1 Abs. 2 AÜG ausgelöst: Selbst wenn die Arbeitnehmerüberlassung länger als sechs Monate dauert, greift Art. 1 § 1 Abs. 2 i. V. m. Art. 1 § 3 Abs. 1 Nr. 6 AÜG nicht, da die Sechs-Monats-Frist in Art. 1 § 1 Abs. 2 AÜG bei nicht gewerbsmäßiger Arbeitnehmerüberlassung als vorübergehend im Sinne des Art. 1 § 1 Abs. 3 Nr. 2 AÜG auszulegen ist, wenn Verleiher und Entleiher konzernähnlich miteinander verbunden sind (siehe oben III 4). Die Überlassung einer Arbeitnehmerin von einem Verbundunternehmen an ein anderes ist der Konzernleihe vergleichbar: Die Verbundunternehmen schließen sich organisatorisch zusammen, um die Personalverantwortung für die zur Kinderbetreuung freigestellten Arbeitnehmerinnen gemeinsam wahrzunehmen. Die Arbeitnehmerinnen werden ohne Gewinnerzielungsabsicht von einem Verbundunternehmen an ein anderes verliehen, ihr arbeits- und sozialrechtlicher Status ist daher ebensowenig wie in den Fällen der Konzernleihe gefährdet. Das rechtfertigt es, die sechs Monate übersteigende Arbeitnehmerüberlassung zwischen Verbundunternehmen von der Vermutung verbotener Arbeitsvermittlung nach Art. 1 § 1 Abs. 2 AÜG auszunehmen, wenn sie nicht auf Dauer geplant ist.

Auch wenn man die Vergleichbarkeit der Arbeitnehmerüberlassung zwischen Verbundunternehmen mit der Konzernleihe im Sinne des Art. 1 § 1 Abs. 3 Nr. 2 AÜG verneint, greift die Vermutung unerlaubter Arbeitsvermittlung nach Art. 1 § 1 Abs. 2 AÜG nicht: Sie ist widerlegt, wenn nach der gesamten Gestaltung und Durchführung der vertraglichen Beziehungen der Schwerpunkt des Arbeitsverhältnisses trotz Überschreitens der Sechs-Monats-Frist im Verhältnis Verleiher/Arbeitnehmer liegt[22]. Überläßt der Arbeitgeber die Arbeitnehmerin nur des-

---

21 Auch diese Problematik entsteht nur, wenn das Arbeitsverhältnis während des Erziehungs- oder Elternurlaubs ruht, vgl. oben IV 1 a.
22 *BAG* vom 21. 3. 1990 a. a. O.; *Sandmann/Marschall* Art. 1 § 1 Anm. 63.

halb an ein anderes Verbundunternehmen, um sie für den gleitenden Wiedereinstieg in den Beruf oder die Zeit einer im eigenen Unternehmen vorübergehend nicht bestehenden Beschäftigungsmöglichkeit unterzubringen, will er die arbeitsvertragliche Bindung der Arbeitnehmerin gerade aufrechterhalten. Auch tatsächlich besteht der Schwerpunkt des Arbeitsverhältnisses weiterhin im Verhältnis Arbeitgeber/Arbeitnehmerin und nicht im Verhältnis Entleiher/Arbeitnehmerin. Den Arbeitgeber treffen nach der Absicht aller Beteiligten für die gesamte Dauer der Arbeitnehmerüberlassung die üblichen Arbeitgeberpflichten, er übernimmt das typische Arbeitgeberrisiko. Die Arbeitnehmerin ist für die Dauer der fehlenden Beschäftigungsmöglichkeit beim Arbeitgeber nur bei dem anderen Verbundunternehmen „geparkt".

2. Vermittelnde Tätigkeit des Verbundes

a. Krankheits- und Urlaubsvertretungen

Bleibt der bisherige Arbeitgeber Arbeitgeber der Erziehungs- und Elternurlauberinnen oder Schuldner des Wiedereinstellungsanspruchs, und organisiert der Verbund, bei welchen Verbundunternehmen die Arbeitnehmerinnen Krankheits- und Urlaubsvertretungen übernehmen, ist für die Frage, ob der Verbund dadurch verbotswidrig Arbeitsvermittlungsaufgaben wahrnimmt, zu unterscheiden:

Hat sich die Arbeitnehmerin gegenüber allen Verbundunternehmen im Rahmen einer KAPOVAZ-Abrede verpflichtet, Krankheits- und Urlaubsvertretungen zu übernehmen, betreibt der Verbund bei der Verteilung der Arbeitnehmerinnen auf die einzelnen Verbundunternehmen keine Arbeitsvermittlung. Da die Arbeitnehmerin zu jedem Verbundunternehmen, bei dem sie Vertretungsaufgaben übernimmt, bereits in arbeitsvertraglichen Beziehungen steht, wird sie nicht in ein „Arbeitsverhältnis" im Sinne des § 13 AFG vermittelt.

Steht die Erziehungs- oder Elternurlauberin in einem Arbeitsverhältnis nur zu ihrem Arbeitgeber, oder ist sie nach Auflösung des Arbeitsverhältnisses an kein Verbundunternehmen arbeitsvertraglich gebunden, und organisiert der Verbund, daß sie Krankheits- und Urlaubsvertretungen bei einzelnen Verbundunternehmen im Bedarfsfall in jeweils befristeten Arbeitsverhältnissen übernimmt, betreibt er demgegenüber verbotswidrig Arbeitsvermittlung[23]. Daß die Arbeitnehmerin, wenn sie das Arbeitsverhältnis zu ihrem Arbeitgeber nicht mit Wiedereinstellungsanspruch aufgelöst hat, nicht arbeitslos ist, ist dafür ohne Bedeutung. § 13 Abs. 1 AFG verbietet nicht nur die private Vermittlung von Arbeitslosen, sondern allgemein die Vermittlung von „Arbeitsuchenden" in Arbeitsverhältnisse.

---

23 Vgl. *Becker*, DB 1988, 2561, 2563.

b. Gleitender Wiedereinstieg/Vorübergehende Beschäftigung bei einem anderen Verbundunternehmen

Hat das Arbeitsverhältnis während des Erziehungs- und des Elternurlaubs geruht, und verfügt der Arbeitgeber über keinen Teilzeitarbeitsplatz, auf dem die Arbeitnehmerin gleitend wieder in den Beruf zurückkehren kann, oder ist bei ihm nach Ende des Erziehungs- oder Elternurlaubs nur vorübergehend kein Arbeitsplatz für die rückkehrwillige Arbeitnehmerin frei, betreibt der Verbund keine Arbeitsvermittlung, wenn er die Überlassung der Arbeitnehmerin an ein anderes Verbundunternehmen vermittelt (vgl. oben IV 1 b): Da die Arbeitnehmerin keinen Arbeitsvertrag mit dem entleihenden Verbundunternehmen abschließt und ein Arbeitsvertrag auch nicht nach Art. 1 § 1 Abs. 2 AÜG i. V. m. 1 § 13 AFG fingiert werden kann, wird kein „Arbeitsverhältnis" im Sinne des § 13 AFG zwischen Arbeitnehmerin und Entleiher vermittelt. Der Verbund bringt lediglich Verleiher und Entleiher einer nicht erlaubnispflichtigen, da nicht gewerbsmäßigen Arbeitnehmerüberlassung zusammen. Die Vermittlung von Arbeitnehmerüberlassungsverträgen wird aber weder durch das AÜG noch durch das AFG geregelt.

Anders ist es, wenn Arbeitgeber und Arbeitnehmerin das Arbeitsverhältnis für den Elternurlaub aufgelöst haben und ein gleitender Wiedereinstieg in den Beruf beim Arbeitgeber nicht möglich ist: Da der Verbund in diesem Fall den Abschluß eines Arbeitsvertrages mit dem Verbundunternehmen vermittelt, bei dem die Elternurlauberin gleitend in den Beruf zurückkehren soll, wird der Verbund als Arbeitsvermittler tätig und verstößt damit gegen das Arbeitsvermittlungsmonopol der Bundesanstalt für Arbeit nach § 4 AFG.

c. Dauerhafter Wechsel zu einem anderen Verbundunternehmen

Ist beim Arbeitgeber nach Ende der Familienphase ein Arbeitsplatz für die rückkehrwillige Arbeitnehmerin nicht vorhanden und wird ihr vom Verbund ein dauerhaftes Arbeitsverhältnis bei einem anderen Verbundunternehmen vermittelt, betreibt der Verbund ebenfalls Arbeitsvermittlung im Sinne des § 13 AFG. Das gilt unabhängig davon, ob das Arbeitsverhältnis mit dem Arbeitgeber geruht hat oder mit Wiedereinstellungsanspruch der Arbeitnehmerin aufgelöst worden war. Hat das Arbeitsverhältnis geruht, spielt es für die Qualifikation der Verbundstätigkeit als Arbeitsvermittlung keine Rolle, ob die Arbeitnehmerin nach einvernehmlicher Auflösung des früheren Arbeitsverhältnisses ausschließlich Arbeitnehmerin des Beschäftigungsunternehmens wird, oder ob sie mit dem anderen Verbundunternehmen lediglich ein Zweitarbeitsverhältnis abschließt (dazu oben § 2 II 3 c). Auch Zweitarbeitsverhältnisse sind Arbeitsverhältnisse im Sinne des § 13 AFG.

V. Verbund und Ersatzarbeitskräfte

1. Verbund als Arbeitgeber

Soweit der Verbund selbst Ersatzkräfte einstellt und diese den einzelnen Verbundunternehmen bei Bedarf überläßt, liegt darin eine Arbeitnehmerüberlassung im Sinne des AÜG. Sie wird aber ebensowenig wie die Überlassung der Arbeitnehmerinnen im und nach dem Erziehungs- oder Elternurlaub gewerbsmäßig betrieben, so daß eine Erlaubnispflicht nach Art. 1 § 1 Abs. 1 S. 1 AÜG nicht besteht.

Stellt der Verbund die Ersatzkräfte auf Dauer ein und überläßt sie bei Vertretungsbedarf befristet an die Verbundunternehmen, kann auch nicht nach Art. 1 § 1 Abs. 2 AÜG vermutet werden, daß der Verbund Arbeitsvermittlung betreibt: Der Verbund überläßt die Ersatzarbeitnehmerinnen nur vorübergehend im Sinne des Art. 1 § 1 Abs. 2 i. V. m. Art. 1 § 1 Abs. 3 Nr. 2 AÜG an die Verbundunternehmen, er trägt auch während des Arbeitnehmerverleihs die Arbeitgeberpflichten und das Arbeitgeberrisiko.

Nur wenn der Verbund eine Ersatzarbeitskraft erstmals einstellt und das Arbeitsverhältnis auf die Dauer der Überlassung an ein Verbundunternehmen befristet, wird nach Art. 1 § 1 Abs. 2 i. V. m. Art. 1 § 3 Abs. 1 Nr. 5 AÜG vermutet, daß der Verbund verbotswidrig als Arbeitsvermittler tätig wird (vgl. oben III 3 a).

2. Verbundunternehmen als Arbeitgeber

Werden die Verbundunternehmen Arbeitgeber der Ersatzarbeitskräfte und vermittelt der Verbund die Ersatzarbeitnehmerinnen lediglich an die Verbundunternehmen, betreibt er Arbeitsvermittlung im Sinne des § 13 Abs. 1 AFG.

Zwar ist nach § 13 Abs. 3 Nr. 2 AFG die gelegentliche und unentgeltliche Empfehlung von Arbeitskräften zur Einstellung keine Arbeitsvermittlung im Sinne des AFG. Der Verbund vermittelt die Ersatzarbeitnehmerinnen aber nicht nur gelegentlich, sondern als eine seiner Hauptaufgaben ständig an die einzelnen Verbundunternehmen.

VI. Auftrag zur Arbeitsvermittlung durch die Bundesanstalt für Arbeit nach § 23 AFG

Nach § 23 Abs. 1 S. 1 AFG kann die Bundesanstalt für Arbeit in Ausnahmefällen nach Anhörung der zuständigen Arbeitgeberverbände und der Gewerkschaften Dritte mit der Arbeitsvermittlung für einzelne Berufe oder Personengruppen beauftragen, wenn es für die Durchführung der Arbeitsvermittlung zweckmäßig ist. Die Übertragung der Arbeitsvermittlung muß beantragt (§ 23 Abs. 1 S. 1 AFG) und kann mit Einschränkungen versehen werden (§ 23 Abs. 2 S. 2 AFG). Der private Arbeitsvermittler steht unter der Aufsicht der Bundesanstalt für Arbeit und ist ihren Weisungen unterworfen, § 23 Abs. 2 S. 1 AFG. Nähere Bestimmungen über die Beauftragung Dritter mit Aufgaben der Arbeitsvermittlung enthält die nach § 23 Abs. 3 i. V. m. § 193 Abs. 3 AFG erlassene Anordnung des Verwaltungsrats der Bundesanstalt für Arbeit über die Arbeitsvermittlung im Auftrag der Bundesanstalt für Arbeit (AViA-AO).

§§ 2 und 3 der AViA-AO definieren, wann die Beauftragung Dritter zweckmäßig im Sinne des § 23 Abs. 1 S. 1 AFG ist. Das ist nach § 2 Abs. 1 S. 1 der Fall, wenn für die Arbeitsvermittlung bestimmter Berufe und Personengruppen nicht angemessen vorgesorgt ist. An einer angemessenen Vorsorge fehlt es auch, wenn die vorhandenen Vermittlungseinrichtungen besonderen Bedürfnissen bestimmter Arbeitnehmer oder Arbeitgeber nicht entsprechen, § 2 Abs. 1 S. 2 Hs. 2 AViA-AO. Ist die Arbeitsvermittlung nicht auf Gewinnerzielung gerichtet, kann der Auftrag nach § 3 AViA-AO erteilt werden, wenn es aufgrund besonderer Umstände zweckmäßig ist.

Die Arbeitsvermittlung durch die Bundesanstalt für Arbeit berücksichtigt die besonderen Probleme, die für die kleinen und mittleren Unternehmer durch den erziehungsbedingten Arbeitnehmerurlaub entstehen, bisher nicht hinreichend. Diese Arbeitgeber konkurrieren mit großen Unternehmen und Konzernen um dieselben Facharbeitskräfte. Da sie die Arbeit in der Regel weniger arbeitsteilig organisieren als die Großunternehmen und auf die Erfahrungen ihrer eingearbeiteten Fachkräfte um so stärker angewiesen sind, haben sie ein gewichtiges Interesse daran, ihre Arbeitnehmerinnen über den gesetzlichen Erziehungsurlaub hinaus an ihr Unternehmen zu binden. Um mit den großen Unternehmen konkurrieren zu können, die ihren Arbeitnehmerinnen im Anschluß an den gesetzlichen Erziehungsurlaub häufig ermöglichen, die Berufstätigkeit für weitere Zeiträume zu unterbrechen, müssen sich auch die kleinen und mittleren Unternehmen entsprechende Freistellungsmodelle überlegen. Dafür eignet sich ein Verbund (oben § 2). In einem Verbund kann durch Verteilung der zur Kinderbetreuung freigestellten Arbeitnehmerinnen auf alle Verbundunternehmen auch gewährleistet werden, daß sie hinreichend häufig die Möglichkeit erhalten, Krankheits- und Urlaubsvertretungen wahrzunehmen, um mit dem Beruf in Kontakt zu bleiben.

Probleme entstehen für die kleinen und mittleren Unternehmen auch dadurch, daß sie für die von der Arbeit freigestellten Arbeitnehmer befristet Ersatzarbeitskräfte einstellen müssen. Anders als Großunternehmen haben sie weder die finanziellen noch die organisatorischen Möglichkeiten, ständig eine bestimmte Anzahl von „Springern" vorzuhalten, die die von der Arbeit freigestellten Arbeitnehmerinnen vertreten können. Schon die Verlängerung des gesetzlichen Erziehungsurlaubs auf drei Jahre ab Geburt des Kindes und die Möglichkeit der phasenweisen Inanspruchnahme stellt die Unternehmer vor erhebliche Probleme bei der Suche nach geeigneten Ersatzarbeitskräften. Je länger die Arbeitnehmerinnen für Er-

197

ziehungsaufgaben von der Arbeit freigestellt werden, desto problematischer wird es, Ersatzkräfte zu finden, die bereit sind, entsprechend befristete Arbeitsverhältnisse abzuschließen. Auch hier kann ein Verbund Ersatzarbeitskräfte auf Dauer einstellen und auf die einzelnen Verbundunternehmen verteilen.

Aus diesen Gründen erscheint es wahrscheinlich, daß die Bundesanstalt für Arbeit einem Antrag, einen Verbund aus kleinen und mittleren Unternehmen einer Region damit zu beauftragen, Arbeitnehmerinnen während und nach der Familienphase sowie Ersatzarbeitskräfte an einzelne Verbundunternehmen zu vermitteln, aller Voraussicht nach stattgeben wird. Das gilt insbesondere, wenn entsprechende Verbundsysteme von den Ländern, etwa den Frauenministerien, unterstützt werden.

Die Einzelheiten, insbesondere das von der Bundesanstalt für Arbeit bevorzugte Modell, müssen dabei mit ihr abgesprochen werden.

VII. Beteiligungsrechte des Betriebsrats

1. Betriebszugehörigkeit

a. Bei vorübergehendem Arbeitnehmerinnenverleih

Ruht das Arbeitsverhältnis während des Erziehungs- oder Elternurlaubs und haben Arbeitgeber und Arbeitnehmerin vereinbart, daß der Arbeitgeber die Arbeitnehmerin im Bedarfsfall an andere Verbundunternehmen für Krankheits- und Urlaubsvertretungen oder sonst vorübergehend verleiht, bleibt die Erziehungs- oder Elternurlauberin Arbeitnehmerin des Arbeitgebers und begründet nicht für die Dauer der Vertretung ein Arbeitsverhältnis zum entleihenden Verbundunternehmen: Sie wird nur vom Betriebsrat im Verleiherbetrieb vertreten und ist im Entleiherbetrieb nicht wahlberechtigt [24].

Wegen der Vergleichbarkeit der Interessenlage bei der gewerbsmäßigen Arbeitnehmerüberlassung ist Art. 1 § 14 AÜG auf diesen nicht gewerbsmäßigen Arbeitnehmerinnenverleih unter den Verbundunternehmen (siehe oben IV 1) entsprechend anzuwenden: Obwohl die an andere Verbundunternehmen verliehene Arbeitnehmerin ausschließlich dem Betrieb ihres Arbeitgebers (des Verleihers) angehört, ist sie analog Art. 1 § 14 Abs. 2 S. 2 AÜG berechtigt, die Sprechstunden des Betriebsrats im Entleiherbetrieb aufzusuchen. Analog Art. 1 § 14 Abs. 2 S. 3

---

[24] *BAG* vom 18. 1. 1989, 7 ABR 62/87, AP Nr. 2 zu § 14 AÜG = BB 1989, 1408; *Becker/Wulfgramm* Art. 1 § 14 Rn. 13; *Stege/Weinspach* § 7 Rn. 7; TK *Löwisch* § 7 Rn. 6; a. A. *Säcker/Joost*, Betriebszugehörigkeit als Rechtsproblem im Betriebsverfassungs- und Mitbestimmungsrecht, 1990, S. 43 ff.; *Heinze*, Rechtsprobleme des sog. echten Leiharbeitsverhältnisses, ZfA 1976, 183, 211.

AÜG unterstützt sie der Betriebsrat im Entleiherbetrieb auch bei Wahrnehmung ihrer in §§ 81, 82 Abs. 1, 84 und 86 BetrVG festgelegten Arbeitnehmerrechte[25]. Das gilt genauso, wenn der Verbund Arbeitgeber der Arbeitnehmerinnen im Erziehungs- oder Elternurlaub ist.

b. Bei dauerhaftem Arbeitnehmerinnenverleih

Ist der Verbund Arbeitgeber oder Schuldner des Wiedereinstellungsanspruchs der Erziehungs- und Elternurlauberinnen, ist die Betriebszugehörigkeit der Verbundarbeitnehmerinnen problematisch, wenn der Verbund sie nach Ende der Familienphase auf Dauer an die einzelnen Verbundunternehmen verleiht. Es ist fraglich, ob die Arbeitnehmerinnen auch in diesem Fall ausschließlich dem Verbundbetrieb zugeordnet werden können. Sie wären dann nicht zum Betriebsrat in ihrem Beschäftigungsbetrieb wahlberechtigt. Ihre Interessen würden vom Betriebsrat im Verbundbetrieb wahrgenommen, obwohl ein Kontakt zum Verbund nach Ende der Familienphase praktisch nicht existiert.

Die überwiegende Meinung in der Literatur läßt daher bei der auf Dauer geplanten nicht gewerbsmäßigen Arbeitnehmerüberlassung die bloße Eingliederung in den Entleiherbetrieb für die Betriebszugehörigkeit nach § 7 BetrVG genügen[26]. Demgegenüber will das *BAG* wohl auch in diesen Fällen Art. 1 § 14 Abs. 1 und 2 AÜG analog anwenden. Es begründet seine Auffassung damit, daß die vergleichbare Interessenlage zwischen gewerbsmäßiger und nicht gewerbsmäßiger Arbeitnehmerüberlassung die analoge Anwendung des AÜG erfordere[27].

Dem *BAG* ist zuzustimmen. Daß die Betriebszugehörigkeit im Sinne des § 7 BetrVG neben der Eingliederung in den Betrieb ein Arbeitsverhältnis der eingegliederten Person zum Betriebsinhaber voraussetzt, hat seinen Grund darin, daß die Mitbestimmungsrechte des BetrVG an die Arbeitgeberstellung des Betriebsinhabers anknüpfen. Etwa können Urlaubsgrundsätze nur denjenigen binden,

---

25 *BAG* a.a.O.; *Becker/Wulfgramm* a.a.O.; TK *Löwisch* a.a.O.; *Stege/Weinspach* a.a.O.; *v. Hoyningen-Huene* § 7 III 1 S. 121; a. A. *Fitting/Auffarth/Kaiser/Heither* § 7 Rn. 6 (Betriebszugehörigkeit auch zum Entleiherbetrieb, abw. unter § 5 Rn. 72, wo eine Betriebszugehörigkeit zum Entleiherbetrieb nur bei längerfristiger Eingliederung angenommen wird).
26 *Hess/Schlochauer/Glaubitz* § 7 Rn. 23 bei Arbeitnehmerüberlassung auf Dauer; *Windbichler* § 7 I 4 a S. 280 f.; GK-BetrVG/*Kraft* § 5 Rn. 23; GK-BetrVG/*Kreutz* § 7 Rn. 42 ff. und *Richardi*, NZA 1987, 145, 146 f. bei mehr als sechsmonatiger Arbeitnehmerüberlassung (Art. 1 § 1 Abs. 2 i. V. Art. 1 § 3 Abs. 1 Nr. 6 AÜG); *Dietz/Richardi* § 5 Rn. 81 f. bei mehr als dreimonatiger Arbeitnehmerüberlassung (zur alten Fassung des AÜG); unklar *Becker*, Betriebsverfassungsrechtliche Aspekte beim drittbezogenen Personaleinsatz, AuR 1982, 369, 378 und *Becker/Wulfgramm* Art. 1 § 14 Rn. 34 ff.; *Fitting/Auffarth/Kaiser/Heither* § 5 Rn. 72, weiter in § 7 Rn. 6 (auch bei vorübergehender Arbeitnehmerlassung); *Säcker/Joost* a. a. O. (Fn. 24); vgl. auch *Galperin/Löwisch* § 5 Rn. 11.
27 *BAG* vom 18. 1. 1989, 7 ABR 62/87, AP Nr. 2 zu § 14 AÜG. Ob sich die Entscheidung tatsächlich auf eine dauerhafte Arbeitnehmerüberlassung bezieht, ist nicht deutlich wie hier auch *Schaub* § 120 VI 4 S. 934.

gegen den sich der arbeitsvertragliche Urlaubsanspruch richtet (siehe oben § 2 IV 3 a), und kann der Betriebsrat bei Jahressonderzahlungen und Leistungen der betrieblichen Altersversorgung nur das Verteilungsermessen desjenigen einschränken, der die Sondervergütung oder die betriebliche Altersversorgung zugesagt hat (siehe oben § 3 VI). Urlaub und etwaige Jahressonderzahlungen oder Leistungen der betrieblichen Altersversorgung erhalten Leiharbeitnehmer aber nicht vom Betriebsinhaber des Entleiherbetriebs, sondern vom verleihenden Arbeitgeber. Gegenüber diesem hat der Betriebsrat im Entleiherbetrieb keine Mitbestimmungsbefugnisse.

Die dem Betriebsrat im Entleiherbetrieb von der Gegenmeinung eingeräumte Vertretungsbefugnis liefe damit praktisch leer.

Daß die Interessen der auf Dauer verliehenen Arbeitnehmer weder im Verleihernoch im Entleiherbetrieb wirksam wahrgenommen werden, rechtfertigt keine Korrektur des Betriebsverfassungsrechts: Die betriebsverfassungsrechtliche Stellung der Leiharbeitnehmer spricht vielmehr dafür, daß nicht nur die dauerhafte gewerbsmäßige Arbeitnehmerüberlassung (Art. 1 § 13 AÜG), sondern auch der auf Dauer geplante nicht gewerbsmäßige Arbeitnehmerverleih unerwünscht ist.

Überläßt der Verbund nach Ende des Erziehungs- oder Elternurlaubs Arbeitnehmerinnen auf Dauer an die einzelnen Verbundunternehmen, gehören diese demnach betriebsverfassungsrechtlich lediglich dem Verbundbetrieb an und werden vom dort gewählten Betriebsrat vertreten. Analog Art. 1 § 14 Abs. 2 AÜG können die Leiharbeitnehmerinnen aber die Sprechstunden des Betriebsrats im Entleiherbetrieb aufsuchen und sich bei der Wahrnehmung ihrer in §§ 81, 82 Abs. 1, 84 und 86 BetrVG festgelegten Rechte unterstützen lassen[27a].

2. Arbeitnehmerinnenverleih bei der Wiederbeschäftigung oder Wiedereinstellung nach Ende des Erziehungs- oder Elternurlaubs

a. Aus Sicht des Verleiherbetriebs

aa. Verleiht der Arbeitgeber, weil in seinem Unternehmen bei Rückkehr der Erziehungs- oder Elternurlauberin vorübergehend kein Arbeitsplatz frei ist, die Arbeitnehmerin für die Übergangszeit an ein anderes Verbundunternehmen, liegt in dem damit verbundenen Wechsel der betrieblichen Organisation die Zuweisung eines anderen Arbeitsbereichs nach § 95 Abs. 3 BetrVG. Diese Zuweisung ist im Arbeitgeberbetrieb als Versetzung nach § 99 BetrVG zustimmungspflichtig, wenn die Tätigkeit für das andere Verbundunternehmen länger als einen Monat dauert oder mit einer erheblichen Änderung der Arbeitsumstände verbunden ist (siehe oben § 2 IV 1 a).

Das gleiche gilt, wenn der Verbund Arbeitgeber der Erziehungs- und Elternurlauberinnen oder Schuldner des Wiedereinstellungsanspruchs ist, und die (wieder-

---

[27a] Weiter jetzt das *BAG* vom 15. 12. 1992, 1 ABR 38/92, BB 1993, 648 = DB 1993, 888.

eingestellte) Arbeitnehmerin auf Dauer an ein anderes Verbundunternehmen verleiht (siehe oben § 2 IV 1 c).

bb. Hat der Arbeitgeber seine Arbeitnehmerin bei vorübergehend fehlender Beschäftigungsmöglichkeit für die Übergangszeit an ein anderes Verbundunternehmen verliehen, und kehrt die Arbeitnehmerin in den Arbeitgeberbetrieb zurück, wird sie in den Arbeitgeberbetrieb nicht im Sinne des § 99 Abs. 1 BetrVG eingestellt: Einstellung ist nur die erstmalige Eingliederung in den Arbeitgeberbetrieb (siehe oben § 2 IV 1 a). Wird die Arbeitnehmerin aber auf einem anderen Arbeitsplatz beschäftigt als vor Inspruchnahme des Erziehungsurlaubs, liegt in der Zuweisung der neuen Tätigkeit eine zustimmungspflichtige Versetzung, wenn der Arbeitnehmerin damit zugleich ein anderer Arbeitsbereich im Sinne der §§ 99, 95 Abs. 3 BetrVG zugewiesen wird[28].

b. Aus Sicht des Entleiherbetriebs

Ob die Arbeitnehmerin, wenn sie vom Arbeitgeber an ein anderes Verbundunternehmen vorübergehend verliehen wird, gem. § 99 Abs. 1 BetrVG in den Betrieb des entleihenden Unternehmens eingestellt wird, ist zweifelhaft.

Teilweise wird vertreten, daß § 99 BetrVG auf den nicht gewerbsmäßigen Arbeitnehmerverleih keine Anwendung findet[29]. Demgegenüber wertet die überwiegende Meinung die Eingliederung von Leiharbeitnehmern in den Entleiherbetrieb als Einstellung im Sinne des § 99 Abs. 1 BetrVG[30].

Der überwiegenden Meinung ist zuzustimmen. Nach § 99 BetrVG ist der Betriebsrat zu beteiligen, wenn fremde Personen in die Arbeitsorganisation beim Arbeitgeber eingegliedert werden, d. h. zusammen mit den dort beschäftigten Arbeitnehmern die arbeitstechnischen Zwecke des Betriebes nach den Weisungen des Entleihers verwirklichen sollen. Schon durch die tatsächliche Eingliederung fremder Personen werden die nach § 99 Abs. 2 Nr. 3 und 5 BetrVG zu schützenden Interessen der dort beschäftigten Arbeitnehmer berührt. Darauf, ob die eingegliederten Arbeitnehmer mit dem Betriebsinhaber einen Arbeitsvertrag abgeschlossen haben, kommt es für das dem Betriebsrat des aufnehmenden Betriebs in § 99 BetrVG eingeräumte Zustimmungsverweigerungsrecht gerade nicht an (siehe oben § 2 IV 1 a)[31].

---

28 Der Fall, daß die Arbeitnehmerin nicht in denselben Betrieb, sondern in einen anderen Betrieb im Arbeitgeberunternehmen zurückkehrt, bleibt außer Betracht, da bei kleinen und mittleren Unternehmen mehrere Betriebe die Ausnahme sein werden.
29 *Hess/Schlochauer/Glaubitz* § 99 Rn. 13, 19; *Stege/Weinspach* §§ 99–101 Rn. 19a; *Meisel* Rn. 205; *Dietz/Richardi* § 99 Rn. 37 für den kürzer als dreimonatigen (sechsmonatigen) Arbeitnehmerverleih.
30 *BAG* vom 9. 3. 1976, 1 ABR 53/74, AuR 1976, 1552; *LAG Frankfurt* vom 24. 6. 1986, 4 TaBV 144/85, DB 1987, 1200; *Galperin/Löwisch* § 99 Rn. 15; TK *Löwisch* § 99 Rn. 6; GK-BetrVG/*Kraft* § 99 Rn. 25; vgl. auch *Fitting/Auffarth/Kaiser/Heither* § 99 Rn. 11; *Kittner* in *Däubler/Kittner/Klebe/Schneider* § 99 Rn. 56.
31 Vgl. Art. 1 § 14 Abs. 3 AÜG für die gewerbsmäßige Arbeitnehmerüberlassung.

Der Betriebsrat des entleihenden Verbundunternehmens ist daher nach § 99 BetrVG zu beteiligen, wenn Arbeitnehmerinnen anderer Verbundunternehmen für Krankheits- und Urlaubsvertretungen in den Entleiherbetrieb eingegliedert werden.

Verleiht der Verbund als Arbeitgeber nach Ende des Erziehungs- oder Elternurlaubs eine Arbeitnehmerin auf Dauer an ein Verbundunternehmen, steht dem Betriebsrat im Entleiherbetrieb ebenfalls ein Zustimmungsverweigerungsrecht gegenüber dieser Einstellung zu.

3. Arbeitnehmerinnenverleih bei Krankheits- und Urlaubsvertretungen

a. Aus Sicht des Verleiherbetriebs

aa. Hat die Arbeitnehmerin mit dem Arbeitgeber ein auf den Elternurlaub befristetes KAPOVAZ-Arbeitsverhältnis abgeschlossen, und verleiht sie der Arbeitgeber für Krankheits- und Urlaubsvertretungen an ein Verbundunternehmen, liegt in dem damit verbundenen Wechsel der betrieblichen Organisation keine nach §§ 99, 95 Abs. 3 BetrVG zustimmungspflichtige Versetzung: Inhalt des KAPOVAZ-Arbeitsvertrages ist es gerade, daß die Arbeitnehmerin nicht ständig auf einem Arbeitsplatz, sondern mit wechselnden Aufgaben an verschiedenen Arbeitsorten beschäftigt wird. Die Bestimmung des Arbeitsplatzes für die einzelne Krankheits- und Urlaubsvertretung ist daher wegen § 95 Abs. 3 S. 2 BetrVG nicht zustimmungspflichtig[32].

Das gilt genauso, wenn der Verbund als Arbeitgeber die Arbeitnehmerinnen für Krankheits- und Urlaubsvertretungen an die Verbundunternehmen verleiht.

bb. Kehrt die Arbeitnehmerin nach Ende der Krankheits- und Urlaubsvertretung wieder in das ruhende (KAPOVAZ-)Arbeitsverhältnis zum Arbeitgeber zurück, ist das weder als Einstellung noch als Versetzung gemäß § 99 BetrVG zustimmungspflichtig. Die Arbeitnehmerin wird weder erstmals in den Arbeitgeberbetrieb eingegliedert (dazu oben § 2 IV 1 a), noch wird ihr nach Ende der Krankheits- und Urlaubsvertretung im Arbeitgeberbetrieb ein anderer Tätigkeitsbereich zugewiesen: Wie vor Übernahme der befristeten Vertretung ruht ihre arbeitsvertragliche Leistungsverpflichtung.

b. Aus Sicht des Entleiherbetriebs

In die Verbundunternehmen werden die Erziehungs- und Elternurlauberinnen im jeweiligen Vertretungsfall eingestellt, so daß der dort bestehende Betriebsrat der Beschäftigung der Aushilfskraft nach § 99 BetrVG zustimmen muß (vgl. oben a).

---

32 Vgl. TK *Löwisch* § 99 Rn. 6; *Fitting/Auffarth/Kaiser/Heither* § 99 Rn. 11; *Hess/Schlochauer/Glaubitz* § 99 Rn. 13.

§ 8 Organisation des Verbundes

I. Vorgaben

Der Verbund soll Koordinierungsgaufgaben für die in ihm zusammengeschlossenen Unternehmen wahrnehmen. Er soll dem einzelnen Arbeitgeber, in dessen Unternehmen nach Ende des Erziehungs- oder Elternurlaubs ein Arbeitsplatz für seine Arbeitnehmerin fehlt, Beschäftigungsmöglichkeiten in anderen Verbundunternehmen aufzeigen und die Erziehungs- und Elternurlauberinnen für Krankheits- und Urlaubsvertretungen an die Verbundunternehmen vermitteln. Daneben soll er Bildungsmaßnahmen mitorganisieren oder zumindest mitfinanzieren, die es den Erziehungs- und Elternurlauberinnen ermöglichen, auch während der familienbedingten Unterbrechung ihrer Berufstätigkeit berufsspezifische Qualifikationen zu erhalten oder zu verbessern.

Diese Zwecke kann der Verbund am besten verwirklichen, wenn er relativ unabhängig von den einzelnen Verbundunternehmen handelt. Eine relative Selbständigkeit des Verbunds ist auch im Sinne der einzelnen Unternehmen, die mit den Organisationsaufgaben des Verbunds möglichst wenig belastet werden sollen. Sinnvoll ist daher eine Organisationsform, in dem ein Verbundorgan die Geschäfte des Verbunds führt, ohne für die jeweilige Entscheidung den Konsens aller im Verbund zusammengeschlossenen Verbundunternehmen zu benötigen.

Um eine Kontinuität des Verbunds unabhängig vom Ausscheiden einzelner Unternehmen zu erreichen, und den Eintritt neuer Mitglieder in den Verbund zu erleichtern, ist nach einer Gesellschaftsform zu suchen, die den Verbund vom Mitgliederwechsel unabhängig macht.

II. Verbund als Personengesellschaft

Kleine und mittlere Unternehmen eines Verkehrsraumes können den Verbund einmal als eine Personengesellschaft gründen. In Betracht kommen die Gesellschaft bürgerlichen Rechts im Sinne der §§ 705 ff. BGB (dazu unter 1.) und die Personenhandelsgesellschaften, nämlich die OHG und die KG im Sinne der §§ 105 ff., 161 ff. HGB (dazu unter 2.)

1. Gesellschaft des bürgerlichen Rechts

Die Gesellschaft bürgerlichen Rechts ist typisch für überbetriebliche Zusammenschlüsse. Etwa haben Arbeitsgemeinschaften im Baugewerbe, sogenannte

ARGEs, Interessengemeinschaften (IGs) und Konzerne häufig die Form der BGB-Gesellschaft [1].

Nach dem gesetzlichen Leitbild ist die BGB-Gesellschaft durch personalistische Elemente, insbesondere die gemeinsame Verantwortung aller Gesellschafter für die Verfolgung des Gesellschaftszwecks gekennzeichnet.

Nach § 709 Abs. 1 BGB steht die Geschäftsführung der BGB-Gesellschaft allen Gesellschaftern gemeinsam zu, d. h. für jedes Geschäft ist die Zustimmung aller Gesellschafter erforderlich. Abgestimmt wird in der Regel nach Köpfen (vgl. § 709 Abs. 2 BGB). Nach § 714 BGB ist mit der Gesamtgeschäftsführungsbefugnis im Zweifel auch eine Gesamtvertretungsbefugnis verbunden.

Vom Grundsatz der Gesamtgeschäftsführungsbefugnis kann gem. §§ 709 Abs. 2, 710 S. 1 BGB abgewichen werden. Die Gesellschafter können die Geschäftsführung zwar nicht verbundfremden Personen übertragen, sondern nur einem Gesellschafter, sie können Dritte mit der Geschäftsführung aber nach §§ 662 ff. BGB oder § 675 BGB beauftragen [2].

Nach dem gesetzlichen Leitbild kann ein Gesellschafter nicht aus der Gesellschaft ausscheiden, ohne daß gleichzeitig die Gesellschaft endet. Eine Kündigung der Mitgliedschaft in der Gesellschaft sieht das Gesetz nicht vor, sondern nur die Kündigung der Gesellschaft durch einen Gesellschafter, §§ 723 Abs. 1 S. 1, 724 BGB.

Auch insoweit kann, wie aus §§ 736, 737 BGB folgt, im Gesellschaftsvertrag aber bestimmt werden, daß die Gesellschaft trotz Kündigung eines Gesellschafters unter den übrigen Gesellschaftern fortbesteht und die übrigen Gesellschafter einen Mitgesellschafter aus der Gesellschaft ausschließen können, §§ 736, 737 BGB. Dann wächst allerdings der Gesellschaftsanteil des ausscheidenden Gesellschafters gem. § 738 Abs. 1 S. 1 BGB den übrigen Gesellschaftern an, die den Ausscheidenden dafür abfinden und von den gemeinsamen Schulden befreien müssen, § 738 Abs. 1 S. 2 BGB.

Die personalistische Struktur der BGB-Gesellschaft wird besonders deutlich in ihrer Begrenzung auf die gesamthänderische Bindung der Gesellschafter nach §§ 718, 719 BGB. Durch die Bildung des Gesamthandsvermögens werden die Gesellschafter zwar über rein schuldrechtliche Beziehungen hinaus aneinander gebunden, es wird aber keine neben den Gesellschaftern stehende selbständige juristische Person gebildet: Die zur Gesamthand gehörenden Rechte und Pflichten stehen nicht der BGB-Gesellschaft als Rechtsperson, sondern den Gesellschaftern in ihrer gesamthänderischen Verbundenheit zu; die Gesellschafter und nicht die BGB-Gesellschaft werden durch die Handlungen des vertretungsbefugten Gesellschafters berechtigt und verpflichtet [3].

---

1 *Palandt/Thomas* § 705 Rn. 44 ff.
2 *BGH* vom 16. 11. 1981, II ZR 213/89, NJW 1982, 877; vom 22. 1. 1962, II ZR 11/61, BGHZ 36, 292.
3 *BGH* vom 15. 12. 1980, II ZR 52/80, *BGHZ* 79, 374 = NJW 1981, 1213 unter 2. der Gründe; *BAG* vom 6. 7. 1989, 6 AZR 771/87, NJW 1989, 3034.

Wollen die Gesellschafter einer Personengesellschaft eine Schiedsabrede treffen, müssen sie die Form des § 1027 Abs. 1 ZPO wahren, d. h. die Schiedsabrede in einer vom Gesellschaftsvertrag gesonderten Urkunde vereinbaren, die jeder Gesellschafter – auch der neu eintretende – unterzeichnen muß. Anders als bei juristischen Personen (dazu unten III 3 b) verwehrt die herrschende Meinung den Gesellschaftern einer Personengesellschaft, eine Schiedsklausel gem. § 1048 ZPO in den Gesellschaftsvertrag aufzunehmen, die kraft Gesellschaftsstatuts auch ohne gesonderte Unterwerfung gegenüber jedem neu eintretenden Gesellschafter gilt[4].

Das Schriftformerfordernis des § 1027 Abs. 1 ZPO ist auch nicht nach § 1027 Abs. 2 ZPO entbehrlich. § 1027 Abs. 2 ZPO greift nur, wenn der Schiedsvertrag zwischen Vollkaufleuten abgeschlossen wird und sich auf ein Handelsgeschäft bezieht. Selbst wenn alle im Verbund zusammengeschlossenen Unternehmen Vollkaufleute im Sinne des HGB wären und man den Abschluß eines Gesellschaftsvertrages grundsätzlich als Handelsgeschäft ansähe[5], wäre Handelsgeschäft allenfalls der Zusammenschluß mehrerer kaufmännischer Unternehmen zu einer Personenhandelsgesellschaft im Sinne der §§ 105 ff., 161 ff. HGB. Der Verbund kann aber nur als BGB-Gesellschaft und nicht als OHG oder KG gegründet werden (dazu gleich unter 2).

2. Personenhandelsgesellschaften

OHG und KG sind ebenso wie die BGB-Gesellschaft durch eine personalistische Struktur gekennzeichnet, die sich in § 161 Abs. 2, §§ 114, 115, 125 HGB (Verbot der Fremdorganschaft), §§ 128, 129 HGB (persönliche Haftung für Gesellschaftsverbindlichkeiten) und § 131 Nr. 4–6 HGB (Auflösung der Gesellschaft durch Tod, Konkurs oder Kündigung eines Gesellschafters) niederschlägt. Nach außen sind sie allerdings stark an die juristischen Personen angenähert, § 162 Abs. 2, § 124 HGB, § 209 KO, § 109 VglO.

Eine OHG oder KG kommt als Gesellschaftsform für den Verbund aber nicht in Betracht. Gem. §§ 105 Abs. 1, 161 Abs. 1 HGB können Personengesellschaften nur dann als OHG oder KG gegründet werden, wenn sie auf den Betrieb eines Handelsgewerbes im Sinne der §§ 1, 2 HGB gerichtet sind.

Nach ständiger Rechtsprechung ist unter Gewerbebetrieb ein berufsmäßiger Geschäftsbetrieb zu verstehen, der von der Absicht dauernder Gewinnerzielung be-

---

4 *BGH* vom 2. 6. 1966, BGHZ 45, 282; vom 21. 10. 1979, III ZR 184/78, NJW 1980, 1049; *Thomas/Putzo* § 1048, Anm. 1; *Baumbach/Lauterbach/Albers/Hartmann*, 51. Aufl. 1993, § 1048 Rn. 7; *Baumbach/Duden/Hopt* Einl. vor § 1 Am. IV 3 A b; für die Anwendung des § 1048 ZPO bei Personengesellschaften *K. Schmidt*, Die Bindung von Personengesellschaftern an vertragliche Schiedsklauseln, DB 1989, 2315, 2316 ff.; *Roth* in FS Nagel 1987, 320, 324 ff.; *Zöller/Geimer* § 1027 Rn. 9; § 1048 Rn. 1, 6.

5 Dafür wohl *BGH* a. a. O.; ablehnend *K. Schmidt* a. a. O. S. 2315 f.; *Roth* a. a. O. S. 323 f.; vgl. auch *Baumbach/Duden/Hopt* a. a. O.

herrscht ist[6], während eine im Vordringen befindliche Meinung in der Literatur auf das Merkmal der Gewinnerzielungsabsicht verzichtet und eine anbietende entgeltliche Tätigkeit am Markt genügen läßt[7].

Der Verbund wird weder mit Gewinnerzielungsabsicht tätig (siehe oben § 7 III 1) noch bietet er entgeltlich Waren oder Dienste am Markt an. Für die Gründung des Verbundes als OHG oder KG fehlt es daher schon an der gewerblichen Tätigkeit.

III. Verbund als juristische Person

Selbständig neben den in ihm zusammengeschlossenen Verbundunternehmen stünde der Verbund, wenn er als juristische Person gegründet würde. In Betracht kommen die GmbH (dazu unter 1.), der eingetragene Verein (dazu unter 2.) und die Genossenschaft (dazu unter 3.). Als Organisationsform scheidet von vornherein die Aktiengesellschaft aus, die insbesondere wegen der Anonymität der Gesellschafter und der Handelbarkeit der Gesellschaftsanteile an der Börse, aber auch der Satzungsstrenge nach § 23 Abs. 5 AktG nicht für den Zusammenschluß kleiner und mittlerer Unternehmen in einem nicht erwerbswirtschaftlich ausgerichteten Verbund taugt.

1. GmbH

Die GmbH ist nach § 13 Abs. 1, 2 GmbHG eine juristische Person, die als Handelsgesellschaft im Sinne des Handelsgesetzbuches gilt, § 13 Abs. 3 GmbHG. Sie kann gem. § 1 GmbHG zu jedem gesetzlich zulässigen Zweck errichtet werden. Sie ist nach § 1 KStG körperschaftsteuerpflichtig und nach § 1 Abs. 1 Ziff. 2a VStG auch selbständiges Vermögensteuersubjekt. Als Gewerbebetrieb kraft Rechtsform ist die GmbH nach § 2 Abs. 2 GewStG auch gewerbesteuerpflichtig.

Die GmbH wird durch einen von den Gesellschaftern im Gesellschaftsvertrag oder durch Beschluß (§§ 46 Nr. 5, 48 GmbHG) bestellten Geschäftsführer gerichtlich und außergerichtlich vertreten, §§ 35 Abs. 1, 36 GmbHG. Die Gesellschafter kontrollieren die Geschäftsführung nach näherer Maßgabe der §§ 46 ff., 51a und b GmbHG oder nach den Festlegungen im Gesellschaftsvertrag, § 45 Abs. 1 GmbHG; ein Aufsichtsrat ist in GmbHs mit weniger als 500 Arbeitneh-

---

6 *BGH* vom 7. 7. 1960, VIII ZR 215/59, vom 28. 10. 1971, VII ZR 15/70 und vom 2. 7. 1985, X ZR 77/84, BGHZ 33, 321, 325, 57, 191, 199 und 95, 155, 157 zu § 196 Abs. 1 Nr. 1 BGB; so auch *Schlegelberger/Hildebrandt* § 1 Rn. 23 f.

7 *Hopt*, Handelsgesellschaften ohne Gewerbe und Gewinnerzielungsabsicht – Abgrenzungsprobleme zum handelsrechtlichen Gewerbebegriff, ZGR 16 (1987), 145, 175; *K. Schmidt*, Handelsrecht, 3. Aufl. 1987, § 9 IV 2b, S. 250 f; *Baumbach/Duden/Hopt* § 105 Anm. 1, § 1 Anm. 1; vgl. auch *Heymann/Emmerich* § 1 Rn. 9 mit weiteren Nachweisen in Fn. 12.

mern fakultativ, § 77 Abs. 1 BetrVG 1952. Bei Gesellschafterbeschlüssen bestimmt sich das Stimmrecht nach der Höhe des Geschäftsanteils der einzelnen Gesellschafter, sofern der Gesellschaftsvertrag nichts anderes bestimmt, §§ 47 Abs. 2, 45 Abs. 1 GmbHG.

Der Gesellschaftsvertrag bedarf nach § 2 Abs. 1 GmbHG notarieller Form und ist von allen Gesellschaftern zu unterzeichnen, er kann gem. § 53 Abs. 1, 2 GmbHG nur durch notariell beurkundeten Beschluß einer 3/4 Mehrheit der Gesellschafter geändert werden. Sowohl der ursprüngliche Gesellschaftsvertrag als auch jede Änderung des Gesellschaftsvertrages ist gem. §§ 7 Abs. 1, 8 Abs. 1 Nr. 1, 54 Abs. 1 GmbHG zur Eintragung in das Handelsregister anzumelden. Erst mit der Eintragung in das Handelsregister wird die GmbH als juristische Person existent und die Satzungsänderung wirksam, §§ 11 Abs. 1, 54 Abs. 3 GmbHG.

Nach § 7 Abs. 2 S. 1 und 2 GmbHG darf die GmbH erst zum Handelsregister angemeldet werden, wenn auf die Stammeinlage (DM 50.000,- gem. § 5 Abs. 1 GmbHG) mindestens DM 25.000,- eingezahlt worden sind. Um das Stammkapital als Garantiestock für die Gläubiger der GmbH zu schützen, muß es in der Bilanz gem. § 42 Abs. 1 GmbHG i. V. m. §§ 242, 246 HGB als gezeichnetes Kapital auf der Passivseite ausgewiesen werden, das zur Erhaltung des Stammkapitals erforderliche Vermögen darf an die Gesellschafter nicht ausgezahlt werden, §§ 30 ff. GmbHG.

Da die GmbH eine Handels- und Kapitalgesellschaft ist, müssen die Geschäftsführer gem. §§ 242, 264 HGB einen Jahresabschluß erstellen, der den Gesellschaftern zusammen mit dem Lagebericht nach § 42a Abs. 1 GmbHG i. V. m. §§ 325 ff. HGB vorgelegt und bei größeren GmbHs gem. §§ 316 ff. HGB zusätzlich durch einen Abschlußprüfer geprüft werden muß. Auch bei kleinen GmbHs im Sinne des § 267 Abs. 1 HGB müssen die Geschäftsführer den Gesellschaftern nach § 326 HGB zumindest die Bilanz vorlegen und gem. § 42a Abs. 2 GmbHG über die Feststellung des Jahresabschlusses und die Ergebnisverwendung beschließen.

Ausscheiden kann ein Gesellschafter aus der GmbH nur, wenn er seinen Geschäftsanteil in notarieller Form veräußert, § 15 Abs. 1, 3 GmbHG. Wegen der freien Veräußerlichkeit des Geschäftsanteils sieht das GmbHG eine Kündigung der Mitgliedschaft durch einen Gesellschafter nicht vor. Ein solches Kündigungsrecht kann den Gesellschaftern allerdings im Gesellschaftsvertrag eingeräumt werden. Daneben besteht ein Kündigungsrecht aus wichtigem Grund.

2. Eingetragener Verein

a. Nichtwirtschaftlicher Verein im Sinne des § 21 BGB

Als Verein könnte der Verbund nur organisiert werden, wenn sein Zweck nicht auf einen wirtschaftlichen Gewerbebetrieb im Sinne des § 21 BGB gerichtet ist. Als wirtschaftlichem Verein würde ihm die Rechtsfähigkeit nach § 22 S. 1 BGB nicht verliehen werden: Wegen des Gläubiger- und des Mitgliederschutzes wird eine staatliche Konzession nur erteilt, wenn die fragliche Vereinigung weder nach den Bestimmungen im GmbHG und AktG, noch nach dem GenG Rechtsfähigkeit erlangen könnte[8].

Eine positive Definition des nicht wirtschaftlichen Vereins im Sinne des § 21 BGB existiert nicht. Der Begriff des nichtwirtschaftlichen Vereins muß daher negativ bestimmt werden, indem man ihn vom wirtschaftlichen Verein im Sinne des § 22 BGB abgrenzt.

Die h. M. hat zur Definition des wirtschaftlichen Vereins Fallgruppen gebildet. Haupttypus des wirtschaftlichen Vereins ist die Vereinigung, die am Markt planmäßig und auf Dauer Leistungen gegen Entgelt anbietet. Auf eine Gewinnerzielungsabsicht kommt es nicht an[9]. Am Markt wird der Verbund in diesem Sinne nicht tätig.

Auch Vereine, die den Vereinsmitgliedern selbst planmäßig und dauerhaft entgeltliche Leistungen anbieten, sind wirtschaftliche Vereine, wenn das Mitglied dem Verein insoweit nicht als Mitglied, sondern als Kunde gegenübertritt (sogenannter „innerer Markt")[10]. Eine entgeltliche Leistung erbringt der Verbund den in ihm zusammengeschlossenen Unternehmen aber nicht.

Die dritte Fallgruppe des wirtschaftlichen Vereins sind genossenschaftliche Kooperationen, in denen Teilbereiche der wirtschaftlichen Tätigkeit aus den Mitgliedsunternehmen ausgegliedert und zur gemeinschaftlichen Wahrnehmung auf den Verein übertragen werden[11].

Vereine, die die Merkmale des § 1 Abs. 1 GenG erfüllen, sind wegen ihrer wirtschaftlichen Zielsetzung in der Regel wirtschaftliche Vereine in diesem Sinne[12].

Der Verbund könnte, als Verein organisiert, eine genossenschaftliche Kooperation im Sinne des § 22 BGB sein. Wie aus § 1 Abs. 1 Nr. 6 Fall 2 GenG folgt, genügt

---

8 *BGH* vom 29. 9. 1982, I ZR 88/80, BGHZ 85, 84 unter II 1a der Gründe; *BVerwG* vom 24. 4. 1979, 1 C 8/74, NJW 1979, 2265; *K. Schmidt*, Der Subsidiaritätsgrundsatz im vereinsrechtlichen Konzessionssystem, NJW 1979, 2239 f.; *Palandt/Thomas* § 22 Rn. 1; Münchener Kommentar/*Reuter* §§ 21, 22 Rn. 8 ff., 42 ff.
9 *K. Schmidt*, Der bürgerlich-rechtliche Verein mit wirtschaftlicher Tätigkeit, AcP 182 (1982), 1, 16, 20 ff; *derselbe*, Verbandszweck und Rechtsfähigkeit im Vereinsrecht, 1984, § 5 S. 113 ff.; *Soergel/Hadding* §§ 21, 22 Rn. 24 ff.; Münchener Kommentar/*Reuter* §§ 21, 22 Rn. 21 ff; *Staudinger/Coing* § 21 Rn. 9.
10 *K. Schmidt* AcP 182, 17, 23 ff; *derselbe*, Vereinsrecht § 6 S. 144 ff.; *Soergel/Hadding* §§ 21, 22 Rn. 28 f.; Münchener Kommentar/*Reuter* §§ 21, 22 Rn. 26 f.
11 *BGH* vom 14. 7. 1966, II ZB 2/66, BGHZ 45, 395 (Rufzentrale für Taxiunternehmen); *K. Schmidt* AcP 182, 24 ff.; *derselbe*, Vereinsrecht § 7 S. 150 ff.; *Soergel/Hadding* §§ 21, 22 Rn. 30 ff.; Münchener Kommentar/*Reuter* §§ 21, 22 Rn. 28 f.; *Staudinger/Coing* § 21 Rn. 9.
12 *Soergel/Hadding* §§ 21, 22 Rn. 30 f., Münchener Kommentar/*Reuter* §§ 21, 22 Rn. 28 f.; kritisch *K. Schmidt* AcP 182, 17 f.

für eine wirtschaftliche Betätigung auch, daß eine Vereinigung ihren Mitgliedern auf gemeinsame Rechnung Produktionsmittel zur Verfügung stellt[13].

Der Verbund bindet durch die Organisation von Krankheits- und Urlaubsvertretungen sowie Bildungsmaßnahmen während des Erziehungs- oder Elternurlaubs und die Erweiterung der Wiederbeschäftigungsmöglichkeiten nach dessen Ende Facharbeitskräfte an die in ihm zusammengeschlossenen Unternehmen und fördert so deren unternehmerische Tätigkeit. Darin könnte die genossenschaftliche Auslagerung von unternehmerischen Teilfunktionen liegen.

Die bloße Übernahme von Personalorganisationsaufgaben genügt für die Annahme eines wirtschaftlichen Vereins aber nicht. Voraussetzungen für einen genossenschaftlich strukturierten Verein sind, daß die Vereinsmitglieder als Unternehmer am Markt tätig sind und die auf den Verein ausgelagerte Tätigkeit oder Einrichtung die Umsatztätigkeit der Mitglieder betrifft[14].

Die dem Verbund übertragenen Personalorganisationsaufgaben haben mit dem Umsatzgeschäft der einzelnen in ihm zusammengeschlossenen Unternehmen nichts zu tun. Anders als in den Fällen, in denen ein Verein seinen Mitgliedern Produktionsmittel zur Verfügung stellt, die aufgrund der gemeinsamen Nutzung für das einzelne Vereinsmitglied billiger werden, hält der Verbund keine billige Personalressource für die Verbundunternehmen bereit. Er organisiert lediglich, in welchen Verbundunternehmen Arbeitnehmerinnen im Erziehungs- oder Elternurlaub Krankheits- und Urlaubsvertretungen wahrnehmen können und in welchen Verbundunternehmen eine Beschäftigungsmöglichkeit besteht, wenn nach Ende des Erziehungs- oder Elternurlaubs beim Arbeitgeber kein Arbeitsplatz für die Arbeitnehmerin frei ist. Den Umsatz der Verbundunternehmen fördert er dadurch nicht, sondern lediglich die Arbeitsbedingungen der Erziehungs- und Elternurlauberinnen und damit mittelbar die Attraktivität der im Verbund zusammengeschlossenen Unternehmen für Facharbeitskräfte[15].

b. Organisation des Vereins

Der Verein muß von mindestens sieben Mitgliedern gegründet werden, § 56 BGB. Durch Eintragung in das beim Amtsgericht geführte Vereinsregister wird der Ver-

---

13 So auch *Soergel/Hadding* §§ 21, 22 Rn. 31; vgl. auch Münchener Kommentar/*Reuter* §§ 21, 22 Rn. 28.; vgl. auch *Staudinger/Coing* § 21 Rn. 8.
14 *K. Schmidt*, Die Abgrenzung der beiden Vereinsklassen. Bestandsaufnahme, Kritik und Neuorientierung, Rpfleger 1972, 346; *OLG Oldenburg* vom 6. 11. 1975, 5 Wx 53/75, Rpfleger 1976, 11 = BB 1975, 1639; *LG Oldenburg* vom 30. 5. 1978, 5 T 59/78, Rpfleger 1978, 371; vgl. auch *BGH* a. a. O.
15 Auch *K. Schmidt* Rpfleger 1972, 347 sieht etwa Versorgungseinrichtungen für Arbeitnehmer nicht als wirtschaftlichen Verein an; so auch *Paulick*, Das Recht der eingetragenen Genossenschaften 1956, § 5 II 1 c S. 54 gegen die Qualifikation als Genossenschaft; a. A. *Müller*, Kommentar zum Gesetz betreffend die Erwerbs- und Wirtschaftsgenossenschaften, 1976, § 1 Rn. 24, der in Rn. 36 allerdings einen vermögensrelevanten Geschäftsbetrieb voraussetzt.

ein als juristische Person rechtsfähig, § 21 BGB. Gem. § 39 Abs. 1 BGB besteht er unabhängig vom Mitgliederwechsel fort.

Mit dem Vorstand (§ 26) hat der Verein ein selbständiges Handlungsorgan. Hauptorgan des Vereins ist die Mitgliederversammlung, die den Vorstand kontrolliert und dem Vorstand nicht übertragene Aufgaben wahrnimmt, § 32 Abs. 1 S. 1 BGB. Sie wird in den durch die Satzung bestimmten Abständen, §§ 36, 58 Nr. 4 BGB, oder auf Verlangen von mindesten 10% der Mitglieder einberufen, § 37 BGB. Bis auf Satzungsänderungen und die Auflösung des Vereins, für die eine 3/4 Mehrheit der erschienenen Mitglieder erforderlich ist, §§ 33 Abs. 1 S. 1, 41 S. 2 BGB, und der Notwendigkeit eines einstimmigen Beschlusses aller Mitglieder für eine Änderung des Vereinszwecks, § 33 Abs. 1 S. 2 BGB, genügt für Mitgliederbeschlüsse gem. § 32 Abs. 1 S. 3 BGB die Mehrheit der Stimmen der in der Mitgliederversammlung anwesenden Mitglieder.

Der Verein kann nach ganz herrschender Meinung gem. § 1048 ZPO in seine Satzung eine Schiedsgerichtsklausel aufnehmen. Die Gründungsmitglieder des Vereins und die dem Verein beitretenden neuen Mitglieder sind der Schiedsgerichtsbarkeit aufgrund dieser statutarischen Schiedsgerichtsklausel schon kraft Mitgliedschaft im Verein unterworfen, ohne daß sie gem. § 1027 Abs. 1 ZPO eine gesonderte, die Schiedsabrede enthaltende Urkunde unterzeichnen müssen[16].

3. Genossenschaft

Genossenschaften sind Vereinigungen mit einem besonderen in § 1 Abs. 1 GenG bestimmten Zweck: Sie müssen der Förderung des Erwerbes oder Wirtschaft ihrer Mitglieder mittels gemeinschaftlichen Geschäftsbetriebes sein.

Die eingetragene Genossenschaft (e. G.) ist eine Sonderform des wirtschaftlichen Vereins im Sinne des § 22 BGB[17]. Von der Aktiengesellschaft und der GmbH unterscheidet sich die e. G. dadurch, daß sie keine wirtschaftlichen Leistungen am Markt erbringt, sondern nur den in ihr zusammengeschlossenen Mitgliedern in genossenschaftlicher Selbsthilfe.

Nach herrschender Meinung kann als e. G. nur eine Vereinigung eingetragen werden, die bei der genossenschaftlichen Selbsthilfe in irgendeiner Form wirtschaftlich tätig ist[18].

---

16 *BGH* vom 25. 10. 1962, II ZR 188/61, BGHZ 38, 155 unter II der Gründe; vom 22. 5. 1967, VII ZR 188/64, BGHZ 48, 35, unter II 1 a der Gründe; *Zöller/Geimer* § 1048 Rn. 2; *Thomas/Putzo* § 1048 Anm. 1; *Baumbach/Lauterbach/Albers/Hartmann* § 1048 Anm. 3 und 7; a. A. *Stein-Jonas/Schlosser* § 1048 Rn. 9f; *Staudinger/Coing* Vorb. zu §§ 21–54 Rn. 52; *Soergel/Hadding* § 25 Rn. 26.

17 *Weber*, Die eingetragene Genossenschaft als wirtschaftlicher Sonderverein 1984, S. 35; *Meyer/Meulenberg/Beuthien,* Genossenschaftsgesetz. Kommentar, 12. Aufl. 1983, § 1 Rn. 2; *K. Schmidt*, Gesellschaftsrecht, 2. Aufl. 1991, § 41 I 1 S. 1041; *Maiberg,* Gesellschaftsrecht, 7. Aufl. 1990, Rn. 362; *Müller* § 1 Rn. 1.

18 *Paulick* § 5 II, S. 50 ff.; *Lang/Weidemüller*, Genossenschaftsgesetz. Kommentar, 32. Aufl. 1988, § 1 Rn. 23, 29 ff.; *Meyer/Meulenberg/Beuthien* § 1 Rn. 10 f., 15; vgl. auch *Müller* § 1 Rn. 24, 36.

Dem Erfordernis einer wirtschaftlichen Tätigkeit ist zuzustimmen: Daß die e. G. ihre Mitglieder „mittels Geschäftsbetriebes" fördert, muß dahin ausgelegt werden, daß sie ihre Genossen nicht auf beliebige Art und Weise unterstützen kann, sondern ihre Förderleistungen erwirtschaften muß. Nichtwirtschaftliche Tätigkeiten können über eine e. G. im Sinne des § 1 Abs. 1 GenG nicht erbracht werden.

Nur die Beschränkung auf wirtschaftliche Tätigkeiten kann auch erklären, warum die e. G. nach § 17 Abs. 2 GenG als Kaufmann im Sinne des HGB gilt, warum gem. § 7 Nr. 2 GenG eine gesetzliche Rücklage zur Deckung eines Bilanzverlustes gebildet werden muß, warum jeder Genosse nach § 76 Abs. 1 S. 1 GenG sein Geschäftsguthaben auf andere übertragen kann, und warum die Genossenschaften zwecks Feststellung ihrer wirtschaftlichen Verhältnisse und der Ordnungsmäßigkeit ihrer Geschäftsführung gem. §§ 53 ff. GenG zweijährlich oder jährlich durch einen Prüfungsverband geprüft werden.

Der Verbund ist nicht auf eine wirtschaftliche Tätigkeit im Sinne des § 1 Abs. 1 GenG gerichtet. Er kann daher nicht als e. G. gegründet werden.

IV. Verbund als Gemeinsame Einrichtung der Tarifvertragsparteien

Die Tarifvertragsparteien, d. h. die Arbeitgeberverbände und Gewerkschaften, können einen überbetrieblichen Verbund auch als Gemeinsame Einrichtung im Sinne des § 4 Abs. 2 TVG gründen. Sollen branchenverschiedene Unternehmen in einem Verbund zusammengeschlossen werden, muß der Verbund als Gemeinsame Einrichtung durch einen branchenübergreifenden Tarifvertrag errichtet werden[19], soll die Gemeinsame Einrichtung auch nicht tarifgebundene Unternehmen erfassen, muß sie nach § 5 TVG für allgemeinverbindlich erklärt werden.

Die Gemeinsame Einrichtung stellt keine besondere Organisationsform für den Verbund zur Verfügung, sondern lagert durch Tarifvertrag Teilarbeitgeberfunktionen auf eine überbetriebliche Einrichtung aus. Auch die Gemeinsame Einrichtung bedarf eines Trägers, der sowohl eine Personengesellschaft als auch eine juristische Person sein kann, deren Gesellschafter oder Mitglieder die Tarifvertragsparteien sind[20].

Da der Verbund keine Teilarbeitgeberfunktionen für die Verbundunternehmen übernehmen soll, wie das etwa Urlaubskassen in der Bauwirtschaft hinsichtlich der Urlaubsgewährung, überbetriebliche Versorgungskassen hinsichtlich der Altersversorgung tun, sondern lediglich Koordinierungs- und Organisationsauf-

---

19 *Löwisch/Rieble* § 4 Rn. 105.
20 *Löwisch/Rieble* § 4 Rn. 101 f.

gaben ausüben soll, taugt die Gemeinsame Einrichtung der Tarifvertragsparteien für den Verbund nicht: Leistungsbeziehungen zwischen Verbund und Arbeitnehmerin bestehen nicht und müssen daher nicht geregelt werden, für die Beitragszahlung der einzelnen Verbundunternehmen an den Verbund verspricht eine tarifvertragliche Regelung keinen Vorteil[21].

---

21 Zur Leistungs- und Beitragsbeziehung siehe *Löwisch/Rieble* § 4 Rn. 108 ff.

§ 9 Ergebnisse

I. Ruhendes Arbeitsverhältnis

Während des gesetzlichen Erziehungsurlaubs ruht das Arbeitsverhältnis. Für den an den Erziehungsurlaub anschließenden Elternurlaub können Arbeitgeber und Arbeitnehmerin vereinbaren, daß das Arbeitsverhältnis ruht.

Die Regelungsmöglichkeiten der im Verbund zusammengeschlossenen Unternehmen für das während des Erziehungsurlaubs und des Elternurlaubs ruhende Arbeitsverhältnis unterscheiden sich nicht. Im Erziehungsurlaub verhindern aber teilweise die besonderen Schutzvorschriften des BErzGG eine Regelung, wie sie für den Elternurlaub getroffen werden kann. Im folgenden werden deshalb die Ergebnisse für den Elternurlaub zusammengefaßt; Besonderheiten im Erziehungsurlaub werden am Ende des jeweiligen Abschnitts dargestellt.

1. Wiederbeschäftigungsanspruch nach Ende der Familienphase

a. Erweiterung der Beschäftigungsmöglichkeit

Arbeitgeber und Arbeitnehmerin können die Beschäftigungsmöglichkeiten der Arbeitnehmerin nach Ende des Elternurlaubs erweitern, indem sie den Arbeitsvertrag entsprechend ändern: Sie können die von der Arbeitnehmerin vertraglich geschuldete Arbeitsleistung weit umschreiben, um dem Arbeitgeber bei Rückkehr der Elternurlauberin breitgefächerte Einsatzmöglichkeiten zu eröffnen. Etwa kann sich die Arbeitnehmerin arbeitsvertraglich verpflichten, nach der Rückkehr aus dem Elternurlaub unter bestimmten Umständen eine schlechter qualifizierte oder höher qualifizierte Tätigkeit auszuüben als vorher (zur Qualifizierungsverpflichtung siehe unten 3). Der Arbeitgeber kann der Arbeitnehmerin auch das Recht einräumen, nach Ende des Elternurlaubs auf einen Teilzeitarbeitsplatz zu wechseln, damit sie sich neben ihrer Berufstätigkeit weiter um die Kindererziehung kümmern kann. Ohne eine entsprechende Änderung des Arbeitsvertrages hat sie keinen Anspruch auf Reduzierung ihrer Arbeitszeit (§ 2 III 1 a und 2 a).

Für den Fall, daß nach Ende des Elternurlaubs beim Arbeitgeber kein dem Arbeitsvertrag entsprechender Arbeitsplatz für die Arbeitnehmerin frei ist, kann der Arbeitgeber der Arbeitnehmerin einen Anspruch darauf einräumen, zu einem anderen Verbundunternehmen zu wechseln. Die Arbeitnehmerin kann sich auch verpflichten, mit dem Verbundunternehmen einen Zweitarbeitsvertrag abzuschließen. Unzulässig wäre aber eine Verpflichtung der Arbeitnehmerin, das Arbeitsverhältnis zum Arbeitgeber aufzuheben, wenn bei ihm ein Arbeitsplatz nicht frei ist. Denn auf ihren Kündigungsschutz kann die Arbeitnehmerin nicht vorab verzichten. Es bleibt der Arbeitnehmerin allerdings unbenommen, jederzeit freiwillig einen Aufhebungsvertrag abzuschließen (§ 2 II 3 c und III 3 a).

b. Betriebsbedingte Kündigung

Ist für die Arbeitnehmerin bei Ende des Elternurlaubs weder beim bisherigen Arbeitgeber noch bei einem anderen Verbundunternehmen ein Arbeitsplatz frei, muß der Arbeitgeber der Arbeitnehmerin nach § 1 Abs. 2 und 3 KSchG betriebsbedingt kündigen. Besteht auch nur für einen vergleichbaren Arbeitnehmer eine zumutbare Weiterbeschäftigungsmöglichkeit im Arbeitgeberunternehmen oder bei einem anderen Verbundunternehmen, muß der Arbeitgeber diesem die Weiterbeschäftigung anbieten. Lehnt der Arbeitnehmer die Weiterbeschäftigung im Arbeitgeberunternehmen ab, kann der Arbeitgeber ihm verhaltensbedingt kündigen; lehnt er die Beschäftigung in einem anderen Verbundunternehmen ab, muß der Arbeitgeber ihn trotz der Weiterbeschäftigungsmöglichkeit in die Sozialauswahl nach § 1 Abs. 3 KSchG einbeziehen. Ist der Arbeitnehmer mit der Weiterbeschäftigung einverstanden und fällt der Personalüberhang durch die Weiterbeschäftigung weg, darf der Arbeitgeber keinem der übrigen Arbeitnehmer kündigen.

Indem die Arbeitsvertragsparteien die Arbeitspflicht der Elternurlauberin in der Ruhensvereinbarung erweitern, erreichen sie, daß vorrangig die Elternurlauberin auf einem anderen Arbeitsplatz im Arbeitgeberunternehmen oder in einem anderen Verbundunternehmen weiterbeschäftigt werden kann. Wegen der grundsätzlichen Unternehmensbezogenheit des KSchG darf der Arbeitgeber die Arbeitnehmerin aber erst dann auf einen Arbeitsplatz in einem anderen Verbundunternehmen verweisen, wenn eine Weiterbeschäftigungsmöglichkeit bei ihm nicht besteht (§ 2 II 2 c und 3 d, III 5 a).

c. Beteiligungsrechte des Betriebsrats

In seiner Entscheidung, ob, wem und in welchem Umfang er in seinem Betrieb Anspruch auf Elternurlaub gewähren will, ist der Arbeitgeber frei. Der Betriebsrat hat nach § 87 Abs. 1 Nr. 5 BetrVG aber über die näheren Voraussetzungen für die Inanspruchnahme des Elternurlaubs, etwa die Ankündigungsfristen für die Arbeitnehmerin, mitzubestimmen (§ 2 IV 3a).

Kein Mitbestimmungsrecht hat der Betriebsrat bei Festlegung der Richtlinien, nach denen der Arbeitgeber verfährt, um die Beschäftigungsmöglichkeit der Elternurlauberinnen zu erweitern: Solche Regelungen beschreiben lediglich, nach welchen Kriterien Arbeitgeber und Arbeitnehmerin die arbeitsvertragliche Leistungsverpflichtung der Arbeitnehmerin definieren sollen. Sie machen keine Vorgaben für das Versetzungs- und Kündigungsermessen des Arbeitgebers, weswegen sie keine Richtlinien im Sinne des § 95 Abs. 1 BetrVG sind (§ 2 IV 3b).

Kehrt die Arbeitnehmerin nach Ende des Elternurlaubs in den Arbeitgeberbetrieb zurück, ist das keine nach § 99 Abs. 1 BetrVG zustimmungspflichtige Einstellung:

Einstellung ist nur die erstmalige Eingliederung in den Arbeitgeberbetrieb. Wird der Arbeitnehmerin nach Ende des Elternurlaubs aber eine andere als die frühere Tätigkeit zugewiesen, und liegt in der Tätigkeitszuweisung die Änderung des Arbeitsbereichs im Sinne der §§ 95 Abs. 3, 99 BetrVG, ist dies als Versetzung zustimmungspflichtig.

Wechselt die Arbeitnehmerin nach Ende des Elternurlaubs in ein anderes Verbundunternehmen, wird sie in das Verbundunternehmen nach § 99 Abs. 1 BetrVG eingestellt. Aus Sicht des abgebenden Arbeitgeberbetriebs ist der Weggang der Arbeitnehmerin nach hier vertretener Auffassung eine nach §§ 95 Abs. 1, 99 BetrVG zustimmungspflichtige Versetzung, wenn die Arbeitnehmerin auf Veranlassung des Arbeitgebers mit dem Verbundunternehmen einen Zweitarbeitsvertrag abschließt. Heben Arbeitgeber und Arbeitnehmerin das Arbeitsverhältnis demgegenüber auf, entfällt das Zustimmungsverweigerungsrecht des Betriebsrats (§ 2 IV 2 und c).

d. Besonderheiten beim Erziehungsurlaub

Für die Wiederbeschäftigungsmöglichkeit der Arbeitnehmerin nach Ende des Erziehungsurlaubs gelten keine Besonderheiten. Einer Erweiterung der Beschäftigungsmöglichkeiten durch Änderung des Arbeitsvertrags stehen weder § 15 Abs. 3 BErzGG noch § 18 BErzGG entgegen: Durch die Änderung der arbeitsvertraglichen Leistungsverpflichtung wird nicht entgegen § 15 Abs. 3 BErzGG der Anspruch der Arbeitnehmerin auf Erziehungsurlaub beschränkt, sondern lediglich der Beschäftigungsanspruch der Arbeitnehmerin nach Ende des Erziehungsurlaubs modifiziert. § 18 BErzGG verbietet lediglich die Arbeitgeberkündigung während des Erziehungsurlaubs, nicht aber den Abschluß von Aufhebungs- und Änderungsverträgen. Deshalb kann der Änderungsvertrag schon vor dem Verlangen der Arbeitnehmerin nach Erziehungsurlaub § 16 Abs. 1 S. 1 BErzGG abgeschlossen werden (§ 2 II 3 a).

Betriebsbedingt kündigen kann der Arbeitgeber der Erziehungsurlauberin wegen des Sonderkündigungsschutzes in § 18 BErzGG aber erst nach Ende des Erziehungsurlaubs (§ 2 II 2 a).

Der Umfang der Beteiligungsrechte des Betriebsrats entspricht denen im Elternurlaub. Lediglich das Mitbestimmungsrecht über die nähere Ausgestaltung des Erziehungsurlaubs nach § 87 Abs. 1 Nr. 5 BetrVG entfällt, weil das BErzGG den Erziehungsurlaub abschließend regelt; ein Entscheidungsspielraum des Arbeitgebers, an dessen Ausfüllung der Betriebsrat zu beteiligen wäre, besteht gerade nicht (§ 2 IV 3 a).

2. Erhalt von Arbeitgeberleistungen und betrieblichen Rechten

a. Während der Familienphase

Jahressonderzahlungen sind während des Elternurlaubs nur fortzugewähren, wenn mit ihnen die Betriebstreue der Arbeitnehmer vergütet wird. Problematisch sind Sonderzahlungen mit Mischcharakter, mit denen sowohl die Betriebstreue der Arbeitnehmer im Bezugsjahr als auch deren tatsächliche Arbeitsleistung belohnt werden soll. Nach der kritisierten Rechtsprechung des BAG erhalten Arbeitnehmerinnen die Sonderzahlung auch dann in voller Höhe, wenn sie während des Bezugsjahres wegen der Inanspruchnahme von Elternurlaub überhaupt nicht gearbeitet haben. Der Arbeitgeber kann in der Sonderzahlungszusage aber festlegen, daß die Zahlung für Zeiten, in denen das Arbeitsverhältnis ruht, ausgeschlossen oder gekürzt wird. Wegen Art. 119 EWG-Vertrag, § 612 Abs. 3 BGB darf eine Ausschluß- oder Kürzungsklausel die Sondervergütung aber nicht ausschließlich für die Arbeitnehmer kürzen, deren Arbeitsverhältnis wegen der Inanspruchnahme von Elternurlaub geruht hat. Durch eine solche Klausel würden Frauen mittelbar wegen ihres Geschlechts diskriminiert, da wegen der geschlechtsspezifischen Rollenverteilung überwiegend sie die Kinder erziehen und Elternurlaub in Anspruch nehmen. Ausschluß- oder Kürzungsklauseln müssen daher alle ruhenden Arbeitsverhältnisse einbeziehen (§ 3 II 1 c und d).

Im Rahmen der betrieblichen Altersversorgung wird das während des Elternurlaubs ruhende Arbeitsverhältnis als Betriebszugehörigkeit für die Erfüllung von Wartezeiten, für die Unverfallbarkeit der Anwartschaft und deren Wertsteigerung nach §§ 1, 2 BetrAVG angerechnet. Wegen § 17 Abs. 3 S. 3 BetrAVG können Arbeitgeber und Arbeitnehmerin nicht vereinbaren, daß der Elternurlaub die Unverfallbarkeitsfristen hemmen soll. Eine solche Vereinbarung ist lediglich für etwaige Wartefristen möglich. Welche Auswirkungen der Elternurlaub auf die Höhe des Versorgungsanspruchs hat, ist vom Inhalt der Versorgungszusage abhängig: Setzt die Versorgungszusage eine tatsächliche Arbeitsleistung der Arbeitnehmerinnen voraus, steigert der Elternurlaub die spätere Rente nicht. Knüpft die Versorgungszusage nur an die Betriebszugehörigkeit an, steigert der Elternurlaub die Versorgungsansprüche; nach der Rechtsprechung des BAG zu Jahressonderzahlungen gilt wohl dasselbe für dienstzeitabhängige Versorgungszusagen mit Mischcharakter (§ 3 II 2a bis c).

b. Wechsel zu einem anderen Verbundunternehmen nach Ende der Familienphase

Wechseln die Arbeitnehmerinnen nach Ende des Elternurlaubs in ein anderes Verbundunternehmen, verlieren sie grundsätzlich die Vorteile aus ihrem früheren Arbeitsverhältnis.

Um den Arbeitnehmerinnen die Vorteile zu erhalten, die an die Dauer der Betriebszugehörigkeit anknüpfen (Kündigungsschutz nach dem KSchG, längere

Kündigungsfristen, Urlaubsanspruch nach dem BUrlG), kann der neue Arbeitgeber die Tätigkeit der Arbeitnehmerin beim früheren Arbeitgeber als Betriebszugehörigkeit zum eigenen Unternehmen anrechnen. Durch die Anrechnung verstößt er nicht zu Lasten der übrigen Belegschaft gegen den arbeitsrechtlichen Gleichbehandlungsgrundsatz, da der Verbundzweck, die Arbeitnehmerinnen vor Nachteilen durch die Inanspruchnahme von Elternurlaub zu schützen, sowie die potentielle Begünstigung aller Arbeitnehmer im Arbeitgeberbetrieb die unterschiedliche Behandlung rechtfertigen. Soweit Geldleistungen des Arbeitgebers, etwa Jubiläumsgaben, an die Betriebszugehörigkeit knüpfen, kann der bisherige Arbeitgeber die Arbeitnehmerin bei ihrem Ausscheiden aus dem Arbeitsverhältnis abfinden (§ 3 IV 1).

Wechselt die Arbeitnehmerin nach Ende des Elternurlaubs zu einem anderen Verbundunternehmen, endet grundsätzlich auch die Arbeitgeberzusage auf betriebliche Altersversorgung. Hat die Arbeitnehmerin noch keine unverfallbaren Versorgungsanwartschaften nach § 1 Abs. 1 S. 1 Alt. 1 oder 2 BetrAVG erworben, hat sie im Alter keinen Anspruch auf Altersversorgung. Bei unverfallbaren Versorgungsanwartschaften steht ihr bei Erreichen der Altersgrenze zwar ein Versorgungsanspruch zu, allerdings nur in der sich aus § 2 BetrAVG ergebenden Höhe. Um diese Nachteile zu vermeiden und die beim bisherigen Arbeitgeber zurückgelegten Tätigkeitsjahre rentensteigernd zu berücksichtigen, sind mehrere Lösungen möglich:

Besteht das Arbeitsverhältnis zum Arbeitgeber fort und wird zum Verbundunternehmen lediglich ein Zweitarbeitsverhältnis begründet, werden die Versorgungsanwartschaften beim Erstarbeitgeber fortgeschrieben. Wird das bisherige Arbeitsverhältnis aufgelöst, kann sich der bisherige Arbeitgeber verpflichten, die Versorgungszusage aufrechtzuerhalten und die Tätigkeit der Arbeitnehmerin im Verbundunternehmen als Nachdienstzeit anzurechnen. Besteht beim neuen Arbeitgeber ebenfalls eine betriebliche Altersversorgung, erwirbt die Arbeitnehmerin neben den Versorgungsansprüchen gegen den Erst- oder Vorarbeitgeber auch Rentenansprüche gegen den neuen Arbeitgeber. Um eine Doppelversorgung zu vermeiden, kann der neue Arbeitgeber die Arbeitnehmerin ohne Verstoß gegen den arbeitsrechtlichen Gleichbehandlungsgrundatz von der bei ihm bestehenden Altersversorgung ausnehmen (§ 3 IV 2 c und d).

Mit Zustimmung der Arbeitnehmerin kann der neue Arbeitgeber die Schuld des früheren Arbeitgebers aus der Versorgungszusage auch nach §§ 414, 415 BGB übernehmen oder in die gesamte Versorgungszusage im Weg der Vertragsübernahme eintreten (§ 3 IV 2 e). Besteht beim neuen Arbeitgeber eine betriebliche Altersversorgung, kann sich dieser gegenüber der Arbeitnehmerin auch verpflichten, die Tätigkeitsjahre beim Vorarbeitgeber als Vordienstzeiten anzurechnen. Hat die Arbeitnehmerin gegen ihren früheren Arbeitgeber bereits nach §§ 1, 2 BetrAVG unverfallbare Versorgungsanwartschaften erworben, kann die Anwartschaft gegen den Vorarbeitgeber auf die Altersversorgung beim neuen Arbeitgeber angerechnet werden, um die Doppelversorgung der Arbeitnehmerin zu verhindern. Dazu kann der neue Arbeitgeber oder sein Versorgungsträger einmal die beim Vorarbeitgeber erworbene Versorgungsanwartschaft nach §§ 414 ff. BGB übernehmen, wobei die Beschränkungen des § 4 BetrAVG zu beachten sind. Einfacher ist es, wenn der Vorarbeitgeber Schuldner der Versorgungsanwartschaft bleibt, und der neue Arbeitgeber die beim Vorarbeitgeber zurückgelegten Tätigkeitsjahre unter der Bedingung als Vordienstzeiten anrechnet, daß er durch seine Versorgungsleistungen im Alter auch den Anspruch der Arbeitnehmerin gegen den Vorarbeitgeber nach §§ 267 Abs. 1, 362 Abs. 1 BGB miterfüllt (§ 3 IV 2 f).

Keine Probleme entstehen bei dem Wechsel von Elternurlauberinnen in andere Verbundunternehmen, wenn die im Verbund zusammengeschlossenen Unternehmen eine gemeinsame Altersversorgung durch eine – bei nicht branchengleichen Verbundunternehmen nicht branchengebundene – überbetriebliche Pensions- oder Unterstützungskasse (§ 1 Abs. 3 und Abs. 4 BetrAVG) versprechen oder für die Arbeitnehmer eine Lebensversicherung bei demselben Lebensversicherer (§ 1 Abs. 2 BetrAVG) abschließen. Dafür müssen die bisher im jeweiligen Verbundunternehmen bestehenden Ruhegeldordnungen aufgehoben und neue Versorgungsansprüche der Arbeitnehmerinnen begründet werden (§ 3 IV 2 g).

Wechselt die Arbeitnehmerin nach Ende des Elternurlaubs zu einem Verbundunternehmen, das einem anderen Tarifvertrag unterfällt als ihr bisheriger Arbeitgeber, oder das gar nicht tarifgebunden ist, verliert sie mit dem Wechsel etwaige verlängerte tarifliche Kündigungsfristen. Das gilt auch, wenn der Arbeitsvertrag beim früheren Arbeitgeber lediglich auf den entsprechenden Tarifvertrag Bezug genommen hat. Um der Arbeitnehmerin die Kündigungsfristen zu erhalten, kann im Arbeitsvertrag zum Verbundunternehmen ohne Verstoß gegen den arbeitsrechtlichen Gleichbehandlungsgrundsatz eine dem Tarifschutz entsprechende Kündigungsfrist vereinbart werden (§ 3 IV 3 b).

c. Beteiligung des Betriebsrats

Will der Arbeitgeber Jahressonderzahlungen für die Arbeitnehmer, deren Arbeitsverhältnis ruht, ausschließen oder anteilig kürzen, hat der Betriebsrat über die Ausschluß- oder Kürzungsklausel nicht nach § 87 Abs. 1 Nr. 10 BetrVG mitzubestimmen. Denn mit der Ausschluß- oder Kürzungsklausel trägt der Arbeitgeber lediglich der Rechtsprechung des BAG Rechnung und nimmt entsprechend dem von ihm festgelegten Leistungszweck die Arbeitnehmer (teilweise) von der Sonderzahlung aus, die im Bezugsjahr nicht oder wenig gearbeitet haben. Die Festlegung und Präzisierung des Leistungszwecks ist aber mitbestimmungsfrei (§ 3 IV 1 b).

Demgegenüber sind Klauseln in einer Altersversorgungszusage, wonach Zeiten, in denen das Arbeitsverhältnis ruht, die Höhe der Versorgungsansprüche im Alter nicht steigern, nach § 87 Abs. 1 Nr. 8 (bei Pensions- und Unterstützungskassen) und Nr. 10 BetrVG (bei Direktzusagen und Versicherungen) mitbestimmungspflichtig. Durch solche Klauseln bestimmt der Arbeitgeber nicht, welche Arbeitnehmer überhaupt Anspruch auf Versorgungsleistungen im Alter haben sollen, sondern legt die Höhe des grundsätzlich gegebenen Anspruchs und damit die Leistungsvoraussetzungen im einzelnen fest (§ 3 IV 1 c).

Beim Wechsel der Arbeitnehmerin in ein anderes Verbundunternehmen, hat der Betriebsrat im aufnehmenden Betrieb nach § 87 Abs. 1 Nr. 8 oder 10 BetrVG mitzubestimmen, wenn der neue Arbeitgeber die Arbeitnehmerin, deren Versorgungszusage vom bisherigen Arbeitgeber fortgeführt oder aufrechterhalten wird, zur Vermeidung einer Doppelversorgung aus der bei ihm bestehenden Versorgungszusage ausschließt. Mitzubestimmen hat der Betriebsrat auch, wenn der neue Arbeitgeber die Tätigkeitsjahre der Arbeitnehmerin beim Vorarbeitgeber als Vordienstzeiten anrechnet. In beiden Fällen regelt er nicht das Ob, sondern mitbestimmungspflichtig das Wie der betrieblichen Altersversorgung. Der Betriebsrat im abgebenden Betrieb hat in der Regel kein Mitbestimmungsrecht: Rechnet der Arbeitgeber die Tätigkeit der Arbeitnehmerin beim neuen Arbeitgeber als Nachdienstzeiten an, erweitert er abstrakt-generell den begünstigten Personenkreis. Und bleibt das Arbeitsverhältnis zum Erstarbeitgeber bestehen, ändert sich an der Versorgungszusage gegenüber der Arbeitnehmerin im Regelfall nichts (§ 3 IV 2, auch zur Ausnahme).

Errichten die im Verbund zusammengeschlossenen Arbeitgeber eine gemeinsame Pensions- oder Unterstützungskasse oder schließen eine Direktversicherung bei demselben Versicherer ab, hat der Betriebsrat kein Mitbestimmungsrecht darüber, ob überhaupt eine gemeinsame Altersversorgung für alle im Verbund zusammengeschlossenen Unternehmen errichtet und in welcher Form die Verbundaltersversorgung durchgeführt werden soll. Wird im Zusammenhang mit der Errichtung einer gemeinsamen Altersversorgung der Versorgungsplan in den einzelnen Verbundunternehmen geändert, haben die dort bestehenden Betriebsräte darüber nach § 87 Abs. 1 Nr. 8 oder 10 BetrVG mitzubestimmen. Ist eine gemeinsame Altersversorgung eingeführt, können die Betriebsräte in den Verbundunternehmen nach § 87 Abs. 1 Nr. 10 BetrVG über die die Altersversorgung betreffenden Arbeitgeberentscheidungen mitbestimmen. Das gilt auch, wenn die Verbundunternehmen eine gemeinsame Pensions- oder Unterstützungskasse errichtet haben: Ein Mitbestimmungsrecht nach § 87 Abs. 1 Nr. 8 BetrVG besteht nicht, da dies voraussetzt, daß sich der Wirkungskreis der Pensions- oder Unterstützungskasse auf einen Unterordnungskonzern im Sinne der § 54 Abs. 1 BetrVG, § 18 Abs. 1 AktG beschränkt. Der Verbund ist kein Konzern im Sinne des § 18 AktG (§ 3 IV 3).

3. Bildungsmaßnahmen

a. Organisation

Der Verbund kann für die Elternurlauberinnen Qualifizierungsmaßnahmen anbieten, um diesen während der Familienphase die Möglichkeit zu geben, ihre berufliche Qualifikation aufrechtzuerhalten oder zu verbessern. Wegen des erheblichen organisatorischen und finanziellen Aufwands, den die Planung und Durchführung von Bildungsmaßnahmen bedeutet, wird es häufig sinnvoller sein, daß sich der Verbund darauf beschränkt, die Teilnahme der Arbeitnehmerinnen an von dritter Seite durchgeführten Bildungsmaßnahmen zu organisieren.

Von der Durchführung der Bildungsmaßnahmen zu trennen ist die Frage, gegen wen sich der Anspruch der Elternurlauberinnen auf Teilnahme an den Bildungsveranstaltungen richtet. Es bietet sich an, den Anspruch an das Arbeitsverhältnis zu koppeln, so daß der Teilnahmeanspruch auch dann gegenüber dem Arbeitgeber besteht, wenn der Verbund die Bildungsmaßnahmen durchführt (§ 4 II).

b. Verpflichtung der Arbeitnehmerin zur Teilnahme

Die Arbeitnehmerin ist arbeitsvertraglich verpflichtet, an Bildungsmaßnahmen teilzunehmen, wenn sie nicht über die Kenntnisse und Fähigkeiten verfügt, die für die vertraglich geschuldete Arbeitsleistung Voraussetzung sind. Aus der Vereinbarung, daß das Arbeitsverhältnis während des Elternurlaubs ruhen soll, folgt aber, daß mit der Pflicht der Arbeitnehmerin zur Arbeitsleistung auch die arbeitsvertraglich geschuldete Teilnahme an Bildungsveranstaltungen suspendiert ist. Die Arbeitnehmerin muß sich daher in einer besonderen Qualifizierungsvereinbarung dazu verpflichten, während des Elternurlaubs an Bildungsmaßnahmen zur Aufrechterhaltung oder Verbesserung ihre beruflichen Qualifikation teilzunehmen. Im Rahmen der Vereinbarung können der Arbeitnehmerin auch die Kosten der Bildungsveranstaltungen anteilig auferlegt werden (§ 4 III 2).

c. Durchsetzung der Teilnahmeverpflichtung

Arbeitgeber und Arbeitnehmerin können den Wiederbeschäftigungsanspruch nicht davon abhängig machen, daß die Arbeitnehmerin an Bildungsmaßnahmen zur Aufrechterhaltung ihrer beruflichen Qualifikation teilnimmt: Durch diese auflösende Bedingung würde der gesetzliche Kündigungsschutz umgangen. Um die Arbeitnehmerin zur Teilnahme an der Bildungsmaßnahme zu zwingen, können Arbeitgeber und Arbeitnehmerin in der Qualifizierungsabrede aber vereinbaren, daß die Arbeitnehmerin bei Nichtteilnahme eine Vertragsstrafe im Sinne der §§ 339 S. 1, 340 BGB zahlen muß (§ 4 IV 1 und 2 b).

d. Sanktion bei Teilnahme und Nichtwiederantritt der Arbeit

Besucht die Arbeitnehmerin eine Bildungsmaßnahme und setzt sie nach Ende des Elternurlaubs das Arbeitsverhältnis zu ihrem Arbeitgeber nicht fort oder bricht es frühzeitig wieder ab, kann die Arbeitnehmerin aufgrund besonderer vertraglicher Vereinbarung verpflichtet werden, die vom Arbeitgeber oder vom Verbund für die Bildungsmaßnahme gezahlten Kosten zu erstatten. Im Hinblick auf Art. 12 Abs. 1 GG sind solche Rückzahlungsklauseln nur zulässig, wenn die

Elternurlauberin mit der Bildungsmaßnahme einen geldwerten Vorteil erhalten hat, etwa der Marktwert ihrer Arbeitskraft oder ihre beruflichen Entwicklungsmöglichkeiten erhöht worden sind, oder sie ein höheres Arbeitsentgelt beanspruchen kann (§ 4 V 1).

e. Beteiligung des Betriebsrats

Berufsbildungsmaßnahmen für die Elternurlauberinnen im Arbeitgeberbetrieb kann der Betriebsrat nicht erzwingen. Da die vom Verbund mitgetragenen oder mitfinanzierten Bildungsmaßnahmen keine betrieblichen Berufsbildungsmaßnahmen im Sinne der §§ 97, 98 BetrVG sind, weil nicht überwiegend Arbeitnehmerinnen des Arbeitgebers, sondern Arbeitnehmerinnen aller Verbundunternehmen qualifiziert werden sollen, kann der Betriebsrat auch nicht nach § 98 Abs. 1 BetrVG über die Durchführung der Bildungsmaßnahmen mitbestimmen. Hinsichtlich der Ein- und Durchführung der Bildungsmaßnahmen hat der Betriebsrat nur ein Mitberatungs- und Vorschlagsrecht, §§ 96, 97 BetrVG.

Nach § 98 Abs. 3 BetrVG bestimmt der Betriebsrat bei der Auswahl der Teilnehmerinnen an außerbetrieblichen Berufsbildungsmaßnahmen mit, wenn der Arbeitgeber die Arbeitnehmerinnen für die Dauer der Qualifizierungsmaßnahmen von der Arbeit freistellt (§ 98 Abs. 3 Alt. 2 BetrVG) oder die Kosten der Teilnahme zumindest teilweise übernimmt (§ 98 Abs. 3 Alt. 3 BetrVG). Da das Arbeitsverhältnis der Arbeitnehmerinnen wegen des Elternurlaubs ohnehin ruht, muß der Arbeitgeber sie für die Teilnahme an Bildungsmaßnahmen nicht freistellen. Die Betriebsräte in den Verbundunternehmen haben daher nur ein Mitbestimmungsrecht nach § 98 Abs. 3 BetrVG, wenn das einzelne Verbundunternehmen die Teilnehmergebühren, Reise- und Aufenthaltskosten seiner Arbeitnehmerinnen ganz oder teilweise übernimmt oder Räume oder Maschinen für die Bildungsmaßnahmen zur Verfügung stellt (§ 2 VI 1 und 2).

Vertragsstraferegelungen und Rückzahlungsklauseln sind nicht, auch nicht nach § 87 Abs. 1 Nr. 1 BetrVG, mitbestimmungspflichtig (§ 2 VI 3).

f. Besonderheiten beim Erziehungsurlaub

Aus § 15 Abs. 3 BErzGG folgt, daß der Arbeitgeber die Erziehungsurlauberin nicht zwingen kann, während des Erziehungsurlaubs zu arbeiten. Das gilt auch für die arbeitsvertraglich geschuldete Teilnahme an Schulungsveranstaltungen. Die Erziehungsurlauberin muß sich daher in einer besonderen Qualifizierungsabrede zur Teilnahme an Bildungsmaßnahmen während des Erziehungsurlaubs verpflichten. Für die Teilnahme an Bildungsmaßnahmen während des Erziehungsurlaubs gilt wie für die Teilzeitbeschäftigung eine obere zeitliche Grenze von 19 Stunden pro Woche.

Vor der Ankündigung der Arbeitnehmerin nach § 16 Abs. 1 S. 1 BErzGG, Erziehungsurlaub nehmen zu wollen, können Arbeitgeber und Arbeitnehmerin keine

Qualifizierungsabrede treffen. Eine solche Vereinbarung verstieße gegen das Verbot des § 15 Abs. 3 BErzGG, den Erziehungsurlaub im Voraus abzubedingen. Denn die Arbeitnehmerin wäre aufgrund der Qualifizierungsabrede verpflichtet, den Erziehungsurlaub für Bildungsmaßnahmen zu unterbrechen, d. h. könnte den Ruhenszeitraum nicht in dem ihr gesetzlich zustehenden Umfang ausnutzen. Hat die Arbeitnehmerin gem. § 16 Abs. 1 S. 1 BErzGG Erziehungsurlaub verlangt, steht es ihr aber frei, an vom Arbeitgeber angebotenen Bildungsmaßnahmen teilzunehmen. Da die Androhung einer Vertragsstrafe auf die Arbeitnehmerin einen nach § 15 Abs. 3 BErzGG unzulässigen Druck ausüben würde, den Erziehungsurlaub für Bildungsmaßnahmen zu unterbrechen, können Arbeitgeber und Arbeitnehmerin auch ein Vertragsstrafeversprechen erst vereinbaren, wenn die Arbeitnehmerin Erziehungsurlaub nach § 16 Abs. 1 S. 1 BErzGG verlangt hat (§ 4 III 2 b und IV 1 b).

4. Krankheits- und Urlaubsvertretungen/Gleitender Wiedereinstieg in den Beruf

a. Krankheits- und Urlaubsvertretungen

Die Arbeitnehmerin kann bei ihrem Arbeitgeber freiwillig Krankheits- und Urlaubsvertretungen übernehmen, wenn Vertretungsbedarf besteht. Dabei können Arbeitgeber und Arbeitnehmerin den allgemeinen, immer wiederkehrenden Inhalt der befristeten Arbeitsverträge, etwa die Art der von der Arbeitnehmerin zu verrichteten Vertretungstätigkeit und die Höhe der Vergütung, in einem Rahmenvertrag festlegen (§ 5 III 1 a und II 2 a).

Die Elternurlauberin kann sich zur Übernahme von Vertretungen auch verpflichten. Die Vertretungsverpflichtung ist eine auf die Dauer des Elternurlaubs befristete KAPOVAZ-Vereinbarung zwischen Arbeitgeber und Arbeitnehmerin, das Arbeitsverhältnis zwischen Arbeitgeber und Arbeitnehmerin ruht dann gerade nicht.

Die KAPOVAZ-Abrede unterliegt den besonderen Schutzbestimmungen des Art. 1 § 4 BeschFG 1985. In ihr muß geregelt werden, wieviele Stunden die Arbeitnehmerin innerhalb eines bestimmten Bezugsrahmens zu arbeiten verpflichtet ist. Da das BeschFG 1985 keine Anhaltspunkte für einen zeitlichen Rahmen der Arbeitsverpflichtung enthält, können Arbeitgeber und Arbeitnehmerin nach der hier vertretenen Auffassung einen beliebig langen Zeitrahmen, besser aber einen Bezugsrahmen von einem Jahr vereinbaren. Um dem einseitigen Bestimmungsrecht des Arbeitgebers aus § 315 Abs. 1 BGB Grenzen zu ziehen, kann neben einem jährlichen Stundenkontingent festgelegt werden, daß die Arbeitnehmerin nur in bestimmten Abständen, etwa einmal im Vierteljahr, zu Krankheits- und Urlaubsvertretungen herangezogen werden, und eine Vertretung eine bestimmte Anzahl von Arbeitstagen, etwa zehn, nicht übersteigen darf. Damit wird praktisch der Bezugsrahmen verkürzt (§ 5 III 1 a und II 2 b).

Die Arbeitnehmerin kann auch bei anderen Verbundunternehmen freiwillig Krankheits- und Urlaubsvertretungen übernehmen. Für die jeweilige Vertretungstätigkeit müssen Verbundunternehmen und Elternurlauberin einen befristeten Arbeitsvertrag abschließen. Den wiederkehrenden Inhalt der befristeten Arbeitsverträge können sie in einem Rahmenvertrag festlegen (§ 5 III 1a und II 4a).

Soll die Elternurlauberin verpflichtet werden, Krankheits- und Urlaubsvertretungen bei anderen Verbundunternehmen zu übernehmen, kommen mehrere Regelungsmöglichkeiten in Betracht: Der Arbeitgeber kann seine Arbeitnehmerin im Rahmen einer KAPOVAZ-Vereinbarung einmal für Vertretungen an andere Verbundunternehmen verleihen. Die Arbeitnehmerin kann sich gegenüber ihrem Arbeitgeber im Rahmen einer KAPOVAZ-Abrede auch verpflichten, auf den Vertretungsfall befristete Zweitarbeitsverträge mit den Verbundunternehmen abzuschließen. Schließlich kann sie sich gegenüber den Verbundunternehmen, bei denen sie Krankheits- und Urlaubsvertretungen übernehmen soll, in einer KAPOVAZ-Abrede direkt zur Übernahme von Vertretungen verpflichten.

Elternurlauberinnen mit einem KAPOVAZ-Vertrag zu mehreren Verbundunternehmen stehen in einem Mehrfacharbeitsverhältnis und erwerben gegen jeden Arbeitgeber einen Anspruch auf Jahressonderzahlungen. Mit Ausnahme von rein leistungsbezogenen Zusagen muß dieser die Jahressonderzahlung auch zahlen, wenn die Arbeitnehmerin im Bezugszeitraum ausschließlich in anderen Verbundunternehmen gearbeitet hat. Diese Mehrfachzahlungen können die Verbundunternehmen verhindern, indem sie eine Klausel in ihre Sonderzahlungsabrede aufnehmen, nach der eine beim Erstarbeitgeber gezahlte Sondervergütung auf die von ihnen geschuldete Sondervergütung angerechnet wird. Durch eine solche Anrechnungsklausel werden die KAPOVAZ-Arbeitnehmerinnen nicht entgegen Art. 1 § 2 Abs. 1 BeschFG 1985 unzulässig diskriminiert: Sie werden nicht „wegen der Teilzeitarbeit" unterschiedlich behandelt, sondern wegen des zu mehreren Verbundunternehmen bestehenden Mehrfacharbeitsverhältnisses. Eine Anrechnungsklausel verstößt auch nicht gegen Art. 119 EWG-Vertrag und den arbeitsrechtlichen Gleichbehandlungsgrundsatz, da durch die Ungleichbehandlung lediglich eine nicht gerechtfertigte Bevorzugung der Mehrfacharbeitnehmerinnen verhindert werden soll (§ 5 III 1a und II 4a).

b. Gleitender Wiedereinstieg in den Beruf

Arbeitgeber und Elternurlauberin können beliebige Modelle für den gleitenden Wiedereinstieg der Elternurlauberin in den Beruf vereinbaren. Dabei sind sie insbesondere frei, die Arbeitszeit der Arbeitnehmerin stufenweise von einer Teilzeit- zu einer Vollzeitbeschäftigung anzuheben. Die Elternurlauberin kann, wenn bei ihrem Arbeitgeber eine Möglichkeit zum gleitenden Wiedereinstieg in den Beruf nicht besteht, zu diesem Zweck auch bei einem anderen Verbundunternehmen eine Teilzeitbeschäftigung aufnehmen (III 1b und II 3).

c. Beteiligung des Betriebsrats

Übernimmt die Elternurlauberin freiwillig eine Krankheits- und Urlaubsvertretung bei ihrem Arbeitgeber und wird ihr im konkreten Vertretungsfall ein anderer Arbeitsbereich für eine längere Zeit als einen Monat zugewiesen, oder muß die Vertretungstätigkeit unter erheblich anderen Umständen (Beanspruchung der Arbeitnehmerin, Lage der Arbeitszeit, Umwelteinflüsse) ausgeübt werden als die frühere Tätigkeit, liegt darin eine Versetzung nach §§ 99, 95 Abs. 3 BetrVG. Dafür, ob der der Arbeitnehmerin zugewiesene Arbeitsbereich „anders" ist, ist nicht auf die Änderung gegenüber der jeweils letzten Vertretungstätigkeit abzustellen, sondern auf die Änderung gegenüber der vor Beginn des Erziehungsurlaubs ausgeübten Tätigkeit. Übernimmt die Elternurlauberin freiwillig Krankheits- und Urlaubsvertretungen bei einem anderen Verbundunternehmen, wird sie in den Betrieb des Verbundunternehmens nach § 99 BetrVG eingestellt. Auch wenn Verbundunternehmen und Elternurlauberin in einem Rahmenvertrag vereinbart haben, welchen Inhalt die in Vertretungsfällen abzuschließenden Arbeitsverträge haben sollen, ist der Betriebsrat entgegen der Auffassung des BAG nicht schon bei Abschluß des Rahmenvertrages zu beteiligen, sondern erst, wenn der Arbeitgeber den Einsatz der Elternurlauberin im Betrieb konkret plant (§ 5 V 3a und c).

Soll sich die Elternurlauberin in einer KAPOVAZ-Abrede gegenüber dem Arbeitgeber oder anderen Verbundunternehmen zu Krankheits- und Urlaubsvertretungen verpflichten, müssen die Arbeitgeber, bevor sie Bedarfsarbeit in ihrem Betrieb einführen, ihren Betriebsrat nach § 87 Abs. 1 Nr. 2 BetrVG beteiligen. Das Mitbestimmungsrecht des Betriebsrats erstreckt sich darauf, ob KAPOVAZ im Betrieb eingeführt wird und auf die Festlegung von Rahmenbedingungen für den kapazitätsorientierten Arbeitseinsatz (§ 5 IV 4a).

Schließen Arbeitgeber und Arbeitnehmerin für die Zeit des Elternurlaubs ein KAPOVAZ-Arbeitsverhältnis ab, liegt in der Reduzierung der Arbeitszeit keine nach §§ 99, 95 Abs. 3 BetrVG zustimmungspflichtige Versetzung. Der Arbeitnehmerin wird aber ein anderer Arbeitsbereich zugewiesen, weil sie während des befristeten KAPOVAZ-Arbeitsverhältnisses nicht mehr ständig auf einem Arbeitsplatz mit regelmäßiger Arbeitszeit beschäftigt wird, sondern verpflichtet ist, nach Bedarf an verschiedenen Arbeitsplätzen zu unterschiedlichen Zeiten zu arbeiten. Das Tätigwerden im konkreten Vertretungsfall ist weder eine Einstellung der Arbeitnehmerin noch eine Versetzung im Sinne des § 99 BetrVG: Eingestellt wird die Arbeitnehmerin nicht, da sie schon vor Abruf der jeweiligen Vertretungsleistung in einem Arbeitsverhältnis zum Arbeitgeber steht. Und der einzelne Abruf der Arbeitnehmerin ist nach § 95 Abs. 3 S. 2 BetrVG keine Versetzung, da die Arbeitnehmerin nach der Eigenart des KAPOVAZ-Arbeitsverhältnisses gerade auf ständig wechselnden Arbeitsplätzen beschäftigt werden soll (zum Arbeitnehmerinnenverleih auf Grundlage einer KAPOVAZ-Verpflichtung unten 6 b).

Übernimmt die Elternurlauberin aufgrund einer KAPOVAZ-Abrede in anderen Verbundunternehmen Krankheits- und Urlaubsvertretungen, wird sie in den

Beschäftigungsbetrieb des Verbundunternehmens eingestellt. Der Betriebsrat ist schon vor Abschluß des KAPOVAZ-Vertrages nach § 99 BetrVG zu beteiligen, da sich der Arbeitgeber durch die aus der KAPOVAZ-Abrede folgende Beschäftigungsverpflichtung bindet (§ 5 V 4 b).

Geht die Arbeitnehmerin gegen Ende der Familienphase ein Teilzeitarbeitsverhältnis mit dem Arbeitgeber ein, um gleitend in den Beruf zurückzukehren, wird sie nicht nach § 99 BetrVG in den Arbeitgeberbetrieb eingestellt, sondern allenfalls nach §§ 99, 95 Abs. 3 BetrVG versetzt. Kehrt die Arbeitnehmerin bei einem anderen Verbundunternehmen gleitend in den Beruf zurück, wird sie in das Verbundunternehmen nach § 99 BetrVG eingestellt (§ 5 V 5).

d. Besonderheiten beim Erziehungsurlaub

Daß Arbeitgeber und Arbeitnehmerin eine Teilzeitbeschäftigung der Arbeitnehmerin beim Arbeitgeber während des gesetzlichen Erziehungsurlaubs vereinbaren können, ist anders als in § 15 Abs. 1 und 5 BErzGG a. F. zwar nicht mehr ausdrücklich geregelt, ergibt sich aber aus §§ 18 Abs. 2 Nr. 1, 17 Abs. 1 S. 1 BErzGG, die die Teilzeitarbeit beim Arbeitgeber erwähnen: Arbeitgeber und Arbeitnehmerin schließen mit der Teilzeitabrede ein auf den Erziehungsurlaub befristetes Teilzeitarbeitsverhältnis ab.

§ 18 Abs. 2 Nr. 1 BErzGG erstreckt den Sonderkündigungsschutz des § 18 Abs. 1 BErzGG auch auf die teilzeitarbeitende Erziehungsurlauberin. § 18 Abs. 2 Nr. 1 BErzGG schützt lediglich den Bestand des Arbeitsverhältnisses in der Form, in der es zwischen den Arbeitsvertragsparteien vor Antritt des Erziehungsurlaubs bestand. Gegen die Kündigung des befristeten Teilzeitarbeitsverhältnisses ist die Erziehungsurlauberin nur nach § 1 Abs. 2 und 3 KSchG geschützt. Haben Arbeitgeber und Arbeitnehmerin aber vereinbart, daß die Arbeitnehmerin das Teilzeitarbeitsverhältnis auch nach Ende des Erziehungsurlaubs fortsetzen soll, macht die Teilzeitverpflichtung den Umfang des Arbeitsverhältnisses aus, weswegen § 18 Abs. 2 BErzGG die Arbeitnehmerin auch hinsichtlich der Teilzeitarbeitsbedingungen vor Kündigungen des Arbeitgebers schützt (§ 5 II 1 a und c).

Nach dem neu in das BErzGG eingefügten § 15 Abs. 4 S. 1 i. V. m. § 1 Abs. 1 Nr. 4 und § 2 Abs. 1 Nr. 1 ist die Arbeitnehmerin auch berechtigt, bei einem Dritten eine Teilzeitarbeit aufzunehmen, wenn der Arbeitgeber vorher zustimmt, § 15 Abs. 4 S. 2 BErzGG. Der Arbeitgeber darf seine Zustimmung nur wegen entgegenstehender betrieblicher Interessen verweigern, etwa wenn die Arbeitnehmerin ein Angebot des Arbeitgebers auf Teilzeitarbeit abgelehnt hat. Nimmt die Arbeitnehmerin eine Teilzeitbeschäftigung bei einem Dritten auf, ändert sich im Verhältnis zum urlaubsgewährenden Arbeitgeber nichts: Das Arbeitsverhältnis ruht und ist nach § 18 Abs. 1 BErzGG gegen Arbeitgeberkündigungen geschützt, das Teilzeitarbeitsverhältnis zum Dritten nach § 1 Abs. 2, 3 KSchG (§ 5 II 1 b und c).

Für die Übernahme der Krankheits- und Urlaubsvertretungen und den gleitenden Wiedereinstieg in den Beruf gelten gegenüber dem Elternurlaub grundsätzlich

225

keine Besonderheiten. Schutzvorschriften des BErzGG hindern weder die freiwillige Übernahme noch die KAPOVAZ-Verpflichtung der Arbeitnehmerin zu Krankheits- und Urlaubsvertretungen gegenüber ihrem Arbeitgeber oder anderen Verbundunternehmen. Eine Vertretungsverpflichtung und den gleitenden Wiedereinstieg in den Beruf können Arbeitgeber und Arbeitnehmerin wegen § 15 Abs. 3 BErzGG aber erst vereinbaren, wenn die Arbeitnehmerin nach § 16 Abs. 1 S. 1 BErzGG angekündigt hat, Erziehungsurlaub nehmen zu wollen (§ 5 II 2b und 3).

Beschränkt wird die Übernahme von Krankheits- und Urlaubsvertretungen und der gleitende Wiedereinstieg in den Beruf dadurch, daß Teilzeitbeschäftigungen während des Erziehungsurlaubs auf 19 Wochenstunden begrenzt sind. Das ist für die Teilzeitarbeit bei Dritten in § 15 Abs. 4 BErzGG ausdrücklich geregelt und folgt nach hier vertretener Auffassung für die Teilzeitbeschäftigung beim Arbeitgeber aus dem Zweck des BErzGG und den Parallelvorschriften §§ 15 Abs. 4 BErzGG, 18 Abs. 1 Nr. 2 BErzGG. Die Höchstgrenze ist auch bei Krankheits- und Urlaubsvertretungen zu beachten, selbst wenn die Vertretungen nur auf kurze Zeiträume, etwa einen Tag, befristet sind.

Nimmt die Erziehungsurlauberin eine über 19 Stunden hinausgehende Beschäftigung auf Dauer auf, verliert sie ihren Anspruch auf Erziehungsgeld gem. §§ 4 Abs. 3 S. 1, 1 Abs. 1 S. 1 Nr. 4, 2 Abs. 1 Nr. 1 BErzGG und den Sonderkündigungsschutz nach § 18 Abs. 1, Abs. 2 Nr. 1 BErzGG. Nach hier vertretener Auffassung können Arbeitgeber und Arbeitnehmerin einen dem § 18 BErzGG entsprechenden Kündigungsschutz auch nicht vereinbaren. Während des gesetzlichen Erziehungsurlaubs ist es daher nicht möglich, die Arbeitszeit der Arbeitnehmerin für den gleitenden Wiedereinstieg in den Beruf stufenweise von einer Teilzeitbeschäftigung auf eine Vollzeitbeschäftigung anzuheben. Dafür müssen Arbeitgeber und Arbeitnehmerin den Erziehungsurlaub einvernehmlich beenden.

Wird die 19-Stunden-Grenze im Rahmen einer Krankheits- oder Urlaubsvertretung überschritten, können Arbeitgeber und Arbeitnehmerin den Erziehungsurlaub bis zu dreimal wieder aufnehmen, ohne daß die Erziehungsurlauberin den Anspruch auf Erziehungsgeld und den Sonderkündigungsschutz des § 18 BErzGG verliert. Das folgt aus dem neugefaßten § 16 Abs. 1 und 2 BErzGG, wonach Zeiten der Vollzeitbeschäftigung mit Ruhenszeiten abwechseln können, und dem Wegfall des § 16 Abs. 3 S. 5 BErzGG a. F., wonach Arbeitgeber und Arbeitnehmerin verboten war, den Erziehungsurlaub nach einvernehmlicher Aufhebung wieder aufzunehmen. Hat die Erziehungsurlauberin Krankheits- und Urlaubsvertretungen, die die zulässige Höchstdauer von 19 Wochenstunden übersteigen, mehr als dreimal übernommen, verliert sie den Anspruch auf Erziehungsgeld und den Sonderkündigungsschutz. Das Arbeitsverhältnis lebt aber nicht automatisch wieder in der Form auf, in der es vor Beginn des Erziehungsurlaubs bestanden hat: Die Hauptpflichten von Arbeitgeber und Arbeitnehmerin aus dem Arbeitsverhältnis bleiben suspendiert, bis Arbeitgeber und Arbeitnehmerin etwas anderes vereinbaren (§ 5 II 5).

5. Verbot einer Beschäftigung bei verbundfremden Arbeitgebern

Die im Verbund zusammengeschlossenen Unternehmen haben ein Interesse daran, die Arbeitnehmerinnen, die sie für Zeiten der Kindererziehung von der Arbeit freistellen, an sich zu binden. Arbeiten die Arbeitnehmerinnen während des Elternurlaubs bei verbundfremden Arbeitgebern, besteht die Gefahr, daß sie im Anschluß an die Familienphase nicht zum bisherigen Arbeitgeber oder einem anderen Verbundunternehmen zurückkehren, sondern das Beschäftigungsverhältnis zum verbundfremden Dritten fortsetzen. Eine Verpflichtung, nach Ende des Elternurlaubs wieder beim Arbeitgeber oder einem anderen Verbundunternehmen tätig zu werden, ist wegen Art. 12 Abs. 1 GG unzulässig. Eine Tätigkeit der Elternurlauberinnen bei verbundfremden Arbeitgebern kann daher nur durch Nebentätigkeitsverbote verhindert werden (§ 6 VIII).

a. Nebentätigkeitsverbote

Ein Nebentätigkeitsverbot mit dem alleinigen Zweck, den Arbeitsplatzwechsel der Arbeitnehmerin zu erschweren, kann nicht vereinbart werden. Das dahingehende Interesse des Arbeitgebers ist nicht schutzwürdig und erlaubt eine Beschränkung der freien Arbeitsplatzwahl (Art. 12 Abs. 1 GG) nicht (§ 6 III 4).

Die Arbeitnehmerin ist aus dem Arbeitsvertrag verpflichtet, Wettbewerb zu Lasten ihres Arbeitgebers zu unterlassen. Das arbeitsvertragliche Wettbewerbsverbot verbietet der Elternurlauberin aber nur Tätigkeiten im Geschäftszweig oder in der Interessensphäre ihres Arbeitgebers, nicht aber im Geschäftszweig der übrigen Verbundunternehmen. Nur wenn die Elternurlauberin in einem Arbeitsverhältnis auch zu anderen Verbundunternehmen steht (insbesondere: KAPOVAZ), sind die Tätigkeitsbereiche aller Arbeitgeber durch das im jeweiligen Arbeitsverhältnis bestehende arbeitsvertragliche Wettbewerbsverbot geschützt.

Im übrigen kann den Elternurlauberinnen Wettbewerb zu den übrigen Verbundunternehmen nicht verboten werden. Insbesondere ist es nach hier vertretener Auffassung nicht möglich, das Wettbewerbsverbot durch eine besondere Abrede auf die übrigen Verbundunternehmen zu erstrecken: Anders als möglicherweise Konzernunternehmen haben die im Verbund zusammengeschlossenen Unternehmen daran kein „berechtigtes Interesse". Nur wenn der Arbeitgeber eine Elternurlauberin für Krankheits- und Urlaubsvertretungen an andere Verbundunternehmen verleiht, kann ein Wettbewerbsverbot auch zugunsten des Entleiherunternehmens vereinbart werden. Entgegen der herrschenden Meinung folgt ein solches Wettbewerbsverbot aber nicht schon aus der Eingliederung der Arbeitnehmerin in den Entleiherbetrieb. In den Pflichtenbereich eines Vertrages können Dritte nur unter den engen Voraussetzungen des Vertrages mit Schutzwirkung zugunsten Dritter einbezogen werden (§ 6 VI 1).

b. Besonderheiten beim Erziehungsurlaub

Besonderheiten ergeben sich für den Erziehungsurlaub nicht. § 15 Abs. 4 S. 2 BErzGG regelt ausdrücklich, daß der Arbeitgeber seiner Arbeitnehmerin eine Teilzeitbeschäftigung während des Erziehungsurlaubs untersagen kann, wenn dieser Nebentätigkeit dringende betriebliche Interessen entgegenstehen. Dringende betriebliche Interessen stehen ihr insbesondere entgegen, wenn die Arbeitnehmerin ein Arbeitsverhältnis mit einem Wettbewerber des Arbeitgebers aufnehmen will (§ 6 III).

6. Arbeitnehmerüberlassung/Arbeitsvermittlung

a. Überlassung der Elternurlauberinnen an andere Verbundunternehmen

Vereinbaren Arbeitgeber und Arbeitnehmerin, daß die Arbeitnehmerin für Krankheits- und Urlaubsvertretungen oder den gleitenden Wiedereinstieg in den Beruf an andere Verbundunternehmen ausgeliehen wird, überläßt der Arbeitgeber die Arbeitnehmerin dem anderen Verbundunternehmen als Verleiher im Sinne des AÜG: Die Arbeitnehmerin leistet ihre vertraglich geschuldete Arbeit nicht beim Arbeitgeber als Partner des Arbeitsvertrags, sondern bei einem Dritten. Erzielt der Arbeitgeber keinen Gewinn aus dem Arbeitnehmerverleih, sondern erhält er vom Entleiher lediglich die ihm entstehenden Kosten ersetzt, ist die Arbeitnehmerüberlassung, da sie nicht gewerbsmäßig erfolgt, nicht nach Art. 1 § 1 Abs. 1 S. 1 AÜG erlaubnispflichtig.

Überläßt der Arbeitgeber die Arbeitnehmerin einem anderen Verbundunternehmen für den gleitenden Wiedereinstieg länger als sechs Monate, kann gleichwohl nicht nach Art. 1 § 1 Abs. 2 i. V. m. Art. 1 § 3 Abs. 1 Nr. 6 AÜG vermutet werden, daß der Arbeitgeber verbotswidrig Arbeitsvermittlung betreibt: Handelt der Arbeitgeber nicht gewerbsmäßig, ist die Sechs-Monats-Frist in Art. 1 § 1 Abs. 2 AÜG nach der Rechtsprechung des BAG als vorübergehend im Sinne des Art. 1 § 1 Abs. 3 Nr. 2 AÜG auszulegen, wenn Verleiher und Entleiher wie die Verbundunternehmen konzernähnlich miteinander verbunden sind. Auch wenn man die Vergleichbarkeit der Arbeitnehmerüberlassung zwischen Verbundunternehmen mit der Konzernleihe verneint, ist die Vermutung unerlaubter Arbeitsvermittlung widerlegt. Denn nach der gesamten Gestaltung und Durchführung der vertraglichen Beziehungen liegt der Schwerpunkt des Arbeitsverhältnisses weiter im Verhältnis Verleiher/Arbeitnehmerin: Der Arbeitgeber will die arbeitsvertragliche Bindung der Arbeitnehmerin an ihn gerade aufrechterhalten, ihn treffen die üblichen Arbeitgeberpflichten und das typische Arbeitgeberrisiko. Die Arbeitnehmerin ist für die Dauer der fehlenden Beschäftigungsmöglichkeit nur bei dem anderen Verbundunternehmen „geparkt" (§ 7 IV 1).

b. Beteiligungsrechte des Betriebsrats

Haben Arbeitgeber und Arbeitnehmerin vereinbart, daß der Arbeitgeber sie im Bedarfsfall an andere Verbundunternehmen für Krankheits- und Urlaubsvertretungen oder sonst vorübergehend verleiht, bleibt die Elternurlauberin Arbeitnehmerin des Arbeitgebers und wird nicht Arbeitnehmerin des entleihenden Verbundunternehmens. Sie wird daher nur vom Betriebsrat im Verleiherbetrieb vertreten und ist im Entleiherbetrieb nicht wahlberechtigt.

Hat die Arbeitnehmerin mit ihrem Arbeitgeber ein auf den Elternurlaub befristetes KAPOVAZ-Arbeitsverhältnis abgeschlossen, und verleiht sie der Arbeitgeber für Krankheits- und Urlaubsvertretungen an andere Verbundunternehmen, ist der vorübergehende Wechsel der Elternurlauberin in das andere Verbundunternehmen aus Sicht des Arbeitgeberbetriebs keine Versetzung im Sinne der §§ 99, 95 Abs. 3 BetrVG: Inhalt des KAPOVAZ-Vertrages ist es gerade, daß die Arbeitnehmerin nicht ständig an einem Arbeitsplatz, sondern mit wechselnden Aufgaben an verschiedenen Arbeitsorten beschäftigt wird, § 95 Abs. 3 S. 2 BetrVG. In die Verbundunternehmen werden die Elternurlauberinnen im jeweiligen Vertretungsfall mitbestimmungspflichtig eingestellt. Kehrt die Arbeitnehmerin nach Ende der Krankheits- und Urlaubsvertretung zum Arbeitgeber zurück, ist das weder als Einstellung noch als Versetzung § 99 BetrVG zustimmungspflichtig: Die Arbeitnehmerin wird weder erstmals in den Arbeitgeberbetrieb eingegliedert, noch wird ihr nach Ende der Krankheits- und Urlaubsvertretung im Arbeitgeberbetrieb ein anderer Tätigkeitsbereich zugewiesen, da ihre arbeitsvertragliche Leistungsverpflichtung wie vor Übernahme der befristeten Vertretung ruht (§ 7 VII 3).

Verleiht der Arbeitgeber die Arbeitnehmerin für den gleitenden Wiedereinstieg in den Beruf an ein anderes Verbundunternehmen, liegt in dem damit verbundenen Wechsel der betrieblichen Organisation demgegenüber eine nach §§ 99, 95 Abs. 3 BetrVG zustimmungspflichtige Versetzung, wenn die Tätigkeit für das andere Verbundunternehmen länger als einen Monat dauert oder mit einer erheblichen Änderung der Arbeitsumstände verbunden ist. In den Betrieb des entleihenden Verbundunternehmens wird die Arbeitnehmerin gem. § 99 Abs. 1 BetrVG eingestellt. Wird die Arbeitnehmerin nach ihrer Rückkehr in den Arbeitgeberbetrieb auf einem anderen Arbeitsplatz beschäftigt als vor Inanspruchnahme des Elternurlaubs, liegt in der Zuweisung der neuen Tätigkeit eine zustimmungspflichtige Versetzung, wenn der Arbeitnehmerin damit ein anderer Arbeitsbereich im Sinne der §§ 99, 95 Abs. 3 BetrVG zugewiesen wird (§ 7 VII 2).

c. Verbund als Organisator

Organisiert der Verbund, bei welchem Verbundunternehmen die Arbeitnehmerinnen Krankheits- und Urlaubsvertretungen übernehmen, ist für die Frage, ob der Verbund dadurch verbotswidrig Arbeitsvermittlung betreibt, zu unterscheiden: Hat sich die Arbeitnehmerin gegenüber allen Verbundunternehmen im Rahmen einer KAPOVAZ-Abrede verpflichtet, Krankheits- und Urlaubsvertretungen zu übernehmen, und verteilt der Verbund die Arbeitnehmerinnen auf die einzelnen Verbundunternehmen, vermittelt er sie nicht in ein „Arbeitsverhältnis" im Sinne des § 13 AFG, da sie zu den Verbundunternehmen bereits in arbeitsvertraglichen Beziehungen steht. Organisiert der Verbund demgegenüber die freiwillige Übernahme von Krankheits- und Urlaubsvertretungen, vermittelt er die Elternurlauberinnen verbotswidrig in Arbeitsverhältnisse. Daß sie, da das Arbeitsverhältnis zu ihrem Arbeitgeber ruht, nicht arbeitslos sind, ist dafür ohne Bedeutung: § 13 Abs. 1 AFG verbietet nicht die Vermittlung von Arbeitslosen, sondern die Vermittlung von „Arbeitsuchenden" in Arbeitsverhältnisse (§ 7 IV 2 a).

Verleiht der Arbeitgeber die Arbeitnehmerin für den gleitenden Wiedereinstieg in den Beruf an ein anderes Verbundunternehmen, ist die Vermittlung durch den Verbund keine Arbeitsvermittlung: Da die Arbeitnehmerin keinen Arbeitsvertrag mit dem entleihenden Verbundunternehmen abschließt und ein Arbeitsvertrag auch nicht nach Art. 1 § 1 Abs. 2 AÜG i. V. m. § 13 AFG fingiert wird, vermittelt der Verbund kein „Arbeitsverhältnis", sondern bringt lediglich Verleiher und Entleiher einer nicht erlaubnispflichtigen, da nicht gewerbsmäßigen Arbeitnehmerüberlassung zusammen. Anders ist es, wenn die Arbeitnehmerin an das Verbundunternehmen nicht verliehen, sondern für den gleitenden Einstieg in den Beruf einen Arbeitsvertrag mit dem Verbundunternehmen abschließt: Da der Verbund den Abschluß eines Arbeitsvertrages vermittelt, wird er entgegen § 4 AFG nach § 13 AFG als Arbeitsvermittler tätig (§ 7 IV 2 c).

Vermittelt der Verbund der Arbeitnehmerin nach Ende des Elternurlaubs ein dauerhaftes Arbeitsverhältnis bei einem anderen Verbundunternehmen, ist das ebenfalls Arbeitsvermittlung im Sinne des § 13 AFG. Dafür ist unerheblich, ob die Arbeitnehmerin mit dem anderen Verbundunternehmen lediglich ein Zweitarbeitsverhältnis eingeht. Auch Zweitarbeitsverhältnisse sind Arbeitsverhältnisse im Sinne des § 13 AFG (§ 7 IV 2c).

II. Mit Wiedereinstellungsanspruch der Elternurlauberin aufgelöstes Arbeitsverhältnis

Arbeitgeber und Arbeitnehmerin können das Arbeitsverhältnis für den Elternurlaub auch auflösen.

1. Wiedereinstellungsanspruch nach Ende der Familienphase

a. Inhalt des Wiedereinstellungsanspruchs

Sie können den Wiedereinstellungsanspruch der Arbeitnehmerin im Aufhebungsvertrag entsprechend dem unter I 1 a Dargestellten umschreiben. Die Auswahl des

Arbeitsplatzes, auf dem die Arbeitnehmerin wiedereingestellt wird, kann auch vollständig in das Ermessen des Arbeitgebers gestellt oder der Wiedereinstellungsanspruch davon abhängig gemacht werden, daß die Elternurlauberin an Qualifizierungsmaßnahmen teilnimmt. Will der Arbeitgeber seine Pflicht, die Elternurlauberin nach Ende der Familienphase wiedereinzustellen, weiter einschränken, muß er statt eines Wiedereinstellungsanspruchs einen Wiedereinstellungsvorrang vereinbaren: Der Arbeitgeber sagt der Arbeitnehmerin lediglich zu, sie bei Neueinstellungen vorrangig zu berücksichtigen. Dabei kann er den Wiedereinstellungsvorrang an die Voraussetzung binden, daß die Arbeitnehmerin die gleiche Qualifikation wie die besten anderen Bewerber um die ausgeschriebene Stelle hat. Ein die Elternurlauberinnen begünstigender Wiedereinstellungsanspruch oder -vorrang verstößt, obwohl er überwiegend Frauen Vorteile gewährt, nicht gegen § 611a Abs. 1 S. 1 BGB, da er lediglich die beruflichen Nachteile ausgleicht, die Frauen wegen der ihnen durch die geschlechtsspezifische Rollenverteilung zugewiesenen Kindererziehung auf sich nehmen. Eine Maßnahme, die auf die Kompensation konkret erlittener Nachteile zielt, ist keine Ungleichbehandlung (§ 2 III 2 b und 5 b).

Arbeitgeber und Elternurlauberin müssen den Wiedereinstellungsanspruch nicht an den bisherigen Arbeitgeber binden. Der Arbeitgeber kann der Arbeitnehmerin auch zusagen, daß sie einen Anspruch auf Wiedereinstellung in seinem Unternehmen nur hat, wenn dort ein für sie in Frage kommender Arbeitsplatz frei ist oder in angemessener Zeit frei wird. Ist eine Beschäftigung beim früheren Arbeitgeber nicht möglich, kann die Wiedereinstellungszusage die Beschäftigung bei anderen Verbundunternehmen vorsehen. Voraussetzung ist, daß der Arbeitgeber die Einstellung der Arbeitnehmerin bei den anderen Verbundunternehmen beeinflussen kann (§ 2 III 3 b). Ist nach Ende des Elternurlaubs weder beim Arbeitgeber noch in einem anderen Verbundunternehmen ein Arbeitsplatz für die Arbeitnehmerin frei, entfällt der Wiedereinstellungsanspruch (§ 2 III 5 b).

b. Beteiligungsrechte des Betriebsrats

Über den Abschluß des Aufhebungsvertrages hat der Betriebsrat nicht mitzubestimmen (§ 2 IV 3 a). Stellt der Arbeitgeber aber allgemeine Voraussetzungen dafür auf, unter welchen Umständen Elternurlauberinnen ein Wiedereinstellungsanspruch oder -vorrang eingeräumt werden soll, kann der Arbeitgeber diese Richtlinien nach § 95 Abs. 1 BetrVG nur mit Zustimmung des Betriebsrats erlassen. Das gleiche gilt für Richtlinien, in denen sich der Arbeitgeber verpflichtet, neben seinen Elternurlauberinnen bevorzugt auch Elternurlauberinnen aus anderen Verbundunternehmen einzustellen, wenn für diese beim früheren Arbeitgeber kein Arbeitsplatz frei ist. Denn durch solche Vorgaben wird das Auswahlermessen des Arbeitgebers bei Einstellungen zwischen mehreren Bewerbern zugunsten der Elternurlauberin auf Null reduziert (§ 2 IV 3 b).

Kehrt die Elternurlauberin in den Betrieb ihres früheren Arbeitgebers zurück oder nimmt sie ein Arbeitsverhältnis zu einem anderen Verbundunternehmen auf, ist der dortige Betriebsrat an dieser Einstellung nach § 99 Abs. 1 BetrVG zu beteiligen (§ 2 IV 2 b und c).

2. Erhalt von Arbeitgeberleistungen und tariflichen Rechten

a. Während der Familienphase

Vereinbaren Arbeitgeber und Arbeitnehmerin, daß das Arbeitsverhältnis für den Elternurlaub aufgelöst wird, erlöschen alle arbeitsvertraglichen Ansprüche. Ansprüche der früheren Arbeitnehmerinnen auf Jahressonderzahlungen und auf Fortschreibung der betrieblichen Altersversorgung bestehen nicht. Der Arbeitgeber kann den Elternurlaub aber als Nachdienstzeit anwartschafts- und rentensteigernd berücksichtigen. Diese Zusage kann er unter die auflösende Bedingung stellen, daß die Elternurlauberin das Arbeitsverhältnis nach Ende des Unterbrechungszeitraums wiederaufnimmt und für einen bestimmten Zeitraum bei ihm tätig ist (§ 3 III 1).

b. Wechsel zu einem anderen Verbundunternehmen nach Ende der Familienphase

Für den Wechsel der Elternurlauberin zu einem anderen Verbundunternehmen gilt grundsätzlich das für das ruhende Arbeitsverhältnis unter I 2 c Gesagte: Der neue Arbeitgeber kann die Betriebszugehörigkeit zum früheren Arbeitgeber anerkennen, damit der Arbeitnehmerin daran anknüpfende Rechte, etwa der Kündigungsschutz nach dem KSchG, erhalten bleiben. Wechselt die Arbeitnehmerin nach Ende Elternurlaubs zu einem Verbundunternehmen, das einem anderen Tarifvertrag unterfällt als ihr früherer Arbeitgeber, oder das gar nicht tarifgebunden ist, kann der neue Arbeitgeber im Arbeitsvertrag dem Tarifschutz entsprechende Rechte, etwa eine tarifliche Kündigungsfrist individualvertraglich vereinbaren. Entsprechende Vereinbarungen sind aber nur zu erwägen, wenn auch der frühere Arbeitgeber der Elternurlauberin versprochen hatte, bei Wiedereinstellung Betriebszugehörigkeitszeiten und Kündigungsschutzfristen wiederaufleben zu lassen.

Für die betriebliche Altersversorgung kann der frühere Arbeitgeber das Arbeitsverhältnis zum neuen Arbeitgeber als Nachdienstzeit anrechnen. Der neue Arbeitgeber kann die Schuld des früheren Arbeitgebers aus der Versorgungszusage nach §§ 414, 415 BGB übernehmen oder in die gesamte Versorgungszusage eintreten. Er kann die Tätigkeitsjahre der Arbeitnehmerin beim früheren Arbeitgeber auch als Vordienstzeiten anrechnen. In allen Fällen kann an die Versorgungszusage beim früheren Arbeitgeber nur angeknüpft werden, wenn dieser den Elternurlaub als Nachdienstzeit angerechnet und die Zusage damit bis zur geplanten Wiedereinstellung der Arbeitnehmerin fortgeführt hat. Sowohl bei der Anrechnung von Nachdienstzeiten durch den früheren Arbeitgeber als auch bei der Anrechnung von Vordienstzeiten durch den neuen Arbeitgeber ist aber zweifelhaft, inwieweit die vertraglich erworbenen Versorgungsanwartschaften der Arbeitnehmerin bei einer Direktzusage nach § 7 Abs. 2 S. 1 BetrAVG insolvenzgeschützt sind (§ 3 III 2 und IV).

c. Beteiligungsrechte des Betriebsrats

Rechnet der Arbeitgeber den Elternurlaub im Rahmen der betrieblichen Altersversorgung als Nachdienstzeit an, hat der Betriebsrat darüber nicht nach § 87 Abs. 1 Nr. 8 und 10 BetrVG mitzubestimmen: Der Arbeitgeber legt lediglich abstrakt-generell den Personenkreis fest, der durch die betriebliche Altersversorgung begünstigt werden soll (§ 3 VI 2 b). Im übrigen gilt das zu I 2 c Gesagte.

3. Bildungsmaßnahmen

a. Verpflichtung der Arbeitnehmerin zur Teilnahme

Wird das Arbeitsverhältnis für den Elternurlaub aufgelöst, scheiden arbeitsvertragliche Ansprüche des Arbeitgebers auf Teilnahme der Arbeitnehmerin an Bildungsveranstaltungen aus. Die Arbeitnehmerin muß sich daher in einer besonderen Abrede verpflichten, während des Elternurlaubs an Maßnahmen zur Aufrechterhaltung und Fortbildung ihrer beruflichen Qualifikation teilzunehmen. In der Qualifizierungsabrede kann auch vereinbart werden, daß die Arbeitnehmerin die Kosten der Bildungsmaßnahme teilweise trägt (§ 4 III 2 a und c).

b. Durchsetzung der Teilnahmeverpflichtung

Arbeitgeber und Arbeitnehmerin können einmal vereinbaren, daß die Arbeitnehmerin eine Vertragsstrafe zahlen muß, wenn sie abredewidrig an einer vom Verbund angebotenen oder mitfinanzierten Qualifizierungsmaßnahme nicht teilnimmt (§ 4 III 1). Arbeitgeber und Elternurlauberin können die Nichtteilnahme an Bildungsmaßnahmen auch zur auflösenden Bedingung des Wiedereinstellungsanspruchs machen: Der Arbeitgeber könnte auf der unbedingten Auflösung des Arbeitsverhältnisses bestehen, so daß er der Arbeitnehmerin durch die Wiedereinstellungszusage mehr gewährt als diese verlangen kann. Dann steht es ihm frei, die Wiedereinstellungszusage an zusätzliche Bedingungen zu knüpfen (§ 4 III 2c).

c. Sanktion bei Teilnahme und Nichtwiederantritt der Arbeit

Für den Fall, daß die Elternurlauberin das Arbeitsverhältnis zum früheren Arbeitgeber nach Ende des Elternurlaubs nicht wiederaufnimmt oder es frühzeitig beendet, können Arbeitgeber und Elternurlauberin vereinbaren, daß sie die vom Arbeitgeber oder Verbund für die Bildungsmaßnahme aufgewandten Kosten zurückzahlt. Da durch übermäßige Zahlungsverpflichtungen das Recht der

Arbeitnehmerin auf freie Arbeitsplatzwahl aus Art. 12 Abs. 1 GG beschränkt wird, ist die Rückzahlungsklausel nur in denselben Grenzen zulässig wie im ruhenden Arbeitsverhältnis (§ 4 V 1).

d. Beteiligungsrechte des Betriebsrats

Die Arbeitnehmerinnen, deren Arbeitsverhältnis für den Elternurlaub aufgelöst worden ist, gehören dem Betrieb ihres früheren Arbeitgebers nicht mehr an. Der dortige Betriebsrat ist daher weder bei der Planung der vom Verbund organisierten oder mitfinanzierten Bildungsmaßnahmen nach §§ 96, 97 BetrVG, noch bei der Auswahl der Teilnehmerinnen nach § 98 Abs. 3 BetrVG zu beteiligen.

Etwas anderes gilt nur, wenn die Elternurlauberinnen in einem KAPOVAZ-Arbeitsverhältnis zum Arbeitgeber oder zu anderen Verbundunternehmen stehen. Dann gehören sie jedem der Betriebe an, zu deren Betriebsinhaber sie in einem Arbeitsverhältnis stehen, und werden von den dort gewählten Betriebsräten vertreten. Zum Umfang des Mitbestimmungsrechts bei Berufsbildungsmaßnahmen gilt nichts anderes als im ruhenden Arbeitsverhältnis (§ 4 VI).

4. Krankheits- und Urlaubsvertretungen/Gleitender Wiedereinstieg in den Beruf

a. Krankheits- und Urlaubsvertretungen

Die Elternurlauberin kann bei ihrem früheren Arbeitgeber und anderen Verbundunternehmen freiwillig Krankheits- und Urlaubsvertretungen übernehmen, wofür der wiederkehrende Inhalt der befristeten Arbeitsverträge in einem Rahmenvertrag festlegt werden kann. Da die Arbeitnehmerin aus dem Rahmenvertrag nicht verpflichtet ist, eine Arbeitsleistung zu erbringen, ist der Rahmenvertrag kein Arbeitsvertrag, der ein Dauerarbeitsverhältnis begründet.

Verpflichtet sich die Elternurlauberin, beim früheren Arbeitgeber oder anderen Verbundunternehmen während des Elternurlaubs Krankheits- und Urlaubsvertretungen zu übernehmen, schließt sie jeweils KAPOVAZ-Arbeitsverträge ab. Wegen des KAPOVAZ-Arbeitsverhältnisses zum Arbeitgeber enden die arbeitsvertraglichen Beziehungen der Elternurlauberin, anders als von den Parteien beabsichtigt, gerade nicht. Will der Arbeitgeber das Arbeitsverhältnis zur Arbeitnehmerin auflösen und trotzdem erreichen, daß sie während des Elternurlaubs Krankheits- und Urlaubsvertretungen übernimmt, kann er die Übernahme von Krankheits- und Urlaubsvertretungen bei sich und in anderen Verbundunternehmen zur auflösenden Bedingung des Wiedereinstellungsanspruchs machen (§ 5 III 2 a).

b. Gleitender Wiedereinstieg in den Beruf

Verpflichtet sich die Arbeitnehmerin, vor Aufnahme einer Vollzeitbeschäftigung beim Arbeitgeber in einem Teilzeitarbeitsverhältnis wieder eingearbeitet zu werden, ist diese Verpflichtung ein Vorvertrag auf Abschluß eines Arbeitsverhältnisses, von dem sich die Elternurlauberin wegen des Grundrechts auf freie Arbeitsplatzwahl aus Art. 12 Abs. 1 GG lösen können muß. Arbeitgeber und Elternurlauberin können insoweit Kündigungsfristen vereinbaren (§ 5 III 2 b).

d. Beteiligungsrechte des Betriebsrats

Vertritt die Elternurlauberin in einem befristeten Arbeitsverhältnis einen erkrankten oder urlaubenden Arbeitnehmer im Arbeitgeberbetrieb oder einem anderen Verbundunternehmen, gehört sie für diesen Zeitraum dem Arbeitgeberbetrieb oder Betrieb des Verbundunternehmens nach § 7 BetrVG an. Hat sie sich in einer KAPOVAZ-Abrede zu Krankheits- und Urlaubsvertretungen verpflichtet, gehört sie dem Arbeitgeberbetrieb oder Betrieb des Verbundunternehmens während des gesamten Elternurlaubs an und wird vom dort gewählten Betriebsrat vertreten (§ 5 V 1 b).

Übernimmt die Elternurlauberin freiwillig Krankheits- und Urlaubsvertretungen bei ihrem früheren Arbeitgeber oder einem anderen Verbundunternehmen, oder kehrt sie dort gleitend in den Beruf zurück, wird sie in den Arbeitgeberbetrieb oder den Beschäftigungsbetrieb beim Verbundunternehmen nach § 99 BetrVG eingestellt. Auch wenn die Parteien die Bedingungen der im Vertretungsfall abzuschließenden Arbeitsverträge in einem Rahmenvertrag regeln, ist der Betriebsrat nach hier vertretener Auffassung erst zu beteiligen, wenn das Verbundunternehmen den Einsatz der Elternurlauberin in seinem Betrieb konkret plant (§ 5 V 3 b, 4 b und c und 5).

Wollen der frühere Arbeitgeber und die Verbundunternehmen die Elternurlauberinnen in KAPOVAZ-Arbeitsverträgen zur Übernahme von Krankheits- und Urlaubsvertretungen verpflichten, haben die dortigen Betriebsräte über die Einführung der Bedarfsarbeit wie beim ruhenden Arbeitsverhältnis nach § 87 Abs. 1 Nr. 2 BetrVG mitzubestimmen. Auch für die Mitbestimmungsrechte des Betriebsrats bei Vertretungen aufgrund eines KAPOVAZ-Arbeitsverhältnisses gilt das zum ruhenden Arbeitsverhältnis Gesagte (§ 5 V 4).

5. Verbot einer Beschäftigung bei verbundfremden Arbeitgebern

Da das Arbeitsverhältnis zwischen Arbeitgeber und Elternurlauberin aufgelöst ist, kann der Arbeitgeber den Elternurlauberinnen Nebentätigkeiten bei verbundfremden Unternehmen nur verbieten, wenn er mit ihnen ein nachvertragliches Wettbewerbsverbot vereinbart. Dabei muß er die §§ 74 ff. HGB beachten. Das gilt auch für nachvertragliche Wettbewerbsverbote, die Arbeitgeber und Arbeitnehmerin erst bei Aufhebung des Arbeitsverhältnisses vereinbaren. Nach § 74 Abs. 1 S. 3 HGB darf ein nachvertragliches Wettbewerbsverbot nicht für einen längeren Zeitraum als zwei Jahre vereinbart werden. Es muß den Arbeitgeber zu einer Karenzentschädigung verpflichten, § 74 Abs. 2 HGB. Für deren Höhe ist an das

Arbeitsentgelt anzuknüpfen, das die Elternurlauberin vor Antritt des Erziehungsurlaubs zuletzt erhalten hat. Stand die Arbeitnehmerin während des Erziehungsurlaubs in einem KAPOVAZ-Arbeitsverhältnis oder einem regulären Teilzeitarbeitsverhältnis zum Arbeitgeber, ist für die Karenzentschädigung nur dann an das Teilzeitentgelt anzuknüpfen, wenn Arbeitgeber und Arbeitnehmerin vereinbart haben, daß das Arbeitsverhältnis auch nach Ende des Erziehungsurlaubs als Teilzeitarbeitsverhältnis fortgesetzt werden soll.

Ein verbundweites Wettbewerbsverbot, das die Unternehmensgegenstände aller Verbundunternehmen einbezieht, kann wegen § 74a Abs. 1 S. 1 HGB nicht wirksam vereinbart werden. Danach ist ein nachvertragliches Wettbewerbsverbot nur verbindlich, wenn es einem berechtigten geschäftlichen Interesse des Arbeitgebers dient, der Arbeitnehmerin also Tätigkeiten verboten werden, die in Zusammenhang mit der früher ausgeübten Tätigkeit und der dabei erworbenen Kenntnisse und Informationen stehen. Arbeitgeber und Arbeitnehmerin können die Verbundunternehmen in das nachvertragliche Wettbewerbsverbot nur − durch eine besondere Abrede − einbeziehen, wenn der Arbeitgeber die Elternurlauberin für Krankheits- und Urlaubsvertretungen an die Verbundunternehmen verliehen hat: Die Verbundunternehmen, an die die Arbeitnehmerin überlassen worden ist und Einblick in Betriebs- und Geschäftsgeheimnisse gewonnen hat, haben ein schutzwürdiges Interesse daran, daß die Arbeitnehmerin nicht für einen Wettbewerber tätig wird. Dem Interesse der Arbeitnehmerin an einer ungehinderten Arbeitsplatzwahl wird durch § 74a Abs. 1 S. 3 HGB und § 74a Abs. 1 S. 2 HGB hinreichend Rechnung getragen (§ 6 VI 2a).

Arbeitgeber und Arbeitnehmerin können die Wiedereinstellungszusage auch dadurch auflösend bedingen, daß die Elternurlauberin während der Familienphase ein Arbeitsverhältnis zu einem verbundfremden Arbeitgeber aufnimmt. Mit der auflösenden Bedingung des Wiedereinstellungsanspruchs werden die §§ 74 ff. HGB nicht umgangen: Der Arbeitgeber verbietet der Arbeitnehmerin nicht den Wettbewerb, sondern knüpft mit dem Verlust des Wiedereinstellungsanspruchs lediglich Nachteile an eine Konkurrenztätigkeit der Elternurlauberin. Arbeitgeber und Arbeitnehmerin umgehen durch die auflösende Bedingung des Wiedereinstellungsanspruchs auch keine zwingenden Kündigungsschutzvorschriften: Gewährt der Arbeitgeber der Arbeitnehmerin durch die Wiedereinstellungszusage mehr, als sie verlangen kann, steht es ihm frei, die Zusage an zusätzliche Bedingungen zu knüpfen (V 2). Der Wiedereinstellungsanspruch der Elternurlauberin kann auch dadurch auflösend bedingt werden, daß sie zu einem anderen Verbundunternehmen in Wettbewerb tritt (§ 6 VI 2 b).

6. Arbeitnehmerüberlassung/Arbeitsvermittlung

Haben Arbeitgeber und Arbeitnehmerin das Arbeitsverhältnis für den Elternurlaub aufgelöst, kommt ein Arbeitnehmerverleih im Sinne des AÜG nur in Betracht, wenn sie einen auf den Elternurlaub befristeten KAPOVAZ-Vertrag abschließen. In diesem Fall ist das Arbeitsverhältnis aber gerade nicht aufgelöst. Insofern ergeben sich gegenüber dem Arbeitnehmerverleih im ruhenden Arbeitsverhältnis keine Besonderheiten (§ 7 IV 1).

Auch für den Verbund als Organisator gilt – mit Ausnahme des Arbeitnehmerverleihs durch den Arbeitgeber – das oben unter I 6c zu Gesagte. Daß der Arbeitgeber seine Arbeitnehmerinnen für Krankheits- und Urlaubsvertretungen oder den gleitenden Wiedereinstieg in den Beruf an andere Verbundunternehmen verleiht und der Verbund diese Arbeitnehmerüberlassung organisiert, kommt nämlich nur in Betracht, wenn das Arbeitsverhältnis zwischen Arbeitgeber und Elternurlauberin ruht (§ 7 IV 2c).

III. Verbund als Arbeitgeber oder Schuldner des Wiedereinstellungsanspruchs

Arbeitgeber und Arbeitnehmerin können das Arbeitsverhältnis auch mit dem Ziel aufheben, daß die Arbeitnehmerin einen Arbeitsvertrag mit dem Verbund abschließt. Den Aufhebungsvertrag können sie jederzeit abschließen, also auch bevor die Arbeitnehmerin nach § 16 Abs. 1 S. 1 BErzGG Erziehungsurlaub verlangt hat. Die einvernehmliche Auflösung des Arbeitsverhältnisses zu diesem Zeitpunkt verstößt weder gegen § 15 Abs. 3 BErzGG noch gegen § 18 BErzGG (§ 2 II 3b).

1. Wiederbeschäftigungs- und Wiedereinstellungsanspruch

a. Inhalt des Wiederbeschäftigungs- oder Wiedereinstellungsanspruchs

Ist der Verbund Arbeitgeber der Arbeitnehmerinnen oder Schuldner des Wiedereinstellungsanspruchs geworden, ergeben sich für den Inhalt des Wiederbeschäftigungs- oder Wiedereinstellungsanspruchs keine Besonderheiten. Da der Verbund keine Produktionsstätten besitzt, müssen Verbund und Arbeitnehmerin in der Ruhensvereinbarung oder dem Aufhebungsvertrag aber klarstellen, daß die Arbeitnehmerin keinen Anspruch auf einen Arbeitsplatz beim Verbund hat, sondern ihr eine Wiederbeschäftigung oder Wiedereinstellung nur für den Fall zugesagt wird, daß in einem Verbundunternehmen ein Arbeitsplatz für sie frei ist (§ 2 III 4).

Besonderheiten entstehen hinsichtlich der betriebsbedingten Kündigung des ruhenden Arbeitsverhältnisses, wenn im Zeitpunkt der geplanten Rückkehr der Arbeitnehmerin aus dem Elternurlaub kein Arbeitsplatz bei einem der Verbundunternehmen frei ist. In die Sozialauswahl nach § 1 Abs. 3 KSchG sind alle Arbeitnehmerinnen des Verbunds mit vergleichbaren Aufgaben einzubeziehen. Da die Arbeitnehmerinnen dem Verbund die Tätigkeit in den Verbundunternehmen im Rahmen der arbeitsvertraglich festgelegten Einsatzmöglichkeit schulden, ist für den Sozialvergleich nicht auf die im Kündigungszeitpunkt bei einem Verbundunternehmen konkret ausgeübten Tätigkeiten abzustellen, sondern auf die arbeitsvertragliche Einsatzmöglichkeit. Der Verbund muß daher alle Arbeitnehmerinnen mit sich deckenden Tätigkeitsmöglichkeiten für jede bestehende Einsatzmöglichkeit miteinander vergleichen. Einsatzmöglichkeiten bestehen, wenn ein entsprechender Arbeitsplatz in einem Verbundunternehmen frei ist oder von einer Verbundarbeitnehmerin eingenommen wird. Je weiter die vertraglich geschuldete Leistung der einzelnen Arbeitnehmerinnen umschrieben ist, desto größer ist damit der für den Sozialvergleich zu betreibende Aufwand.

Diese Probleme entstehen für den Elternurlaub nicht, wenn Verbund und Elternurlauberin das Arbeitsverhältnis aufgelöst haben (§ 2 III 5c).

b. Beteiligungsrechte des Betriebsrats

Hat das Arbeitsverhältnis zwischen Verbund und Arbeitnehmerin während des Erziehungs- oder Elternurlaubs geruht, wird die Arbeitnehmerin bei ihrer Rückkehr in den Verbundbetrieb nicht mitbestimmungspflichtig eingestellt. Im Sinne von § 99 BetrVG in den Verbundbetrieb eingestellt wird die Elternurlauberin nur, wenn Arbeitgeber und Arbeitnehmerin das Arbeitsverhältnis für den Elternurlaub aufgelöst hatten. Verleiht der Verbund die Erziehungs- oder Elternurlauberin nach Ende der Familienphase an ein anderes Verbundunternehmen, ist das für den abgebenden Verbundbetrieb eine zustimmungspflichtige Versetzung im Sinne der §§ 99, 95 Abs. 3 BetrVG, für den aufnehmenden Betrieb eine nach § 99 BetrVG zustimmungspflichtige Einstellung (§ 7 VII 2).

2. Erhalt von Arbeitgeberleistungen und tariflichen Rechten

Nach Ende des Erziehungs- und Elternurlaubs entsteht das Problem des Arbeitgeberwechsels nicht, wenn sich der Wiederbeschäftigungs- oder Wiedereinstellungsanspruch der Erziehungs- und Elternurlauberinnen gegen den Verbund richtet: Der Verbund bleibt Arbeitgeber der Arbeitnehmerinnen oder wird es wieder, wenn das Arbeitsverhältnis nach Ende des gesetzlichen Erziehungsurlaubs mit Wiedereinstellungsanspruch der Arbeitnehmerin aufgelöst worden ist. Das Problem wird aber lediglich vorverlagert, nämlich auf den Zeitpunkt, in dem die Arbeitnehmerin das Arbeitsverhältnis zum bisherigen Arbeitgeber auflöst und einen Arbeitsvertrag mit dem Verbund abschließt. Hinsichtlich der unter I 2 b und II 2 b vorgeschlagenen Lösungen gelten keine Besonderheiten (§ 3 V).

3. Bildungsmaßnahmen

Es gelten keine Besonderheiten.

4. Krankheits- und Urlaubsvertretungen/Gleitender Wiedereinstieg in den Beruf

Es gelten keine Besonderheiten. Aus individualvertraglicher Sicht wird die Handhabung der Krankheits- und Urlaubsvertretungen und des gleitenden Wiedereinstiegs in den Beruf insofern vereinfacht, als Probleme aus Doppelarbeitsverhältnissen nicht auftreten können (§ 5 IV).

5. Verbot einer Beschäftigung bei verbundfremden Arbeitgebern

Es gelten keine Besonderheiten. Insbesondere kann der Verbund, wenn er die Erziehungs- und Elternurlauberinnen an die Verbundunternehmen verleiht, mit diesen vereinbaren, daß sie auch zu den entleihenden Verbundunternehmen während ihrer Tätigkeit oder nach Ende der Arbeitnehmerüberlassung nicht in Wettbewerb treten dürfen (§ 6 VII).

6. Arbeitnehmerüberlassung/Arbeitsvermittlung

a. Verbund als Arbeitgeber

Verleiht der Verbund Arbeitnehmerinnen unentgeltlich an die Verbundunternehmen, ist diese Arbeitnehmerüberlassung nicht gewerbsmäßig und nicht erlaubnispflichtig (§ 7 III 1).

Verleiht der Verbund die Erziehungs- und Elternurlauberinnen für Krankheits- und Urlaubsvertretungen, ist für die Vermutung verbotswidriger Arbeitsvermittlung nach Art. 1 § 1 Abs. 2 AÜG zu unterscheiden:

Ruht das Arbeitsverhältnis und übernimmt die Arbeitnehmerin freiwillig Krankheits- und Urlaubsvertretungen, wird nicht nach Art. 1 § 1 Abs. 2 i. V. m. § 3 Abs. 1 Nr. 5 AÜG vermutet, daß er verbotswidrig Arbeitsvermittlung betreibt: Daß ein ruhendes Arbeitsverhältnis nur für den Zeitraum des Verleihs an Dritte „aktiviert" wird, kann nicht dem Fall gleichgesetzt werden, daß der Arbeitgeber das Arbeitsverhältnis nur für die Dauer der erstmaligen Überlassung an den Entleiher abschließt. Die Arbeitsvermittlungsvermutung nach Art. 1 § 1 Abs. 2 i. V. m. § 3 Abs. 1 Nr. 5 AÜG greift aber, wenn das Arbeitsverhältnis für den Elternurlaub aufgelöst worden ist und der Verbund eine frühere Arbeitnehmerin für eine befristete Krankheits- und Urlaubsvertretung erstmals an ein Verbundunternehmen verleiht. Dann deckt sich die Dauer des Arbeitsverhältnisses mit dem Verbund mit der Zeit der Überlassung an das entleihende Verbundunternehmen.

Verpflichtet sich die Arbeitnehmerin in einer KAPOVAZ-Abrede zu Krankheits- und Urlaubsvertretungen, und verleiht sie der Verbund dafür an die Verbundunternehmen, ist das keine Arbeitsvermittlung gem. Art. 1 § 1 Abs. 2 AÜG: Da die Arbeitnehmerin aufgrund der Abrede in einem ständigen Arbeitsverhältnis zum Verbund steht, und ihr dieser nach § 615 BGB Annahmeverzugslohn schuldet, wenn er im Jahr nicht das gesamte Stundenkontingent abrufen kann, trägt er mit der Entgeltzahlungspflicht auch in Zeiten ohne Beschäftigung das typische Arbeitgeberrisiko. Die Vermutung verbotener Arbeitsvermittlung läßt sich auch nicht darauf stützen, daß der Verbund die KAPOVAZ-Abrede entgegen Art. 1 § 1 Abs. 2 i. V. m. § 3 Abs. 1 Nr. 3 AÜG auf die Dauer des Erziehungs- oder Elternurlaubs befristet: Die Befristung der KAPOVAZ-Abrede liegt im Interesse der Arbeitnehmerin, die nach Ende des Erziehungs- oder Elternurlaubs wieder ein Arbeitsverhältnis mit regelmäßiger Beschäftigung aufnehmen will, und ist daher sachlich gerechtfertigt (§ 7 III 3).

Verleiht der Verbund Arbeitnehmerinnen für den gleitenden Wiedereinstieg in den Beruf vorübergehend an die Verbundunternehmen, ist das in analoger Anwendung von Art. 1 § 1 Abs. 3 Nr. 2 AÜG keine verbotswidrige Arbeitnehmerüberlassung. Verleiht er sie nach Ende des Erziehungs- oder Elternurlaubs auf Dauer an ein Verbundunternehmen, wird aber eine verbotswidrige Vermittlertätigkeit nach Art. 1 § 1 Abs. 2 i. V. m. § 3 Abs. 1 Nr. 6 AÜG vermutet (§ 7 III 4).

b. Verbund und Ersatzarbeitskräfte

Stellt der Verbund Ersatzkräfte ein und verleiht diese bei Vertretungsbedarf unentgeltlich an die einzelnen Verbundunternehmen, ist das eine nicht gewerbsmäßige und damit nach Art. 1 § 1 Abs. 1 S. 1 AÜG nicht erlaubnispflichtige Arbeitnehmerüberlassung. Überläßt der Verbund Ersatzkräfte nur befristet an die Verbundunternehmen, kann nach Art. 1 § 1 Abs. 2 AÜG auch nicht vermutet werden, daß er verbotswidrig Arbeitsvermittlung betreibt: Der Verbund überläßt die Ersatzarbeitnehmer nur vorübergehend im Sinne des Art. 1 § 1 Abs. 2 i. V. m. Art. 1 § 1 Abs. 3 Nr. 2 AÜG an die Verbundunternehmen, er trägt auch während des Arbeitnehmerverleihs die Arbeitgeberpflichten und das Arbeitgeberrisiko. Nur wenn der Verbund eine Ersatzarbeitskraft erstmals einstellt und das Arbeitsverhältnis auf die Dauer der Überlassung an ein Verbundunternehmen befristet, wird nach Art. 1 § 1 Abs. 2 i. V. m. Art. 1 § 3 Abs. 1 Nr. 5 AÜG die verbotswidrige Arbeitsvermittlung vermutet (§ 7 V 1).

Werden die Verbundunternehmen Arbeitgeber der Ersatzarbeitskräfte und vermittelt der Verbund die Ersatzarbeitnehmerinnen lediglich an die Verbundunternehmen, betreibt er Arbeitsvermittlung im Sinne des § 13 Abs. 1 AFG (§ 7 V 2).

d. Auftrag zur Arbeitsvermittlung durch die Bundesanstalt für Arbeit

Nach § 23 Abs. 1 S. 1 AFG kann die Bundesanstalt für Arbeit in Ausnahmefällen nach Anhörung der zuständigen Arbeitgeberverbände und der Gewerkschaften

Dritte mit der Arbeitsvermittlung für einzelne Berufe oder Personengruppen beauftragen, wenn es für die Durchführung der Arbeitsvermittlung zweckmäßig ist (§§ 23 Abs. 3, 193 Abs. 3 AFG i. V. m. der AViA-AO). Die Übertragung der Arbeitsvermittlung muß beantragt werden, § 23 Abs. 1 S. 1 AFG, der private Arbeitsvermittler steht unter der Aufsicht der Bundesanstalt für Arbeit und ist ihren Weisungen unterworfen, § 23 Abs. 2 S. 1 AFG. Die Arbeitsvermittlung durch die Bundesanstalt für Arbeit berücksichtigt die besonderen Probleme, die für die kleinen und mittleren Unternehmer durch den erziehungsbedingten Arbeitnehmerurlaub entstehen, nicht hinreichend. Es kommt daher in Betracht, daß die Bundesanstalt für Arbeit einen Verbund aus kleinen und mittleren Unternehmen gem. §§ 2 Abs. 1, 3 AViA-AO auf Antrag damit beauftragt, Arbeitnehmerinnen während und nach der Familienphase sowie Ersatzarbeitskräfte an einzelne Verbundunternehmen zu vermitteln (§ 7 VI).

e. Beteiligungsrechte des Betriebsrats

Es bestehen keine Besonderheiten: Insbesondere gehören die Verbundarbeitnehmerinnen auch dann, wenn der Verbund sie nach Ende der Familienphase auf Dauer an die Verbundunternehmen verleiht, nach § 7 BetrVG nur dem Verbundbetrieb und nicht dem Verleiherbetrieb an (§ 7 VII 1 b).

IV. Gegenüberstellung der Vorschläge

1. Verbund oder Arbeitgeber als Vertragspartner

Wird der Verbund Arbeitgeber der Erziehungs- und Elternurlauberinnen oder Schuldner des Wiedereinstellungsanspruchs, bietet das weder für die im Verbund zusammengeschlossenen Unternehmen noch für die Arbeitnehmerinnen Vorteile.

Die Überleitung der Arbeitsverhältnisse ist aber mit einem erheblichen organisatorischen Aufwand verbunden. Außerdem wird eine von den übrigen Arbeitnehmern in den Verbundunternehmen abgesonderte Arbeitnehmergruppe „Erziehungs- und Elternurlauberinnen" geschaffen und arbeitsvertraglich aus den Beschäftigungsbetrieben ausgegliedert. Das mag für den Zeitraum des Erziehungs- und Elternurlaubs unproblematisch sein, schafft aber bei der Wiedereingliederung der Arbeitnehmerinnen nach Ende der Familienphase erhebliche Nachteile: Die Arbeitnehmerinnen arbeiten dann zwar unter Umständen in demselben Betrieb wie vorher, sie gehören der dortigen Belegschaft aber nicht an. Daraus folgen praktisch Integrations- und Identifikationsprobleme und rechtliche Nachteile, weil die Arbeitnehmerinnen als nicht betriebsangehörige Beschäftigte nicht vom Betriebsrat im Beschäftigungsbetrieb vertreten werden. Darüber hinaus löst die auf Dauer angelegte Arbeitnehmerüberlassung nach Ende der Familienphase die Vermutung verbotswidriger Arbeitsvermittlung gem. Art. 1 § 1

Abs. 2 i. V. m. § 3 Abs. 1 Nr. 6 AÜG aus, auch wenn die Arbeitnehmerin an ihren früheren Arbeitgeber verliehen wird.

Ruht das Arbeitsverhältnis zwischen Verbund und Erziehungs- oder Elternurlauberin, wird dem Verbund darüber hinaus die betriebsbedingte Kündigung erschwert, da er die rückkehrwillige Arbeitnehmerin nach § 1 Abs. 3 KSchG mit allen Verbundarbeitnehmerinnen vergleichen muß, deren arbeitsvertragliche Einsatzmöglichkeiten sich decken.

Es ist daher wenig sinnvoll, die Arbeitsverhältnisses der Erziehungs- und Elternurlauberinnen auf den Verbund überzuleiten oder diesen einen Wiedereinstellungsanspruch lediglich gegen den Verbund zu geben.

2. Aufgelöstes oder ruhendes Arbeitsverhältnis

Lösen Arbeitgeber und Arbeitnehmerin das Arbeitsverhältnis für den Elternurlaub auf, ist das für den Arbeitgeber vorteilhafter: Hinsichtlich der Wiederbeschäftigung nach Ende der Familienphase ist der Arbeitgeber freier, da er mit der Arbeitnehmerin unabhängig vom KSchG Vorgaben vereinbaren kann, nach denen er die Arbeitnehmerin einstellt oder ihre Wiedereinstellung ablehnen kann.

Haben Arbeitgeber und Arbeitnehmerin demgegenüber vereinbart, daß das Arbeitsverhältnis während des Elternurlaubs ruht, muß der Arbeitgeber ihr nach § 1 Abs. 2 KSchG betriebsbedingt kündigen, wenn bei ihrer Rückkehr aus dem Elternurlaub ein Arbeitsplatz weder bei ihm noch bei einem anderen Verbundunternehmen frei ist. Da die Elternurlauberin in die Sozialauswahl nach § 1 Abs. 3 KSchG einbezogen werden muß, kann der Arbeitgeber möglicherweise nicht ihr, sondern muß unter Umständen einem anderen Arbeitnehmer kündigen. Diese mögliche Folge des Kündigungsschutzes nach dem KSchG kann aber dadurch abgemildert werden, daß Arbeitgeber und Arbeitnehmerin die arbeitsvertragliche Leistungsverpflichtung der Arbeitnehmerin in der Ruhensvereinbarung erweitern.

Für den Arbeitgeber vorteilhaft ist die Auflösung des Arbeitsverhältnisses auch deshalb, weil er den Wiedereinstellungsanspruch durch die Nichtteilnahme der Elternurlauberin an Bildungsmaßnahmen, die Nichtübernahme von Krankheits- und Urlaubsvertretungen und die Tätigkeit der Elternurlauberin bei verbundfremden Unternehmern auflösend bedingen kann.

Entsprechende Bedingungsmöglichkeiten bestehen nicht, wenn Arbeitgeber und Arbeitnehmerin vereinbart haben, daß das Arbeitsverhältnis im Elternurlaub ruhen soll: Durch die auflösende Bedingung des ruhenden Arbeitsverhältnisses würden zwingende Kündigungsschutzvorschriften umgangen. Im ruhenden Arbeitsverhältnis kann der Arbeitgeber die Teilnahme der Elternurlauberin an Qualifizierungsmaßnahmen aber durch eine Vertragstrafeabrede sichern. Zu Krankheits- und Urlaubsvertretungen kann sich die Arbeitnehmerin während des Elternurlaubs in einem KAPOVAZ-Arbeitsverhältnis im Sinne des Art. 1 § 4

BeschFG 1985 verpflichten: Dann ruht das Arbeitsverhältnis aber nicht. Die Einführung von KAPOVAZ im Betrieb ist außerdem nach § 87 Abs. 1 Nr. 2 BetrVG mitbestimmungspflichtig. Tätigkeiten bei verbundfremden Unternehmen kann der Arbeitgeber der Elternurlauberin nur aufgrund des arbeitsvertraglichen Wettbewerbsverbots untersagen, das auch nicht durch eine besondere Vereinbarung auf die Unternehmensgegenstände der übrigen Verbundunternehmen erstreckt werden kann.

Für die Arbeitnehmerinnen ist die Vereinbarung des ruhenden Arbeitsverhältnisses vorteilhafter: Sie gehören weiter dem Betrieb ihres früheren Arbeitgebers an und werden von dem dortigen Betriebsrat vertreten. Wegen des Kündigungsschutzes nach § 1 Abs. 2 und 3 KSchG sind sie stärker an ihren Arbeitgeber gebunden, als im mit Wiedereinstellungsanspruch aufgelösten Arbeitsverhältnis. Auch während des Elternurlaubs erwerben sie Ansprüche auf Versorgungsleistungen im Alter. Wird das Arbeitsverhältnis aufgelöst, wird die Altersversorgung der Elternurlauberinnen während der Familienphase nur fortgeschrieben, wenn der Arbeitgeber den Elternurlaub als Nachdienstzeit anrechnet. Bei Direktzusagen ist zudem fraglich, ob die so erworbenen Versorgungsanwartschaften nach § 7 Abs. 2 S. 1 BetrAVG insolvenzgeschützt sind.

Insgesamt haben sowohl die Vereinbarung eines ruhenden Arbeitsverhältnisses als auch die Auflösung des Arbeitsverhältnisses mit Wiedereinstellungsanspruch der Elternurlauberin Vor- und Nachteile. Aus Sicht der Arbeitgeber überwiegen die Vorteile des aufgelösten, aus Sicht der Arbeitnehmerinnen die Vorteile des ruhenden Arbeitsverhältnisses.

V. Organisation des Verbunds

Als OHG oder KG kann der Verbund nicht gegründet werden, da er nicht auf den Betrieb eines Handelsgewerbes, als eingetragene Genossenschaft kann er nicht gegründet werden, da er nicht auf eine wirtschaftliche Tätigkeit gerichtet ist (§ 8 II 2 und III 3). Als Organisationsformen für den Verbund kommen daher lediglich die GmbH, die BGB-Gesellschaft und der nichtwirtschaftliche Verein in Betracht.

Die GmbH (§ 8 III 1) erscheint aus mehreren Gründen für den Verbund ungeeignet: Einmal spricht der Umfang der Steuerpflicht (Körperschaft-, Vermögen- und Gewerbesteuer) gegen die Gründung des Verbunds als GmbH. Unpraktisch und überflüssig sind die Regelungen der § 42a GmbHG, §§ 242, 264, 325 ff., 315 ff. HGB über die Verpflichtung des Geschäftsführer, einen Jahresabschluß und Lagebericht zu erstellen und den Gesellschaftern vorzulegen, und die Vorschriften über die Stammeinlage in §§ 5 Abs. 1, 7 Abs. 2 S. 1 und 2, 42 ff. GmbHG, §§ 262, 264 HGB. Für einen Verbund kleiner und mittlerer Unternehmen ungeeignet sind auch die Vorschriften über den Mitgliederwechsel in einer GmbH: Ausscheiden kann ein Gesellschafter aus der GmbH grundsätzlich nur, wenn er seinen Geschäftsanteil in notarieller Form veräußert, § 15 Abs. 3 GmbHG. Die Gründung des Verbunds als GmbH ist nicht zu empfehlen.

Die BGB-Gesellschaft (§ 8 II 1) ist durch eine personalistische Struktur gekennzeichnet (Verbot der Fremdorganschaft, Auflösung der Gesellschaft durch Kündigung eines Gesellschafters, gesamthänderische Haftung für Gesellschaftsverbindlichkeiten). Insbesondere wird durch die Gründung der BGB-Gesellschaft keine neben den Gesellschaftern stehende selbständige juristische Person gebildet. Zwar sind die gesetzlichen Vorschriften über die BGB-Gesellschaft weitgehend dispositiv. Es erscheint aber wenig sinnvoll, sich einer Gesellschaftsform zu bedienen, die sich wegen ihrer personalistischen Grundelemente nur für den Verbund eignet, wenn die gesetzlichen Vorschriften abbedungen werden. Wollen kleine und mittlere Unternehmen sich auf Dauer in einem Verbund zusammenschließen, um die mit dem Erziehungs- oder Elternurlaub von Arbeitnehmerinnen verbundenen Probleme gemeinsam zu bewältigen, ist eine BGB-Gesellschaft daher nicht zu empfehlen.

Für die Gründung eines Verbunds kleiner und mittlerer Unternehmen am besten geeignet ist der nichtwirtschaftliche Verein im Sinne des § 21 BGB (§ 8 III 3): Mit dem Vorstand (§ 26 BGB) hat der Verbund ein selbständiges Handlungsorgan, dem weniger wichtige Entscheidungen übertragen werden können. Die einzelnen Verbundunternehmen brauchen daher mit den Aufgaben des Verbunds, anders etwa als in der BGB-Gesellschaft, nicht mehr als nötig belastet zu werden. Über die Mitgliederversammlung (§ 32 BGB) haben sie aber eine hinreichende Einflußmöglichkeit auf die Tätigkeit des Verbunds. Gem. § 39 Abs. 1 BGB besteht der Verein auch unabhängig vom Mitgliederwechsel fort und läuft daher nicht Gefahr, von dem fortdauernden Einverständnis aller in ihm zusammengeschlossenen Unternehmen mit den Verbundszwecken und der Verbundstätigkeit abzuhängen. In der Vereinssatzung kann darüber hinaus gem. § 1048 ZPO eine statutarische Schiedsklausel aufgenommen werden.

Literaturverzeichnis

Baumbach, Adolf/ Duden, Konrad/ Hopt, Klaus J.	Handelsgesetzbuch. Kommentar, 28. Auflage, München 1989, zitiert: Baumbach/Duden/Hopt
Baumbach, Adolf/ Lauterbach, Wolfgang/Albers, Jan/ Hartmann, Peter	Zivilprozeßordnung mit Gerichtsverfassungsgesetz und Nebengesetzen. Kommentar, 51. Auflage, München 1993, zitiert: Baumbach/Lauterbach/Albers/Hartmann
Bauer, Jobst-Hubertus	Beseitigung von Aufhebungsverträgen, NZA 1992, 1015 ff.
Becker, Friedrich	Betriebsverfassungsrechtliche Aspekte beim drittbezogenen Personaleinsatz, AuR 1982, 369 ff.
ders.	Abgrenzung der Arbeitnehmerüberlassung gegenüber Werk- und Dienstverträgen, DB 1988, 2561 ff.
Becker, Friedrich/ Wulfgramm, Jörg	Kommentar zum Arbeitnehmerüberlassungsgesetz, 3. Auflage, Neuwied 1985 mit Nachtrag Becker 1986, zitiert: Becker/Wulfgramm
Becker-Schaffner, R.	Die Rechtsprechung zur Rückerstattung von Ausbildungskosten, DB 1991, 1016 ff.
Berkowsky, Wilfried	Die betriebsbedingte Kündigung. Eine umfassende Darstellung unter Berücksichtigung des Betriebsverfassungsrechts und des Arbeitsgerichtsverfahrens, 2. Auflage, München 1985.
Blomeyer, Wolfgang	Probleme des Verschlechterungsverbotes des § 17 Abs. 3 BetrAVG – Grenzen der Vertragsfreiheit im Betriebsrentenrecht, RdA 1988, 88 ff.
Blomeyer, Wolfgang/ Otto, Klaus	Gesetz zur Verbesserung der betrieblichen Altersversorgung. Kommentar, München 1984, zitiert: Blomeyer/Otto
Buchner, Herbert	Wettbewerbsverbot III. Das Wettbewerbsverbot nach Beendigung des Arbeitsverhältnisses, AR-Blattei D-Blatt, 1981
Däubler, Wolfgang/ Kittner, Michael/ Klebe, Thomas/ Schneider, Wolfgang	BetrVG. Betriebsverfassungsgesetz mit Wahlordnung und Gesetz über den Sozialplan im Konkurs- und Vergleichsverfahren. Kommentar für die Praxis, 3. Auflage, Köln 1992, zitiert: Bearbeiter in Däubler/Kittner/Klebe/Schneider

Diergarten, Dagmar/ Hagedorn, Jobst Reginald	Mehr Erziehungsurlaub braucht mehr Flexibilität, in: Der Arbeitgeber 1991, 293 f.
Dietz, Rolf/ Richardi, Reinhard	Betriebsverfassungsgesetz. Kommentar Band 1: §§ 1–73 mit Wahlordnung, 6. Auflage, München 1986 Band 2: §§ 74 – Schluß mit Betriebsverfassungsgesetz 1952, 6. Auflage, München 1982, zitiert: Dietz/ Richardi
Dikomey, Christa	Das ruhende Arbeitsverhältnis, Heidelberg 1991
Doetsch, Peter	Betriebliche Altersversorgung und tatsächliche Unterbrechungen der Arbeitstätigkeit ohne Entgeltanspruch, DB 1992, 1239 ff.
Emmerich, Volker/ Sonnenschein, Jürgen	Konzernrecht. Das Recht der verbundenen Unternehmen bei Aktiengesellschaft, GmbH und Personengesellschaften, 4. Auflage, München 1992
Erasmy, Walter	Bundeserziehungsgeldgesetz-Novelle. Weitere Belastung der betrieblichen Personalpolitik, in: der arbeitgeber 1992, 188 ff.
Färber, Peter	Die horizontale und vertikale Austauschbarkeit von Arbeitnehmern im Rahmen der Sozialauswahl, NZA 1985, 175 ff.
Faßhauer, Jochen	Rechtsfragen zur unbezahlten Freistellung, NZA 1986, 453 ff.
Fastrich, Lorenz	Richterliche Inhaltskontrolle im Privatrecht, München 1992
Fitting, Karl/ Auffarth, Fritz/ Kaiser, Heinrich/ Heither, Friedrich/ Engels, Gerd	Betriebsverfassungsrecht. Handkommentar, 17. Auflage, München 1992, zitiert: Fitting/Auffarth/Kaiser/ Heither
Forsbach, Walter	Anpassungsprüfung im Konzern, in: Betriebliche Altersversorgung im Umbruch, Berlin 1980, 188 ff.
Galperin, Hans/ Löwisch, Manfred	Kommentar zum Betriebsverfassungsrecht, Band I von Löwisch, Manfred/Marienhagen, Rolf: Organisation der Betriebsverfassung (§§ 1–73 und Wahlordnung), 6. Auflage, Heidelberg 1982 Band II von Löwisch, Manfred: Regelung der Mitbestimmung (§§ 74–132), 6. Auflage, Heidelberg 1982, zitiert: Galperin/Löwisch

Gagel, Alexander	Arbeitsförderungsgesetz. Loseblattkommentar, München, Stand Mai 1991, zitiert: Gagel
Gaul, Dieter	Wechselbeziehungen zwischen Direktionsrecht und Sozialauswahl, NZA 1992, 673 ff.
Gemeinschaftskommentar zum Betriebsverfassungsgesetz	Von Fabricius, Fritz/Kraft, Alfons/Thiele, Wolfgang/ Wiese, Günther/Kreutz, Peter Band I: §§ 1–73 mit Wahlordnungen, 4. Auflage, Neuwied 1987, Band II: §§ 74–132 mit Kommentierung des BetrVG 1952 und des Sozialplangesetzes, 4. Auflage, Neuwied 1990, zitiert: GK-BetrVG/Bearbeiter
Gemeinschaftskommentar zum Bundesurlaubsgesetz	Von Stahlhacke, Eugen/Bachmann, Bernward/Bleistein, Franzjosef/Berscheid, Ernst-Dieter, 5. Auflage, Neuwied 1992, zitiert: GK-BUrlG/Bearbeiter
Gemeinschaftskommentar zum Kündigungsschutzgesetz und zu sonstigen kündigungsschutzrechtlichen Vorschriften	Von Becker, Friedrich/Etzel, Gerhard/Friedrich, Hans-Wolf/Gröninger, Karl/Rost, Friedhelm/Weller, Bernhard/Wolf, Manfred/Wolff, Ingeborg, 3. Auflage, Neuwied 1989, zitiert: KR/Bearbeiter
Gemeinschaftskommentar zum Teilzeitarbeitsrecht	Von Becker, Friedrich/Danne, Harald/Lang, Walter/ Lipke, Gert-Albert/Mikosch, Ernst/Steinwedel, Ulrich, Neuwied 1987, zitiert: GK-TzA/Bearbeiter
Geßler, Ernst/ Hefermehl, Wolfgang/ Eckardt, Ulrich/ Kropff, Bruno/ Bungeroth, Erhard/ Fuhrmann, Hans/ Hüffer, Uwe/ Semler, Johannes	Aktiengesetz. Kommentar, Band I, München 1973 bis 1984, zitiert: Geßler/Hefermehl
Geißler, Clemens	Rahmenbedingungen zur Vereinbarkeit von Familie und Arbeitswelt: Hilfen oder Stolpersteine?, in: Mütter und Väter zwischen Erwerbsarbeit und Familie. Internationaler Fachkongreß am 2. März 1990 in Stuttgart, Hrsg.: Ministerium für Arbeit, Gesundheit, Familie und Frauen Baden-Württemberg, Stuttgart 1991, S. 66 ff.
Göbel, Jürgen	Neue Arbeitsplätze für schwer vermittelbare Arbeitslose durch nichtgewerbsmäßige Arbeitnehmerüberlassung, RdA 1980, 204 ff.

Gröninger, Karl/ Thomas, Werner	Mutterschutzgesetz einschließlich Erziehungsurlaub. Kommentar, Neuwied Januar 1990, zitiert: Gröninger/Thomas
Großkommentar zum Handelsgesetzbuch	Erster Band §§ 1–104. Von Brüggemann, Dieter/Fischer, Robert/Ratz, Paul/Schilling, Wolfgang/Würdinger, Hans, 3. Auflage, Berlin 1967, zitiert: Großkommentar HGB/Bearbeiter
Grüner, Hans/ Dalichau, Gerhard	Bundeserziehungsgeldgesetz (BErzGG), Sozialgesetzbuch (SGB) sowie Bundes- und Landesrecht. Loseblattkommentar, Band I, Starnberg, Stand 1. Juni 1990, zitiert: Grüner/Dalichau
Halbach, Günter	Erziehungsurlaub ab 1986, DB 1986 Beilage N. 11 S. 1 ff.
Hanau, Peter	Der Regierungsentwurf eines Beschäftigungsförderungsgesetzes 1985 oder: Hier hat der Chef selbst gekocht, NZA 1984, 345 ff.
ders.	Befristung und Abrufarbeit nach dem Beschäftigungsförderungsgesetz 1985, RdA 1987, 25 ff.
Hanau, Peter/ Preis, Ulrich	Zur mittelbaren Diskriminierung wegen des Geschlechts, ZfA 1988, 177 ff.
Hanau, Peter/ Vossen, Reinhard	Die Kürzung von Jahressonderzahlungen aufgrund fehlender Arbeitsleistung, DB 1992, 213 ff.
Heinze, Meinhard	Rechtsprobleme des sog. echten Leiharbeitsverhältnisses, ZfA 1976, 183 ff.
Heither, Friedrich H.	Aktuelle Rechtsprechung zu Fragen der betrieblichen Altersversorgung bei individualrechtlicher Ausgestaltung, DB 1991, 165 ff.
ders.	Die Rechtsprechung des BAG zur Beteiligung des Betriebsrats bei der Ausgestaltung der betrieblichen Altersversorgung, DB 1991, 700 ff.
Henssler, Martin	Der Arbeitsvertrag im Konzern, Berlin 1983
Hess, Harald/ Schlochauer, Ursula/ Glaubitz, Werner	Kommentar zum Betriebsverfassungsgesetz, 3. Auflage, Neuwied 1986, zitiert: Hess/Schlochauer/Glaubitz
Herschel, Wilhelm	Zur Absicherung gewerkschaftlicher Vertrauensleute durch Firmentarifvertrag. Zum Urteil des Arbeitsgerichts Kassel vom 5.8.1976, AuR 1977, 137 ff.
Herschel, Wilhelm/ Löwisch, Manfred	Kommentar zum Kündigungsschutzgesetz, 6. Auflage, Heidelberg 1984, zitiert: Herschel/Löwisch

Heubeck, Georg/ Höhne, Gerhard/ Paulsdorff, Jürgen/ Weinert, Wolfgang	Kommentar zum Betriebsrentengesetz, Band I: Arbeitsrechtliche Vorschriften (§§ 1–18 und Anhang), 2. Auflage, Heidelberg 1982, zitiert: Bearbeiter in Heubeck/Höhne
Herrmann, Helga	Betriebliche Maßnahmen zur Vereinbarkeit von Familie und Beruf sowie zur Förderung der Berufsrückkehr nach Zeiten ausschließlicher Familientätigkeit. Dokumentation BMJF, Materialien zur Frauenpolitik 15/91, Bonn 1991, zitiert: Herrmann
Heymann	Handelsgesetzbuch. Kommentar, Band 1. Erstes Buch: Einleitung, §§ 1–104, Berlin 1989, zitiert: Heymann/Bearbeiter
Hönsch, Ronald	Erziehungs- und Kindergeldrecht, 2. Auflage, Neuwied 1991, zitiert: Hönsch
Höfer, Reinhold/ Abt, Oskar	Gesetz zur Verbesserung der betrieblichen Altersversorgung. Kommentar, Band I: Arbeitsrechtlicher Teil, 2. Auflage, München 1982, zitiert: Höfer/Abt
Höfer, Reinhold/ Reiners, Stephan/ Wüst, Herbert	Gesetz zur Verbesserung der betrieblichen Altersversorgung. Loseblattkommentar, Band I: Arbeitsrecht unter Berücksichtigung der gesellschafts-, insolvenz- und internationalrechtlichen Bezüge sowie des Versorgungsausgleichs, 3. Auflage, München, Stand 1. Januar 1992, zitiert: Höfer/Reiners/Wüst
Hopt, Klaus J.	Handelsgesellschaften ohne Gewerbe und Gewinnerzielungsabsicht – Abgrenzungsprobleme zum handelsrechtlichen Gewerbebegriff, ZGR 16 (1987), 145 ff.
Hueck, Alfred/ Nipperdey, Hans Carl	Lehrbuch des Arbeitsrechts, Erster Band von Alfred Hueck, 7. Auflage, Berlin 1963, zitiert: Hueck in Hueck/Nipperdey
Hueck, Götz/ v. Hoyningen-Huene, Gerrick	Kündigungsschutzgesetz. Kommentar, 11. Auflage, München 1992, zitiert: Hueck/v. Hoyningen-Huene
Institut für Entwicklungsplanung und Strukturforschung GmbH an der Universität Hannover (Hrsg.)	Beruflicher Wiedereinstieg und Weiterbildung für Frauen. Neue Chancen für Familie, Beschäftigte, Unternehmen und Tarifparteien, Hannover 1989, zitiert: Institut für Entwicklungsplanung
Isele, Hellmut Georg	Das suspendierte Arbeitsverhältnis, in: Festschrift für Erich Molitor zum 75. Geburtstag, München 1962, S. 107 ff.

Kaiser, Dagmar	Arbeitsrechtliche Probleme der Beschäftigungsgesellschaften in den neuen Bundesländern, NZA 1992, 193 ff.
Kemper, Kurt	Die Unverfallbarkeit betrieblicher Versorgungsanwartschaften von Arbeitnehmern, Düsseldorf 1977
Kirsten, Mathias	Anforderungen an die Rechtfertigung einer mittelbaren Diskriminierung wegen des Geschlechts, RdA 1990, 282 ff.
Klevemann, Joachim	Die Mitbestimmungsrechte des Betriebsrats bei Flexibilisierung der Arbeitszeit, AiB 1984, 90 ff., 107 ff.
ders.	Der KAPOVAZ-Arbeitsvertrag – Zur Unbilligkeit arbeitsfallorientierter Vertragsgestaltungen, AiB 1986, 103 ff.
ders.	Mitbestimmungsrechte des Betriebsrats bei KAPOVAZ-Arbeitszeitsystemen, AiB 1986, 156 ff.
ders.	Zum Leistungsbestimmungsrecht des Arbeitgebers nach Art. 1 § 4 BeschFG 1985, AuR 1987, 292 ff.
Kölner Kommentar zum Aktiengesetz	Band 1. §§ 1–75 AktG, 2. Auflage, München 1988. Hrsg. von Wolfgang Zöllner, zitiert: Kölner Kommentar/Bearbeiter
Köster, Hans-Wilhelm/Schiefer, Bernd/Überacker, Friedrich	Arbeits- und sozialversicherungsrechtliche Fragen des Bundeserziehungsgeldgesetzes 1992, DB 1992 Beilage Nr. 10 S. 1 ff.
Lang/Weidemüller	Genossenschaftsgesetz. Kommentar. Von Metz, Egon/Schaffland, Hans-Jürgen, 32. Auflage, Berlin 1988, zitiert: Bearbeiter in Lang/Weidemüller
Larenz, Karl	Lehrbuch des Schuldrechts. Erster Band, Allgemeiner Teil, 14. Auflage, München 1987
Leube, Konrad	Das ruhende Arbeitsverhältnis. Begriff und Rechtswirkungen, München 1969
Linck, Rüdiger	Die soziale Auswahl bei betriebsbedingter Kündigung, Köln 1990, zitiert: Linck
Lipke, Gert-A.	Betriebsverfassungsrechtliche Probleme der Teilzeitarbeit, NZA 1990, 758 ff.
ders.	Individualrechtliche Grundprobleme der Teilzeitarbeit, AuR 1991, 76 ff.
Lippmann, Christa	Technik ist auch Frauensache – Berichtsstand zum Thema Frauenförderung in Unternehmen, in: Frauenförderung in der Praxis, hrsg. von Bock-Rosenthal, Erika, Frankfurt 1990

Löwisch, Manfred	Arbeits- und sozialrechtliche Hemmnisse einer weiteren Flexibilisierung der Arbeitszeit, RdA 1984, 197 ff.
ders.	Das Beschäftigungsförderungsgesetz 1985, BB 1985, 1200 ff.
ders.	Rahmenvereinbarungen für befristete Arbeitsverhältnisse, RdA 1987, 97 ff.
ders.	Die Änderung von Arbeitsbedingungen auf individualrechtlichem Wege, insbesondere durch Änderungskündigung, NZA 1988, 633 ff.
ders.	Taschenkommentar zum Betriebsverfassungsgesetz, 3. Auflage, Heidelberg 1993, zitiert: TK Löwisch
Löwisch, Manfred/ Rieble, Volker	Tarifvertragsgesetz. Kommentar, München 1992, zitiert: Löwisch/Rieble
Löwisch, Manfred/ Schüren, Peter	Aktuelle arbeitsrechtliche Fragen von Teilzeitarbeit und kürzerer Arbeitszeit, BB 1984, 925 ff.
Lorenz, Martin	Beschäftigungsförderungsgesetz: Teilzeitarbeit, Sozialplan und die sozialversicherungsrechtlichen Regelungen, NZA 1985, 473 ff.
Maiberg, Hermann	Gesellschaftsrecht, 7. Auflage, München 1990
Mauer, Jutta	Arbeitslosengeld anstelle eines Anspruchs auf Arbeitszeitreduzierung im bestehenden Arbeitsverhältnis. Bedeutung der Neuregelung zur Teilzeitbeschäftigung während des Erziehungsurlaubs, BB 1992, 2354 ff.
Mauer, Jutta/ Schmidt, Marlene	Aktuelle Aspekte des Bundeserziehungsgeldgesetzes. Bemerkungen zur neuen Härtefallregelung sowie eine kritische Darstellung der Rechtsprechung des BAG, BB 1991, 1779 ff.
Malzahn, Marion	Das Beschäftigungsförderungsgesetz und kapazitätsorientierte variable Arbeitszeiten, AuR 1985, 386 ff.
Martens, Klaus-Peter	Konzerndimensionaler Wettbewerbsschutz, in: Festschrift für Wilhelm Herschel zum 85. Geburtstag, München 1982, S. 237 ff.
ders.	Die Arbeitnehmerüberlassung im Konzern, DB 1985, 2144 ff.
Meier, Hans-Georg	Beteiligungsrechte des Betriebsrates bei Versetzung und Änderungskündigungen, NZA 1988 Beilage Nr. 3 S. 3 ff.

Meisel, Peter	Die Mitwirkung des Betriebsrats in personellen Angelegenheiten, 5. Auflage, Heidelberg 1984, zitiert: Meisel
ders.	Die soziale Auswahl bei betriebsbedingten Kündigungen, DB 1991, 92 ff.
Meisel, Peter/ Sowka, Hans-Harald	Mutterschutz. Kommentar zum Mutterschutzgesetz, zur Mutterschaftshilfe nach der RVO und zum Bundeserziehungsgeldgesetz, 3. Auflage, München 1988, zitiert: Meisel/Sowka
Meyer E. H./ Meulenberg, Gottfried/ Beuthien, Volker	Genossenschaftsgesetz. Kommentar, 12. Auflage, München 1983, zitiert: Meyer/Meulenberg/Beuthien
Monjau, Herbert	Nebentätigkeit von Arbeitnehmern, AR-Blattei, D-Blatt, Stand 15.4.1975
Müller, Klaus	Kommentar zum Gesetz betreffend die Erwerbs- und Wirtschaftsgenossenschaften, Erster Band (§§ 1–42), Bielefeld 1976, zitiert: Müller GenG
Müller-Hagen, Dorothee	Motive, Möglichkeiten und Wirkungen aus unternehmerischer Sicht, in: Mütter und Väter zwischen Erwerbsarbeit und Familie. Internationaler Fachkongreß am 2. März 1990 in Stuttgart, Hrsg.: Ministerium für Arbeit, Gesundheit, Familie und Frauen Baden-Württemberg, Stuttgart 1991, S. 22 ff.
Münchener Handbuch zum Arbeitsrecht	Hrsg.: Richardi, Reinhard/Wlotzke, Otfried Band 1: §§ 1–110. Individualarbeitsrecht I, München 1992 Band 3: §§ 233–383. Kollektives Arbeitsrecht, München 1993, zitiert: MünchArbR/Bearbeiter
Münchener Kommentar zum BGB	Hrsg.: Rebmann, Kurt/Säcker, Franz Jürgen Band 1: Allgemeiner Teil (§§ 1–240), AGB-Gesetz, 2. Auflage, München 1984 Band 2: Schuldrecht Allgemeiner Teil (§§ 241–432), 2. Auflage, München 1985 Band 3: Schuldrecht Besonderer Teil, 1. Halbband (§§ 433–651k), 2. Auflage, München 1988, zitiert: Münchener Kommentar/Bearbeiter
Neumann, Dirk	Bundesurlaubsgesetz nebst allen anderen Urlaubsbestimmungen des Bundes und der Länder. Kommentar, 7. Auflage, München 1990, zitiert: Dersch/Neumann
Palandt	Bürgerliches Gesetzbuch. Kommentar, 52. Auflage, München 1993, zitiert: Palandt/Bearbeiter

Paulick, Heinz	Das Recht der eingetragenen Genossenschaften. Ein Lehr- und Handbuch, Karlsruhe 1956
Pfarr, Heide M.	Mittelbare Diskriminierung von Frauen. Die Rechtsprechung des EuGH, NZA 1986, 585 ff.
Pfarr, Heide M./ Bertelsmann, Klaus	Gleichbehandlungsgesetz. Zum Verbot der unmittelbaren und mittelbaren Diskriminierung von Frauen im Erwerbsleben, Kassel 1985
Plander, Harro	Kapazitätsorientierte variable Arbeitszeit als Gegenstand von Tarifverträgen und Betriebsvereinbarungen, AuR 1987, 281 ff.
Ramrath, Ulrich	Arbeitsrechtliche Fragen der Teilzeitarbeit während des Erziehungsurlaubs, DB 1987, 1785 ff.
Richardi, Reinhard	Wahlberechtigung und Wählbarkeit zum Betriebsrat im Konzern, NZA 1987, 145 ff.
Rieble, Volker	Beschäftigungspolitik durch Tarifvertrag, ZTR 1993, 54 ff.
Roth, Günter H.	Schiedsklauseln in Gesellschaftsverträgen, in: Beiträge zum internationalen Verfahrensrecht und zur Schiedsgerichtsbarkeit, Festschrift für Heinrich Nagel zum 75. Geburtstag, Münster 1987, S. 320 ff., zitiert: Roth in FS Nagel.
Rüthers, Bernd/ Bakker, Rainer	Arbeitnehmerentsendung und Betriebsinhaberwechsel im Konzern, ZfA 1990, 245 ff.
Säcker, Franz/ Joost, Detlev	Betriebszugehörigkeit als Rechtsproblem im Betriebsverfassungs- und Mitbestimmungsrecht. Zur Unterscheidung von Betrieb und Unternehmen, Königstein/Ts. 1990
Säcker, Franz Jürgen/ Oetker, Hartmut	Grundlagen und Grenzen der Tarifvertragsautonomie, München 1992
Sandmann, Georg/ Marschall, Dieter	Arbeitnehmerüberlassungsgesetz. Loseblattkommentar, Neuwied, Stand Juli 1990, zitiert: Sandmann/ Marschall
Schaub, Günter	Die betriebsbedingte Kündigung in der Rechtsprechung des Bundesarbeitsgerichts, NZA 1987, 217 ff.
ders.	Teilzeitbeschäftigung und befristete Arbeitsverhältnisse als Formen einer Personalentscheidung, BB 1988, 2253 ff.
ders.	Die Mitbestimmung des Betriebsrats in der betrieblichen Altersversorgung, AuR 1992, 193 ff.

ders.	Arbeitsrechtshandbuch. Systematische Darstellung und Nachschlagewerk für die Praxis, 7. Auflage, München 1992, zitiert: Schaub
Schlegelberger	Handelsgesetzbuch. Kommentar, 2. Band §§ 48–104. Von Geßler, Ernst/Hefermehl, Wolfgang/Hildebrandt, Wolfgang/Schröder, Georg, 5. Auflage, München 1973, zitiert: Schlegelberger/Bearbeiter
Schleicher, Hans	Die Einführung von Erziehungsgeld und Erziehungsurlaub, BB 1986 Beilage Nr. 1 S. 1 ff.
Schmidt, Karsten	Die Abgrenzung der beiden Vereinsklassen. Bestandsaufnahme, Kritik und Neuorientierung, Rpfleger 1972, 286 ff., 343 ff.
ders.	Der Subsidiaritätsgrundsatz im vereinsrechtlichen Konzessionssystem, NJW 1979, 2239 f.
ders.	Der bürgerlich-rechtliche Verein mit wirtschaftlicher Tätigkeit, AcP 182 (1982), 1 ff.
ders.	Verbandszweck und Rechtsfähigkeit im Vereinsrecht. Eine Studie über Erwerb und Verlust der Rechtsfähigkeit wirtschaftlicher und nichtwirtschaftlicher Vereine, Heidelberg 1984, zitiert: Schmidt, Vereinsrecht
ders.	Handelsrecht, 3. Auflage, Köln 1987
ders.	Die Bindung von Personengesellschaften an vertragliche Schiedsklauseln, DB 1989, 2315.
ders.	Gesellschaftsrecht, 2. Auflage, Köln 1991
Schmidt-Rimpler, Walter	Grundfragen der Erneuerung des Vertragsrechts, AcP 147 (1941), 130 ff.
Schubel, Hans-Dietrich	Beschäftigungsförderungsgesetz und Arbeitnehmerüberlassung, BB 1985, 1606 ff.
Schüren, Peter	Kündigung und Kündigungsschutz bei Job-Sharing-Arbeitsverhältnissen, BB 1983, 2121 ff.
Schwerdtner, Peter	Kündigungsschutzrechtliche und betriebsverfassungsrechtliche Probleme der Änderungskündigung, in: 25 Jahre Bundesarbeitsgericht, München 1979, S. 555 ff.
ders.	Die Reichweite der Mitbestimmungsrechte nach § 87 Abs. 1 Nr. 2, 3 BetrVG bei Teilzeitbeschäftigten mit variabler Arbeitszeit, DB 1983, 2763 ff.
ders.	Beschäftigungsförderungsgesetz, Tarifautonomie und Betriebsverfassung, NZA 1985, 577 ff.

Simmich, Claus	Betriebliche Altersversorgung kostengünstig und haftungsfrei gestalten – durch Anschluß an eine überbetriebliche Pensionskasse ohne Branchenbindung, DB 1982, 2700 ff.
Sobull-Heimberg, Dagmar	Kinder, Küche und Karriere, Der Arbeitgeber 1992, 789
Soergel	Kommentar zum Bürgerlichen Gesetzbuch Band 1: Allgemeiner Teil (§§ 1–240), HaustürWiderrufG, 12. Auflage Stuttgart 1987 Band 2: Schuldrecht I (§§ 241–432), 12. Auflage, Stuttgart 1990, zitiert: Soergel/Bearbeiter
Sowka, Hans-Harald	Mittelbare Frauendiskriminierung – Ausgewählte Probleme, DB 1992, 2030 f.
Stahlhacke, Eugen/ Preis, Ulrich	Kündigung und Kündigungsschutz im Arbeitsverhältnis, 5. Auflage, München 1991, zitiert: Stahlhacke/ Preis
Statistisches Jahrbuch	1992 für die Bundesrepublik Deutschland, Wiesbaden 1992, zitiert: Statisches Jahrbuch 1992
Staudinger	J. von Staudingers Kommentar zum Bürgerlichen Gesetzbuch mit Einführungsgesetz und Nebengesetzen Erstes Buch. Allgemeiner Teil. §§ 1–89, Verschollenheitsgesetz, 12. Auflage, Berlin 1980 Zweites Buch. Recht der Schuldverhältnisse. §§ 611–615, 12. Auflage, Berlin 1989, zitiert: Staudinger/Bearbeiter
Stege, Dieter/ Weinspach, F. K.	Betriebsverfassungsgesetz. Handkommentar für die betriebliche Praxis, 6. Auflage, Köln 1990, zitiert: Stege/Weinspach
Stein-Jonas	Zivilprozeßordnung, Vierter Band, Teilband II, §§ 883–1048, EG ZPO, 20. Auflage, Tübingen 1988, zitiert: Stein-Jonas/Bearbeiter
Steinmeyer, Heinz-Dietrich	Betriebliche Altersversorgung und Arbeitsverhältnis. Das betriebliche Ruhegeld als Leistung im arbeitsvertraglichen Austauschverhältnis, München 1991, zitiert: Steinmeyer
ders.	Probleme der „Kapovaz" – Anmerkungen zu Art. 1 § 4 des Beschäftigungsförderungsgesetzes, AiB 1985, 122 ff.
Stolz-Willig, Brigitte	Kindererziehung und soziale Sicherung, WSI Arbeitsmaterialien Nr. 26, Düsseldorf 1990

dies.	Tarifliche Elternurlaubsregelungen. Übersicht und Kommentar, WSI Arbeitsmaterialien Nr. 28, Düsseldorf 1991, zitiert: Stolz-Willig
Thomas, Heinz/ Putzo, Hans	Zivilprozeßordnung mit Gerichtsverfassungsgesetz und den Einführungsgesetzen, 17. Auflage, München 1991, zitiert: Thomas/Putzo
von Hoyningen-Huene, Gerrick	Die unbezahlte Freistellung von der Arbeit, NJW 1981, 713 ff.
ders.	Das neue Beschäftigungsförderungsgesetz 1985, NJW 1985, 1801 ff.
ders.	Betriebsverfassungsrecht, 2. Auflage, München 1990, zitiert: v. Hoyningen-Huene
von Hoyningen-Huene, Gerrick/ Boemke, Burkhard	Die Versetzung, Heidelberg 1991, zitiert: v. Hoyningen-Huene/Boemke
von Münch, Ingo (Hrsg.)	Grundgesetz-Kommentar, Band 1 (Präambel bis Art. 20), 3. Auflage, München 1985, zitiert: von Münch/Bearbeiter
Viethen, Hans Peter	Erziehungsurlaub – zum arbeitsrechtlichen Teil des Bundeserziehungsgeldgesetzes, NZA 1986, 245 ff.
Viets, Bodo	Zur Beteiligung des Betriebsrats bei der Auswahl von Arbeitnehmern zur Teilnahme an Berufsbildungsmaßnahmen, DB 1980, 2085 ff.
Wank, Rolf	Teilzeitbeschäftigte im Kündigungsschutzgesetz, ZIP 1986, 206 ff.
Weber, Heinz-Otto	Die eingetragene Genossenschaft als wirtschaftlicher Sonderverein. Zur Anwendbarkeit von Vorschriften des Vereinsrechts sowie des Rechts der Kapitalgesellschaften im Genossenschaftsrecht, Göttingen 1984
Windbichler, Christine	Arbeitsrecht im Konzern, München 1989
Wingen, Max	Neue Dimensionen der Führungsverantwortung. Attraktive Arbeitsbedingungen für Eltern als langfristige Herausforderung an die betriebliche Personalpolitik, U+G 1992, 22 ff.
Winterfeld, Rosemarie	Mutterschutz und Erziehungsurlaub. Mutterschutzgesetz und Bundeserziehungsgeldgesetz mit Erläuterungen, München 1986, zitiert: Winterfeld

Wissenschaftlicher Beirat für Familienfragen beim Bundesminister für Familie, Frauen und Gesundheit	Erziehungsgeld, Erziehungsurlaub und Anrechnung von Erziehungszeiten in der Rentenversicherung. Gutachten, Stuttgart 1989
Zmarzlik, Johannes	Einzelfragen des Bundeserziehungsgeldgesetzes 1992, BB 1992, 852 ff.
Zmarzlik, Johannes/ Zipperer, Manfred/ Viethen, Hans Peter	Mutterschutzgesetz, Mutterschaftsleistungen, Erziehungsgeld, Erziehungsurlaub. Kommentar, 6. Auflage, Berlin 1991/1992 mit Ergänzungsband Bundeserziehungsgeldgesetz 1992, zitiert: Zmarzlik/Zipperer/Viethen BErzGG 1989/BErzGG 1992
Zöller	Zivilprozeßordnung mit Gerichtsverfassungsgesetz und den Einführungsgesetzen, mit internationalem Zivilprozeßrecht, Kostenanmerkungen, 17. Auflage, Köln 1991, zitiert: Zöller/Bearbeiter
Zöllner, Wolfgang	Auswahlrichtlinien für Personalmaßnahmen. Betriebsverfassungsrechtliche Bemerkungen unter besonderer Berücksichtigung der durch die elektronische Datenverarbeitung aufgeworfenen Probleme, in: Arbeitsleben und Rechtspflege. Festschrift für Gerhard Müller, Berlin 1981, S. 665 ff., zitiert: Zöllner in FS G. Müller

Sachregister

Abfindung
– Kündigung 59
– Wechsel zu anderem Verbundunternehmen 94 f.
Änderungskündigung
– Arbeitsverpflichtung 46 ff.
– im Erziehungsurlaub 47
– Teilnahme an Berufsbildungsmaßnahmen 119
Änderungsvertrag
– Anfechtung 45 f.
– Arbeitsentgelt 52 f.
– Arbeitsverpflichtung 40 ff., 48, 52 f.
– Teilnahme an Berufsbildungsmaßnahmen 118 ff.
Arbeitnehmerüberlassung
– Arbeitsvermittlungsvermutung 187 ff.
– Begriff 185
– Betriebszugehörigkeit 198 ff.
– dauerhafte 190 f., 199 f.
– durch den Verbund 186 ff.
– durch die Verbundunternehmen 191 ff.
– Erlaubnispflicht 186 f.
– Ersatzarbeitskräfte 196
– gewerbsmäßige 186 f.
– gleitender Wiedereinstieg in den Beruf 143 f., 190 f., 193 f.
– im Konzern 187 f.
– Krankheits- und Urlaubsvertretungen 140 f., 151, 189 f., 191 f., 194
– Kündigung des Arbeitsverhältnisses 60 f.
– Mitbestimmung 200 ff.
– Wettbewerbsverbot 179 ff., 182
Arbeitsentgelt
– Änderung 52 f.
– Rückzahlungsklauseln 124 ff.

– Wechsel in anderes Verbundunternehmen 105 f.
Arbeitsplatzwechsel
– Mitbestimmung 67 ff., 70 ff., 110 ff., 157 ff., 162 ff., 200 ff.
Arbeitsvermittlung
– Arbeitnehmerüberlassung durch den Verbund 189 ff., 190 f., 196
– Arbeitnehmerüberlassung durch die Verbundunternehmen 191 ff.
– Ausnahmegenehmigung 196 ff.
– Begriff 185 f.
– Verbot 186
– Verbund als Koordinator 194 f.
– Vermutung 187 ff.
Arbeitsverpflichtung
– Änderung 40 ff., 52 f., 67 ff.
– Umfang nach dem Arbeitsvertrag 31 f.
Arbeitszeit
– Änderung s. Teilzeitarbeit
Ausschluß- und Kürzungsklauseln
– betriebliche Altersversorgung 89 f., 91
– Jahressonderzahlungen 82 ff., 90 f., 142

Befristung von Arbeitsverträgen
– Ersatzarbeitskräfte 29 f.
– KAPOVAZ-Arbeitsverhältnis 137, 140 f., 150 f., 152
– Krankheits- und Urlaubsvertretungen 136, 137, 140 f., 150 f., 152
– Teilzeitarbeit während des Erziehungs-/Elternurlaubs 136, 137, 140 f., 150 f., 152
Berufsbildungsmaßnahmen
– als Wiedereinstellungsbedingung 121 ff.
– Anfechtung der Qualifizierungsverpflichtung 119

- Kostenbeteiligung der Arbeitnehmerin 118, 120
- Kostenrückzahlung durch die Arbeitnehmerin 124 ff.
- Mitbestimmung 126 ff.
- Sanktion bei Nichtteilnahme 120 ff.
- Teilnahme als auflösende Bedingung des Arbeitsverhältnisses 121 ff.
- Teilnahme als auflösende Bedingung des Wiedereinstellungsanspruchs 123 f.
- Verpflichtung zu 116, 117 ff.
- während des Erziehungsurlaubs 117 f., 119 f.
- zeitlicher Umfang 119

Betriebliche Altersversorgung
- Ausschluß oder Kürzung 89 f., 91
- Fortschreibung bei aufgelöstem Arbeitsverhältnis 91 f.
- gemeinsame der Verbundunternehmen 104 f.
- Höhe bei ruhendem Arbeitsverhältnis 87 ff., 91
- Mitbestimmung 110 ff.
- Teilzeitarbeit 132 ff.
- Unverfallbarkeitsfristen 85 ff., 91
- Verbund als Arbeitgeber 107
- Wechsel zu anderem Verbundunternehmen 95 ff.

Betriebsbedingte Kündigung des Arbeitsverhältnisses
- Abfindung 59
- Arbeitnehmerüberlassung 60 f.
- Ersatzarbeitskräfte 35 ff., 43 ff., 56 ff.
- im Elternurlaub 58 f.
- im Erziehungsurlaub 32 ff.
- Mitbestimmung 69
- nach Ende des Elternurlaubs 56 ff.
- nach Ende des Erziehungsurlaubs 35 ff., 43 ff.
- Teilzeitarbeit 57 f.

- Verbund als Arbeitgeber 60 f.

Betriebsversammlungen
- Teilnahme 63

Betriebszugehörigkeit
- Anrechnung bei Wechsel zu anderem Verbundunternehmen 92 ff.
- Anrechnung bei Wiedereinstellung 53
- Arbeitnehmerüberlassung 198 ff.
- betriebliche Altersversorgung 86 f.
- im Erziehungsurlaub 61 ff.
- KAPOVAZ-Arbeitsverhältnis 155 ff.
- Krankheits- und Urlaubsvertretungen 154 ff.
- Kündigung des Arbeitsverhältnisses 35, 93
- Mehrfacharbeitsverhältnis 156 f.
- ruhendes Arbeitsverhältnis 61 f.
- Teilzeitarbeit 154 f.
- zum Verbund 64

Diskriminierung
- mittelbare 53 f., 84 f.

Diskriminierungsverbote
- § 2 Abs. 1 BeschFG 142
- § 611a BGB 53 f.
- § 612a BGB 38
- arbeitsrechtlicher Gleichbehandlungsgrundsatz 93 f., 97 f., 142 f.
- Art. 119 EWG-Vertrag, § 612 Abs. 3 BGB 84 f., 89 f., 91, 142 f.

Ersatzarbeitskräfte
- Arbeitnehmerüberlassung 195
- Arbeitsvermittlung durch den Verbund 196
- Befristung der Arbeitsverhältnisse 29 f.
- betriebsbedingte Kündigung 35 ff., 43 ff., 56 ff.

Erziehungsurlaub
- Änderung der Arbeitsverpflichtung 40 ff.

259

- auflösend bedingtes Arbeitsverhältnis 121 ff.
- Betriebszugehörigkeit 61 ff.
- gleitender Wiedereinstieg in den Beruf 140, 143 ff., 152
- KAPOVAZ-Arbeitsverhältnis 137 ff.
- Krankheits- und Urlaubsvertretungen 136 f., 143 ff.
- Kündigung des Arbeitsverhältnisses 32 ff., 43 ff., 135 f.
- Nebentätigkeitsverbot 168 ff.
- Sonderkündigungsschutz 32 ff., 135 f., 122 f.
- Teilnahme an Berufsbildungsmaßnahmen 117 f., 119 f.
- Teilzeitarbeit 132 ff., 143 ff.
- Teilzeitarbeit bei anderen Verbundunternehmen 134 f., 140 ff.
- Vertragsstrafe 120

Gleitender Wiedereinstieg in den Beruf
- Arbeitnehmerüberlassung 143 f., 190 f., 193 f.
- Arbeitsvermittlung 190 f., 193 f., 195
- bei anderem Verbundunternehmen 143, 151, 153 f.
- Betriebszugehörigkeit 154 f.
- im Erziehungsurlaub 140, 143 ff.
- Mitbestimmung 164 f.
- Teilzeitarbeitsverhältnis 140, 143, 153 f.

Jahressonderzahlungen
- Anrechnungsklauseln 142 f.
- Ausschluß- und Kürzungsklauseln 82 ff., 90 f., 142
- Diskriminierungsverbote 84 f., 90 f., 142 f.
- im aufgelösten Arbeitsverhältnis 91
- im ruhenden Arbeitsverhältnis 80 f., 90 f.
- Krankheits- und Urlaubsvertretungen 133 f., 141 ff.
- Kürzung, Mitbestimmung 108 ff.
- Mehrfacharbeitsverhältnis 141 ff.
- mit Mischcharakter 81 f., 90 f., 133 f.
- Teilzeitarbeit 132 ff.

KAPOVAZ-Arbeitsverhältnis
- Arbeitnehmerüberlassung 189 f., 192
- Arbeitsvermittlung 189 f., 192, 194
- Befristung 137, 140 f., 150 f., 152
- Betriebszugehörigkeit 155 ff.
- im Erziehungsurlaub 137 ff.
- Krankheits- und Urlaubsvertretungen 137 ff., 150 f., 151 f., 153 f., 165
- Mitbestimmung 160 ff.

Konzernbegriff 95 f.

Krankheits- und Urlaubsvertretungen
- Arbeitnehmerüberlassung 140 f., 151, 189 f., 191 f., 194
- Arbeitsvermittlung 189 ff., 191 f., 194
- auflösende Bedingung des Wiedereinstellungsanspruchs 153
- befristetes Arbeitsverhältnis 136, 137, 140 f., 150 f., 152
- Betriebszugehörigkeit 154 ff.
- freiwillige Übernahme 136, 140, 150, 152, 153
- im Erziehungsurlaub 136 f., 143 ff., 152
- Jahressonderzahlungen 133 f., 141 ff.
- KAPOVAZ 137 ff., 140 ff., 150 f., 151 f., 153
- Mehrfacharbeitsverhältnis 141 ff., 151, 153
- Mitbestimmung 157 ff.

– Rahmenvertrag 137, 152
– Verbot bei anderen Unternehmen 167 ff.
– Verpflichtung zu 137 ff., 140 ff., 150 f., 151 f., 153
– Wettbewerbsverbot, Umfang des 178 ff.

Kündigung des Arbeitsverhältnisses
– Änderungskündigung s. dort
– betriebsbedingte s. dort
– Mitbestimmung 69
– wegen Ablehnung der Weiterbeschäftigung 37, 57
– wegen Nichtteilnahme an Berufsbildungsmaßnahmen 119, 123

Kündigungsschutz, s. auch Sonderkündigungsschutz
– betriebsbedingte Kündigung 32 ff., 43 ff., 56 ff., 60 f.
– im Erziehungsurlaub 32 ff., 47 f., 122 f., 135 f.
– Wechsel in anderes Verbundunternehmen 106

Mehrfacharbeitsverhältnis
– arbeitsrechtlicher Gleichbehandlungsgrundsatz 97 f.
– betriebliche Altersversorgung 97 f.
– Betriebszugehörigkeit 156 f.
– gleitender Wiedereinstieg in den Beruf 143
– Jahressonderzahlungen 141 ff.
– Krankheits- und Urlaubsvertretungen 141 ff., 151, 153
– Vereinbarung 42 f.
– Wettbewerbsverbot 178

Mitbestimmung
– Änderung der Arbeitsverpflichtung 67 ff.
– Änderung der Arbeitszeit 157
– Arbeitnehmerüberlassung 200 ff.
– Aufhebungsverträge 76
– Berufsbildungsmaßnahmen 126 ff.
– betriebliche Altersversorgung, Änderung 112 ff.
– betriebliche Altersversorgung, gemeinsame 112 ff.
– betriebliche Altersversorgung, Kürzung 110
– betriebliche Altersversorgung, Wechsel zu anderem Verbundunternehmen 111 ff.
– Einsatz von Krankheits- und Urlaubsvertreterinnen 157 ff., 162 ff., 165, 202
– gleitender Wiedereinstieg in den Beruf 164 f., 165
– Jahressonderzahlungen, Kürzung 108 ff.
– KAPOVAZ, Einführung 160 f.
– Kündigung des Arbeitsverhältnisses 69
– Maßstäbe für die Wiederbeschäftigung, -einstellung 76 ff.
– Ruhensvereinbarung 74 ff.
– Wechsel in anderes Verbundunternehmen 70 ff., 112 ff.
– Wechsel zum Verbund 73
– Wettbewerbsverbot 183
– Wiederbeschäftigung nach ruhendem Arbeitsverhältnis 66 ff., 73
– Wiedereinstellung 69 ff., 73

Nebentätigkeit
– im Erziehungsurlaub 132 ff., 168 ff.
– Krankheits- und Urlaubsvertretungen bei anderen Verbundunternehmen 140 ff., 151, 153 f.
– Verbot 167 ff.,

Schadensersatzverpflichtung der Arbeitnehmerin
– Nichtteilnahme an Berufsbildungsmaßnahmen 121
– Nichtwiederaufnahme der Arbeit 124 ff.

261

Sonderkündigungsschutz
- im Elternurlaub 59
- im Erziehungsurlaub 32 ff., 47 f., 122 f., 135 f.
- nach Ende des Erziehungsurlaubs 38 ff., 43 ff.
- Teilzeitarbeit im Erziehungsurlaub 135 f.

Sozialauswahl
- Arbeitnehmerüberlassung 60 f.
- betriebsbedingte Kündigung nach Ende des Erziehungs-/Elternurlaubs 35 ff., 43 ff., 56 ff.
- Ersatzarbeitskräfte 35 ff., 43 ff., 56 ff.
- Verbund als Arbeitgeber 60 f.

Teilzeitarbeit
- Änderung der Arbeitszeit, Mitbestimmung 157
- bei anderen Verbundunternehmen 134 f., 140 ff., 153 f.
- betriebliche Altersversorgung 132 ff.
- betriebsbedingte Kündigung 57 f.
- Betriebszugehörigkeit 154 f.
- Einfluß auf den Wiederbeschäftigungsanspruch 32
- Einfluß auf den Wiedereinstellungsanspruch 32, 153 f.
- gleitender Wiedereinstieg in den Beruf 140, 143, 153 f.
- Jahressonderzahlungen 132 ff.
- Krankheits- und Urlaubsvertretungen 136 ff., 150 f., 151 ff.
- nach Ende des Erziehungs-/Elternurlaubs 32, 52, 57 f.
- Sonderkündigungsschutz im Erziehungsurlaub 135 f.
- tarifliche Teilzeitregelungen 149 f.
- zeitlicher Umfang im Erziehungsurlaub 143 ff.
- Zulässigkeit während des Erziehungsurlaubs 132 ff.

Verbund
- als BGB-Gesellschaft 203 ff.
- als eingetragener Verein 207 ff.
- als Gemeinsame Einrichtung der Tarifvertragsparteien 211 f.
- als Genossenschaft 210 f.
- als GmbH 206 f.
- als juristische Person 206 ff.
- als KG 205 f.
- als Konzern 44 f., 96, 113, 187 f.
- als OHG 205 f.
- als Personengesellschaft 203 ff.
- Arbeitsvermittlung durch den 190 f., 193 ff., 195
- und Berufsbildungsmaßnahmen 115 f.

Vertragsstrafe
- Nichtteilnahme an Berufsbildungsmaßnahmen 120 f.

Wechsel zu anderem Verbundunternehmen
- Abfindung 94 f.
- Anrechnung von Betriebszugehörigkeitszeiten 92 ff.
- Arbeitsentgelt, Höhe 105 f.
- arbeitsrechtlicher Gleichbehandlungsgrundsatz 93 f.
- Arbeitsvermittlung durch den Verbund 195
- betriebliche Altersversorgung 95 ff.
- Kündigungsfristen 106
- Mitbestimmung 70 ff., 112 ff.
- Tarifliche Rechte 105 ff.
- Verpflichtung 42 f.

Wechsel zum Verbund 41 f.
- Mitbestimmung 73

Weihnachtsgeld, s. Jahressonderzahlungen

Weiterbeschäftigung
- bei betriebsbedingter Kündigung 37 f., 43 ff., 57, 61

Weiterhaftung des Arbeitgebers
- betriebliche Altersversorgung 98 f.
Wettbewerbsverbot
- Arbeitnehmerüberlassung 179 ff., 182
- auflösende Bedingung des Wiedereinstellungsanspruchs 177, 182, 183
- Einbezug anderer Verbundunternehmen 178 ff., 182 f.
- im Erziehungsurlaub 169 ff.
- im ruhendem Arbeitsverhältnis 170 f., 173, 182
- Krankheits- und Urlaubsvertretungen 178 ff., 182 f.
- Mehrfacharbeitsverhältnis 178
- Mitbestimmung 183
- nachvertragliches 174 ff., 181 f., 183
- Verbund als Arbeitgeber 182 f.
Wiederaufnahme der Arbeit
- Berufsbildungsmaßnahmen, Rückzahlung des Arbeitsentgelts/der Berufsbildungskosten bei Nichtwiederaufnahme 124 ff.
- betriebliche Altersversorgung, Bedingung für Fortschreibung im aufgelöstem Arbeitsverhältnis 92
- Verpflichtung 183

Wiederbeschäftigung
- Anspruch auf 52 f., 54 f.
- Anspruch nach dem BErzGG 31
- bei anderem Verbundunternehmen 38, 42 f., 54 f., 60
- Erweiterung der Beschäftigungsmöglichkeiten 40 ff., 52 f.
- Mitbestimmung 64 ff.
- Teilzeitarbeit während des Erziehungs-/Elternurlaubs 32
- Verpflichtung 183
Wiedereinstellungsanspruch
- auflösende Bedingung 91 f., 153, 177, 182, 183
- bei anderen Verbundunternehmen 55
- bei Teilzeitarbeit während des Erzichungs-/Elternurlaubs 153 f.
- beim Verbund 56, 60
- Betriebszugehörigkeit, Anrechnung 53, 92 ff.
- Diskriminierungsverbot des § 611a BGB 53 f.
- Inhalt 53 f.
- Mitbestimmung 69 ff., 73, 76 ff.
- Wegfall 60
Wiedereinstellungsvorrang 53 f.

Zweitarbeitsverhältnis zu anderem Verbundunternehmen, s. Mehrfacharbeitsverhältnis

Abhandlungen zum
Arbeits- und Wirtschaftsrecht

Band 43	Reichert, Das Zustimmungserfordernis zur Abtretung von Geschäftsanteilen in der GmbH
Band 44	Rosset, Rechtssubjektivität d. Betriebsrats u. Haftung seiner Mitglieder
Band 45	Nowak, Die EWG-Richtlinie über die Unterrichtung und Anhörung der Arbeitnehmer
Band 46	Becker, Die Auslegung des § 9 Abs. 2 AGB-Gesetz
Band 47	Schmidt, Vertragsfolgen der Nichteinbeziehung und Unwirksamkeit von Allgemeinen Geschäftsbedingungen
Band 48	Freiherr von Rechenberg, Die Hauptversammlung als oberstes Organ der Aktiengesellschaft
Band 49	Zoller, Vorleistungspflicht und AGB-Gesetz
Band 50	v. Hertzberg, Die Haftung von Börseninformationsdiensten
Band 51	Natzel, Der aktienrechtliche Quasi-Konzern
Band 52	Fabritius, Die Überlassung von Anlagevermögen an die GmbH durch Gesellschafter
Band 53	Ohlendorf-von Hertel, Kontrolle von AGB im kaufm. Geschäftsverkehr gem. § 24 AGB-Gesetz
Band 54	Saßenrath, Die Umwandlung von Komplementär- in Kommanditbeteiligungen
Band 55	Prantl, Die Abstraktheit des Wechsels
Band 56	Stephan, Die Anwendung des Zusammenschlußbegriffs auf Personalgesellschaften
Band 57	Kreitner, Kündigungsrechtliche Probleme beim Betriebsinhaberwechsel
Band 58	Neuhaus, Unternehmensbewertung und Abfindung
Band 59	Rieble, Die Kontrolle des Ermessens der betriebsverfassungsrechtlichen Einigungsstelle
Band 60	Ekkenga, Die Inhaltskontrolle von Franchise-Verträgen
Band 61	Decher, Personelle Verflechtungen im Aktienkonzern
Band 62	Hoffmann, Verhaltenspflichten der Banken und Kreditversicherungsunternehmen
Band 63	Droste, Der Liefervertrag mit Montageverpflichtung
Band 64	Zitzmann, Die Vorlagepflichten des GmbH-Geschäftsführers
Band 65	Schaub, Der Konsortialvertrag
Band 66	Ihrig, Die endgültige freie Verfügung über die Einlage von Kapitalgesellschaftern
Band 67	Kohler, Mitgliedschaftliche Regelungen in Vereinsordnungen
Band 68	Streyl, Zur konzernrechtlichen Problematik von Vorstands-Doppelmandaten
Band 69	Frense, Grenzen der formularmäßigen Freizeichnung im Einheitlichen Kaufrecht
Band 70	Topf-Schleuning, Einfache Kündigungsklauseln in GmbH-Satzungen
Band 71	Pallasch, Der Beschäftigungsanspruch des Arbeitnehmers
Band 72	Kaiser, Erziehungs- und Elternurlaub in Verbundsystemen kleiner und mittlerer Unternehmen

Verlag Recht und Wirtschaft Heidelberg